检察调研与执法理念笔记

李兴友○编著

中国检察出版社

前　言

　　《检察调研与执法理念笔记》，是自己十几年从事检察调研工作的学习体会，这里面的内容大都在河北省检察机关调研工作一些会议和培训授课中给大家讲过。由于是笔记，书中内容有的是自己的学习和思维体会，有的是别人的智力创造成果，但大部分还是自己对这些问题的思考和实践。出版这本书的目的，主要是想把自己和一些专家学者的成果传给后人。"精通的目的在于应用"，这是毛泽东同志的话语，理论研究也是这样，否则你的研究成果就等于零。记得一位外国哲人说过："你有一个苹果，我有一个苹果，相互交换后各自还是一个苹果；而思想研究成果则不然，相互交换后是双赢。也就是说，可以有两种思想，或是丰富提升自己的思想。"正是基于这样的情况，笔者把自己有关检察调研和执法理念方面的笔记进行了简要整理，出版了这本小书。为了便于查找和尊重他人的智力成果，凡是引用或直接运用别人成果的地方，大都进行了标注。但由于时间久远，有些借鉴使用别人成果的地方，也没有标注齐全，请原创者读到这本笔记时谅解。

　　说到这里，我想说，我们在读书学习的时候，如果要摘记他人论点论据和相关内容时，一定要同时记下报纸期刊的名称、出版印刷的年月日和具体页码，便于事后查阅使用，也体现尊重他人劳动成果的精神，体现学术研究的严谨，否则会有抄袭和剽窃他人研究成果之嫌。做学问研究的同志都有这样的体会，如果在读书学习的时候，不把所读书的相关内容及时记下来，事后很难回想起来。作为一个学者，就是每天看到网络上的文章也要这样做，凡你认为有用的内容且事后研究可能用到的段落内容，都要标注清楚网站、文章名称和作者姓名等。世上没有天才，没有坐在屋里空想的专家学者，都是在互相学习、互相启发和互相借鉴的基础上，加上自己的不断思考和实践，才会形成一家之言，成为所谓的专家学者。

　　列宁说过这样一句话："不折不扣地贯彻上级的意图是最好的消极怠工。"如果我们不进行思考和研究，不结合自己的实际情况使用别人的东西，至少是一个"懒汉"，这样的人不会对社会有任何贡献。说这话的意思，是想说我们无论是自己学习，还是听别人讲课，不要书本上说什么或别人讲什么你就"完全相信"什么，要有"独立思考、逆向思维和敢于说不"这样三点勇气和行为，这样才能真正达到学习的目的，要有和书本和他人进行争论的勇气，在相互争论和相互启发中实现双赢，共同提高，主要是要形成自己的思维成果，贡献于社会。人的思想和水一样，是流动状态的。你不让它流动，这水就变成了一潭死水。水的形态又是自由的，人世间最具有自由形态的东西就是水，哪儿都能去，哪儿都敢去，可以说是"无孔不入"，人的思想应当也是这样。这里，把话说得大一点，无论是过去苏联解体的教训，还是我们党的历史经验，都告诉我们这样的真理，即忽略人的思想和强加人的思想是要付出沉重代价的。强加人思想的现象，历史上典型的有秦始皇的"焚书坑儒"。毛泽东主席在解放初期就讲过："我们党要养一批敢于胡思乱想的人。"美国兰德公司有一条著名的企业思想宗旨，就是"保护怪论"，"怪论"往往过一段时间就成了真理。这就启示我们，在理论、学术和创作等问题上，一定要有"坚持己见"的执着精神，坚持"百家争鸣，百花齐放"，通过个体能力发挥，通过研究和讨论求得对一些问题的共识和提高。实践证明，人的思想越活跃，社会就越稳定；思想越自由，社会就越前进。反之，思想越压抑，矛盾就会产生，社会就不会稳定。我们搞调查研究和理论研究的同志，更要允许各种观点和文化现象进行比较，相互冲击，相互激荡，在冲击和激荡中进行扬弃，选择适合我们现实情况的东西，不断促进和完善我们的工作。一个党和国家也是这样，要允许不同的思想进行争论和交锋，在争论和交锋中形成共识，进而统一思想和行动，推动党和国家事业向前发展。

站在大理论家的角度看，这本《检察调研与执法理念笔记》只是一本资料汇编，且大都记于或讲于 2005 年之前，有些内容和话语可能和近几年的提法不一致，站在一般调研工作者的角度，自认为其基本思想和主要观点仍然有它的参考价值，尤其是把一些资料性的东西，汇集在一起，旨在减少大家的翻查之劳，至少给初学检察调研的干警提供一些线索。也正是基于这一点考虑，笔者整理了以往记载的或给大家讲授的一些检察调研和执法理念方面的研究成果。水平所限，无论是自己的学习体会，还是给大家讲授的内容，或是直接抄录引用别人的研究成果，肯定会有这样那样的不足或错误，欢迎同行们批评指正。

李兴友

2014 年 4 月

目　录

上篇　检察调研

下篇　执法理念

上篇　检察调研

一、党中央领导有关调查研究方面的论述（摘录）

（一）毛泽东同志有关调查研究方法的论述

把握工作的规律性①

常常听到一些同志在不能勇敢接受工作任务时说出来的一句话：没有把握。为什么没把握呢？因为他对于这项工作的内容和环境没有规律性的了解，或者他从来就没有接触过这类工作，或者接触得不多，因而无从谈到这类工作的规律性。及至把工作的情况和环境给以详细分析之后，他就觉得比较有把握了，愿意去做这项工作。如果这个人在这项工作中经过了一个时期，他有了这项工作的经验，而他又是一个肯虚心体察情况的人，不是一个主观地、片面地、表面地看问题的人，他就能够自己做出应该怎样进行工作的结论，他的工作勇气也就可以大大提高了。只有那些主观地、片面地和表面地看问题的人，跑到一个地方，不问环境的情况，不看事情的全体（事情的历史和全部现状），也不触到事情的本质（事情的性质及此一事情和其他事项的内部联系），就自以为是地发号施令起来，这样的人是没有不跌跤的。

通过实践而发现真理，又通过实践而证实真理和发展真理②

通过实践而发现真理，又通过实践而证实真理和发展真理。从感性认识而能动地发展到理性认识，又从理性认识而能动地指导革命实践，改造主观世界和客观世界。实践、认识、再实践、再认识，这种形式，循环往复以至无穷，而实践和认识之每一循环的内容，都比较地进到了高一级的程度。这就是辩证唯物论和全部认识论，这就是辩证唯物论的知行统一观。

人们的社会存在，决定人们的思想③

人们的社会存在，决定人们的思想。而代表先进阶级的正确思想，一旦被

---

① 毛泽东：《实践论》（1937 年 7 月），载《毛泽东选集》（第一卷），第 289～290 页。
② 毛泽东：《实践论》（1937 年 7 月），载《毛泽东选集》（第一卷），第 296～297 页。
③ 毛泽东：《人的正确思想是从哪里来的？》（1963 年 5 月），载《毛泽东著作选读》（下册），第 839 页。

群众掌握，就会变成改造社会、改造世界的物质力量。

马克思主义的认识论①

人们的认识经过实践的考验，又会产生一个飞跃。这次飞跃，比起前一次飞跃来，意义更加伟大。因为只有这一次飞跃，才能证明认识的第一次飞跃，即从客观外界的反映过程中得到思想、理论、政策、计划、办法等，究竟是正确的还是错误的，此外再无别的检验真理的办法。而无产阶级认识世界的目的，只是为了改造世界，此外再无别的目的。一个正确的认识，往往需要经过由物质到精神，由精神到物质，即由实践到认识，由认识到实践这样多次的反复，才能够完成。这就是马克思主义的认识论，就是辩证唯物论的认识论。

理论与实践的统一，是马克思主义的一个最基本的原则②

马克思主义的普遍真理一定要同中国革命的具体实践相结合，如果不结合，那就不行。这就是说，理论与实践的统一。理论与实践的统一，是马克思主义的一个最基本的原则。按照辩证唯物论，思想必须反映客观实际，并且在客观实践中得到检验，证明是真理，这才算是真理，不然就不算。我们这几年的工作是有成绩的，但是主观主义的毛病到处都有。不仅现在有，将来还会有。主观主义永远都会有，一万年，一万万年，只要人类不毁灭，总是有的。有主观主义，总要犯错误。

怎样纠正这种本本主义③

以为上了书的就是对的，文化落后的中国农民至今还存这种心理。不谓共产党内讨论问题，也还有人开口闭口"拿本本来"。我们说上级领导机关的指示是正确的，决不单是因为它出于"上级领导机关"，而是因为它的内容是适合于斗争中客观和主观情势的，是斗争所需要的。不根据实际情况进行讨论和审察，一味盲目执行，这种单纯建立在"上级"观念上的形式主义的态度是很不对的。为什么党的策略路线总是不能深入群众，就是这种形式主义在那里作怪。盲目地表面上完全无异议地执行上级的指示，这不是真正地执行上级的指示，这是反对上级指示或者对上级指示怠工的最妙方法。

----

① 毛泽东：《人的正确思想是从哪里来的？》（1963年5月），载《毛泽东著作选读》（下册），第839页。

② 毛泽东：《增强党的团结，继承党的传统》（1956年8月30日）。

③ 毛泽东：《反对本本主义》（1930年5月），载《毛泽东选集》（第一卷），第111～112页。

本本主义的社会科学研究法也同样是最危险的，甚至可能走上反革命的道路，中国有许多专门从书本上讨生活的从事社会科学研究的共产党员，不是一批一批地成了反革命吗？就是明显的证据。我们说马克思主义是对的，决不是因为马克思这个人是什么"先哲"，而是因为他的理论，在我们的实践中，在我们的斗争中，证明了是对的。我们的斗争需要马克思主义。我们欢迎这个理论，丝毫不存什么"先哲"一类的形式的甚至神秘的念头在里面。读过马克思主义"本本"的许多人，成了革命叛徒，那些不识字的工人常常能很好地掌握马克思主义。马克思主义的"本本"是要学习的，但是必须同我国的实际情况相结合。我们需要"本本"，但是一定要纠正脱离实际情况的本本主义。

怎样纠正这种本本主义？只有向实际情况作调查。

坚持理论和实际统一[①]

我们学的是马克思主义，但是我们中的许多人，他们学马克思主义的方法是直接违反马克思主义的。这就是说，他们违背了马克思、恩格斯、列宁、斯大林所谆谆告诫人们的一条基本原则：理论和实际统一。他们既然违背了这条原则，于是就自己造出了一条相反的原则：理论和实际分离。在学校的教育中，在在职干部的教育中，教哲学的不引导学生研究中国革命的逻辑，教经济学的不引导学生研究中国经济的特点，教政治学的不引导学生研究中国革命的策略，教军事学的不引导学生研究适合中国特点的战略和战术，诸如此类。其结果，谬种流传，误人不浅。在延安学了，到鹿县就不能应用。经济学教授不能解释边币和法币，当然学生也不能解释。这样一来，就在许多学生中造成了一种反常的心理，对中国问题反而无兴趣，对党的指示反而不重视，他们一心向往的，就是从先生那里学来的据说是万古不变的教条。

反对主观主义的学习态度，培养马克思主义的学习态度[②]

为了反复地说明这个意思，我想将两种互相对立的态度对照地讲一下。

第一种：主观主义的态度。

在这种态度下，就是对周围环境不作系统的周密研究，单凭主观热情去工作，对于中国今天的面目若明若暗。在这种态度下，就是割断历史，只懂得希

---

① 毛泽东：《改造我们的学习》（1941年5月），载《毛泽东选集》（第三卷），第796~799页。
② 毛泽东：《改造我们的学习》（1941年5月），载《毛泽东选集》（第三卷），第799~801页。

腊，不懂得中国，对于中国昨天和前天的面目漆黑一团。在这种态度下，就是抽象地、无目的地去研究马克思主义的理论。不是为了要解决中国革命的理论问题、策略问题而到马克思、恩格斯、列宁、斯大林那里找立场，找观点，找方法，而是为了单纯地学理论而去学理论。不是有的放矢，而是无的放矢。马克思、恩格斯、列宁、斯大林教导我们说：应当从客观存在着的实际事物出发，从其中引出规律。作为我们行动的向导。为此目的，就要像马克思所说的详细地占有材料，加以科学的分析和综合的研究。我们的许多人却是相反，不去这样做。其中许多人是做研究工作的，但是他们对于研究今天的中国和昨天的中国一概无兴趣，只把兴趣放在实际的空洞的"理论"研究上。许多人是做实际工作的，他们也不注意客观情况的研究，往往单凭热情，把感情当政策。这两种人都凭主观，忽视客观实际事物的存在。或作讲演，则甲乙丙丁、一二三四的一大串；或作文章，则夸夸其谈的一大篇。无实事求是之意，有哗众取宠之心。华而不实，脆而不坚。自以为是，老子天下第一，"饮差大臣"满天飞。这就是我们队伍中若干同志的作风。这种作风，拿了律己，则害了自己；拿了教人，则害了别人；拿了指导革命，则害了革命。总之，这种反科学的反马克思列宁主义的主观主义的方法，是共产党的大敌，是工人阶级的大敌，是人民的大敌，是民族的大敌，是党性不纯的一种表现。大敌当前，我们有打倒它的必要。只有打倒了主观主义，马克思列宁主义的真理才会抬头，党性才会巩固，革命才会胜利。我们应当说，没有科学的态度，即没有马克思列宁主义的理论和实践统一的态度，就叫做没有党性，或叫做党性不完全。

有一副对子，是替这种人画像的。那对子说："墙上芦苇，头重脚轻根底浅；山间竹笋，嘴尖皮厚腹中空。"

对于没有科学态度的人，对于只知背诵马克思、恩格斯、列宁、斯大林著作中的若干词句的人，对于徒有虚名并无实学的人，你们看，像不像？如果有人真正想诊治自己的毛病的话，我劝他把这副对子记下来；或者再勇敢一点，把它贴在自己房子里的墙壁上。马克思列宁主义是科学，科学是老老实实的学问，任何一点调皮都是不行的。我们还是老实一点吧！

第二种：马克思列宁主义的态度。

在这种态度下，就是应用马克思列宁主义的理论和方法，对周围环境作系统的周密的调查和研究。不是单凭热情去工作，而是如斯大林所说的那样：把革命气概和实际精神结合起来。在这种态度下，就是不要割断历史。不单是懂得希腊就行了，还要懂得中国；不但要懂得外国革命史，还要懂得中国革命史；不但要懂得中国的今天，还要懂得中国的昨天和前天。在这种态度下，就是要有目的地去研究马克思列宁主义的理论，要使马克思列宁主义的理论和中国革命的实际运动结合起来，是为着解决中国革命的理论问题和策略问题而去找立场，找观点，找方法的。这种态度，就是有的放矢的态度。"的"就是中国革命，"矢"就是马克思列宁主义。我们中国共产党人所以要找这根"矢"，就是为了要射中国革命和东方革命这个"的"的。这种态度，就是实事求是的态度。"实事"就是客观存在着的一切事物，"是"就是客观事物的内部联系，即规律性，"求"就是我们去研究。我们要从国内外、省内外、县内外、区内外的实际情况出发，从其中引出其固有的而不臆造的规律性，即找出周围事变的内部关系，作为我们行动的向导。而要这样做，就须不凭主观想象，不凭一时的热情，不凭死的书本，而凭客观的事实，详细地占有材料，在马克思列宁主义一般原理的指导下，从这些材料中引出正确的结论。这种结论，不是甲乙丙丁的现象罗列，也不是夸夸其谈的滥调文章，而是科学的结论。这种态度，有实事求是之意，无哗众取宠之心。这种态度，就是党性的表现。就是理论和实际统一的马克思列宁主义的作风。这是一个共产党员起码应该具备的态度。如果有了这种态度，那就既不是"头重脚轻根底浅"，也不是"嘴尖皮厚腹中空"了。

没有调查就没有发言权①

向全党提出系统地周密地研究周围环境的任务。依据马克思列宁主义的理论和方法，对敌友我三方的经济、财政、政治、军事、文化、党务各方面的动态进行详细的调查和研究的工作，然后引出应有的和必要的结论。为此目的，就要引导同志的眼光向着这种实际事物的调查和研究。就要使同志们懂得，共产党领导机关的基本任务，就在于了解情况和掌握政策两件大事，前一件就是所谓认识世界，后一件事就是所谓改造世界。就要使同志们懂得，没有调查就没有发言权，夸夸其谈地乱说一顿和一二三四的现象罗列，都是无用的。

完完全全调查明白了，你对那个问题就有解决的办法了②

你对于那个问题不能解决吗？那么，你就去调查那个问题的现状和它的历史吧！你完完全全调查明白了，你对那个问题就有解决的办法了。一切结论产生于调查情况的末尾，而不是在它的先头。只有蠢人，才是他一个人，或者邀集一堆人，不作调查，而只是冥思苦索地"想办法"、"打主意"。须知这是一

---

① 毛泽东：《改造我们的学习》（1941年5月），载《毛泽东选集》（第三卷），第802页。
② 毛泽东：《反对本本主义》（1930年5月），载《毛泽东选集》（第一卷），第110页。

定不能想出什么好办法，打出什么好主意的。换一句话说，他一定要产生错办法和错主意。

调查就是解决问题[①]

迈开你的两脚，到你的工作范围的各部分各地方去走走，学个孔夫子的"每事问"，任凭什么才力小也能解决问题，因为你未入门时脑子是空的，归来时脑子已经不是空的了，已经载来解决问题的各种很必要材料，问题就是这样子解决了。一定要出门吗？也不一定，可以召集那些明了情况的人来开个调查会，把你所谓困难问题的"来源"找到手，"现状"弄明白，你的这个困难问题也就容易解决了。

调查就像"十月怀胎"，解决问题就像"一朝分娩"。调查就是解决问题。

必须努力作实际调查才能洗刷唯心精神[②]

必须洗刷唯心精神，防止一切机会主义盲动主义错误出现，才能完成争取群众战胜敌人的任务。必须努力实际调查，才能洗刷唯心精神。

我们必须学会全面地看问题[③]

我们必须学会全面地看问题，不但要看到事物的正面，也要看到它的反面。在一定的条件下，坏的东西可以引出好的结果，好的东西也可以引出坏的结果。老子在两千多年以前就说过："祸兮福所倚，福兮祸所伏。"

研究问题，忌带主观性、片面性和表面性[④]

研究问题，忌带主观性、片面性和表面性。所谓主观性，就是不知道客观地看问题，也就是不知道用唯物的观点去看问题。这一点，我在《实践论》一文中已经说过了。所谓片面性，就是不知道全面地看问题。或者叫做只看见局部，不看见全体，只看见树木，不看见森林。……列宁说："要真正地认识对象，就必须把握和研究它的一切方面、一切联系和'媒介'。我们决不会完全地作到这一点，可是要求全面性，将使我们防止错误，防止僵化。"我们应

---

① 毛泽东：《反对本本主义》（1930 年 5 月），载《毛泽东选集》（第一卷），第 111 页。
② 毛泽东：《反对本本主义》（1930 年 5 月），载《毛泽东选集》（第一卷），第 110 页。
③ 毛泽东：《关于正确处理人民内部矛盾的问题》（1957 年 2 月 27 日）。
④ 毛泽东：《矛盾论》（1937 年 8 月），载《毛泽东选集》（第一卷），第 312 ~ 314 页。

该记得他的话。表面性，是对矛盾总体和矛盾各方的特点都不去看，否认深入事物里面精细地研究矛盾特点的必要，仅仅站在那里远远地望一望，粗枝大叶地看到一点矛盾的形象，就想动手去解决矛盾（答复问题、解决纠纷、处理工作、指挥战争）。这样的做法，没有不出乱子的。中国的教条主义和经验主义的同志们所以犯错误，就是因为他们看事物的方法是主观的、片面的和表面的。片面性、表面性也是主观性，因为一切客观事物本来是互相联系的和具有内部规律的，人们不去如实地反映这些情况，而只是片面地或表面地看它们，不认识事物的互相联系，不认识事物的内部规律，所以这种方法是主观主义的。

不应当把理论当作教条看待，而应当看作行动的指南①

马克思、恩格斯、列宁、斯大林的理论，是"放之四海而皆准"的理论，不应当把他们的理论当作教条看待，而应当看作行动的指南。不应当只是学习马克思列宁主义的词句，而应当把它当成革命的科学来学习。不但应当了解马克思、恩格斯、列宁、斯大林他们研究广泛的真实生活和革命经验所得出的关于一般规律的结论，而且应当学习他们观察问题和解决问题的立场和方法。我们党的列宁主义的修养现在已较过去有了一些进步，但是还很不普遍，很不深入。我们的任务，是领导一个几万万人口的大民族，进行空前的伟大的斗争。所以，普遍地深入地研究马克思列宁主义的理论的任务，对于我们，是一个亟待解决并须着重地致力才能解决的问题。我希望从我们这次中央全会之后，来一个全党的学习竞赛，看谁真正地学到了一点东西，看谁学得更多一点，更好一点。在担负主要领导责任的观点上说，如果我们党有一百个至二百个系统的而不是零碎的、实际的而不是空洞的学会了马克思列宁主义的同志，就会大大地提高我们党的战斗力量，并加速我们战胜日本帝国主义的工作。

不应当把马克思主义的理论当成死的教条②

不应当把马克思主义的理论当成死的教条。对于马克思主义的理论，要能够精通它、应用它，精通的目的全在于应用。如果你能应用马克思列宁主义的观点，说明一个两个实际问题，那就要受到称赞，就算有了几分成绩。被你说明的东西越多，越普遍，越深刻，你的成绩就越大。

---

① 毛泽东：《中国共产党在民族战争中的地位》（1938 年 10 月），载《毛泽东选集》（第二卷），第 533 页。

② 毛泽东：《整顿党的作风》（1942 年 2 月 1 日），载《毛泽东选集》（第三卷），第 815 页。

（二）周恩来同志有关调查研究方面的论述（摘录）

领导者要有一种求实精神①

（一）列宁的工作作风是：俄国人的革命胆略；美国人的求实精神。

（二）毛泽东同志的工作作风是：中华民族的谦逊实际；中国农民的相互勤勉；知识分子的好学深思；革命军人的机动沉着；布尔什维克的坚韧顽强。

（三）反对一切实际工作中的机会主义，在目前，特别应对马虎主义，空谈主义，自大主义，形式主义，事务主义，以及破坏党和军队传统的现象。

对于政治工作人员的选择与培养必须慎重②

正因为政治工作人员有这样严重的责任与不能逃避的负担，所以对于政治工作人员的选择与培养必须慎重。必须集中全国优秀的政治工作人才，必须不断地培养全国前进的青年干部，分到全国军队的政治工作的组织中去，才能保障政治工作任务的完成。一切对人员安排位置滥竽充数的观念，都是危害政治工作的。

实事求是③

说真话，鼓真劲，做实事，收实效。这四句话归纳起来就是：实事求是。实事求是是一句成语，毛泽东同志做了新的解释，它代表了毛泽东同志的一个根本思想。这四个字，话虽简单，却包含着丰富的内容。如何做到实事求是？首先要通过认真的调查研究。

进行调查研究，必须实事求是④

毛泽东同志最近几次讲到大兴调查研究之风，讲究实事求是；又说，右要反，"左"也要反，有"左"就反"左"，有右就反右。是好是坏，要从客观

---

① 周恩来：《怎样做一个好的领导者》（1943年4月22日），载《周恩来选集》（上卷），第132页。

② 周恩来：《抗战军队的政治工作》（1938年1月10日），载《周恩来选集》（上卷），第99～100页。

③ 周恩来：《说真话，鼓真劲，做实事，收实效》（1962年2月3日），载《周恩来选集》（下卷），第350页。

④ 周恩来：《加强调查研究》（1961年3月），载《周恩来选集》（下卷），第313～314页。

存在出发，不能从主观想象出发。进行调查研究，必须实事求是。我们下去调查，必须对事物进行分析、综合和比较。事物总存在内在的矛盾，要分别主次；总有几个侧面，要进行解剖。各个所处的环境总是有局限的，要多听不同的意见，这样才利于综合。事物总是发展的，有进步和落后，有一般和特殊，有真和假，要进行比较，才能看透。下去调查，要敢于正视困难，解决困难。一个困难问题解决了，新困难问题又来了。共产党人就是为不断克服困难，继续前进而存在的，畏难苟安，不是共产党人的品质。下去调查要坚守毛泽东同志的三条原理：从群众中来，到群众中去；集中起来，坚持下去；坚持真理，修正错误。这就是民主集中，它不但是组织原则，也是工作原则。智慧是从群众中来，但对群众的意见领导方面还是要回到群众中去考验，在这基础上再加工。脱离我们的基本阶级群众，就会丧失党的基础。尾巴主义，随着群众跑，就会放弃党的领导。目前的毛病，还是我们发号施令太多，走群众路线太少。

（三）　刘少奇同志有关调查研究方面的论述（摘录）

必须反对理论和实际的脱离①

　　为了坚持这种马克思列宁主义的修养方法，我们必须坚决反对和彻底肃清旧社会在教育和学习中遗留给我们的最大祸害之——理论和实际的脱离。在旧社会中，有许多人在受教育和学习的时候，认为他们所学的是并不需要照着去做的，甚至认为是不可能照着去做的，他们尽管满篇满口的仁义道德，然而实际上却是彻头彻尾的男盗女娼。国民党反动派尽管熟读"三民主义"，背诵孙中山的"总理遗嘱"，然而实际上却横征暴敛，贪污杀戮，压迫民众，反对"世界上以平等待我之民族，甚至去和民族的敌人妥协，投降敌人，有一个老秀才亲自对我说：孔子说的话只有两句他能做到，那就是"食不厌精，脍不厌细"，其余的他都做不到，而且从来也没有准备去做。既然这样，他们还要去办教育，还要去学习那些所谓"圣贤之道"去压迫被剥削者，用满口仁义道德去欺骗人民。这是旧社会的剥削阶级代表人对于他们所"崇拜"的圣贤的态度。当然，我们共产党员，学习马克思列宁主义，学习我国历史上的一切优秀遗产，完全不能采取这种态度。我们学到的，就必须做到。我们无产阶级革命家忠诚纯洁，不能欺骗自己，不能欺骗人民，也不能欺骗古人。这是我们共产党员的一大特点，也是一大优点。

---

① 刘少奇：《论共产党的修养》（1939 年 7 月），载《刘少奇选集》（上卷），第 110～111 页。

把实事求是的作风作为加强党性的第一个标准①

必须把树立实事求是的作风，作为加强党性的第一个标准。在工作上不采取实事求是的态度，那是什么呢？那就是反科学的反马克思列宁主义的态度。我们必须坚持马克思列宁主义的实事求是的态度，一切从实际出发，充分估计到客观可能，不要做那些确实办不到的事情，但是必须艰苦努力，千方百计地克服困难，完成那些应该完成和可能完成的任务。只有把我们的工作放在确实可靠的基础上，才能使人们的事业兴旺起来。

一切共产党员必须学习马列主义，学习政治，学习党的基本理论②

今天，思想政治工作的必要性更加提高了，更加需要加强党的思想领导，因为目前的情况与过去不同了，中国人民的革命胜利了，各种工作更繁杂，实际工作任务更加重了。在我们的经济建设工作大规模地开展起来以后，很多党员就要担负更多的实际工作，如管理工厂、管理贸易、管理银行、管理铁路，搞农业技术等。而如果埋头到这些实际工作中去，不加强政治学习，不加强马列主义理论学习，那就有危险性，就会脱离政治，脱离基本理论，使非无产阶级的思想发展起来。因此，一切共产党员必须学习马列主义，学习政治，学习党的基本理论，而且要宣传马列主义。

改造世界，同时改造自己③

人们不但在和自然界的斗争中，而且在社会阶级的斗争中，改造自然界，改造社会，同时也改造着人们自己。

马克思、恩格斯说："无论为了使这种共产主义意识普遍地产生还是为了达到目的本身，都必须使人们普遍地发生变化，这种变化只有在实际运动中，在革命中才有可能实现；因此革命之所以必需，不仅是因为没有任何其他的办法能推翻统治，而且还因为推翻统治阶级的那个阶级，只有在革命中才能抛掉自己身上的一切陈旧的肮脏东西，才能成为社会的新基础。"这就是说，无产阶级应该自觉地去经受长期的社会革命斗争，并且在这种斗争中改造社会，改造自己。

① 刘少奇：《坚持优良作风健全党内生活》（1962年1月27日），载《刘少奇论党的建设》，第692~693页。

② 刘少奇：《党在宣传战线的任务》（1951年5月23日），载《刘少奇选集》（下卷），第90~91页。

③ 刘少奇：《论共产党员的修养》（1939年7月），载《刘少奇选集》（上卷），第98~99页。

所以，我们应该把自己看作是需要而且可能改造的。不要把自己看作是不变的、完善的、神圣的，不需要改造的、不可能改造的。我们提出在社会斗争中改造自己的任务，这不是侮辱自己，而是社会发展的客观规律的要求。如果不这样做，我们就不能进步，就不能实现改造社会的任务。

我们共产党员，是近代历史最先进的革命者，是改造社会、改造世界的现代担当者和推动者，共产党员是在不断同反革命的斗争中去改造社会、改造世界，同时改造自己的。

我们说，共产党员要在同反革命进行各方面的斗争中改造自己，这就是说，要在这种斗争中求得自己的进步，提高自己革命的品质和能力。由一个幼稚的革命者，变成一个成熟的、老练的、能够"运用自如"地掌握革命规律的革命家，要经过一个很长的革命的锻炼和修养的过程，一个长期改造的过程。一个比较幼稚的革命者，由于他：（1）是从旧社会中生产教养出来的，他总带有旧社会中各种思想意识（包括成见、习惯、旧传统）的残余；（2）没有经过长期的革命的实践；因此，他还不能真正深刻地认识敌人，认识自己，认识社会发展和革命斗争的规律性。要改变这种情形，他除了要学习历史上的革命经验（前人实践）以外，还必须亲自参加到当时的革命的实践中去，在革命的实践中，在同各种反革命进行斗争中，发挥主观的能动性，加紧学习和修养。只有这样，能够逐渐深刻地体验和认识社会发展和革命斗争的规律性，才能真正深刻地认识敌人和自己，才能发现自己原来不正确的思想、习惯、成见，加以改正，从而提高自己的觉悟，培养革命的品质，改善革命的方法等。

所以，革命者要改造和提高自己，必须参加革命的实践，绝不能离开革命的实践；同时，也离不开自己实践中的主观努力，离不开在实践中的自我修养和学习。如果没有这后一方面，革命者要求得自己的进步，仍然是不可能的。

提高革命品质才能成为马克思主义政治家[①]

我们普通的同志，今天诚然远没有马克思列宁主义创始人那样高的天才，那样渊博的科学的知识，我们大多数的同志在无产阶级革命理论方面不能达到他们那样高深和渊博。但是，我们同志只要真正有决心，真正自觉地始终站在无产阶级先锋战士的岗位，真正具有共产主义的世界观，并且始终不脱离当前无产阶级和一切劳动群众的伟大而深刻革命运动，努力学习、锻炼和修养，那么，掌握马克思列宁主义的理论和方法，在工作和斗争中培养马克思和列宁那

---

① 刘少奇：《论共产党员的修养》（1939 年 7 月），载《刘少奇选集》（上卷），第 105 页。

样的作风，不断提高自己的革命品质，成为马克思、列宁式的政治家，这是完全可能的。

（四）邓小平同志有关调查研究方面的论述（摘录）

学马列要精，要管用的①

学马列要精，要管用的，长篇的东西是少数搞专业的人读的，群众怎么读？要求都读大本子，那是形式主义的，办不到。我的入门老师是《共产党宣言》和《共产主义 ABC》。最近，有的外国人议论，马克思主义是打不倒的。打不倒，并不是因为大本子多，而是因为马克思主义的真理颠扑不破，实事求是是马克思主义的精髓。要提倡这个，不要提倡本本。我们改革开放的成功，不是靠本本，而是靠实践，靠实事求是，农村搞家庭联产承包，这个发明权是农民的。农村改革中的好多东西，都是基层创造出来的，我们把它拿来加工提高作为全国的指导。实践是检验真理的唯一标准。我读的书并不多，就是一条，相信毛主席讲的实事求是。过去我们打仗靠这个，现在搞建设、搞改革也靠这个。我们讲了一辈子马克思主义，其实马克思主义并不玄奥。马克思主义是很朴实的东西，很朴实的道理。

实事求是的作风是什么②

我们党的好传统、好作风，就是毛泽东同志所概括指出的，理论与实践相结合的作风，联系群众的作风，自我批评（当然也包括批评）的作风。总的来说，就是毛泽东同志所说的实事求是的作风。

联系群众是我们党的一个优良传统③

党同人民群众的关系过去是很好的，密切联系群众，是我们党的一个优良传统。林彪、"四人帮"极大地破坏了我们党的这个优良传统。但是，把脱离群众这个问题统统归到林彪、"四人帮"身上也不合乎实际，我们自己也有责

---

① 邓小平：《在武昌、深圳、珠海、上海等地的谈话要点》（1992 年 1 月 18 日至 2 月 21 日），载《邓小平文选》（第三卷），第 382 页。

② 邓小平：《在扩大的中央工作会议上的讲话》（1962 年 2 月 6 日），载《邓小平文选》（第一卷），第 229 页。

③ 邓小平：《高级干部要带头发扬党的优良传统》（1979 年 11 月 2 日），载《邓小平文选》（第二卷），第 228 页。

任。一些脱离群众的制度，包括那些特殊待遇在内，文化大革命前有的已经有了，但远没有这样厉害。当时大家都能自我约束，对群众比较关心，现在不同。过去领导同志到一个单位去，首先到厨房去看看，还要看看厕所，看看洗澡的地方。现在这样做的人还有，但是不多了。很多同志根本不去同群众接触，一个学校的负责人，不去跟学生谈话，甚至跟教员都不大接触。我们的历史经验是，越是困难的时候，越要关心群众。只要你关心群众，同群众打成一片，不仅不搞特殊化，而且同群众一块吃苦，任何问题都容易解决，任何困难都能够克服。

克服官僚主义，提高工作效率①

第二个目标是克服官僚主义，提高工作效率。效率不高同机构臃肿、人浮于事、作风拖拉有关，但更主要的是涉及党政不分，在很多事情上党代替了政府工作，党和政府很多机构重复。我们要坚持党的领导，不能放弃这一条，但是党要善于领导。几年前就提出这个问题了，但如何做还没有考虑清楚。搞四个现代化不讲工作效率不行。现在的世界，人类进步一日千里，科学技术方面更是这样，落后一年，赶都难赶上。所以必须解决效率问题。当然，提高工作效率不仅是党政分开问题，还有其他方面的问题也需要解决。

学习运用法律处理新课题②

全党同志和全体干部都要按照宪法、法律、法令办事，学会使用法律武器（包括罚款、重税一类经济武器）同反党反社会主义的势力和各种刑事犯罪分子进行斗争。这是现在和今后发展社会主义民主、健全社会主义法制的过程中要求我们必须尽快学会处理的新课题。

学习马克思列宁主义的理论和毛泽东同志的著作③

学习马克思列宁主义的理论和毛泽东同志的著作，这个问题的道理，不必多讲。这几年的教训是，我们对马克思列宁主义的基本原理和毛泽东思想体会

---

① 邓小平：《关于政治体制改革问题》（1986 年 9 月至 11 日），载《邓小平文选第》（第三卷），第 179～180 页。

② 邓小平：《贯彻调整方针，保证安定团结》（1980 年 12 月 25 日），载《邓小平文选》（第二卷），第 371 页。

③ 邓小平：《在扩大的中央工作会议上的讲话》（1962 年 2 月 6 日），载《邓小平文选》（第一卷），第 315～316 页。

不够。我们有许多错误是从这里来的。我们忙于事务，不注意学习，容易陷入庸俗的事务主义中去。不注意学习，忙于事务，思想就容易庸俗化。如果说要变质，那么思想的庸俗化就是一个危险的起点。我们还是要造成一种学习的空气，学习理论的空气（毛泽东：不重视学习理论，天天搞事务，一定要迷失方向），学习实际的空气，这也是我们的一个党风，我们党的一个好的传统作风。

（五）江泽民同志有关调查研究方面的论述（摘录）

进一步解放思想，繁荣和发展理论事业①

我们做实际工作的同志特别是各级领导干部，要从轻视理论、单纯依靠经验决策的思想观念中解放出来，充分认识理论工作在社会主义现代化事业中的重要地位，真正在头脑中把理论放到重要位置上。不但要注意强化自身的理论意识和理论思维，提高理论素养，克服工作中的盲目性，增强自觉性，而且要满腔热情地支持理论工作者的研究，充分发挥他们的作用。

对广大理论工作者来说，则要从理论脱离实际的状况中解放出来。现在，一部分理论工作者中还存在着轻视实际的倾向。有些同志认为，理论研究如果联系实际很紧密，就没有学术性，缺乏学术价值。这种情况值得研究。纯学术的理论研究和应用理论研究，对我们理论事业的建设和发展都是需要的，排斥或压抑任何一方的观点都是不可取的。同时，也必须指出，现在也确有一部分同志对理论联系实际存在一定的顾虑，认为理论研究结合实际容易犯错误，因此一提研究现实问题，往往"心有余悸"，或者"心有预悸"。这种情况是可以理解的，但又是大可不必的。在理论研究中，应该抛开种种顾虑，鼓足探索的勇气，让理论放出耀眼的光芒来。

民主是解放思想的重要条件。离开了发扬社会主义民主，解放思想便无从谈起。在理论工作中发扬民主，就是要坚定不移地贯彻百花齐放、百家争鸣的方针，为理论的繁荣创造良好的环境。理论只有在争鸣中才能获得生机和活力。历史已经证明，在理论研究中，搞所谓罢黜百家、定于一尊，必然是钳制人口，万马齐喑，窒息思想，其结果只能导致理论的枯萎。因此，要贯彻"双百"方针，必须结束过去那种在理论研究中"定于一尊"的局面，破除封建意识，倡导学术民主和理论民主。真理面前人人平等。学术和理论面前同样

---

① 江泽民：《理论工作要面向实际》（1988年3月10日），载《江泽民文选》（第一卷），人民出版社2006年版，第31页。

人人平等。实践是判别理论是非的唯一标准。

理论研究不应该有禁区①

我认为，理论研究不应该有禁区，应该让理论工作者畅所欲言、言无不尽。当然，理论研究与理论教育和宣传是有区别的。在宣传上，我们要慎重，要注意一定的范围，特别要注意社会效果。有些不宜公开的理论研究，可先在内部刊物上进行讨论。正如允许改革实践有失误一样，我们同样也应该允许理论探索有失误。对理论探索中的失误，坚持不打棍子、不扣帽子、不装袋子，不把理论是非与政治立场相混淆。但是，我们对那些确实偏离党在社会主义初级阶段的基本路线的同志，该提醒的要提醒，该打招呼的要打招呼，使他们更好地掌握住"一个中心、两个基本点"，克服思想认识上的片面性。

解放思想，繁荣理论，还必须尽可能为理论工作者创造有利的工作生活条件，必须通过改革解决科研经费不足的问题，必须认真搞好理论队伍建设，必须大力加强全市哲学社会科学研究部门的组织协调工作。

对现实社会中的问题要进行理性思考②

现实社会中的问题，我们要进行理性的思考。因为我们看到的现象，其中有的是真相，有的却是假象。只有把感性上升到理性，才能深化认识，才能把握事物的本质。人的正确思想从什么地方来？毛主席讲过，不是从天上掉下来的，不是自己头脑里固有的，只能从社会实践中来。现在，有人老是埋怨我们的改革没有理论。我认为，说我们的改革没有理论，是不符合实际情况的；说我们的改革理论已经十全十美、完备无缺了，也是不符合实际情况的。我们的改革，是在党的十一届三中全会以来的理论、路线和一系列方针政策指导下进行的。邓小平同志对改革有深刻的理论阐述。党的十三大提出了社会主义初级阶段理论。虽然我们的改革已经进行了十年，但在整个历史长河中还是很短暂的。所以，我们的改革理论还不可能是十分完备的。只有随着改革不断深入发展，我们的改革理论才能日臻成熟。我们的改革没有任何现成模式可以照抄照搬。我们夺取政权以后，学习了苏联的经济模式。应该承认，这种经济体制在建国初期是起了积极作用的，也取得了一定的成绩。但是，随着社会的发展，

---

① 江泽民：《理论工作要面向实际》（1988 年 3 月 10 日），载《江泽民文选》（第一卷），人民出版社 2006 年版，第 32 页。

② 江泽民：《用正确的思想方法分析形势》（1989 年 3 月 20 日），载《江泽民文选》（第一卷），人民出版社 2006 年版，第 44 页。

实践证明这种经济体制已不适应社会生产力的发展。现在，世界上一些国家都在进行改革。对别国的经验，我们不能照搬，因为中国国情不同，中国有十一亿人口，历史、文化、经济条件与其他国家也不相同。因此，我们还是要按照毛主席一再说的那样，坚持把马克思主义的普遍真理同中国革命的具体实践相结合，在改革的实践中加强理论学习，重视理论研究，不断把经验上升为理论。我希望，搞理论工作的同志要深入改革实际，搞实际工作的同志也要重视理论学习和研究。

重视调查研究，是我们党的优良传统①

重视调查研究，是我们党的优良传统。坚持理论与实际相结合，由此制定和执行正确的路线方针政策，是我们党领导革命、建设和改革的基本经验。我们党过去领导全国人民走出了一条有中国特色的民主革命和社会主义革命道路，现在又走出了一条有中国特色的社会主义现代化建设道路，最根本的是把马克思主义基本原理同中国具体实际结合起来，运用马克思主义的立场、观点、方法，正确地认识中国国情，创造性地解决革命和建设中的问题。这个结合的过程，始终是以调查研究为前提、为依据的。也就是说，是在调查研究的基础上，实现并不断深化马克思主义基本原理同中国具体实际的结合和统一的。

毛泽东同志为我们党的调查研究优良传统的形成和发展作出了巨大贡献。新民主主义革命时期，在极为艰难的条件下，他进行过大量实地调查，写出了影响深远的《中国社会各阶级的分析》、《湖南农民运动考察报告》以及《寻乌调查》、《兴国调查》等一系列调查报告。他提出了"没有调查，没有发言权"的著名论断。新中国成立后，毛泽东同志仍经常到各地了解实际情况，并亲自组织对一些重大问题进行调查研究。1956年，他和党中央其他领导同志一起，用了一个半月的时间，听了三十四个部委的汇报，仔细了解各条战线取得的成绩、存在的问题和工作中的经验教训，在此基础上写出了《论十大关系》这篇重要著作，为探索适合中国情况的社会主义建设道路作出了积极努力。1961年，为了克服国民经济遇到的严重困难，为了了解各方面的真实情况、采取正确的政策措施，毛泽东同志亲自组织三个调查组，分别到浙江、湖南、广东进行调查。在此基础上，并根据其他许多调查组的意见，制定了农业六十条，对促进国民经济恢复和发展起了极为重要的作用。

邓小平同志在我国革命、建设和改革的过程中也一贯重视调查研究工作，

---

① 江泽民：《没有调查就没有决策权》（1993年7月5日），载《江泽民文选》（第一卷），人民出版社2006年版，第304页。

为党的调查研究优良传统的形成和发展也作出了重大贡献。他指出，实事求是是马列主义的精髓，也是毛泽东思想的精髓。这个著名论断本身就包含和体现了调查研究的重要性。因为离开调查研究，就谈不上理论与实际的结合和统一，也就谈不上实事求是。六十年代初的三年困难时期，邓小平同志为主持制定工业七十条和其他文件，亲自进行了大量卓有成效的调查研究。尤其是在党的十一届三中全会以后，邓小平同志在全党进行拨乱反正、总结历史经验教训的基础上，对一系列关系经济社会发展全局的重大问题进行深入调查研究，为形成建设有中国特色社会主义理论，制定党的"一个中心、两个基本点"的基本路线，作出了巨大贡献。1992年春，他不顾80多岁高龄，亲自到武昌、深圳、珠海、上海等地视察，发表了重要谈话，为加快我国改革开放和经济发展提出了重要指导方针。

总之，无论在调查研究的理论方面，还是在实践方面，毛泽东同志、邓小平同志都是我们学习的楷模。

坚持调查研究，是辩证唯物主义认识论的基本要求，是党保持同人民群众密切联系的重要渠道，也是我们党的一个基本工作方法和领导制度。回顾建党七十多年的历史，什么时候全党从上到下重视调查研究，工作指导方针符合客观实际，党的事业就顺利发展；什么时候忽视调查研究，就会导致主观与客观相脱离，造成工作中的失误，使党和人民的事业遭受损失甚至挫折。因此，加强调查研究不仅是一个工作方法问题，而且是一个关系党和人民的事业得失成败的大问题。

在新的时期，我们肩负着改革开放和现代化建设的历史重任，全党同志首先是各级领导干部更要重视和加强调查研究。尽管我们现在进行调查研究的对象、内容、手段、条件都发生了新的变化，但调查研究在党的决策工作和全部领导工作中的地位和作用，不仅丝毫没有改变，而且更为重要。为了适应改革和发展的需要，调查研究的工作只能全面加强，决不可有任何削弱。建设有中国特色社会主义事业任重道远，在前进中会遇到许多复杂的新情况新问题，需要不断探索和解决。而对任何问题的探索和解决，须臾也离不开调查研究。

当前，在邓小平同志视察南方的重要谈话和党的十四大精神指引下，国民经济保持强劲的发展势头，以建立社会主义市场经济体制为核心的各项改革正在深入进行，各项事业都取得了新的进步。一个抓住机遇、深化改革、促进发展的新局面越来越充分地展现在人们面前。总的形势很好。越是在形势好的情况下，越要头脑清醒、不骄不躁，善于及时发现和解决新的矛盾和问题；越要注意把干部群众的积极性引导好、保护好、发挥好；越要坚持科学的态度和务实的作风，精心指导，过细工作，掌握驾驭经济社会发展全局的主动权。

应该看到，我们在前进中确实存在一些问题，经济工作中有些问题还相当突出，社会治安、精神文明建设、党的建设等方面也有一些不可忽视的问题。对于这些问题的出现，我们既不要惊慌失措，也不能麻痹大意，解决的态度要积极，步子要稳妥。从历史经验看，这些问题如不及时处理或处理得不好，就可能引发一些新的社会问题。最重要的是，要坚定不移地贯彻执行党的基本路线，始终不渝地坚持以经济建设为中心，抓住机遇，加快发展，同时又要扎扎实实，避免损失，力争国民经济隔几年上一个新台阶。发展是硬道理，解决好前进中的问题也是为了更好地保证和促进发展，二者是统一的。只有经济大大发展了，全国的经济实力和综合国力大大增强了，人民生活才能不断改善，国家才能长治久安，我们的腰杆子才能更硬，我们在国际上说话才能更有分量，我们的朋友才能更多。邓小平同志再三强调发展才是硬道理，硬就硬在这里。

我们要不失时机地集中力量把经济建设搞上去，关键在于深化改革。正确解决前进中的矛盾和问题，关键也在于深化改革。因为这些矛盾和问题的产生，从根本上说，是由于新的经济体制尚未确立，各种经济关系尚未完全理顺。我们不能沿用过去计划经济体制那套老办法来解决这些矛盾和问题，那是解决不了也解决不好的，必须加快建立社会主义市场经济体制，努力寻求新的办法来解决。这才是根本出路。中央正在研究如何加快建立社会主义市场经济体制的问题。现在已组织中央有关部委的负责同志带队下去调查研究，希望各省区市的领导同志，以及政策研究室和其他部门的同志，也要围绕深化经济体制改革和经济社会发展中的重大问题，深入到群众之中，广泛调查研究，特别是要多搞一些典型调查、专题调查、系统调查。总之，为了抓住机遇、深化改革、促进经济又快又好地发展，为了在这种新形势下保证党的决策的科学制定和有效执行，正确解决前进中的问题，全党同志必须在邓小平同志建设有中国特色社会主义理论和党的基本路线指导下，深入各个领域的实际，大兴调查研究之风。

历史经验说明，各种问题的解决都取决于正确的决策，而正确的决策来源于对客观实际的周密调查研究。如果不了解实际情况，凭老经验、想当然、拍脑袋，把自己的主观愿望当作客观现实，就不可能作出正确的决策。因此，越是领导职务高的同志，越要亲自下工夫对重大问题进行调查研究。这是别人无法代替的。没有调查就没有发言权，没有调查就更没有决策权。

在这里，我再一次提议，县以上各级领导同志，尤其是主要负责同志，一定要带头大兴调查研究之风。（1）每年至少抽出一两个月的时间，深入基层调查研究。所谓深入基层，去农村要到村到户，去工厂要到车间到班组，亲自听取群众呼声，了解群众想什么，盼什么，欢迎什么，反对什么。每个领导干部都要在工人、农民、知识分子中交一些知心朋友，经常促膝交谈。这样，在工作指导上才有可能真正做到想群众之所想、急群众之所急，真正切合实际。（2）要对本地区本部门迫切需要解决的重要问题进行系统的调查研究，提出解决问题的正确对策。（3）每个领导干部都应该亲自动手写调查报告。报告中要有自己了解的真实情况，要有自己对问题的见解，要提出解决问题的主张和办法。调查报告要报送同级党委和上一级党委。对有价值的调研报告，还应该及时转发交流。各省区市党委每年要向中央选送一些优秀的调研报告，供中央决策参考。

全党同志特别是各级领导干部，真正把调查研究这一最基础性的工作做深做透了，好处很多，可以使领导机关、领导干部保持同群众、同实际生活的密切联系，有利于防止和减少工作中的官僚主义、形式主义、主观主义；可以使领导干部通过对实际情况的了解，增加共识，减少分歧，有利于统一认识、统一步调；可以为领导机关的决策工作提供充分的第一手材料，有利于作出切合实际的科学分析和判断，形成正确的方针政策；可以及时发现新的问题，包括带倾向性的问题，以便及早采取对策加以解决，减少和避免失误；等等。谋事在人，成事也在人。可以这样说，坚持做好调查研究这篇文章，是我们的谋事之基、成事之道。

社会实践不断发展决定我们的思想认识必须不断前进①

马克思主义的发展史告诉我们一个深刻的道理：社会实践是不断发展的，我们的思想认识也必须不断前进，不断根据实践的要求进行创新。思想解放、理论创新，是引导社会前进的强大力量。我们始终要坚持以马克思列宁主义、毛泽东思想特别是邓小平理论为指导，这一点丝毫不能动摇。同时，我们也必须根据新的实践不断进行新的探索，不断为实践提出新的理论指导。党的十五大号召全党同志，一定要以我国改革开放和现代化建设的实际问题、以我们正在做的事情为中心，着眼于马克思主义理论的运用，着眼于对实际问题的理论思考，着眼于新的实践和新的发展。党的十五大还提出，坚持邓小平理论，在实践中继续丰富和创造性地发展这个理论，这是党中央领导集体和全党同志的庄严历史责任。全党同志都要把这项任务当作自己的神圣职责，集中全国人民的智慧，共同研究和回答关系我们党和国家事业发展全局的新的重大战略问题，保证我们党始终走在时代发展的前列，真正做到"三个代表"。

---

① 江泽民：《不断根据实际的要求进行创新》（2000年6月20日），载《江泽民文选》（第三卷），人民出版社2006年版，第66～68页。

（六）胡锦涛同志有关调查研究方面的论述（摘录）

加强调查研究有利于提高工作本领①

调查研究是我们的谋事之基、成事之道。各级党委、政府和领导干部要切实加强对本地区本部门和谐社会建设有关情况和工作的调查研究，全面分析和把握社会建设和管理的发展趋势，为制定政策、开展工作奠定坚实的基础。要加强对社会结构发展变化的调查研究，深入认识和分析阶层结构、城乡结构、区域结构、人口结构、就业结构、社会组织结构等方面情况的发展变化和发展趋势，以利于深入认识在发展社会主义市场经济和对外开放的条件下我国社会发展的特点和规律，更好地推进社会建设和管理。要加强对社会利益关系发展变化的调查研究，深入认识和分析我国社会利益结构、利益关系等方面情况的发展变化和发展趋势，以利于完善政策措施，更好地统筹各方面的利益关系和利益要求。要加强对维护社会稳定工作的调查研究，深入认识和分析公共安全、社会治安等方面情况的发展变化和发展趋势，以利于健全维护社会稳定的有效机制，保证广大人民群众安居乐业。各级领导干部要深入基层、深入群众、深入实际，通过开展广泛深入的调查研究，切实提高思想认识水平，切实提高政策水平，切实提高工作水平，努力把构建社会主义和谐社会的各项工作落实好。

做好任何一项工作都离不开理论指导。与社会主义经济、政治、文化建设一样，我们对社会主义社会建设的理论研究和实践探索还有大量工作要做，因而尤其需要在实践的基础上加强理论研究。要加强马克思列宁主义、毛泽东思想、邓小平理论和"三个代表"重要思想关于社会主义社会建设理论的研究，并用来指导我们构建社会主义和谐社会的各项工作。要加强对我国历史上关于社会建设理论的研究，按照去伪存真、去粗取精的要求，努力做到古为今用。要注意研究国外社会建设理论，借鉴其积极成果。要通过深入系统的理论研究，深化对构建社会主义和谐社会的规律性认识，使我们关于新形势下构建社会主义和谐社会的理论更加完备，使我们推进社会主义和谐社会建设的工作更加富有成效。

建设民主法治、公平正义、诚信友爱、充满活力、安定有序、人与自然和谐相处的社会主义和谐社会，要求我们必须提高管理社会事务的本领、协调利

---

① 本部分是胡锦涛同志于2005年2月21日在中共中央政治局第二十次集体学习时讲话的部分内容。摘自新华网，标题为编者所加。

益关系的本领、处理人民内部矛盾的本领、维护社会稳定的本领。要适应社会主义市场经济发展和社会结构深刻变化的新情况，深入研究社会管理规律，更新社会管理观念，推进社会建设和管理的改革创新，尽快形成适应我国社会发展要求和人民群众愿望、更加有效的社会管理体制。要坚持把最广大人民的根本利益作为党和国家一切工作的根本出发点和落脚点，进一步增强决策的科学性、全面性、系统性，善于正确反映和兼顾不同方面的利益，努力使全体人民共享改革发展的成果，朝着共同富裕的方向不断前进。要加强对新形势下人民内部矛盾产生的原因特别是深层次原因的分析研究，完善各项政策措施和工作部署，转变工作作风，健全处理人民内部矛盾的方式方法，及时妥善处理人民内部矛盾。要正确把握改革发展稳定的关系，切实落实维护社会稳定的工作责任制，确保社会安定团结。

对社会管理创新工作的认识和工作要求[①]

社会管理是人类社会必不可少的一项管理活动。在我们这样一个有 13 亿人口、经济社会快速发展的国家，社会管理任务更为艰巨繁重。我们加强和创新社会管理，根本目的是维护社会秩序、促进社会和谐、保障人民安居乐业，为党和国家事业发展营造良好社会环境。社会管理的基本任务包括协调社会关系、规范社会行为、解决社会问题、化解社会矛盾、促进社会公正、应对社会风险、保持社会稳定等方面。做好社会管理工作，促进社会和谐，是全面建设小康社会、坚持和发展中国特色社会主义的基本条件。

当前我国既处于发展的重要战略机遇期，又处于社会矛盾凸显期，社会管理领域存在的问题还不少。从总体上看，我国社会管理领域存在的问题，是我国经济社会发展水平和阶段性特征的集中反映。经过新中国成立 60 多年特别是改革开放 30 多年来的建设和发展，我国经济实力和综合国力显著增强，这为我们不断满足人民日益增长的物质文化需要、解决社会管理领域存在的问题打下了重要的物质基础。同时，我国仍处于并将长期处于社会主义初级阶段的基本国情没有变，人民日益增长的物质文化需要同落后的社会生产之间的矛盾这一社会主要矛盾没有变，发展中不平衡、不协调、不可持续问题依然突出，我们解决各种社会问题的物质基础还比较薄弱。解决社会管理领域存在的问题既要增强紧迫感，又要长期努力，加强实践探索和工作落实，深化认识，总结经验，把握规律，开拓创新，全面提高社会管理科学化水平。

---

① 本部分内容为胡锦涛同志于 2011 年 2 月 19 日在省部级主要领导干部社会管理及其创新专题研讨班开班式上讲话的部分内容，标题为编者所加。

第一，进一步加强和完善社会管理格局，切实加强党的领导，强化政府社会管理职能，强化各类企事业单位社会管理和服务职责，引导各类社会组织加强自身建设、增强服务社会能力，支持人民团体参与社会管理和公共服务，发挥群众参与社会管理的基础作用。第二，进一步加强和完善党和政府主导的维护群众权益机制，形成科学有效的利益协调机制、诉求表达机制、矛盾调处机制、权益保障机制，统筹协调各方面利益关系，加强社会矛盾源头治理，妥善处理人民内部矛盾，坚决纠正损害群众利益的不正之风，切实维护群众合法权益。第三，进一步加强和完善流动人口和特殊人群管理和服务，建立覆盖全国人口的国家人口基础信息库，建立健全实有人口动态管理机制，完善特殊人群管理和服务政策。第四，进一步加强和完善基层社会管理和服务体系，把人力、财力、物力更多投到基层，努力夯实基层组织、壮大基层力量、整合基层资源、强化基础工作，强化城乡社区自治和服务功能，健全新型社区管理和服务体制。第五，进一步加强和完善公共安全体系，健全食品药品安全监管机制，建立健全安全生产监管体制，完善社会治安防控体系，完善应急管理体制。第六，进一步加强和完善非公有制经济组织、社会组织管理，明确非公有制经济组织管理和服务员工的社会责任，推动社会组织健康有序发展。第七，进一步加强和完善信息网络管理，提高对虚拟社会的管理水平，健全网上舆论引导机制。第八，进一步加强和完善思想道德建设，持之以恒加强社会主义精神文明建设，加强社会主义核心价值体系建设，增强全社会的法制意识，深入开展精神文明创建活动，增强社会诚信。

各级党委和政府要充分认识新形势下加强和创新社会管理的重大意义，统筹经济建设、政治建设、文化建设、社会建设以及生态文明建设，把社会管理工作摆在更加突出的位置，深刻认识和准确把握社会管理规律，加强调查研究，加强政策制定，加强工作部署，加强任务落实，不断提高社会管理科学化水平，不断促进社会和谐稳定，努力为"十二五"时期经济社会发展、为实现全面建设小康社会宏伟目标创造更加良好的社会条件。

（七）习近平同志有关调查研究方面的论述（摘录）①

调查研究是做好领导工作的一项基本功，调查研究能力是领导干部整体素质和能力的一个组成部分。

---

① 本部分内容是习近平同志于 2011 年 11 月 16 日在中央党校秋季学期第二批入学学员开学典礼上讲话的部分内容，摘自新华网。

一、调查研究不仅是一种工作方法，而且是关系党和人民事业得失成败的大问题

重视调查研究，是我们党在革命、建设、改革各个历史时期做好领导工作的重要传家宝。马克思主义的辩证唯物主义、历史唯物主义世界观和方法论，党的实事求是的思想路线，党的从群众中来到群众中去的根本工作路线，都要求我们的领导工作和领导干部必须始终坚持和不断加强调查研究。只有这样，才能真正做到一切从实际出发、理论联系实际、实事求是，真正保持党同人民群众的密切联系，也才能从根本上保证党的路线方针政策和各项决策的正确制定与贯彻执行，保证我们在工作中尽可能防止和减少失误，即使发生了失误也能迅速得到纠正而又继续胜利前进。回顾我们党的发展历程可以清楚地看到，什么时候全党从上到下重视并坚持和加强调查研究，党的工作决策和指导方针符合客观实际，党的事业就顺利发展；而忽视调查研究或者调查研究不够，往往导致主观认识脱离客观实际、领导意志脱离群众愿望，从而造成决策失误，使党的事业蒙受损失。

调查研究的过程，是领导干部提高认识能力、判断能力和工作能力的过程。经常走出领导机关，深入实际、深入基层、深入群众，进行各种形式和类型的调查研究，非常有益于促进领导干部正确认识客观世界、改造主观世界、转变工作作风、增进同人民群众的感情，有益于深切了解群众的需求、愿望和创造精神、实践经验。现在的交通通信手段越来越发达，获取信息的渠道越来越多，但都不能代替领导干部亲力亲为的调查研究。因为直接与基层干部群众接触，面对面地了解情况和商讨问题，对领导干部在认识上和感受上所起的作用和间接听汇报、看材料是不同的。通过深入实际调查研究，把大量和零碎的材料经过去粗取精、去伪存真、由此及彼、由表及里地思考、分析、综合，加以系统化、条理化，透过纷繁复杂的现象抓住事物的本质，找出它的内在规律，由感性认识上升为理性认识，在此基础上作出正确的决策，这本身就是领导干部分析和解决问题本领的重要反映，也是领导干部思想理论水平和工作水平的重要反映。领导干部不论阅历多么丰富，不论从事哪一方面工作，都应始终坚持和不断加强调查研究。

为什么对领导干部的调查研究，要强调"始终坚持"和"不断加强"呢？一是因为我们所肩负的任务是不断变化的，原有的任务完成了，新的任务又摆到了面前，又需要重新学习和调查研究。二是因为我们党的领导干部是要不断地进行新老交替和不断地调换工作岗位的，老干部离开了领导岗位，新一批干部上来了，老干部学习和调查研究的经验可以供新上来的干部学习借鉴，但代替不了新上来干部的学习和调查研究。领导干部从一个地区和部门到另一个地区和部门，都必须进行调查研究。即便是回到曾经熟悉的工作岗位和工作环境，也不能刻舟求剑，还需要重新调查了解新情况。三是客观事物总在不断变化，新矛盾新问题每日每时都在出现，在当代中国社会主义现代化事业蓬勃发展的形势下，在当今世界多极化、经济全球化深入发展和科学技术突飞猛进的条件下更是如此。这也要求领导干部必须坚持不懈地进行和加强调查研究。

应该看到，当前在领导干部中，不重视调查研究、不善于调查研究的问题还是存在的。有的走不出"文山会海"，强调工作忙，很少下去调查研究。有的满足于看材料、听汇报、上网络，不深入实际生活，坐在办公室关起门来作决策。有的自认为熟悉本地区本部门情况，对层出不穷的新情况新问题反映不敏锐，对形势发展变化提出的新课题新挑战应对不得力，看不到事物的发展变化是一个由量变到质变的过程，凭经验办事，拍脑袋决策。有的调研走过场，只看"盆景式"典型，满足于听听、转转、看看，蜻蜓点水、浅尝辄止。凡此种种，严重影响决策的科学性，妨碍党的路线方针政策的贯彻执行，也损害领导机关、领导干部的形象。

胡锦涛同志在党的十七届六中全会上再次明确要求，各级党委要立足我国社会主义初级阶段基本国情，以宽广的眼界观察世界，组织力量开展调查研究，努力回答对我国经济社会发展带有全局性、战略性的重大问题。各级领导干部要充分认识调查研究的重要性，按照胡锦涛同志提出的要求加强和做好调查研究工作。

二、学习和掌握正确方法，努力提高调查研究水平和成效

做好新形势下的调查研究工作，要坚持以中国特色社会主义理论体系为指导，紧紧围绕党的路线方针政策和中央重大决策部署的贯彻执行，坚持解放思想、实事求是、与时俱进，深入研究影响和制约科学发展的突出问题，深入研究人民群众反映强烈的热点难点问题，深入研究党的建设面临的重大理论和实际问题，深入研究事关改革发展稳定大局的重点问题，深入研究当今世界政治经济等领域的重大问题，全面了解各种新情况，认真总结群众创造的新经验，努力探索各行各业带规律性的东西，积极提供相应的对策，使调查研究工作同中心工作和决策需要紧密结合起来，更好地为各级党委和政府科学决策服务，为提高党的领导水平和执政水平服务。

调查研究，是对客观实际情况的调查了解和分析研究，目的是把事情的真相和全貌调查清楚，把问题的本质和规律把握准确，把解决问题的思路和对策研究透彻。这就必须深入实际、深入基层、深入群众，多层次、多方位、多渠道地调查了解情况。既要调查机关，又要调查基层；既要调查干部，又要调查群众；既要解剖典型，又要了解全局；既要到工作局面好和先进的地方去总结经验，又要到困难较多、情况复杂、矛盾尖锐的地方去研究问题。基层、群众、重要典型和困难的地方，应成为调研重点，要花更多时间去了解和研究。只有这样去调查研究，才能获得在办公室难以听到、不易看到和意想不到的新情况，找出解决问题的新视角、新思路和新对策。领导干部搞调研，要有明确的目的，带着问题下去，尽力掌握调研活动的主动权，调研中可以有"规定路线"，但还应有"自选动作"，看一些没有准备的地方，搞一些不打招呼、不作安排的随机性调研，力求准确、全面、深透地了解情况，避免出现"被调研"现象，防止调查研究走过场。党的十七届四中全会《决定》明确规定："领导干部下基层调查研究，要轻车简从，不扰民，不搞层层陪同，不组织群众迎送。"这个要求，各级领导干部要认真贯彻落实。

搞好调查研究，一定要从群众中来、到群众中去，广泛听取群众意见。人民群众的社会实践，是获得正确认识的源泉，也是检验和深化我们认识的根本所在。调查研究成果的质量如何，形成的意见正确与否，最终都要由人民群众的实践来检验。毛泽东同志 1930 年在寻乌县调查时，直接与各界群众开调查会，掌握了大量第一手材料，诸如该县各类物产的产量、价格，县城各业人员数量、比例，各商铺经营品种、收入，各地农民分了多少土地、收入怎样，各类人群的政治态度，等等，都弄得一清二楚。这种深入、唯实的作风值得我们学习。领导干部进行调查研究，要放下架子、俯下身子，深入田间地头和厂矿车间，同群众一起讨论问题，倾听他们的呼声，体察他们的情绪，感受他们的疾苦，总结他们的经验，吸取他们的智慧。既要听群众的顺耳话，也要听群众的逆耳言；既要让群众反映情况，也要请群众提出意见。尤其对群众最盼、最急、最忧、最怨的问题更要主动调研，抓住不放。这样才能真正听到实话、察到实情、获得真知、收到实效。

调查研究必须坚持实事求是的原则，树立求真务实的作风，具有追求真理、修正错误的勇气。现在有的干部善于察言观色，准备了几个口袋，揣摩上面或领导的意图来提供材料。很显然，这样的调查是看不到实情、得不到真知、做不出正确结论的。调查研究一定要从客观实际出发，不能带着事先定的调子下去，而要坚持结论产生在调查研究之后，建立在科学论证的基础上。对调查了解到的真实情况和各种问题，要坚持有一是一、有二是二，既报喜又报忧，不唯书、不唯上，只唯实。有些干部，不是不了解情况，也不是看不到问题，而是不愿正视现实，不敢讲真话，报喜不报忧。这些现象都是违背实事求是原则的。在调查研究中能不能、敢不敢实事求是，不只是认识水平问题，而且是党性问题。只有公而忘私，把党和人民利益放在第一位，才能真正做到实事求是。在领导机关、领导干部中，要进一步营造和保持讲真话、讲实话、讲心里话的良好氛围，鼓励如实反映情况和提出不同意见，积极开展批评与自我批评，坚决反对上下级和干部之间逢迎讨好、相互吹捧，坚决反对把党内生活庸俗化。

调查研究，包括调查与研究两个环节。衡量调查研究搞得好不好，不是看调查研究的规模有多大、时间有多长，也不是光看调研报告写得怎么样，关键要看调查研究的实效，看调研成果的运用，看能不能把问题解决好。从目前领导干部开展调查研究的实际情况看，有调查不够的问题，也有研究不够的问题，而后一个问题可能更突出。有的同志下去，只调查不研究，装了一兜子材料，回来汇报一下写个报告就了事；有的领导干部连调研汇报也不听，调查材料也不看。这种调查多、研究少，情况多、分析少，不解决什么问题的调查研究，是事倍功半的。我们要充分认识到，调查研究的根本目的是解决问题，调查结束后一定要进行深入细致的思考，进行一番交换、比较、反复的工作，把零散的认识系统化，把粗浅的认识深刻化，直至找到事物的本质规律，找到解决问题的正确办法。

调查研究方法也要与时俱进。在运用我们党在长期实践中积累的有效方法的同时，要适应新形势新情况特别是当今社会信息网络化的特点，进一步拓展调研渠道、丰富调研手段、创新调研方式，学习、掌握和运用现代科学技术的调研方法，如问卷调查、统计调查、抽样调查、专家调查、网络调查等，并逐步把现代信息技术引入调研领域，提高调研的效率和科学性。

三、建立和完善制度，保证调查研究经常化

我们党有重视调查研究的优良传统，在新的形势下要大力弘扬。在坚持和加强调查研究方面，我们党相继制定了一系列行之有效的制度，要在实践中不断健全完善，切实抓好贯彻落实，使调查研究真正成为各级领导干部自觉的经常性活动。

坚持和完善先调研后决策的重要决策调研论证制度。陈云同志说："领导机关制定政策，要用百分之九十以上的时间作调查研究工作，最后讨论作决定用不到百分之十的时间就够了。"这是很有道理的。决策是一个提出问题、分析问题、解决问题的过程。为了防止和克服决策中的随意性及其造成的失误，提高决策的科学化水平，必须把调查研究贯穿于决策的全过程，真正成为决策的必经程序。该通过什么调研程序决策的事项，就要严格执行相关调研程序，不能嫌麻烦、图省事。对本地区、本部门事关改革发展稳定全局的问题，应坚持做到不调研不决策、先调研后决策。提交讨论的重要决策方案，应该是经过

深入调查研究形成的，有的要有不同决策方案作比较。特别是涉及群众切身利益的重要政策措施出台，要采取听证会、论证会等形式，广泛听取群众意见。要在建立、完善落实重大项目、重大决策风险评估机制上取得实质性进展，使我们的各项工作真正赢得群众的理解和支持，从源头上预防矛盾纠纷的发生。

坚持和完善领导机关、领导干部的调研工作制度。领导干部要带头调查研究，拿出一定时间深入基层，特别是主要负责人要亲自主持重大课题的调研，拿出对工作全局有重要指导作用的调研报告。为什么要强调各级领导机关的主要负责人亲自下去做调查，亲自主持重大课题的调研呢？因为对各种问题特别是重大问题的决策，最后都需要主要负责人去集中各方面的意见由领导集体决断，而主要负责人亲自做了调查研究，同大家有着共同的深切感受和体验，就更容易在领导集体中形成统一认识和一致意见，更容易作出决定。20世纪60年代初，为了渡过当时国民经济的严重困难，全党同志就当时一些重大问题同时开展调研，尤其是各级领导机关的主要负责人都参与了调研，结果很快就形成了解决一系列重大经济社会问题的正确决策，使困难局面迅速得到扭转。那次全党大调研给我们留下了宝贵经验。中共中央办公厅去年印发的《关于推进学习型党组织建设的意见》明确要求："建立健全调查研究制度，省部级领导干部到基层调研每年不少于30天，市、县级领导干部不少于60天，领导干部要每年撰写1至2篇调研报告。"对这些要求，各级领导干部要认真执行，各级领导机关要经常督促落实。

坚持和完善领导干部的联系点制度。建立领导干部联系点，是防止领导干部脱离群众的一种重要手段，也是发现和解决问题的有效途径。各级领导干部要坚持这一制度，并注意总结经验，不断加以完善。党政主要领导干部要以身作则，率先垂范。不仅要"身入"基层，更要"心到"基层，始终关心基层联系点，关心联系点的群众。到联系点调查研究，要真心实意地交朋友、拉家常，通过面对面交流，直接了解基层干部群众的所想、所急、所盼。同时，还可有选择地开展蹲点调研。蹲点调研、解剖"麻雀"是过去常用的一种调研方式，在信息化时代依然是管用的。要注意选择问题多、困难大、矛盾集中，与本职工作密切相关的农村、社区、企业等基层单位，开展蹲点调研，倾听群众心声，找准问题的症结所在。近年来，有些领导干部包括有的省部级干部不打招呼、不要陪同，一竿子插到底，直接深入基层和群众之中进行调查研究。一些省区市和中央部委开展"领导干部下基层"、"进千村入万户"等活动，每年安排一批干部到村镇、社区和其他基层单位蹲点。中央组织部近两年组织开展万名组织部长下基层活动，推动各级组织部长深入基层、深入一线，与群众零距离接触、与干部面对面交流，实地考察基层经济社会发展和党的建设情况，解决了一批影响和制约地方科学发展的突出问题，发现和总结了许多基层党建新经验，结交了普通百姓朋友，密切了党群、干群关系，同时也发现了一批优秀人才。今年8月以来，中央宣传部、中央外宣办、国家广电总局、新闻出版总署、中国记协等五部门在新闻战线开展"走基层、转作风、改文风"活动，大批编辑记者深入基层蹲点调研、采访写作，采写的新闻报道令人耳目一新，在了解基层实际、反映群众意愿、树立良好形象、推动具体工作上取得了积极进展，受到广大干部群众的普遍好评。浙江省嘉善县从2008年起，每年分批选派近200名部门中层干部到基层单位开展为期3个月的蹲点调研，采取"菜单式点题"、"承诺式蹲点"和"全程式联挂"等形式，组织机关干部集中下基层开展服务、调研活动。3年来，参与调研的干部每年都提出了一批好的工作建议，并为基层和群众解决了一批突出问题，办了不少实事，群众赞誉"党的好传统、好作风又回来了"。像这样的例子在中央机关和地方还有不少。以上这些做法，都有助于了解实际情况、听取群众意见、发现和解决问题、密切党群关系，值得学习和借鉴。

二、检察调研的重要作用和意义

检察调研不论作为一种社会实践活动，还是作为我们了解情况和解决问题的一种方法，在检察工作中都有十分重要的作用和意义。

调查研究是做好检察工作的前提和基础。检察工作和其他部门工作一样，最终都是为了解决问题。而要解决问题，就必须了解情况，研究情况，找出解决问题的方法。毛泽东同志在《改造我们的学习》一文中说："任何一个部门的工作，都必须先有情况的了解，然后才会有好的处理。"比如，我们在办理案件时，必须首先了解案件的具体情况，包括涉案人的基本情况、调查取证、审查和核实证据材料，并据以研究适用法律问题，这也是一种调查研究的过程。其他每一项检察工作的开展都需要调查研究，摸清情况和事物发展的规律。在了解和掌握情况的基础上，或制定工作方案，或发文解决问题，使某一项或几项工作健康发展，达到预期的目的。可见，调查研究是人们从事工作的基本功，也是做好检察工作的前提和基础。

调查研究是使检察工作适应形势发展和法制完备的有效措施。随着经济的发展、社会的进步和法治的需要，检察工作必然会出现一些新情况、新问题。从某种意义上说，检察工作是为经济发展、社会进步和法制需要服务的，只有及时掌握新情况，研究新情况，解决新问题，找出规律性的东西，才能更好地履行自己的神圣职责。而要掌握新情况，研究新情况，解决新问题，就必须不断加强调查研究工作。通过经常不断的调查研究，了解和掌握社会发展和各类案件中出现的新情况、新问题，了解和掌握案件的新特点，形成的具体原因，提出解决问题的办法。因此，调查研究是检察工作适应社会形势发展和法制完备的一个重要手段和有效措施。

调查研究是检察机关正确执行法律和研究法律的重要保证。社会情况的复杂性和案件千差万别的特点，决定了检察机关在办案、在适用法律和执行刑事政策上不可能不遇到一些问题。这是因为，目前我国虽然制定了不少法律法规，但这些法律法规只能就主要问题作出规定，不可能面面俱到，包罗所有的发案情况，解决所有的案件问题，这是其一。其二，随着市场经济体制的进一步发展，各类案件都会出现一些新问题，对这些新问题法律一般不可能有明确的规定。其三，对法律虽有规定，但规定不够具体的地方，在理解上有争议，在适用上有分歧的情况会经常出现。为解决这些问题，有的需要作出司法解释或修订相关法律。而要作出司法解释或修订相关法条必须进行调查研究。就最高人民检察院的司法解释而言，大都是在地方检察机关适用法律调研的基础上，提出具体意见，通过最高业务机关决策机构给予认同，然后下发执行，指导具体办案工作。各级检察院的适用法律调查研究工作，是最高人民检察院做好司法解释工作的基础。还有，在检察办案中遇到的一些问题，可以在调查研究的基础上，总结经验，提出对策，供办案人员在办案中参考。这些情况说明，调查研究是各级检察院、广大检察人员的共同任务。只有大家都自觉开展调查研究工作，才能更好地适用法律，更好地完成检察工作任务。

调查研究是锻炼提高检察官政治业务水平的重要途径。要做好检察工作，必须有一支政治业务素质很好的检察干部队伍。培养干部队伍的途径固然很多，其中调查研究就是一个重要途径。调查研究是一项综合性的工作，它需要掌握党的路线、方针、政策，需要运用法律业务理论知识和有关的科学知识；需要有分析、判断、归纳和综合文字方面的能力。所以，调查研究的过程就是锻炼提高我们每个人水平的过程。通过深入实际，调查研究，可以使大家增长法律业务理论知识和有关科学知识；可以培养人们的分析能力、概括能力和逻辑思维能力；可以提高人们的文字表述能力和写作能力。

调查研究对于我们改进工作方法和工作作风，克服官僚主义和愚昧主义也有重要作用。毛泽东同志经常说：没有调查就没有发言权。十六届四中全会制定了《中共中央关于加强党的执政能力建设的决定》，把保持求真务实的工作作风作为提高党的执政能力建设的重要内容。求真务实的工作作风，其实质内容就是树立深入调查研究的工作作风，树立深入联系民众的作风。只有这样，包括检察工作在内的党的事业才能向前发展，社会才能文明进步。

检察调研人员的重要作用和意义，包括大家的辛勤劳动和投入的时间、汗水和心血，可以用一个"盐"字作比喻。笔者个人认为，盐是百饭之王，不可或缺。厨师的等级技巧，说到根本上是使用"盐"的技能和技巧问题。盐是百味之王，可提百味。我们将某一项工作做得有声有色，受到人们的普遍欢迎，又从中受到启发并获益，没有调查研究是不行的。调研决定领导的决策正确与否，决策的正确与否决定工作的成败效果。盐是百味之君子，一入即无。作为检察调研人员必须像"盐"那样，不图名利，不事张扬，把为他人服务和为做好工作当成快乐的事情。也就是说，我们要有一种无私奉献的精神。我们不追求自己辉煌，但我们追求永存。盐永远被人类所食和所用，以消失自己获得别人的高质量生存。我们的检察调研人员和研究成果也是这样，只要是有价值的，会影响很多人，会促进各项检察工作的科学发展。

检察调研是检察工作的有机组成部分，更是检察干警的一项基本功。这可以从六个方面来进行理解：

一是调研有助于我们树立科学的检察发展观。科学的检察发展观是什么？就是要有全方位和统筹考虑的视野，就是要有认识、把握、遵循和运用规律的能力，就是要坚持扬弃、继承和飞跃的哲学原则。这几年，笔者一直想提这样一个观点，那就是"意识创新是先导，唯实工作是基础，实践结果是追求"。三者的统一，是我们应当牢牢把握的要义。马克思主义哲学历来的主张是哲学的根本问题是存在决定意识，其实这要看在什么环节和什么阶段上。从微观上讲，有它正确的一面，有它存在的价值，但从宏观上讲它的正确性值得怀疑。笔者一直这样认为，二者应当是同时产生、同时存在和同时灭亡的。我们说"存在决定意识"，其实这个"存在"已经就不存在了，因为意识一经产生，"存在"就发生变化了；我们说"意识决定存在"，其实这个意识也已经不存在了，因为存在一经产生，"意识"就发生变化了。说这话的意思，是要我们在哲学理念上要敢于探讨，打破旧有的思想观念，用观念的突破拉动工作的大踏步前进。笔者认为，"与时俱进"的重要思想体现了很深刻的哲学思想，实际上它是对马克思哲学观的修正和新贡献，我们应当理解其博大的内涵和深刻的精髓。做好检察工作，不掌握"与时俱进"的哲学思想，好多工作就无从下手，无从安排。

二是有助于做好各项检察业务工作。有人说作为一个检察官，只要会办案、办好案就够了，会不会调研写文章无所谓，这种理解是极端错误的。其实二者并不矛盾，是一个问题的两个方面。实际上，侦查办案本身就是一个调查研究的过程，在这个过程当中，每一个环节步骤的工作要用相应的法律文书予以固定和反映。比如询问证人笔录、讯问犯罪嫌疑人笔录、立案决定书、结案报告、起诉书、判决书等。从大的方面讲，线索就是选题，初查就是破题，立案是定题，查证是做题，起诉是交题，判决是评题。尽管这样说可能有一定的片面性，但客观实际就是这个道理，大家不妨仔细琢磨一下。

三是有助于检察干警自身工作水平的提高和政治上的进步。且不说毛泽东、邓小平、江泽民、胡锦涛那样的历史伟人，就是我们身边的一些高水平、让人佩服的领导，哪一个人不会写一手好文章？我们看一看，哪一个办案能手不是"双料人才"？办案与研究，二者是相辅相成的关系，是相互促进和发展的关系。政治上的进步不仅仅是提升了一个什么"官位"，更重要的是做好党和人民交给你的工作，和党中央保持一致，作执行党的方针、政策和国家法律的模范。

四是有助于为法律法规的完善、修改提供高质量的素材资料。近几年，"以人为本"是我们从上到下常讲的一句话。而现行法律是以人民"民主专政"理念设定的，那我们讲严格执法、执法必严、违法必纠，这会不会有与贯彻"以人为本"要求相违背的地方呢，肯定会有的，那么在法律法规修订以前，遇到问题怎么解决，怎么以最快的速度发现法律、法规中存在的问题，都离不开调查研究这把"快刀"的作用发挥。

五是有助于人们思想观念的转变，树立科学的执法理念。修改后的《宪法》加入了人权保障的内容，"人权入宪"后在执法理念和指导思想上应当把握什么？笔者想主要是"三个要点"、"五个并重"和"五个让位"。"三个要点"：（1）应当对人权概念有一个正确的理解。必须看到，世界通行的人权概念与我们国家的人权标准不同。人权的核心，是一个国家法律规定的诉讼当事人权益得到保障，既包括权利，也包括义务。人权是一个动态的概念，在不同的国家和不同的历史时期，其内容和要求是不一样的，它取决于一个国家的经济发展水平和政治文明程度。也是由世界的丰富性、多极性和客观实际存在性所决定的。（2）检察机关贯彻"人权入宪"的关键，就是要认真履行各项检察职责，把"强化法律监督，维护公平正义"的检察主题落到实处。包括依法打击、保护、救济和预防职能的全面发挥，而不可偏废一方，或侧重一方等。（3）应当通过规范执法办案行为来体现"人权入宪"的精神，尤其需要注意的是，不能在以牺牲程序正义的方法来换取案件的突破，不能以领导的批示或自己的素质低为由而乱开"口子"。要让我们的办案尽快来适应法律，而不是让法律来迁就我们，使法律的统一实施受损。"五个并重"和"五个让位"为：其一，坚持客观事实与法律事实并重，当二者发生矛盾时，客观事实要让位于法律事实。其二，坚持打击与保护并重，当二者发生矛盾时，打击要让位于保护。这里指的是对同一个案件或同一个人的处理而言。须知，对于一般的犯罪，"安良"胜于"除暴"，也就是说，总体上要坚持轻刑化，可处理可不处理的不处理为好；但对于大案、要案和重刑犯而言，"除暴"又胜于"安良"，也就是说，对严重危害社会治安的刑事犯罪分子要依法重判，乃至极刑，以净化"人群"和社会，节省管教司法资源。其三，坚持"严打"与常规办案并重，当二者发生矛盾时，"严打"要让位于常规办案。其四，坚持执行现实规定与改革举措并重，当二者发生矛盾时，执行现实规定要让位于改革举措。其五，严格执法与个案处理效果并重，当二者发生矛盾时，严格执法要让位于个案处理效果。因为从哲学上讲，共性是寓于个性当中的，没有个性的满足，就不会有共性的正确。

六是有助于人们对党的现行方针、政策和上级重要事项工作安排的理解，增强执行的自觉性和执行力。比如我们国家为什么要把发展作为执政兴国的第一要务，我们省为什么要大力发展民营企业？通过调研和学习国际经济法，我们知道了商人的力量、国家的力量和非政府组织的力量将是对未来国际经济大发展产生作用的三大主导力量。实际上，商人在为自己利益奔走呼号的同时，一方面吸纳了劳动力、创造了税收和锻炼、成熟了自己；另一方面推动了社会的大踏步前进。马克思、恩格斯在《共产党宣言》里讲过："资产阶级，由于开拓了世界市场，使一切国家的生产和消费都成为世界的了。过去那种地方的和民族的自给自足和闭关自守状态，被各民族的各方面的互相往来和互相依赖所代替了。"从这里，我们能不能体会到民营企业发展在对外开放和社会发展方面有着不可估量的作用呢？应当是有的。那么，我们有什么理由对他们在创业初期的一些不规范、不道德行为不给以一定限度的谅解呢？当然了，如果是通过严重的犯罪手段发展起来的，还是要给以坚决打击的。今年一月份省委、省政府一号文件转发的《关于政法机关为完善社会主义市场经济体制创造良好环境的决定》，[①] 一度引起了不少人的争论和不理解，其中有的就是与不了解商人的成长过程和社会历史的发展有关的。如果我们对国际、国内的有关历史发展有深刻的调查研究，会减少许多不必要的争论，会提高认识问题的水平，有助于强化对党的方针、政策和重要文件、规定的理解和自觉执行程度。

---

① 2004 年 1 月河北省委、省政府转发的省委政法委《关于政法机关为完善社会主义市场经济体制创造良好环境的决定》，笔者参与了这一文件的起草工作。

三、检察调研要围绕检察主题开展^①

检察调研的宗旨是为检察工作开展服务的，是为进一步深化和完善检察制度服务的。从长远来看，笔者认为应当在理论上或从宏观角度，跳出现行检察体制改革的狭窄思路范畴，从制度源头上审视检察制度的功能，通过"定功能"来明确检察工作发展的正确方向。从目前情况看，检察调研应当围绕"强化法律监督，维护公平正义"的主题做些工作。需要配合和解决的问题主要有以下几个方面：

1. 通过调研解决完善检察主题的实现方式，确保检察机关在服务党的中心工作和大局中的作用和地位问题。有人讲，检察机关用不着提服务党的中心工作、服务大局的问题，只讲依法办案就行了，依法办案就是服务党的中心工作、服务大局。其实，这样讲并不完全正确，至少有一个主动和被动的关系摆布问题。中国共产党的执政领导地位，中国特色的社会主义建设，法律监督机关的宪法地位确定，决定了检察机关必须在服务党的中心工作、服务大局中发挥自己的应有作用。当然，核心不能离开法律规定的检察职能，否则就不是检察机关了，而变成其他什么机关了。但也要特别注意，只强调自己的职能特点，而不顾党的中心工作、不考虑大局意识的做法，是与检察主题的应有要求格格不入的。我们想一想，最高人民检察院和省院领导为什么反复强调要贯彻邓小平理论和"三个代表"重要思想，为什么不断地推出一些检察改革措施，为什么把"强化法律监督，维护公平正义"作为我们的主题？道理不说自明。围绕党的中心工作和围绕大局进行工作，是中国特色检察机关职责使然。侯磊检察长去年提出的检察机关要开展服务第一要务工作，和省工商联一起开展了拜访民营企业家活动，今年又提出"我为优化河北发展环境办实事活动"，这都是检察机关服务党的中心工作和大局意识的重要举措。各级检察院要结合自己的职能，每个人要结合自己的工作，在这方面作出实实在在的贡献。而要达到这一点，是离不开检察调研工作开展的。

2. 通过调研解决完善检察主题的实现方式，确保各项业务工作的协调和规范发展。总的来讲，就是要围绕"强化法律监督，维护公平正义"主题，

---

① 此部分内容是作者参加衡水市 2003 年 6 月一次培训班时的发言提纲。有些问题现在的法律和最高人民检察院文件规定已经解决。但有些内容，还需要进一步加强和研究，故予以收录。

通过各种调研和探索活动，明确法律监督的范围、程序和手段，规范各项工作，建立起有利于强化法律监督的工作机制。就这个问题而言，笔者认为，至少有以下这样几点：

（1）继续深化侦查监督和公诉工作改革。在这方面，我们以往做了许多工作，但是还不够。笔者认为，首要的是进一步规范批捕、公诉适时介入、引导侦查取证工作改革。对重大案件和要案，如果借用批捕、公诉人员的力量，积极引导侦查机关按照批捕、出庭公诉的要求，收集、固定和完善证据，会减少检察资源的浪费，提高办案质量。要强化对侦查机关侦查活动的监督制约，探索对侦查机关适用拘留、监视居住、取保候审、搜查、扣押、延长羁押期限等强制措施有效监督的方式和途径，也包括加强对审查逮捕决定执行情况的监督，这方面我们有不少经验，但推广不够。要建立依法纠正行政执法活动中有罪不究、以罚代刑的监督工作机制。加强与工商、税务、海关等有关行政执法机关的工作联系、协调和配合，建立定期联席会议制度，拓宽受理群众举报及在办案活动中发现案件线索的渠道，建立向司法机关移送线索的工作机制，加强对行政执法机关移送的涉嫌犯罪案件的立案监督，注意发现和严肃查处徇私舞弊不移交刑事案件的犯罪。要进一步改革完善不批捕、不起诉和不抗诉制度。因为这涉及检察机关自由裁量权的运用，涉及检察执法办案公平、正义和公信力建设问题。要让人民群众对我们的检察办案和法律监督工作放心，有信任度，这个问题值得认真思考和规范。要进一步探讨庭前证据开示制度和庭前会议制度。应当规范证据开示的范围、方式和效力，研究庭前会议有关内容，使公诉和法庭审判效率更高。继续推行公诉案件简易程序和被告人认罪案件普通程序简化审。正确把握适用条件，不断改进简易程序和普通程序简化审的方式方法。加强对法院适用简易程序审理案件监督方式的研究，认真受理被害人及其亲属对适用简易程序的申诉，确保简易程序的正确适用。从法律监督机关的性质上讲，只要是法院开庭审理的案件，都应当出庭支持公诉。当然，这要对《刑事诉讼法》相关条文进行修改。要进一步完善刑事抗诉案件向人大常委会备案制度，充分发挥刑事抗诉在维护司法公正中的作用。目前程序抗诉问题不大，审判监督程序抗几乎等于白设，需要有一个解决的办法。积极探索和完善未成年人犯罪案件办理制度。严格执行《人民检察院办理未成年人刑事案件的规定》，探索完善未成年人犯罪案件专人办理的审查逮捕和审查起诉机制问题，研究制定未成年人犯罪案件的逮捕措施标准和起诉标准，依法保护未成年人在各个诉讼环节的合法权益。有人提出，封锁未成年人犯罪档案，具有很强的积极作用和意义。

（2）进一步完善职务犯罪侦查和预防工作改革。比如，建立和完善职务犯罪侦查上下左右一体化工作机制。省院、市院反贪局的大要案指挥中心，是不是达到了能够自己办案和指挥、协调对全省办案的统一。这是一点。再一点，要建立职务犯罪案件线索统一管理备案制度，建立统一调配侦查力量和指定侦查管辖的工作机制。据省院侯磊检察长讲，在办理李真案件之前，中纪委已经掌握了他的一系列材料。现在，有些院仅凭一封两封举报材料就要求主管书记签字查处，应当说这不仅是对涉嫌犯罪人的人权维护的不负责任，也是对党委领导的不负责任。还有，要进一步改革职务犯罪的侦查方式，研究探索综合运用各种侦查手段获取和固定证据的侦查模式，积极探索以事立案的立案手段。以事立案，说到实质上就是用证据判断一个人是否有罪，而以人立案往往是凭想象立案，容易出现能立案不能结案、能诉不能判的现象，有损检察机关的声威形象。再有，要进一步深化预防职务犯罪工作机制改革，继续规范重点行业系统预防、重大工程专项预防、发案单位个案预防形式，完善工作程序，创新预防方式，不断提高预防工作的专业化、社会化程度。

（3）深入推进民事行政检察改革。近几年，关于民事行政监督存废问题争议较大，主要是以奚晓明为代表的"高法学派"的"否定说"和以杨立新为代表的"高检学派"的"强化说"。笔者认为，《宪法》规定，人民检察院是国家的法律监督机关。《民事诉讼法》相关条文规定，人民检察院有权对民事审判活动实行法律监督。存废争议已经失去意义，关键是如何完善的问题。正确的做法是：积极探索对民事、行政诉讼活动监督的范围、方式和效力，保障民事审判和行政诉讼活动依法进行。继续推行提请抗诉案件审查方式改革，加快办案进度，解决案件长期积压的矛盾和问题，节约司法资源。积极推行运用检察建议启动再审程序的监督方式。加强与法院的联系沟通，逐步规范检察建议的适用范围、程序和效力，增强检察建议的有效性，加快推进检察建议的规范化和制度化。积极探索和实验民事公益诉讼问题，并解决其法律地位问题。民事公诉权制度的重点是解决国有资产流失案、自然资源被破坏案和被污染案，生产、销售假冒伪劣产品案和反垄断案等的公平、公开和有效处理问题。资料显示，现在全国已经实验这样的案件200余起。公益诉讼最早起源于古罗马法，近现代西方两大法系在这方面的司法实践基本上已经成熟。20世纪70年代以后，公益已逐渐成为一种全球性景象。

（4）深化羁押看守和刑罚执行监督制度改革。羁押看守和刑罚执行方面存在问题是较多的，有的导致串供、翻供和不安全事故出现。在这方面，有以下几点需要研究、规范：一是加强与公安机关、人民法院和刑罚执行机关的联系协调，积极推进监所检察工作网络化管理和动态监督，建立纠正超期羁押的长效工作机制。完善超期羁押情况的通报、预警提示和严格执行超期羁押责任追究制度。二是探索对监督场所刑罚执行、监管教育、减刑、假释、保外就医、社区矫正试点等活动实行监督的有效方式和途径，进一步规范监督程序。比如，积极推行对减刑、假释裁定和保外就医的公开审查制度，督促监管单位在呈报、审批环节上增强透明度，推动法院对减刑、假释和保外就医案件进行公开审理和公示制度。

（5）积极推行控告申诉检察工作改革。一是推行和完善控告申诉首办责任制和代办制制度，明确首办、代办责任部门和首办、代办检察官的职责，提高一次性办理的成功率。二是大力推行控告申诉案件公开审查制度，规范公开审查程序。对长期或多次申诉经复查后仍不服的刑事申诉案件，探索推行公开听证制度；对经初查不予立案、举报人不服、在社会上造成较大影响的案件，积极推行公开答询的方式，做好息诉工作。三是进一步完善刑事申诉案件复查程序，拓宽对人民法院生效判决、裁定的监督途径。目前这一个环节的工作基本上等于零。等于零的原因，主要是法院对自己的生效判决、裁定启动诉讼纠正程序很难。作为法律监督机关的检察机关，对这一现象怎么办？应当加强调研工作，提出可行性意见，层报最高人民检察院作出司法解释，或者是掌握情况，待时提出意见解决。

（6）积极推进检察机关最高业务决策机构的工作改革。为了完善以检察委员会和检察长为中心的重大案件和重要事项等业务决策机构的作用发挥，我们能不能在检察委员会办公室下面设一些机构，比如研究机构、统计机构、督查机构，负责重大案件分析、重要事项调研和决策后的督办等。现在各级院在研究室里面设检委会办事机构，在办公室里设督查机构、统计机构。实际上，我们应当根据改革和工作的需要，对现行内设机构进行一些调整，以适应检察决策的需要。围绕检察委员会决策机构改革，应当同时考虑建立检察机关案件质量标准体系，完善案件管理制度，规范各项业务流程，研究制定案件受理、办理、请示、答复、结案等各个环节的程序规则。建立案件情况定期分析、上报和检察委员会定期研究办案情况制度；健全办案质量检查制度，建立基层检察院互查制度，由市分院组织每年互查一次。每年至少对两个以上下级院随机抽查，通过查阅案卷、走访等方式，重点检查执行法律、政策、检察纪律以及保证诉讼参与人合法权益等情况，并对其执法活动和办案质量进行评估，提出检察报告和有针对性的整改意见。

3. 通过调研解决完善检察主题的实现方式，确保检察机关上下领导关系的高效行使。① 主要是认真落实《宪法》和《检察院组织法》关于检察机关领导体制、内设机构设置合理和检察官分类管理的问题。比如内设机构，我想能不能在党组办公室里面设人事机构、宣传机构和秘书机构等，当然这不是哪一个院能解决的问题，需要全国统筹、统一解决。在结构与功能的关系上，在检察官配备和组织管理上，我们都知道，物质世界最典型的例子是"碳"，由于原子结构排列的不同，会形成石墨、金刚石结晶和木炭、焦碳无定型两类同素异形体。虽说组成这些物质的都是碳（C），但其物理性质却有天壤之别。我们的检察机关内设机构和人员管理、组合，要想发挥比较好的效能，是不是可以从中受到启发、借鉴？应当说是可以的，不然为什么说管理也是效益。在领导体制方面，需要解决的主要是以下五点：

（1）研究、加强上级检察院在人事任免尤其是在对下级检察院领导干部任免上的作用。探索完善上级检察院检察长对下级检察院检察长的提名、选择方式，逐步实现下级检察院检察长由上级检察院检察长提名为主。千秋大业在用人，尤其是一把手的任用。笔者记得张思卿检察长说过：跟着明白领导人干事，不明白人会慢慢明白；跟着糊涂领导人干事，明白人也会不明白。这话说明选用领导人的重要作用和意义。

（2）探索完善上级检察院对下级检察院业务工作的领导和监督机制，建立在全省各级检察院有关办案资料、数据的信息网络，不断加大对下级检察院业务的指导和监督力度。建立上级检察院对下级检察院错误决定的撤销和变更制度，上级检察院的决策、部署以及检察委员会和检察长的决定，下级检察院必须执行。

（3）加强上级检察院对下级检察院领导班子的管理，建立对领导干部的动态考核机制，对不再适宜担任检察机关领导职务的人员，及时建议人大常委会撤换。现在的情况是，只要当上检察长或副检察长了，就是终身制，不管有什么问题，中间更换的几乎没有。能上不能下，不利于检察事业的发展。能者上，平者让，庸者下，有问题的依法处理，这是党的干部任用原则，只有落到实处，才能提升领导干部的水平和能力，使检察工作不断向前发展。

（4）逐步探讨研究对基层院整体建设的长效促动机制。国际上对五百强城市建设有许多硬性指标，比如人口、绿地、面积和其他基础性建设等，这些看得见的指标达到了，你就是进入行列，达不到就进不了。我们的基层院建设也应当规定有一些看得见的硬指标，比如车辆、办公设施、办案科技含量、人

---

① 此部分内容是学习借鉴山东省检察院一份经验材料，结合自己一些思考，在省院研究室一次研讨会上的发言提纲。

员构成，以及以往办理过的大要案出庭、判决结果情况等，如果这些要素真的达到了，我们的办案是会有效减少事故出现的。

（5）探索检察机关内部机构改革。按照需要、精干和高效的原则，加强业务机构的专业化建设。现在的内设机构，符合不符合办案实际，符合不符合人员积极性调动、发挥的实际，需要进一步研究。我们的检察改革搞了这么多年，笔者个人认为最具改革意义的是主办检察官制度，我国台湾地区叫主任检察官制度，但大陆对这个问题一直没有解决好。

4. 通过调研解决完善检察主题的实现方式，不断提高队伍的专业化管理水平。根据检察官的职业特点，以建立专业化和职业化检察队伍为主线，以实现队伍管理的科学化、民主化和制度化为目标，继续深化检察机关干部人事制度改革，努力提高队伍整体素质。主要有以下六个方面：

（1）探索建立以检察官为中心的检察人员分类管理制度。实行检察官、检察辅助人员（检察书记员、业务技术人员、司法警察）、检察行政人员分类管理，明确各类检察人员的职责、任职资格和名额比例。以此为切入点，逐步推进检察行政人员与业务人员相分离，检察行政机构与业务机构相分离，检察行政管理活动与业务活动相分离。

（2）进一步完善检察人员职业准入制度。坚持凡进必考、公开招考，严格录用的条件和程序。优先招用通过全国统一司法考试的人员、法律专业本科以上毕业生和从事法学教学研究人员及律师，切实保证新进人员和新任检察官具有较高素质。进一步疏通出口，对不适合做检察工作的人员，及时调离检察机关。

（3）积极推行上级检察院检察官主要从下级检察院检察官中择优选任的逐级送选制度。逐步形成合理的省、市、县（市、区）院人才梯次结构，实现检察官自下而上和内部的有序流动。同时，探索检察人员与检察系统外司法人员横向交流制度。

（4）建立健全检察人员工作责任和业绩考核体系。改革完善业绩考核方式，进一步完善奖惩制度，充分发挥考核杠杆的激励引导作用。同时，加强检察机关人才库建设，建立各类人才管理和使用调配机制。

（5）改革完善检察官培训制度。强化正规化岗位培训、高学历教育和高层次人才培养，向系统化、专业化和规范化培训方向迈进，逐步实现从知识型向素质型教育转变，从单纯学历型教育向培养"高、精、尖"型人才教育的转变。

（6）加强检察文化建设，继续规范检察礼仪。探索建立新任检察官和检察长就职宣誓制度。

5. 通过调研解决完善检察主题的实现方式，不断增强检察机关的综合保障能力。要以提高检察机关综合保障能力为目标，积极探索建立与我国国情相适应的检察经费体制，不断提高检察机关物质保障水平。主要有以下六个方面：

（1）不断完善重大检察信息反馈、整理、分析和传播制度，接通各级院领导的"天线"（上情）和"地线"（下情），提高领导层的快速决策和指挥能力。据说，美国军队行动中有一个学习系统叫"call 中心"，其主要的工作方式就是收集信息、归纳信息和传播信息，战场中无论需要哪方面的信息，都可以直接通过"call 中心"获取，有效地提高了部队在战斗中的学习能力。要想保证各级院领导的高智慧和高指挥决策能力，随时能够掌握各种信息情况十分重要。对于一个院领导的要求，不是说得必须比别人强多少，但绝不能在决策、指挥上低于下层人员，这样才能起到应有的领导作用，使检察工作永远立于不败之地。

（2）不断完善检察机关经费预算制度。认真研究部门预算、政府采购、国库集中支付等财政改革措施，适应财政改革要求，科学编制检察经费预算，不断提高经费保障水平。不管一时给不给钱，只要我们坚持预算有理、有据，总会得到政府的理解，总会有所改善甚或解决的。

（3）加大科技投入，推进科技强检建设。充分运用计算机技术、互联网技术、信息管理技术和先进的通讯技术，加强全省检察系统综合信息网络建设，尽快建成全省范围内的计算机局域网，实现全省乃至全国范围内的检察业务、办公事务和综合管理事务的网络管理。

（4）加强刑事犯罪案件数据库建设，加快建立职务犯罪信息、诉讼监督信息和检察工作综合信息数据库及资料交换中心。这可以和上面讲的"call 中心"同时考虑，为检察机关领导和干警提供情况，但领导查询的和干警查询的有没有区别，需要进一步研究。

（5）进一步完善侦查指挥、侦查取证、检验鉴定和计算机多媒体示证系统，不断改进侦查诉讼手段和设施体系，强化高新技术在证据收集、固定中的运用。比如测谎器该不该上，至少同步录音、录像是不能少的。

（6）要切实把检察理论研究和调查研究工作摆上重要议事日程，每年要拿出一定的专用经费出版检察干警的智力成果。要像对待办案能手一样对待有一定思想的同志，使他们有为、有位，不断为检察事业的大发展提供理论支撑。

6. 通过调研解决完善检察主题的实现方式，建立健全检察机关自觉接受监督的制约机制。要着眼于保障司法公正，促进检察执法的民主化，进一步健全完善检察机关自觉接受领导和监督的方式和机制，确保全面正确履行检察职责。主要应注意以下七点：

（1）健全完善检察机关自觉接受党的领导的具体实现途径，进一步规范检察机关重大决策、重大部署和重大案件等重要事项向党委请示报告的范围和程序。

（2）进一步完善主动接受人大代表、政协委员监督制度。建立健全专门联络机构，完善向人大、政协报告和通报工作制度，通过邀请视察、开座谈会、邀请列席检委会或旁听重大案件的庭审等多种形式，自觉接受代表和委员的评议和检查。

（3）探索完善在检察机关建立人民监督员制度。按照《高检院关于检察机关直接受理侦查案件实行人民监督员制度的暂行规定》和河北省有关规定，搞好全面推行后的经验总结和对下指导工作，继续走在全国前面。

（4）建立公、检、法联席会议制度，加强在重大问题和重要事项上的沟通协调，及时解决司法实践中的重大矛盾和分歧，建立、创建新型的分工负责、互相配合和互相制约的工作机制，为《刑事诉讼法》的修改、完善作出贡献。还有，要共同打造起检察司法诚信制度和执法公信力测评制度。古人讲，"小大之狱，虽不能察，必以情"，这样才能取信于民。

（5）建立执法投诉限期处理机制。各级院纪检监察部门负责受理对检察人员的执法投诉工作，要设立专门投诉电话将投诉范围、途径及电话号码向社会公布。纪检监察部门接到投诉后，应组织人员进行调查，并向投诉人告知处理情况。查处不力或拖延处理的，可向上一级检察机关投诉。上级院要在较短的时间内调查处理，并告知处理情况。同时，要查处与保护同步，对受到诬陷的干警，要为其恢复名誉，消除影响，并惩处诬告陷害者，真正给干事的人提供一个很好的工作平台。

（6）探索建立新闻发言人制度。适时召开新闻发布会，定期或不定期地向社会公开检察机关的重大决策、重大部署等检务活动，增强社会对检察机关的了解，自觉接受社会监督。

（7）进一步深化和推行检务公开制度，健全、完善对诉讼当事人和其他诉讼参与人的告知制度、办案回访制度，研究制定统一的权利义务告知文书，切实保障诉讼参与人的合法权利。检务公开可分主动公开和依申请公开两项内容，检务公开发端于河北省人民检察院，但目前的检务公开只是浅层次的，需要深入和改进。

四、检察调研与检察办案的关系

检察办案包括办理刑事案件、职务犯罪侦查案件和民事行政抗诉案件等。检察调研与检察办案两者之间既有区别又有联系。这里，仅以职务犯罪案件办案取证工作说明之。具体地讲，检察调研文章写作与办案取证工作的区别和联系有以下几点：

1. 对客观事实的主宰性程度不同。就记载的事实来讲，办案取证时办案人员是处于被动地位，当事人怎么说，你就得怎么记，就是说你明知对方说的是假话，也不能停止笔录制作。而调研文章写作则处于主动地位，没有这种情况出现的可能。

2. 揭示客观现象的程度和特点不同。由于种种原因，证人、犯罪嫌疑人、被告人常有不如实提供情况的现象，因而证人笔录、犯罪嫌疑人笔录、被告人笔录等，有可能是表面的，甚至是虚假的。证据材料的制作都是针对具体人或具体事，因而材料具有个体性特点。它的对象是固定的，不能把甲的证据材料用到乙身上。而调研文章写作一般都反映规律，只是揭示规律的深浅度不同罢了，因而它具有普遍性特点。它的适用对象也不是固定的，具有普遍指导意义。即使是一个案例分析，也往往不是就事论事，而是就事论理，给人以启示、引导或说明。

3. 适用法律规定的要求不同。制作证据材料必须符合法律规定的要求，不符合法律规定要求制作（取得）的证据材料是无效的。《刑事诉讼法》对此有明确规定，比如当事人签字，"以上笔录我看过，与我说的一样"，搜查时要出示搜查证，并向当事人宣布等。如果没有这样做，证据材料就不能用作办案，追究当事人刑事责任。而调研文章写作不需要这样，如果不是集体完成课题，完全可以自己做主。当然，有的也需要考虑现行法律规定，但不能局限于现有法律规定上。如果局限于现有法律规定，也就不需上调研和理论探讨了。

4. 对事物的总结和解释的程度不同。不管是哪一种调研，都有对客观事物的总结和解释要求，但二者的要求不同。办案取证材料制作时，对当事人说的话不是不可以总结、解释，但一定要忠实于原意，忠实于事实，包括一些用词用语，如果当事人不同意，要按当事人意见办。而一般检察理论文章写作则不受此限，只要你坚持四项基本原则，不反对宪法和法律，写作的范围还是比较宽松的。

5. 调研文章写作必须具有创新性，而办案证据材料制作不能够创新。马克思列宁主义、毛泽东思想、邓小平理论、江泽民"三个代表"重要思想，都是创新的。没有创新，就不能指导革命和建设工作开展。创新就是要求理论思想的与时俱进。调研文章要求不一定这么高，但每一篇理论文章都要有新观点、新论证、新对策等，不然你写的理论文章就没有意义。而办案证据材料制作则不需要这样，也不允许有任何创新，要按照事实和法律规定的要求进行，要按照当事人说的去记录。

上述是办案取证材料与调研文章写作的主要区别，两者之间也有内在的联系，主要是以下三点：一是目的具有一致性，都是为了办案和法律适用服务。一个是直接的，一个是间接的。二是都在主体的作用下形成的。办案人或执笔人至关重要，产生、取舍取决于人的主观能动性。三是都要遵循事实和法律。办案取证遵循的是事实的现象和法律的具体条文规定，理论文章写作遵循的是事实的本质和固有规律。

搞好检察调研工作需要从上做起与从下做起相结合——为的是摸透情况、抓住规律；需要对下调研与对上调研相结合——为的是吃透精神、把握要点；需要坚持理论调研与实践调研相结合——为的是具有理论深度，对工作有指导作用；需要坚持常规调研与创新调研相结合——为的是使调研工作稳步前进，不断达到新高度。

五、一般检察调研与检察理论创新的区别和联系

检察理论研究属社会科学研究体系的一个组成部分。社会科学研究，分基础理论研究、应用理论研究和创新理论研究。这三个方面既相互联系又相互促进。哪一个学科几乎都是一样的，因为社会实践在不断发展，新的实践活动需要进行理论上的概括，进而指导其实践活动健康发展。发展到一定程度还会产生新的学科，新学科同样包括基础理论研究、应用理论研究和创新理论究。当今社会的有序发展和不断进步，是与各个学科的建立和理论研究创新分不开的。检察事业的发展，中国特色法律体系的逐渐完善，一刻也离不开法律理论研究的支持，或说超前指导。

说到一般检察调研与检察理论创新的区别和联系问题，在于它们不是一个概念。不过，二者既有区别，也有联系。不同点：（1）目标追求不同。一般检察调研追求的是按照现行法律做好工作；理论创新，追求的是按照司法规律

或说法律监督的规律做好工作。（2）对检察实践的反映程度和规律揭示不同。一般检察调研，实然的成分多；理论创新，应然的成分多。相同点：（1）都根源于检察实践，服务于检察实务工作；（2）都在于对检察规律的认识和把握。

无论是检察调研，还是检察理论创新，都要搞清检察制度设立上的这样几个特点：（1）价值性；（2）渐进性；（3）同一性；（4）动态性；（5）有限性；（6）中国性。核心点，都要围绕宪法和法律对检察机关的性质和定位进行研究。检察机关的性质和定位，就是它属于国家的法律监督机关。

六、检察课题研究是提升检察理论研究水平的切入点

检察课题研究要看很多资料，要组织一些精英力量。检察课题研究是提升检察理论研究水平和能力的切入点。

检察课题的概念和特征。"课题"从字面上讲，指研究或讨论的主要问题，或亟待解决的重大事项。检察课题的概念，是指与检察工作或检察事业有关的主要问题或亟待解决的重大事项，它侧重于检察工作的理性思考、理论总结和检察工作规律的揭示。检察课题的特征主要有以下几个方面：（1）内容属于检察工作领域的问题，问题的解决能推动检察工作的科学发展。（2）必须具有一定的普遍指导意义，尤其是基础理论研究方面的课题。（3）有明确集中的研究内容、范围和具体任务。（4）涉及的问题有解决的可能性、现实性或长远性。

检察课题完成的程序。办案不遵循程序法，实体的公正就可能受到影响。检察课题的完成虽没这么严重，但也应有程序上的要求。没有程序上的要求，或不按照程序办事，课题就缺乏质量上的保证，乃至造成人力、物力和财力的浪费。检察课题完成，一般要经过这样几个步骤和阶段：

一是检察课题的准备。主要是解决研究什么或写什么的问题。这里包括选题原则、选题步骤和研究方法确定等。选题的原则包括：（1）检察工作需要原则；（2）新颖性原则；（3）系统性原则；（4）可行性原则。选题的步骤包括：（1）确定范围，应根据自身的兴趣、能力和检察工作实践需要。（2）提出问题，确定研究的内容或方向。（3）论证课题。即研究论证所选课题是否适宜，课题是否有价值，是否可行等。检察课题研究，要讲质量、讲组织、讲重点。关于研究方法：研究方法一般应包括观察法、调查法、测验法、行动研究法、

文献研究法、经验总结法、个案研究法、案例研究法、实验法和历史法等。

二是建立检察课题档案。检察课题档案是在检察课题研究过程中形成的记录和反映研究过程、研究成果和研究水平的重要史料和证据。建立检察课题档案旨在促进检察课题研究的科学化、规范化，确保课题研究不断深入和研究资料完善、规范，并及时对课题进行总结、整理，保障研究成果质量。建立检察课题档案应当注意四点：（1）课题档案应当保存原件，包括作者单位、姓名、职务、完成时间、获奖证明等。（2）要遵循课题文件的形成规律，保持课题文件的系统和内在联系。一般应按课题的立项阶段、研究写作阶段、总结鉴定验收阶段、成果奖励申报和转化运用五个工作阶段归档。（3）与科研课题关系密切的管理性文件，应列入课题类中组卷，便于档案利用和保管。（4）两个或两个以上单位协作的科研课题，由课题主持单位保存整套档案。

三是检察课题的写作。检察课题写作应做好五个方面的工作：（1）检察课题研究资料的收集。收集资料是做好检察课题研究的基础和前提，资料收集不好，是不可能做好检察课题研究的。因此，在收集资料时，应当确保资料的真实性、准确性、典型性和充足性，为检察课题研究打下坚实的基础。据说古代有个秀才准备进京应试，整天待在家里练写八股文，可总也写不出，口里叫苦不迭。其妻见状，说："你写文章这么难，好像我生孩子一样啊！"秀才笑说："你生孩子是虽难，但你肚子里毕竟有个孩子可生，我的肚子里空空的，哪里写得出来啊！"可见，没有资料积累和实践积累是写不出文章来的。实践证明，从报刊、杂志中汲取写作的素材，是写好课题文章的一条正确道路。还有，要熟悉检察业务，了解检察办案情况。古人讲，"腹有诗书气自华"，这里面既有书本知识也有实践经验。调研人员要看《人民检察》、《中国检察官》、《刑事法杂志》，以及省院的《河北检察》和《检察理论与工作研究》等，要掌握办案情况、掌握法律情况，这是我们做好检察课题的重要保障条件。（2）课题资料的整理加工。首先是资料核查，主要是核查资料是否完整，所涉的数据等问题是否准确；其次是归类，即对资料进行分类归结、整理。（3）课题构思。构思是检察课题完成的一个重要环节，课题做得质量好不好与新颖、严谨的思路关系密切。构思应包括以下几个部分：①大标题、小标题的确定；②内容摘要、关键词的确定；③文章前后顺序和逻辑结构确定。（4）执笔写作。首先，要根据课题文章的构思，列出提纲，并不断完善，提纲确定了，文章就成功了一半。其次，列出自己的观点，并提出论据，包括论证方法等。检察课题质量的高低，在于能够通过研究提出对检察工作或检察改革具有指导意义的意见。所以说，论点、论证的确定至关重要。论点不在大小，重在结合时代背景，进行深层次挖掘。检察课题研究应当有层次上的要求：

作为省一级来讲，主要是大题目、大背景、粗线条；作为基层来讲，主要是小题目、大背景、细线条。最后，文章用词要准确，行文符合学术规范。检察课题研究作为指导检察工作和为领导提供决策参考的依据，必须要严谨和准确，不能有任何的虚假和夸张，这也是最基本的规范和要求。（5）修改完善。认识事物是一个不断变化发展和深化的过程，写文章也一样。修改完善是课题写作的最后一个环节，也是极其重要的一个环节。俗话说："三分文章七分改。"好的文章是改出来的，尤其是检察课题研究，检察工作实践是不断发展变化的，来自实践的检察课题也应随着实践的变化而加以完善；而且人的认识由于受时空影响也是有局限性的，这同样需要我们对已完成的检察课题不断审视、修订和完善。在修改过程当中，要不断的再思考、完善，看有无观点上、论据上和论证上的缺失；重要的资料要反复地看，力求吃透、理清，抓住要义；要通过反复的思考、修改和加工，将最终成熟的思想成果固定成文字。除此，还应当按照规定期限完成检察课题研究。

四是检察课题成果的论证。课题确定要论证，课题成果完成后也要论证。课题成果论证，主要有：（1）本课题研究的基本内容、重点和难点、省内外同类课题研究状况比较；（2）本课题的理论意义和实践意义；（3）需要进一步完善的地方等。检察课题论证人员，应当有课题执笔人员、理论研究领导小组聘请的检察业务专家和学者等评审人员。课题执笔人员应认真准备论证材料，详细介绍课题情况，虚心听取论证意见，并根据论证结论进行认真修改。课题评审人员，要以实事求是的科学态度对待课题论证，详细审查研究方案和具体成果，并负责地发表自己的意见。

五是检察课题的转化和运用。检察课题的转化和运用主要有报告转化、决策转化、报刊转化（含出版）和文件政策及法规转化等。省院领导和侯磊检察长多次强调：各级检察院党组和检察长一定要重视检察调研成果的转化、运用和效益工作。一个调研课题的工作模式，基本上是由课题的产生、课题的创作、课题的转化和运用等几部分构成。课题的转化、运用是其中的一个十分重要的环节。这是因为：课题成果只有经过转化和运用，才能实现调查研究成果的价值，发挥调查研究的作用，达到调查研究的目的。否则，课题调研成果的自身价值和它所具有决策的依据性、工作的基础性和对工作的推动作用性等就无法体现出来。课题成果的转化和运用是调研活动得以开展的前提和保证。这好比工厂生产出了"产品"，但产品堆积在仓库里，不到用户手里，货币回笼不来，不能扩大再生产，那么工厂就要倒闭一样，课题研究的成果只有被转化、被运用了，产生了很好的作用、效益，调查研究工作才能继续开展下去，形成良性循环。课题调研成果的转化和运用还是联系上下级领导之间和各业务处室之间以及兄弟单位之间关系的桥梁、纽带。课题文章再好，如果领导不认可、上级机关不采纳，实际工作中不应用，等于白白浪费了你的时间。目前来讲，应该是把检察调研成果的转化和运用工作提到重要议事日程上的时候了。这几年，全省检察机关每年在中央级、省级内刊和报刊上登载的调研成果有上百篇，这说明我们省已经具备了转化和运用这些成果的基础和条件。这是其一。其二，检察改革的深化，检察事业的大发展，呼唤着我们要尽快把这些成果转化成文件、规定和司法解释等，以指导工作开展。其三，这也是检察调研工作上台阶，实现质的飞跃的必由之路。更是检验各级院领导同志，特别是检察长是否具有领导现代检察调研工作能力和水平的"试金石"。

七、检察调研遇到的问题和正确的调研成果标准

现在，许多检察机关领导干部和干警都已经意识到检察调研工作的重要性，各地也都摸索出了不少好的方式方法。但在实际的工作中，一些领导干部和干警由于受各种因素的影响，对检察调研还存在这样那样的问题。具体来讲，可以概括为以下几个方面：

一是各级院领导的要求与调研干警工作不协调之间的矛盾。调研工作必须要有目标要求，比如全年写多少文章、写什么方面文章和在哪级领导机关层次、工作层次采用等，但这个目标要求一定要合适，经过努力能够做到，做不到的等于没有要求。一个市院或者一个基层县（区）院，如果出现领导对调研工作喊得很响而干警步调与其不协调的情况，原因有可能是领导的要求脱离实际，也有可能是干警的认识和工作能力还没有到位，不知道怎样干好调研工作，以及对自身工作会有什么益处。对此，作为一个院领导应当分析一下自己院的调研工作情况，看一看调研工作长期上不去，是不是存在这方面的问题，找出问题并拿出解决问题的办法。

二是调研成果的数量和应有的质量之间的矛盾。河北省检察机关每年写的调研文章，最高年份可达一万多篇，一般也在五千篇左右，但能上中央层级的稿件并不多。截止到现在，河北省承担最高人民检察院一级课题不过 3 个，每年评上一、二等奖的不过两三个。这与河北省的大省地位很不相称。调研文章质量不高的主要表现是，敷衍应付的文章多，而解决实际问题的很少。有些领导和干警喜欢看到上级重视、强调某项工作时，就赶紧组织人走一走、转一转、写一写，搞一些浮光掠影、走马观花式的调查研究，写一些肤浅的调研文

章，这只是为了做给上级领导看，这种做秀的行为，追求轰动效应，万万要不得，这是其一。其二，是别人代劳的多，亲自参加写或独自完成的少。有些干警特别是少数些检察长整日陷在"酒海"、"友海"和"将海"之中，根本没有多少时间搞调查研究。这样，他们从制定调研计划、安排课题、开展调研工作到撰写调研文稿，只能是由别人代劳，然后署上自己的大名，到年终总结也算是自己搞了调查研究。这是典型的"懒汉领导"，其调研文章的社会作用自然不会有多大。其三，是研究横断面的多，系统性研究的很少。有些领导和干警为了省时、省力，往往是遇到什么就研究什么，就事论事地进行调查或研究，很少能去开展系统性和综合性的调查研究。当然，不是说一事一案不可以研究，笔者是说要在这一事一案的研究中，多发现一些共性和规律性的东西，指导工作开展。"头痛医头、脚痛医脚"的文章，缺乏全面性系统性的调研文章，有时候会造成很大的调研资源浪费，甚至还会形成一些矛盾和问题的此起彼伏，"摁下葫芦起来瓢"，闹得人们无所事从，乃至影响正常工作的开展。

三是所处的区位特点与应有成果产出之间的矛盾。大家知道，我们常说的一句话是"首都是心脏，河北是胸膛"，法学家、科学家，以及其他社会科学家，大都集中在首都北京，最高人民检察院也在北京，也就是说我们请教的机会多、学习的机会多，只要我们努力就会优先获取大量信息资料。而调研工作是与信息资料的掌握密不可分的。还有，在别人的指导下搞专题研究也很重要，有人讲"无师自通"，其实"无师"是很难"自通"的，至少要走许多弯路，浪费人力、物力和时间。我们从事调研工作，如果能够利用好"区位"这个优势，定会取得事半功倍的良好效果。

四是调研工作开展与自身规律把握之间的矛盾。办案有自身规律，比如讯问技巧、采取强制措施的时机、搜查的方式、方法等，调研工作开展也是这样，它的自身规律是什么，我们总结的比较少，只知道宏观上讲它多么重要，但具体怎么做缺少研究。干什么工作，要想干好它应当是宏观和微观的结合，长远和现实的结合，集体和个体的结合，否则很难把它干好。比如说办案，如果我们在立案的时候没有对这个案件有一个预测，能依法抓多少人，需要取哪些证据，有可能判处什么样的刑罚，以及涉案人的性格、特点和社会关系情况的掌握，是很难能把案件办好的。比如说领导艺术，如果你只考虑一个人或几个人的利益，不考虑大多数人利益，不考虑院里的长远发展，你这个领导是当不好的，因为你只考虑了微观，而没有考虑到宏观。调研工作的自身规律是什么？笔者想，主要是选好课题，使课题接近实际，符合承担者的能力和水平，也包括互相启发、交流、研讨和共同提高等。现在有些人喜欢在"屋子里"写文章，愿意一个人搞"豪言壮语"，出什么大成果，其实是很难做到的。调研工作必须符合自己的实际，必须深入干警中，深入办案中。

以上这些矛盾的存在，有多方面的原因，其中来源于领导上的主要是认识不到位、指导不到位、支持不到位和考核标准科学性不到位。比如，有些地方把调研文章的数量作为考核干警政绩的一个重要指标，至于调研文章的质量内容，他们并不深究。一些调研文章空话、套话连篇，既没有认真分析问题及原因，又没有提出解决问题的具体措施，充其量是"中看不中用"的文字游戏。就是有的院领导到基层调研，提前打了招呼，看的是"导演"的场面，听的是"推敲"过的语言，了解的多是"好典型"，接触的净是"闪光点"，自然而然，写出来的汇报文章大多数是"成绩很大"、"经验很好"等一类不实之词。久而久之，一般性的调研文章倒是一大堆，而有价值和高质量的"调研精品"却很少。

来源于干警身上的原因，主要是调研自觉性不到位和学习别人经验不到位。现在许多干警搞调研，不是冲着为解决问题而研究问题，而是为完成领导或上级交办的任务去研究，大家处在一种被动性研究上。调研是一件很艰辛的事情，它不仅需要研究者有扎实的理论基础、丰富的实践经验和高超的综合分析判断问题的能力，更重要的是研究者要喜欢研究问题，善于研究问题。把调研当成一种乐趣和追求，当作一种事业来看待，这样主动地去研究问题，才能真正地"钻"进去发现问题，才能在诸多复杂纷纭的问题中"悟"出解决问题的办法和途径。可以说，主动性搞出来的调研成果无论是在实用价值上还是在指导作用上，都要远远高于被动性搞出来的调研成果的价值。另外，调研时要学会博众家之长，补己之缺，善于学习别人的经验。现在我们有些同志调研热情很高，也很能吃苦，但就是不善于学习别人的经验，不善于走近路，结果路越走越窄，个人研究能力提高很慢。一个聪明的研究者，要学会借用"外脑"，吸收别人的智慧和经验。这里说的"学"，不是照抄照搬，而是要学习人家的研究方法、研究思路和研究对策，也就是把他们的好做法、好观点搬过来为我所用。

来源于研究室机构的原因主要是组织、协调和指导不到位、领导责任心和自身模范作用不到位。现在从省院、市院两级院研究室的工作状况来讲，组织协调和指导不力是一个普遍存在的问题。这个问题如果解决不了，研究室的工作就不可能有大的发展。省、市两级院的研究室对下级院来讲，不仅是一个领导机构，更重要的是它应该是研究工作的"龙头"机构，应该发挥出调研工作中的核心表率作用。现在的问题是，只要有了调研课题，"龙头"机构不是首先发挥出龙头作用，而是把任务分解到下级院，把任务和课题往下一推了事。这样做，从工作程序上来讲无可厚非，但实际效果很差。不过，有些课题还是该基层院或下级院来完成的，如办案第一线的工作研究课题，由基层院或下级院来完成比较合适。但有些课题由基层院来承担就不合适了，如检察基础理论问题研究，一些重大超前性研究以及涉及国际法方面的研究，等等。这些课题的研究还是由省、市级院研究室来承担比较合适。这样说是要省院、市院在调研工作中，发挥好研究上的"龙头"作用，不能当分配任务、下派课题的"龙头"。如果这种状况不改变，调研工作只能永远是死水一潭，永无生机。从笔者个人掌握的情况看，各地调研工作情况不平衡，但有一个共性，即凡是主任带头搞调研的，这个院或下辖院的调研工作氛围和质量都是不错的。作为一个院的研究室主任、副主任，你的表率作用发挥好了，对所辖区域的整个调研工作会是一个巨大的推动作用。

正确的检察调研标准是什么？从主题和内容上讲，至少有以下几点：

一是体现科学性，不断创新调研课题。调研课题决定着调研工作的总方向、总水平，它对调研工作的成败具有决定性的意义。检察调研的特点，决定了在选择调研课题时，一定要注意服务于办案，服务于领导科学决策，服务于检察改革，不能脱离检察工作需要而去标新立异。具体地说，创新调研课题，一定要使课题来源建立在检察工作的重点、难点和薄弱环节上，建立在上级院和本院检察长决策的要求上。实际上，最高人民检察院和省院在每年的调研工作安排部署上都有具体的课题名称，这些课题是指导性的，当然，在实际操作的时候不要局限于这些课题上，要结合本地情况和本院的检察工作实际需要来确定。要想做到这几点，需要在理论与实际的结合点上用力，需要在实践中遇到的新情况、新矛盾、新问题的理论思考和对这些情况的规律揭示上下功夫。只有这样，才能"调"到点子上，"研"到关键处。

二是把握前瞻性，不断创新调研层次。理论为实践之先导，调研乃决策之基础。调研工作应立足现实，着眼长远，从检察工作中的难点和一些苗头性、倾向性问题，从制约工作发展的观念、体制、机制问题等不同侧面、不同角度选择课题，超前思考；应站在全局的高度，注重研究"想抓未抓"或者"想抓还来不及抓"的问题去进行调研。调研不仅只是对现实、近期问题的调查，还需加强研究现在不注意而将来需要解决的事项，或是叫做探寻事物内在规律，或是叫做预测事物未来发展方向，提前进行理论准备和对策研究。调查是研究的基础，研究是调查的升华。比如，现在的人民监督员制度研究，就需要对其定性、定位并对主体成份进行研究，以指导实践。

三是坚持连续性，不断创新调研领域。调研工作的连续性有几层意思：其一，这项工作不能中断，不能时搞时停；其二，对同一问题的研究要注意借鉴别人的成果，少走弯路，节省资源；其三，对研究的成果要注意应用，转化成工作；其四，要注意结合实际，不断进行总结、追踪。一个大的检察调研成果，有时不是一个月、一年就能完成的，它需要一个人或几个人长期的调查研究，这就需要坚持，需要借鉴前人成果，需要解决调研工作自身存在的问题，更需要成果被采用后的跟踪调查。有关调研的领域是很广泛的，几乎任何一项工作都需要调研，主要是要强化工作方面的问题性调研和经验性调研，并不断提高调研成果服务于检察工作和社会发展的要求。

四是富于创造性，不断创新调研内容。创造性是调研的生命力所在，没有创造性就谈不上调研的问题。调研工作如果简单地重复别人早已做过的劳动，还不如不做，起码是节省了你自己的时间，还可以干点别的什么工作。无论是从来未做过的首创性课题，过去做过现在尚未做过的追踪性课题，还是从新角度去研究老问题的扩展性课题等，都要有一定的新颖性、独特性和系统性，因为这样才能对工作起到指导作用，要达到这一标准，调研人员必须不断解放思想，更新观念，转变思维方式，善于探求新的视角，用新眼光看待新情况，用新方法解决新问题。

五是注重应用性、前瞻性，不断创新调研标准。其中最重要的标准应该是成果转化和应用的价值，对领导决策有较高的参考价值。同时，也要注意既出政策措施，出理性思维，又从中锻炼干部，出人才。成功的调研，不单只是选题准，内容新，还应有定量、定性的分析，有解题、破题的良策，能经得起实践的检验。切忌大而空，泛泛而谈，缺乏针对性。现在有人提出检察机关法律职能应当从任务型司法向功能型司法进行转变，这是一个很新、很深的课题，有条件的检察院可以就这个问题立项研究。

八、检察调研文章的评价标准和目标追求

检察调研文章总的标准和追求，就是检察实践的检验。在内容和文风上，要求简洁明白，通俗易懂。现在，有些同志写调研文章，把本来简单的事物、道理故意弄得很复杂，这是很不应该的。契科夫说过："简练是才能的姊妹。"中国古代大哲学家老子说过："万物莫与朴素争美。"说的是一切实实在在的真理，也包括真知、真识和真悟等，都应当是朴素的。具体说到检察调研文章或理论研究成果，可以从以下十个方面来考虑和把握：

1. 说明能力。一个有效的社会科学理论研究成果，应当能够解释社会出现的问题和所发生的各种政治现象，应当能够说明这一事物与另一事物的相互

联系，也说明所研究的事项在相关学科中处的坐标位置和努力方向。当然，理论上解决的问题在实践上可能一时办不到，但只要你的方案是正确的，总会给人一个理解和努力的方向，总会给人一个理论上的明白。

2. 导向能力。从人类发展的历史来看，理论作为一个独立的知识部门是从 15 世纪后半叶才开始的，而它的发展水平远远落后客观实际需要部门。直到 19 世纪，理论的发展水平才逐渐赶上实际需要的部门要求，包括自然科学和社会科学在内，大体都是这样。而在当今，二者不仅能够紧密地结合在一起，还能够指导实践，处于领先地位。所说的导向能力，就是通过理论研究工作来分辨清错综复杂的客观现象，辨别正误真伪，或使我们对某一具体事务或工作知道该干什么，不该干什么。

3. 概念能力。概念不等同于词句，它是反映事物的最一般的、最本质的特征表述。比如检察职能是什么，检察改革是什么，批捕、公诉、法纪、反贪、控申、监所等是什么，都要明确具体的含义，然后运用这些概念提出问题、论证问题和解决问题。要准确地研究问题，要写出有指导意义的检察理论文章，必须把概念搞清楚。一篇好的调研文章，可以说是一系列概念的组合、排列。"概念"好比盖房屋的"砖瓦"，但怎么设计、摆布，把"砖瓦"用在什么地方，要听从于设计师、施工匠了。不过，在理论文章写作中要反对概念化的倾向，概念既要紧密联系实际，又要说明实际。概念也要随着新的实践的变化而变化，随着新的实践的发展而发展。

4. 总结能力。任何一项科学的理论都是对客观世界的抽象和提炼。就是对某一项检察工作的总结，它也是来源于检察客观实际情况，来源于对材料的大量占有，来源于执笔人反复的思考、归纳和比较。总结不仅在社会科学方面非常重要，而且在自然科学方面也是如此。比如，牛顿的"三大定律"是其时代力学规律的高度总结和概括；爱因斯坦的"相对论"是 20 世纪时空观的一场革命。在社会科学方面，毛泽东"农村包围城市"理论的创立，是对中国社会变迁规律的总结和实质问题的把握，通过这个理论建立了新中国；邓小平改革开放理论的提出是对几十年中国社会主义建设发展规律的把握，这个理论强大了中国特色社会主义制度的建立；"三个代表"重要思想将使中国进入一个新阶段，它是我们党在中国特色社会主义市场经济建设过程中，对马克思列宁主义理论体系的新概括、新境界和新发展。

5. 预测能力。理论文章不仅应当有总结的功能，还应当有预测的作用。一篇理论文章如果没有预测作用，它就没有任何意义。因为理论不是为总结而总结，而是为一件事或一类事的发展、进步和创新而总结的。而发展、进步和创新，都需要有预测的功能。从事物的发生和发展的规律来看，预测也是可以实现的，因为任何一项事物都有一个酝酿、显露和发展的过程。作为一个领导者或社会管理人员，趋利避害和扬长避短是其职责所在，而要达到这一点是离不开理论研究的重要作用的。

6. 创新能力。既然理论有总结事实和预测事实的功能，理论也就要指出我们现有工作的不足或空白之处，即"创新"。能否创新，怎样创新，是一篇理论文章成功的重要标志。笔者理解，创新主要是对空白的添补，也包括对以往工作的革新和改造。

7. 适用范围。如果两个理论课题都能解释同一现象，就需要比较哪个课题能够解释更多的现象，能有更宽的实用范围，能产生更广泛的效益。比如说，鱼竿能钓鱼，鱼网能捕鱼，但哪个更好，显然是鱼网更好。因为它适应不同的水域，产生的效益大。检察理论研究成果虽不能简单地这样类比，但基本道理都是一样的。要不然，同一个课题有几家研究，怎么确定它的优劣？就需要考虑这些因素来评定。

8. 简洁程度。理论不是越复杂越好，而是越简洁、越让人好掌握越好。大作家艾青说过："深厚博大的思想，通过最浅显的语言表演出来，才是最理想的诗。"写诗是这样，写理论文章也一样。当然，简洁也有个限度问题。天冷穿棉衣，天热穿单衣，但再热你在街上走也不能不穿衣。这就是对简洁的要求。邓小平理论就是一种简洁的理论，老百姓好读、好记、好用。"三个代表"的提法多么简洁、多么深刻，抓住了党的根本性质，抓住了社会发展的根本规律。我们的理论文章写作不可能搞到这种程度，但一定要注意用较少的篇幅说明较多的问题。有人写理论文章的毛病是选题太大，论证不深、不透。我们写文章最基本的要求是把错综复杂的现象理性化、归纳化、简洁化，让人好应用，好操作。而不是把简单的问题复杂化，让人摸不着头脑，搞"玄学"。

9. 规律揭示。科学的理论成果是指能够准确地揭示客观事物的本质，能使人产生新的追问和发现能力的理论。如"坦白从宽，抗拒从严"，为什么说它正确，要坚持下去，因为它揭示了共产党人改造人的目的、特点和规律间的关系，我们不是报复主义者，是为了把罪人变成新人，对社会有用，既然"坦白"了就说明思想上有悔改之意，所以"从宽"；而"抗拒"则说明思想上没有悔改之意，所以"从严"，"从严"的目的是使其思想得到"校正"，"从严"的限度应与其犯罪心态和行为危害程度相对应。

10. 成果转化。成果转化与否，尤其是否产生效益，应当作为检察理论文章评定的重要标准之一。之所以强调这一点，是因为我们研究问题不是目的，目的是使遇到的问题得到解决。所以说，要把成果转化作为评定和目标追求的一个重要条件。

九、检察调研的主要内容和方法

（一）检察调研的主要内容

人民检察院是国家的法律监督机关，它的任务是通过打击一切犯罪活动，保卫国家政权，维护社会稳定，保护国家、集体财产和公民的合法权益，保障社会主义市场经济的健康发展。检察调查研究的目的，就是为了更好地确保完成检察机关的工作任务。因此，检察的调查研究，主要是围绕检察工作来进行的，概括起来主要有以下几方面：

一是案件情况。即调查研究检察机关办理的各种案件产生、发展、变化的情况。包括：（1）各类案件的基本情况、产生的原因及其特点。每一种案件的基本情况、产生的原因及其特点，在不同时期可能发生不同的变化。通过对过去一段时期案件的情况和现在的案件情况进行对比、分析、研究，从中发现和把握一些规律性的东西。（2）各种案件的升降变化情况和发生变化的原因。每一种案件的升降情况在不同时期会发生不同的变化。调查中，既要了解过去的升降情况及其原因，也要着重了解现在升降情况及其原因，从对比中把握变化的规律。在调查犯罪嫌疑人身份情况时，既可以前后对比，也可以分析原因。调查研究各种案件产生和发展变化的情况，对于我们把握各种案件的基本情况和发展规律，从而根据不同情况，采取相应的对策和适当措施，使检察工作适应变化了的形势，更好地完成检察工作任务，以及加强综合治理等，都具有十分重要的意义。

二是检察工作情况。即调查研究检察机关各项工作的发展变化情况，就是按照检察业务分类，调查了解各项工作中的新情况新问题，发现原因，把握工作规律和发展态势。主要包括：（1）刑事检察工作情况，包括批捕、起诉、引导侦查、执行监督等发展变化工作情况。（2）民行检察工作发展变化情况。（3）职务犯罪预防和立案、侦查等工作发展变化情况。（4）控告申诉检察工作发展变化情况等。调查研究检察各项工作的发展变化情况，可以从不同的方面了解我们贯彻执行法律的基本情况，以便从中总结经验，找准工作定位，发现问题，及时改进。这对于提高办案质量和办案效率，提高执法水平，创新发展检察工作有着积极的作用。

三是队伍建设和机关管理情况。如检察干部队伍年龄构成情况、文化素质情况、办案能力情况、廉政建设情况、身体健康状况、分类管理改革，以及后勤管理，机关服务等工作，都可以成为我们调查研究的内容。当前结合加强党的执政能力建设，检察机关可以开展"从党政领导干部职务犯罪案件看当前加强执政能力建设的问题"，"加强渎检工作推进依法执政"等内容的调研。

（二）检察调研的主要方法

方法是达到预定目的的桥梁。要搞好调查研究，完成预定的任务，就需要有一定的调查研究方法。调查研究的方法多种多样，可以根据调查研究的内容，灵活掌握。从检察工作来说，一般有如下几种方法。

1. 召开座谈会。座谈会是检察调查研究经常采用的一种有效方法。首先，在开会前，要根据调查的具体目的拟出调查提纲，发给参加会议的人，使他们作好准备。其次，要选好参加调查会的人员。一是多少人参加，二是什么人参加。这要根据调查的内容和问题的性质而定。最后，开会要就主要问题展开讨论。要引导大家紧紧围绕调查的中心问题发言、讨论，有的摆情况，有的分析问题，有的争论问题，有的提供解决办法，互相启发，互相补充，可以达到较好的调查效果。

2. 查阅案卷。查阅案卷，也是检察调查研究常用的一种方法。检查某一个案件或某几个特定的案件是否处理正确，要用这个方法；研究某些案件，划清罪与非罪的界限，此罪与彼罪界限，以及了解犯罪情况及其原因，特别是调查研究某一类案件或某种案件的办案质量时，必须采用这种方法，否则，就很难说明办案质量的具体情况，或者切不中要害。调查研究办案质量问题时查阅案卷的一般做法是：首先，分工逐案查阅。边看边发现问题，作出记录，处理正确的，正确在什么地方，有问题的，错在哪里，最好一案作一个简单的记录，或者按照事先列出的检查项目，制成简单的表格填写。其次，互相交换意见。在查阅过程中，要随时互相交流情况，交换意见，提出在查阅中应注意的问题。再次，讨论总结。查完以后，要进行讨论，分析研究，作出总结。指出在所查全部案卷中，处理正确的有多少，处理基本正确的有多少，有问题的有多少。有哪些问题，是事实不清，草率结案，还是定性不准，适用法律不当，还是有其他问题。同时，还要分析研究产生错误的原因，是主观方面的原因，还是客观方面的原因，或者是其他方面的原因。最后，还要研究改进措施，提出改进工作的意见。

3. 观察现场。观察现场，是检察调查研究的另一个重要方法。我们调查研究刑事犯罪的情况及其原因，提前介入，到犯罪地点勘验、调查犯罪情况，可以用这个方法。观察现场需要注意的问题是：第一，观察以前要事先了解和掌握观察对象的一些基本情况。第二，对有时间性的现场，要不失时机，及时观察，否则，时过境迁，现场的面目发生变化，就会失去观察的意义。第三，要作好观察记录，也可以采取摄影、绘图、录音、录像等方法记录现场情况。第四，有些现场观察需要用录像等方法记录现场情况。第四，有些现场观察还要注意现场的真实性，要分析观察结果，识别真伪，不为现象所迷惑。第五，现场观察选点要防止片面性。既要选好的典型，也要选差的典型，也可以通过随机抽样的形式选择观察对象。

4. 个别访问。个别访问也叫个别调查。有些问题不便于召开调查会，或者有些问题需要了解详细情况，或者了解其他问题，都可以采用这种方法。进行个别访问需要注意三个问题：一是要选好对象，要着重找那些与调查的问题有关的知情人，谁最了解情况，最熟悉情况就找谁。二是个别访问前，对访问对象的基本情况和特点要有所了解，以便因人制宜地进行交谈。三是对访问得来的情况加于印证。个别访问的好处是便于把问题谈深谈透，便于了解详细情况，但由于是个人所谈的情况，容易产生片面性。因此，对访问获得的情况，要与已经掌握的材料互相印证。

5. 书面调查。在检察调查研究中，有些问题可以采取发函的方法进行书面调查，对某个方面的问题做出规定，在拟出文稿前，发给各有关部门征求意见，经常采用这种方法。这种方法有利于发挥集体智慧，有利于吸收各方面的有益意见，使文件写得更好。

上述几种调查研究方法，在实践中可根据不同情况，选用一种方法使用，也可以相互交叉配合使用。

十、检察专题调研要促进检察工作科学发展[①]

检察专题调研工作是检察机关尤其是基层检察机关的一项重要工作，也是不下苦功夫就不容易做好的一项工作。如果给检察专题调研下个定义，笔者认为就是在院党组和检察长的领导下，为做好检察工作而进行的法律政策和检察业务工作的专题研究，旨在通过专题研究来发现、总结和分析我们在检察工作中存在的问题，包括法律上的问题和政策适用上的问题，进而提出对策性意见。想和大家说五个方面的问题：

---

① 这是笔者在石家庄市桥西区人民检察院调研工作座谈会上讲话的部分内容。

（一）要高度重视检察专题调研工作，对检察专题调研工作有一个准确的理解和认识

为什么要重视检察专题调研工作呢？一句话，是因为我们的检察工作开展需要专题调研工作，包括检察工作的重点、检察工作的难点、检察工作中薄弱环节问题的解决，也包括办理好每一个具体案件和某一项具体的工作，都需要有专题调研配合才能把检察工作搞好。正因为检察专题调研的重要性，上级检察机关每年都要对下级检察机关的专题调研工作进行考核，作为检察绩效考核的重要内容。从最高人民检察院来说，每年都要对各个省院的这项工作进行考核。从省院来说，每年都要对各市院的这项工作进行考核。从市院来说，每年对各个县区院的专题调研工作，也都要进行考核。

但是，怎样理解和认识检察专题调研工作？有些人还没有搞清楚。就我个人理解，检察专题调研不是检察机关的一项法定性业务工作，也没有法定的职责和具体的操作程序，但是作为一种基本的工作方法，专题调研工作仍然有其自身的特点和规律。所以说，正确地认识检察专题调研工作的性质、特点、目的和任务是做好检察专题调研工作的前提。笔者同意最高人民检察院法律政策研究室吴孟栓处长的理解和认识。他认为，检察专题调研主要是用来解决检察工作当中面临的各种实际问题，特别是迫切需要解决的重大突出问题。检察调研工作的目的就是为领导决策服务、为办案工作服务、为提高检察队伍的素质服务。作为上级检察机关的专题调研来讲，还有一项服务就是要为基层服务，为基层提供一切方便条件。检察专题调研工作的任务是要全面掌握情况，准确地分析情况，对遇到的问题提出科学的解决办法。根据不同的方法，检察专题调研工作可以划分为宏观调查研究工作和微观调查研究工作，直接调查研究工作和间接调查研究工作，重点调查研究工作和普通调查研究工作等。

检察专题调研工作具有以下几个特点，即综合性、对策性、实用性、时效性。综合性不用多说了，因为专题调研工作涉及多个检察业务部门、各个领域，包括侦监、公诉、反贪、渎检、民行、职务犯罪预防、执法监督等，是一项综合性的工作，所以每个检察干部都应该掌握它。有人老是说，我会办案，我不会写文章也可以，不会调研也没关系，实际上这个观点是很片面的，从我个人的理解来看，检察办案的过程实际上也是一个完成课题的过程。比如发现案件线索不就是一个课题吗？取证、搜集各种材料证据的过程不就是在调研吗？只不过这时的材料是一种实物型的材料。根据搜集的实物型的材料和法律规定对号，这不就是在总结和研究吗？最后，拿出意见，是立案还是不立案，是起诉还是不起诉，是抗诉还是不抗诉，这不就是"对策"吗？实际上，检

察办案的过程就是完成一个实物性课题的过程。因此说，检察专题调研的综合性应当是对每一个检察干警的综合素质要求。如果不具备这项素质，不可能把案件办得很漂亮。比如写起诉书，如果连基本的文章结构都不懂，能写好吗？如果连基本的文章层次、逻辑要求都不懂，能条分缕析，让别人一看就清楚就明白，让被告人心服，让法院顺利的审判，让辩护人也从中学到知识吗？所以说，检察调研工作确实是一项综合性的业务工作，是检察干警的基本功。检察专题调研是为解决问题而进行的，我们不是为写文章而写文章，不是为调研而调研，我们是为了解决问题而调研，所以这就是检察专题调研的特点之二，即它的对策性。这就要求我们的专题调研一定要拿出建设性的意见来，如果没有建设性的意见，那么，其作用也不会太大，但不会没有一点作用，因为能提出问题来也不简单，提出问题来，发现问题，也能给别人一定的启发，但是不如拿出对策来好，这样可以给别人一个完整的启发、完整的思路。所以，检察专题调研的对策性即必须提出意见和可行对策，这是检察专题调研的必备条件。再一点，也就是它的实用性，就是检察专题调研工作提出的对策必须对现实检察工作有用，能够解决检察工作中遇到的难点问题、热点问题和薄弱环节问题，能够解决检察改革过程中遇到的迷惑性问题，所以，实用性也是检察专题调研应该具备的特点之一。再有一点，就是它的时效性，检察专题调研，不像检察基础理论研究，现在用不上，但过十年八年，甚至要过百年千年，可能就会用上。而检察专题调研则是现在需要什么，我们就及时地研究什么，俗话说，就是"哪壶不开烧哪壶"。检察专题调研的成果表现形式，主要就是调查报告、调查研究论文和在此基础上产生的情况反映、立法解释、司法解释、规范性文件，也包括产生的领导讲话等。

以上就是为什么要高度重视检察专题调研工作，对检察专题调研工作应该有一个怎样的理解和认识的问题，笔者想这个问题我们首先要搞清楚。河北省检察专题调研从 2001 年到现在的 5 年时间里，各级检察机关共承担了最高人民检察院和省院的专题调研、课题研究 80 余个，有些专题调研和课题研究还是很有水平的，先后获得最高人民检察院的一等奖、二等奖、三等奖和优秀奖等各类奖项 20 余项。尤其是在全国检察理论人才评选当中，河北省有 6 名同志被评为全国检察理论人才，数量上在全国是第一。应该说，我们省的检察理论研究工作取得了一定的成绩，这些成绩的取得，包括衡水市院在内的全省各地检察机关都作出了很大贡献。

（二）要结合当前的法律和检察工作中遇到的问题进行研究

当前我们在法律和检察工作层面上遇到的问题是比较多的，从理论层面上，笔者个人认为，《宪法》对检察机关地位的规定还没有完全落实到位，对法律监督权的构成要素的研究还没有完全到位。实践层面的问题因各地的情况不同，各地检察专题调研的表现也不一样。综合起来看，目前无论是在检察理论界和检察实务界，普遍认为当前在法律层面上和检察工作层面上有以下几方面的问题需要加紧研究：

第一个问题是法律监督权构成要素的不完整性问题。按照张智辉所长的观点，一个完整的法律监督权的构成要素应当包括法律的调查权、法律的追诉权、法律的建议权和法律的话语权四个方面。法律调查权，像反贪、渎检、控申、监所都具有法律调查权，当然，目前的法律规定还有需要继续完善的地方。法律追诉权包括刑事诉讼追诉权、民事诉讼追诉权、行政诉讼追诉权三个方面，我们目前侧重的是刑事诉讼追诉权，而民事诉讼追诉权、行政诉讼追诉权将来应该成为我们研究的重点问题，因为我们处在实践的第一线，只有基层先发现问题后及时向上级报告，上级才能对有代表性的问题最终以司法解释乃至法律的形式固定下来。一定意义上讲，基层院、市院的检察专题调研工作关系到检察事业的生死存亡，关系到检察事业的进一步完善和发展壮大。法律建议权也需要完善，我们现在有预防职务犯罪检察处，结合重点工程、重点项目、重点领域搞预防，在刑事诉讼过程当中，包括反贪、渎职侵权、公诉、侦监办案过程中发现存在问题的单位，我们可以发检察建议书，这都属于检察建议权的行使。法律话语权就是在立法时应当有检察院的声音，因为检察机关是法律监督机关，我们处在法律实践第一线。和其他司法机关相比，我们承担的法律职能是全面的职能，那么，在司法包括立法尤其是在司法解释上更应该有我们检察机关的声音。

第二个问题是《宪法》规定的法律监督权与"三大"诉讼和相关法律的相互衔接和转化问题。从宪法的本意上说，我们的法律监督应当是一个完整的法律体系建立和法律实施的监督，但目前的情况还没有达到这一点，我们只是在刑事法律的实施监督上还比较不错，有很大的成绩，其他方面的监督都还在探索当中。作为一个检察理论研究人员，我们的研究课题有许多，我们的活动空间还很大，有用武之地。

第三个问题是现行三大诉讼法有关监督职能上的法律欠缺问题。就刑事诉讼监督而言，有人归纳了以下几个方面：一是侦查程序的不完善性，建议增设适应反腐败要求的侦查措施和强制措施。因为按照我国《刑事诉讼法》，人民检察院是反腐败的专门机关，享有对贪污贿赂等职务犯罪的立案权和侦查权，但当前的配套规定并不完善，比如现行《刑事诉讼法》规定的强制措施主要是针对一般刑事案件设置的，但从当前反腐败的形势来看，目前《刑事诉讼法》赋予检察机关侦查措施和强制措施还有待进一步完善。根据《联合国反腐败公约》的规定，公约中的措施完全可以转化成国内法，以增强查办职务犯罪案件的力度，比如监听、窃听等手段。二是审查批准逮捕权的不完整性，可以考虑对其司法化改造。目前我国的审查批准逮捕权具有鲜明的行政法色彩，对此河北省有些基层检察院已经进行了创新性的探索，比如"三接触"、"四讯（询）问"规定，就为刑事诉讼法的修改提供借鉴。再就是公诉制度的进一步完善问题，通过客观、公正的公诉制度使国家利益、公共利益和人权保障得到全面实现。三是确立法律文书在刑事诉讼法上的地位，国外在这方面有许多可以值得我们学习的地方。

（三）要结合当前检察工作中亟待解决的问题进行研究

要结合检察业务进行研究。比如说，关于检察机关实事求是地接受举报问题，就需要很好研究。我们接到举报后，是否也要查明举报人的身份，看看他想干什么，他在想什么，以确定他反映的问题是个人问题还是国家问题，是个体性问题还是普遍性问题，这样有利于分析被举报问题的性质。现在，我们往往注重的是对被举报人的查处，而忽视对被举报人合法权益的保护，"诬告反坐"我们应当好好研究一下，落到实处。还有，目前法律监督存在的一些"盲区问题"，比如涉及环保方面的犯罪、股票证券方面的犯罪和公众资金使用方面的犯罪等；以及政法工作面临的新形势、新任务等，我们并不十分清楚，这都需要我们好好研究才能解决。思路不明，理论不清，工作上不可能有条不紊地开展下去。

要结合市场经济下的一些新问题进行研究。比如，在市场经济的大环境下，一些企业尤其是国有企业所面临的外部环境市场化和内部管理程序化的巨大矛盾还没有很好解决。检察机关作为国家的法律监督机关，这个问题需要我们做深入研究。市场经济条件下的罪与非罪的界限问题，比如为了企业的生存而进行的所谓"行贿"问题，以及企业改制当中遇到的问题等，都需要很好研究。

要结合河北省的一些实际问题进行研究。近日，省委领导和省院领导在有关讲话中提到的一些问题，就是我们应当很好研究的大课题，其如怎样进一步突出检察工作的法律监督职能，围绕党和国家领导人关注、保障和改善民生的要求，依法解决群众的合理诉讼，维护群众的合法权益。怎样进一步拓宽我们观察的角度和研究的视野，深入分析社会治安形势面临的新任务、新挑战。怎样进一步增强危机感、责任感和使命感，充分认识我省在确保首都周边地区社会和谐稳定的重大使命，从深处细处把维护稳定的各项工作考虑周全，从严处实处把维护稳定的各项措施抓到位。怎样进一步探索为全省改革发展大局提供法律服务的新思路、新方法，怎样在全省经济社会发展的总体战略布局中找准检察工作的最佳位置。怎样进一步更新服务方式，认真贯彻科学发展观统筹兼顾的根本方法、正确处理打击和保护、惩治和预防、办案和服务、局部和全局等重大关系，把握好、服务好维护社会稳定的大局。怎样进一步优化服务手段，深化服务效果。怎样深入研究我省重点工程建设，为农村、农业、农民服务的措施，充分发挥法律监督作用，促进重点工程建设和社会主义新农村建设的和谐发展等。

（四）要站在体现完备的、科学的和人类文明发展的法治体系的构建上进行研究

汪建成教授讲的刑事诉讼法修改和司法改革问题要处理好的六个关系，我们应当从中受到启发：一是要处理好尊重宪法体制和司法改革之间的关系。比如，人权保障写入《宪法》，这就为《刑事诉讼法》的修改提供了《宪法》依据。还有《宪法》规定人民检察院是法律监督机关，但如何进行法律监督工作，特别是如何强化法律监督的力度，还可以进行进一步的改革。二是要处理好当事人主义与职权主义两种诉讼模式之间的关系。当前从世界范围来看，都是以一种模式为主，一种模式为辅的。三是要处理好国际刑事诉讼法发展潮流与立足本国国情之间的关系。四是要处理好犯罪控制与人权保障的关系。五是要处理好正当程序与司法资源之间的关系。在这方面，要求我们在设立一种诉讼程序时，一定要把各种成本考虑进去，得不偿失的事要少干或不干。六是处理好《刑事诉讼法》适用的统一性与各部门利益之间的关系。

（五）要在科学发展观的指导下，高站位地进行检察专题调研工作

衡量一个调研成果是否符合高站位的要求，至少应当做到以下来三点：一是确保成果的可行性，符合我国检察工作的规律和客观情况。二是要确保成果的前瞻性，能够促进检察工作的可持续发展。而要做到这一点，离不开在科学发展观的指导下进行选题和研究。三是要把工作做细。张云川[①]书记讲过，要把精细化管理理念贯彻到各项工作当中。他说，现在不少地方粗放问题很严重。只有人们有精细化的设计和管理理念，才能把好的想法变成好的做法，让好的做法收到好的效益。细节决定成败，这话对于我们调研工作者同样适用。

具体地说，高站位地做好检察调研工作，有以下五个方面的问题需要特别

---

① 张云川同志时任中共河北省委书记。

注意：其一，要贯彻科学发展观，有利于促进社会和谐。其二，要做到循序渐进，符合我国的实际情况。其三，要确保打击犯罪功能的实现。其四，要体现社会进步和文明，把尊重保障人权和构建和谐社会最大限度地落到实处。其五，要充分考虑立法和执法的经济成本。

张云川书记在讲到发展经济问题落实科学发展观时的一些话，同样值得我们深思和借鉴。他说，各级干部要深刻领会、全面贯彻落实科学发展观，抛弃经验主义，抛弃惯性思维，切实把思想统一到科学发展观的要求上来。增长并不等于发展，发展不仅要看增长，更要看结构优化，增长加优化才是科学发展。要坚持统筹城乡发展，坚持一、二、三产业的协调发展。要夯实农业基础，加大科技投入，加快农业产业化步伐，推进社会主义新农村建设，发展农村生产力，促进农民收入和生活质量的提高。第二产业的发展，不仅要规模大，更要水平高。在整个产业的发展中，一个是产业规划，一个是企业家的培养，这两点要始终高度重视。要进一步制定完善产业规划和产业政策，对企业进行正确引导。要高度重视企业家队伍的培养，对于依法诚信经营、积极承担社会责任的企业家，要予以褒奖。没有优秀的企业家，就没有成功的大企业；没有成功的大企业，就形不成高素质的产业。要高度重视第三产业的发展，否则就不是统筹协调的发展，整个经济的发展也就缺乏活力，我们一定要立足本地实际，明确发展重点，形成独具特色的第三产业。

实践证明，一个历史人物要想名垂千古，一个理论家要想为人类作出较大贡献，必须抛弃私心杂念，必须敢于"断不合时宜的道"，乃至敢于革自己命，这样才能获得新生，也才能不枉此一生。笔者说这话的意思，是要我们的检察理论研究工作者在科学发展观的指引下，继续解放思想，实事求是，探索规律，发现规律，不断完善中国特色法律监督体制和制度，至少我们应当具备这样的品质、思路和胆略才是。

十一、检察调研竞争激励机制的现状分析及改进办法

河北省检察调研竞争激励机制的现状，可以归纳为以下四个方面：

1. 构建了检察调研竞争邀励机制。为了加强对调研工作的领导，确保下达的调研任务如期、高质量的完成。省院成立了以侯磊检察长为组长的检察理论研究领导小组，主要负责对全省检察理论研究工作的组织领导，确定并协调重大课题的研究和研究成果的评审。从2001年起，在全省检察机关内部积极

推行检察理论竞争激励机制。这些举措有效提高了广大干警对调研工作的认识，提升了调研工作在干警心中的地位，使干警的思想发生了重大转变，从"要我调研"转变成"我要调研"。各级领导都非常重视调研工作，绝大部分检察院都成立了调研领导小组，采取得力措施确保调研激励机制的有效运行。把调研作为一把手工程，层层抓落实，做到年初有部署，年中有检查，年末有总结。不少单位还从开展调研工作中尝到了甜头，以调研促工作强素质正逐步成为广大领导和干警的共识。如河北省衡水、唐山、邯郸、沧州等市院，在院党组和各位分管检察长的领导下，明确提出了"工作深入开展，调研先行"的思路，并把这一思想贯彻到各项检察工作中去，使广大干警充分认识到调研工作的重要性，以业务工作发展带动调研工作的开展，以调研工作开展促进各项检察工作深入发展，从而全面推进检察工作。此外，许多院领导还身体力行，深入基层、深入一线调研，不但倡导调查研究，还亲自撰写调研文章，很好地发挥了示范带头作用。

2. 制定了检察调研考核考评标准，将调研工作与年终评先、晋级和晋职相挂钩。河北省的检察调研竞争机制起步较早，省院在1984年就开始抓这项工作，1995年初专门召开过"全省检察调研暨基础工作会议"，将检察调研提到院党组的重要议事日程。为进一步增强干警调研的主动性与自觉性，大部分检察院都明文规定：凡未能完成年度调研工作任务的部门，不能评为年度先进集体，部门领导负连带责任，且该部门所有干警不能评为先进个人，在个人年度考核中也不能评为优秀。凡拟晋升职务人员，未按规定完成调研任务的，不能晋升和提拔任用。

3. 坚持精神鼓励与物质奖励相结合制度，推动工作向前开展。就检察调研工作奖励问题，省检察院有专门文件规定，以制度形式明确对调研工作和调研成果的鼓励。为此，各市院参照省院的办法大都有所规定：对于调研成绩突出的干警，应当结合年终总结，或者根据情况随时予以表扬、嘉奖，作出突出贡献的，给予记功。同时，对于调研成果，区别不同级别给予几十元到几千元不等的物质奖励。一些基层院还专门制定了调研工作备案和通报制度，由研究室在年底向干警通报调研工作的完成情况和考核成绩。省院曾给检察调研工作做得好的邯郸市院副检察长江敬臣同志记一等功，彰显了省院对检察调研工作的重视程度。

4. 注重制度建设，构建检察调研网络机制。各个检察院都力求形成"领导挂帅，职能部门为骨干，兼职队伍为纽带，干警人人参与，上下联动，纵横结合，内外协作"的调研网络机制，并为创建这一机制作了相应规定，诸如规定研究室的组织作用、内设机构的分工配合和抓骨干带骨干等。研究室作为专司调研工作的部门，负责对整个检察调研工作的领导、组织和协调。研究室每年根据检察工作实际制定调研工作计划，拟定一定数量的调研课题印发各业务部门；省院研究室还通过聘请兼职调研员及与河北大学法律系签订合作协议等形式，将有关重要专题落到实处，确保研究成果的质量。省院研究室还从地方抽调一些同志，采取到省院研究室挂职帮忙的形式，上下熟悉，左右熟悉，人员熟悉，使每年的检察调研都有新成果出现。

河北省检察调研竞争激励机制运行中存在的问题，至少有以下三个方面：

1. 一些院领导和干警对调研工作的重要性和必要性认识不足，没有按照省院的要求建立起一套有效的调研竞争激励机制，因此调研氛围不浓，调研工作的局面无法打开。有些院的领导对调研工作还不够重视，没有将其摆在与办案业务同等开展的位置，对调研工作关心、过问太少；少部分干警对调研工作的认识还是"老一套"、"老观念"，重业务轻调研的思想依然存在，认为调研可有可无，而办案工作紧，哪有时间搞调研；还有部分同志在一定程度上存有畏难情绪，认为自己不会写，也写不了；个别同志甚至把调研与业务对立起来，认为搞调研是吃饱了没事干，瞎折腾。

2. 省院规定的调研激励机制在一些院没有得到落实。包括物质奖励落实不到位，干警的晋升、提拔任用，以及评优评先与调研任务的完成挂钩没有得到很好执行，一定程度上挫伤了广大干警参与调研的热情和积极性。在这方面，省院有专门的文件规定，省院几任分管领导，包括侯磊检察长，在全省每次研究室工作会议上都讲到了，关键是抓落实的问题。笔者记得侯磊检察长说过，宁可少买几辆汽车，也要把对检察调研有功人员的奖励落到实处。现在有一种错误观点危害较大，那就是有一些院的检察长仅仅把调研人员看成"材料将"，而没有把他们看成"理论家"和"思想家"。

3. 全省整体调研水平还有待提高。不可否认，我们的调研竞争激励机制文件的出台，有效地提升了全省检察调研水平，但调研文章数量不多，质量不足的现象不容忽视。一些院仅对干警撰写调研文章作了数量上的规定，而无质量上的要求，致使有些干警在年底时匆忙写篇文章应付了事，更有甚者，直接从网上或杂志上裁剪或全盘照抄一篇文章，毫无自己的思想和见解，既无法提高其自身的调研能力，也无法达到该机制设立的预期目的。

完善检察调研竞争激励机制的对策，应当从以下几个方面考虑：

1. 要统一和深化认识。领导的重视与支持是搞好检察调研工作的重要前提和基础。因此，有必要采取有效措施深化干警的认识，各级院领导尤其是一把手要切实重视调研工作，将调研工作摆在重要位置，并作为一项重要业务工作加以考核，体现调研工作应有的地位。不仅要重视在口头上，更要落实在具体行动上，要亲自参与调研工作，定期或不定期召开调研工作专题会，听取调研工作情况汇报，总结、表扬、批评以及检查督促，解决调研工作中出现的问题和困难，加大对调研的投入。

2. 要加大对调研工作的协调和指导。这是省院研究室的工作。要充分发挥研究室的谋划、组织和督导作用，坚持开展全省先进调研集体、先进调研个人和优秀调研成果表彰活动，组织研讨会和经验交流会，让调研工作突出的集体和个人的价值得以体现和肯定。同时，针对调研工作发展不平衡的问题，加大指导力度，推广好经验、好做法，及时帮助调研工作相对落后的检察院尽快建立健全调研机制，打开工作局面。此外，还应进一步加大调研培训工作的力度。一篇好的调研文章或理论稿件，既要有扎实的法学理论功底，又要有一定的写作方法和技巧。为此，研究室应邀请专家学者开设调研技巧的专题讲座，围绕调研文章的选题、材料的收集、文章的撰写等方面给大家授课，如选题要联系当前检察工作的实际，以解决问题为文章的落脚点，并力求创新。孔夫子讲过："闻道有先后，术业有专攻。"那种主张无师自通的人，是很少见的，所以说，加强有关调研文章写作方面的培训十分重要和必要。

3. 不断完善调研机制。目前，还有一小部分检察院没有制定检察调研竞争激励机制。为此，有关检察院的领导应重视这一问题，首先，积极督促本院结合自身工作实际，制定出一套行之有效的检察调研竞争激励机制。其次，及时解决调研机制在运行过程中面临的困难和反映出来的问题。如对于调研文章数量的硬性规定，应充分考虑各部门的实际情况，结合各部门的工作量以及干警的实际能力确定文章数量，不宜一概以人员多少定文章数量。

4. 落实好激励机制。对于物质奖励，有条件的院可以考虑建立调研成果专项基金。各级检察机关应该积极、努力地和当地财政部门、人大、党委沟通、协调，争取得到他们的大力支持，在年初财政预算时即预留出专项调研基金，切实保障调研工作的顺利开展。同时，应增加物质奖励的方式，而不是仅限于发放现金，可以采取赠送业务书籍、组织外出学习考察等多种灵活方式。各级院研究室和政治部门应该互通信息、联合考评、共同把关；同时还应在检察系统内部加大宣传力度，对调研激励机制落实得好的单位及时地给予肯定和表彰。

十二、做好基层检察院调研工作的几点思考

河北省好多基层院的检察调研工作搞得很好。基层检察院的调研文章的特点：一是容易贴近检察工作实际。大家结合办案工作进行总结归纳，结合法律适用能够发现问题，这是专家、学者和上级检察院所不具备的优势，我们应当利用好这一优势。理论上的成熟才是一名检察官真正的成熟，才能准确把握法律的精髓，把案件办成"佳案"、"铁案"，维护法律尊严。二是对开展好相关工作有指导或参考作用。现在，我们正在搞普法教育，正在搞干部作风建设年活动，正在搞"三大建设"（指平安河北、法治河北和队伍建设），需要有针对性地做一些工作，需要结合发案特点、原因做一些研究工作。

从一些基层院的情况看，开展好基层检察院调研工作有实实在在的作用和价值。比如，检察机关服务经济建设和社会稳定工作需要调研；扩大检察机关的影响力和公信力需要调研；贯彻"三大"诉讼法和执法工作基本规范需要调；深化检察改革和强化法律监督能力需要调研。具体地讲，做好基层检察院调研工作，至少有三个方面的作用和价值：

1. 有利于我们掌握社会舆情信息情况，"接地气"、"明实情"，提高检察工作的水平。当前，检察改革已成大势，参与维护社会稳定已成大势，服务党的中心工作已成大势。这样，就需要我们掌握社情动态，案情动态，或社会热点问题。否则，很难把服务大局与办案有机结合起来，把检察工作的政治效果、法律效果有机统一起来。

2. 有利于加强检察办案工作的针对性，提高执法办案水平。前几天，笔者看到冯月梅同志写的"审查起诉阶段如何应对嫌疑人翻供"的文章，有归纳总结的翻供原因、有具体案例、有对策意见；张志伟同志写的"对公诉人员出席庭前会议的几点思考"文章，从六个方面列举需要解决的问题，从四个方面提出了自己的看法，对工作有一定的指导意义。

3. 有利于提高检察队伍的整体素质，提升法律监督能力。我们是法律监督机关，检察官应当有比法官、警官和行政执法人员更高的水平，否则就不能很好地履行自己的职责。基层检察院处于办案第一线，和当事人、公民打交道最直接，可以说是"零距离"接触了，这样会给我们提供丰富的素材。"巧妇难为无米之炊"，有了素材就能研究问题和解决问题，发现问题、思考问题和解决问题，就能提高我们的工作水平。调查研究、撰写调研文章，是一个学习

和钻研业务的过程，更是一个总结办案实践和工作经验的过程。有人讲，开展基层检察调研工作，是全面开发检察官智能和潜力的过程，也是干警展示自己聪明才智的好途径，同时又是培养人才和提高队伍整体素质的好方法。所以说，大力加强基层检察调研工作，开展好基层检察调研工作很重要。

河北省一些基层院的检察调研工作还存在不少问题。主要有以下四个方面：

1. 调研工作发展还不平衡，群众性调研气氛还不够浓。有的基层检察院重视，有的不那么重视，有些干警常年坚持调研，不但数量多，而且质量高，有些干警不善于调研，不愿调研，有应付差事，图表面文章现象；有的基层检察院没有处理好"大众调研"和"骨干调研"的关系，群众性调研活动没有很好地组织发动起来，只靠研究室"几杆枪"在动，从而造成调研室专职人员不堪重负，其他科室人员爱理不理，全院调研文章的数量和质量大打折扣。

2. "重业务，轻调研"思想在一部分院领导和检察官中还不同程度地存在。有些基层院领导认为：基层院文字部门只要搞些信息、简报，完成一些事务性工作和领导交办任务就行了，基层院搞检察调研是搞不出什么成绩来的，基层院还得靠办案业务撑门面、打天下。有些干警对检察调研工作还存在一些错误观念和认识上的"误区"，总认为办案工作容易出成绩，只要把办案搞好就可以了，而调研工作费时、费力、费神，是软任务，可干可不干，可抓也可放，没有把调研工作提高到一定的高度来认识。有些干警认为检察官的成功与否就是看办案是否出众，而对于调研文章的撰写、获奖和发表并不看重；有些院在竞争上岗之前，在提拔使用干部时，对干部的调研业绩并不那么看重，给青年检察官造成一种"搞调研难进步"的错觉，这在很大程度上制约着检察调研工作的开展，也影响检察机关队伍整体水平的提升。

3. 基层检察调研的方向出现偏差。有些基层检察院没有正确认识到，基层检察调研的主攻方向应是多搞一些贴近工作和办案实际的案例分析、具体法条研究和专题调研报告，而是把有限的力量投入所谓的超前调研去，对一些比较大的检察基础理论课题研究兴趣甚浓，一心想发表自己的"独特见解"，或"成名成家"，这样做的结果是"水中捞月"一场空，失去调研的作用和意义。

4. 基层检察调研的质量仍不高，调研成果转化不多。一些基层检察院的调研工作水平仍处于较低层次，开展调研工作更多的是为了应付任务，完成指标，调研的质量不高，高质量的精品文章更少；有些基层院开拓意识不够强，不注重调研文章的转化，调研成果转化不了，束之高阁，对工作不能产生影响。所以说，应当重视调研成果的转化问题，最高的转化是变为司法解释文件，乃至被立法机关吸收，成为法律条文。

一个基层检察院的检察调研能否顺利开展和取得成果，院领导重视、加强领导和部门协作是一个重要因素。实践表明，凡是检察调研搞得好的基层检察院，共同特点都是领导重视和支持，特别是一把手的重视和支持。领导班子是队伍的领头雁，群雁高飞头雁领，如果领导成员自己能够挤出时间拿起笔，哪怕文章再短再少，都比任何制度管用有效。此外，要加强调研部门与办案部门的沟通与协作，走群众性调研和研究室专门调研相结合的路子，形成调研工作的良性循环。基层检察调研工作要围绕办案工作的需要来进行，针对办案工作中遇到的疑难问题、法律适用问题展开，以保证调研工作的针对性、及时性和有效性。调研工作不能脱离办案实践，否则就成了无源之水。部门协作调研的最大好处是，可以变"各自为战"为"共同搭台唱戏"，通过各局科室组织协作，把调研力量集中起来，组织起来，集思广益，相互启发，实现"双赢"。

完善调研工作机制，加强调研方面的保障和投入是调研工作持久开展的重要条件。基层检察调研工作要有一系列配套的措施，包括机构落实、人员落实和必要经费保障等，这样才能形成调研工作的长远效应，才能使其纳入规范化、制度化管理的轨道，才能调动干警参与调研工作的积极性、主动性和创造性。调研工作是一项繁重、枯燥和清苦的脑力工作，必须从心底里调动干警的积极性。一方面，要有计划地通过"走出去"、"请进来"方式，积极组织干警参加各种学习、培训及研讨，全面提高检察官的调研能力。另一方面，要建立较为完善的资料库，在条件允许的情况下，还可以建立网上图书馆，如北大法宝、北京知网等，方便大家查找资料，了解外界信息，拓宽视野。

要做好调研骨干培养工作，树立典型，形成调研的氛围。要有意识地培养一些调研领域的骨干分子，榜样的力量是无穷的，尤其是在评先争优和职级晋升时给予倾斜，树立典型，形成一种调研的氛围。检察调研工作是一项艰辛的工作，有人形容有"三苦"：辛苦、清苦、痛苦。然而，近几年，在有些检察院没有这种情况了，可喜可贺。基层检察调研是一项很重要的工作，有利于工作开展和检察官水平的提高，必须长期坚持下去。检察调研工作一定要以成果论英雄，以高质量的调研文章论英雄，对成绩突出人员要重奖和重用。

十三、如何提高检察调研人员的水平

这个问题，有三句话值得注意：一句话叫做掌握方法，一句话叫做提高素质，一句话叫做多写多练。

方法是什么？方法是指导写好调研理论文章的门路和程序，核心是认识论问题，是怎样抓住主要矛盾的问题。有一个研究经济法学的教授讲过这么几点，抄录如下："一是概念与含义，含义更重要；二是观点与论证，论证更重要；三是定性与设计，设计更重要；四是分析与综合，综合更重要；五是总体与结构，结构更重要；六是个体与整体，整体更重要；七是平面与立体，立体更重要；八是法律与经济，经济更重要；九是当代与后代，后代更重要；十是全球化与本土化，本土化更重要；十一是传统与现代，现代更重要；十二是借鉴与原创，原创更重要；十三是静态与动态，动态更重要。"当然，我们在处理具体问题的时候，在研究检察工作的时候不要简单化或全盘照搬，要具体问题具体分析和掌握，以防止形而上学和教条主义的出现。

素质是什么？素质是写好调研文章的基本能力，包括许多方面，主要是思想水平、业务水平、社会知识、写作技巧和借鉴他人等。思想水平决定文章的高度，业务水平决定文章的质量，社会知识决定文章的丰满，写作技巧决定文章的形式，借鉴他人决定文章的创新。这里，笔者想特别强调的是社会的联系性和发展性决定了事物的集体性，事物的集体性决定了学习别人的必要性。鲁迅说过："如要创作，第一需观察，第二是要看别人的作品，但不可专看一个人的作品，以防被他束缚住，必须博采众家，取其所长。"好文章是对社会的反映、总结、提升，借鉴他人是写好文章的重要途径。还有，自我否定也很重要，自我否定决定文章内容的提升。写文章要敢于自我否定，自我否定有助于文章层次的提高。

要想写出高水平的检察调研文章，检察人员的思想水平至关重要。鲁迅说过："从水管里流出来的都是水，从血管里流出来的都是血。"这是说一个人思想水平的重要性。思想水平决定发现问题、分析问题和归纳问题的能力。近几年省院领导反复强调，要求各级检察机关加大工作力度，提高办案质量，转变执法作风。那么，我们怎样加大工作力度，通过一个时期的调研，笔者认为主要有四个方面：一是有案敢办，二是有案可办，三是有案能办，四是有案会办。还有，怎样提高办案质量，怎样提高执法水平，都需要很好研究。笔者认为，我们要求的办案质量，应当是加强办案与规范办案的统一，是办案和提高的统一，是突出重点和兼顾全面的统一。说到规范办案问题，有人总是认识不到它的重要作用和意义，它是保证案件质量和保护干警的举措，非这样做不行。关于办案和提高的统一，有人也总是认识不到它，只是一味地说办案，抓办案，就案说案，就是不说学习、调研。老百姓都知道"磨刀不误砍柴工"的道理，而我们的同志却不知道这个理儿。由于不抓学习、调研，结果是干警素质多年不变，面貌多年依旧，看不到工作水平有任何长进。

多写多练是写好调研文章的实践问题，舍此没有什么好办法。省检察院武树全副检察长在一次反贪调研会议上说过：大家要利用好自己的有利条件，当个"有心、有胆、有劲"的人。应当说，一线办案干警写调研文章有许多优越的条件，因为直接接触办案，有素材，而写调研文章是离不开素材的。笔者理解，"有心"就是在办案的过程当中注意搜集材料，注意发现问题，总结问题；"有胆"就是敢于提出自己的观点，敢于说别人没有说过的话，不人云亦云，不循规蹈矩；"有劲"就是钻劲、韧劲、挤劲。

写好调研文章，除了上面说到的几点外，侯磊检察长有一句话说得好，那就是"脑子里总有思考的题目"。总有思考的题目，才能主动地去观察、感受、熟悉；总有自己的题目，才能主动地去调查、读书、积累；总有自己的题目，才能主动地去思考、分析、选择；总有自己的题目，才能写出优秀的调研理论文章；坚持下去，总有自己的题目，会形成一家之言，成为专家型检察司法人才。

十四、怎样做一名检察调研工作的"赢家"①

大家都知道，检察调研和检察工作研究对做好检察工作十分重要，法律政策研究工作是整个检察工作的有机组成部分。那么，作为一名检察调研人员，怎样做一名检察调研工作的"赢家"呢？笔者想从一个"赢"字讲起。

从"赢"字组成之首"亡"字来讲，即要求检察调研和检察工作研究人员要有危机意识、责任意识和使命意识。实际上，不仅是检察调研人员要有这样的意识，所有的检察干警都应当有这样的意识。笔者认为，无论是一个人、一个单位，或一个国家的领导人，都要时刻有危机意识。没有危机意识，危机必然来临。有了危机意识，就会在主观上有责任意识和使命之感；有了危机意识，就能够主动看到自己工作的不足、失误，进而不断革新、创新，永保事业青春活力。人们常说，认识自己，天下无敌，就是这个道理。建国前期，黄炎培先生和毛泽东同志在探讨我们国家怎样保持国家兴盛和避免灭亡规律时有一段著名的对话，至今对我们有教育意义。黄炎培先生问毛泽东同志，他说：一个国家"其兴也勃焉，其亡也忽焉"，你们怎么避免灭亡的规律呢？毛泽东同志回答：我们已经找到了国家兴盛和避免灭亡的规律，那就是"民主"。实际上，还应当加上"法治"二字。

---

① 这是笔者2011年上半年在沧州市检察调研会议上发言的部分内容。

"赢"字之"口"，即要求检察调研和检察工作研究人员要有演说能力、表达能力，或说叫做宣传能力。作为一个人、一个单位领导应当具有演说、表达能力，而作为一个国家就是外交辞令能力了。而这些都跟写作能力分不开。没有这些能力，一个人、一个单位，或说一个国家，都不能很好地生存和发展。

"赢"字之"月"，即要求检察调研和检察工作研究人员要有时间意识、时机意识，或说掌控能力。《孙子兵法》上讲的"不战而屈人之兵"，既有游说能力、实力保障能力在内，更有个"时机"的把握问题。还有，我们讲的成事之"天时、地利、人和"要求，实际上都有个时机或时间的掌控问题。

"赢"字之"贝"，即要求检察调研和检察工作研究人员要有真本事、真能力、真水平，货真价实，这是一个人、一个单位，或一个国家生存和发展的根本。据有关资料显示，我们国家经济总量居世界第二位，可以说是具备"赢"的经济基础了。作为法治建设和法律体系而言，中国特色已经形成，更是具备"赢"或说自立于世界法治之林的前提条件。

"赢"字之"凡"，即要求检察调研和检察工作研究人员要有平常之心，不显露、不张扬，或说叫做韬光养晦都可以，但韬光养晦不是不作为，而是一种工作方法或说斗争策略。

笔者想，作为一名检察调研人员，作为我们的检察工作者，都应当从这个"赢"字中受到启发和感悟。

（一）检察调研人员要有危机意识、责任意识和使命之感，检察工作要有危机意识、责任意识和使命之感

多年来，无论在法学理论界还是在实务界，对包括检察机关在内的司法改革有不同的声音，诸如对中央文件要求的司法改革措施贯彻不力，对《宪法》规定的检察机关性质和职能规定有不同声音和对吸收外来法律文化的不同声音等。早在十六大文件里，中共中央就明确提出我们不搞"三权分立"，但有些人仍然主张我们国家也应当把英美国家那一套直接拿来为我所用。主张这种声音的人，主要来自于无视中外政治、经济、文化和法律制度区别和特点的学者们；也有来自个别执法官员的，包括很高级的执法官员。应当说明的是，如果有人对《宪法》进行指责，那是绝对不允许的！这是个原则问题或说大是大非问题，在国外包括像美国那样自由度很大的国家，都是不允许的。《宪法》是一个国家的根本大法，任何人包括学者研究都不能和它相抵触，每个公民都必须尊重它。十几年前，笔者曾经注意一个新闻报道，一位领导接见一位美国大法官，在接见过程中，这位大法官手里拿着一本美国宪法。他之所以这样

做，说明他对美国宪法的尊重。"三权分立"在西方国家有比较长的历史，有它存在的客观基础，但是在我们中国行不通。"领导我们事业的核心力量是中国共产党"，历史告诉我们，中国如果搞多党执政，会引起许多麻烦，对这个问题，没有商量的余地。

笔者认为，就一个国家法律制度的选择模式和作用发挥如何而言，也包括国体和政体的确定和作用发挥，是与一个国家的国情特点、历史传统和人们的持久坚持有很大关系的。就持久坚持的重要作用来说，胡锦涛同志讲过："不动摇、不懈怠和不折腾"的话语很有道理。我们国家的法律制度设计，我们的法律体系现状，总体上说是符合中国国情的，并没有什么大错，关键是坚持下去，关键是不折不扣地去执行好，并在实践过程中不断完善。当然了，随着改革开放的深入和国际经济一体化进程的加快，我们国家的历史传承也不是一成不变的。有人认为：中国现在社会是三元社会，即农业社会，工业社会和信息社会并存。文化是三维文化，即皇权文化、天下文化和人文文化并存。三元的结构为变革提出了要求，也为变革规定了路线。同社会发展轨迹一致的文化和思想，在新的社会雏形出现前后就会出现。让它得到认同，并不是轻而易举的。但它是我们前边的路，我们不想朝后走，不想朝左走，不想朝右走，就朝前走吧。①但由于我们国家受到"都市化"色彩不强的影响（全国有4万个乡镇、街道，68万个村庄、街道），这种"庄情"、"街道"式居住特点，一定程度上也决定了我们的先进文化建设、先进社会建设和大踏步前进的难度。在我们的整个法律工作中，我们的职能已经向侧重服务型转变，办案程序由强调职权主义向强调当事人主义转变，中国特色法律体系框架已经形成。必须看到，目前相当一部分人看来，我们一切不如资本主义国家的好，因而要采取全盘西化的办法，他们认为国外怎么办我们就怎么办，没有必要"另搞一套"，也就是说，要否定中国特色社会主义、中国特色法治建设等。对此，我们必须提高警惕。中国社会主义制度和法律制度的优越性在哪里？在于符合中国国情，在于中国共产党领导下的广大人民群众的历史选择。据某城区公安局统计：2005年一年抓获的刑事犯罪人员中，无业闲散青少年占90%左右，有50%来自困难家庭。这个群体的共同特点是无学可上，是文化上的"小盲人"；无业可就，是经济上的"小穷人"；无人关爱，是社会上的"小病人"。这一特殊群体，成为家长管不了、学校无法管、社会管不到、公安部门不好管的"真空地带"。由此可见，社会治安综合治理工作的极端重要性。

---

① 参见韩永飞：《敢问路在何方？》，载《中关村杂志》2011年第5期。

（二）检察调研人员要有表达能力，检察工作要有表达能力

有一位从事多年检察工作的市院领导说：能说不干是"假把式"，能干不会说是"傻把式"，而能说能干才是"真把式"。这句话很有道理，它说出了检察人员的表达能力和检察宣传工作的重要性。检察调研人员的表达能力，就是把我们的检察理论研究和调研成果用语言、文字表达出来。检察工作要有表达能力，主要是抓好宣传工作。表达能力和宣传能力有相通的地方，也有不相通的地方。相通的地方，是他们都和写作能力、思维能力和归纳能力紧密相关。不相通的地方，表达能力主要是指个体的人，而宣传能力主要说的是机关单位，需要借助一定的载体或平台才能实现。现在，各级检察机关建立的"检察机关新闻发言人制度"、"检察机关开放日活动"、"检务公开活动"和"检察文化建设活动"等，都属于检察宣传的范围，这也可以认为是一种"表达能力"所必须的形式问题。

这里，想着重说说检察理论文章或说检察调研文章的表达形式问题。在现代汉语中，"表达"、"表白"、"表述"、"表扬"等，意思都差不多，亦即解释、说明、叙述、彰显，以使自己的观点被别人接受，自己的思想被别人理解，进而让别人和自己共振、共鸣。10 年前，河北省院研究室在承德市举办过一次检察调研文章写作培训班，当时请了河北省社会科学院邓小平理论研究中心主任王彦坤同志讲了一课。王彦坤讲："现代化建设和改革开放及其引发社会发展转型，使得许许多多前所未有的新情况、新问题、新矛盾纷至沓来，社会热点难点问题层出不穷。这就需要我们通过理论文章和研究报告的形式去研究探讨，分析产生的原因，提出解决的对策，供有关领导决策参考；也需要我们通过文章形式宣传党的路线、方针和政策，为人民群众解疑释惑。因此，撰写理论文章和调研报告，是我们发现新情况、研究新问题、提出新对策、宣传新政策必不可少的重要形式。或者说，时代要求我们写出数量更多、质量更高的理论文章和调研报告来。"王彦坤同志讲的这些话，现在都不过时。

如何写好检察调研理论文章，应当注意这样三个问题：一是关于文章的主题或选题、撰写目的和体裁的确定；二是关于文章内容的取舍与阐述；三是关于文章形式的选择与包装。这里，笔者只讲其中的一个问题，即关于文章主题（选题）、撰写目的和体裁的确定。

1. 文章的选题要合适。我们在具体撰写某一篇调研文章时，首先要做的事，就是确定文章主题（选题）。写什么文章都是为了解决问题，包括理论上的、实务上的，等等。主题不明，无从下手。打个比喻，吃什么地方特色的饭你不清楚，你怎么去选餐馆？自己做饭，更是这样了。不知道想吃什么饭，怎

么去买菜？这里只是个比喻而已。那么，我们应该根据什么原则去确定检察理论文章、检察调研文章的选题呢？一是社会需要，二是检察工作需要，三是与自己的能力相适应，四时题目合适。

（1）关于社会需要。从宏观来说，社会提出许多问题、情况、矛盾，需要我们研究探讨。但我们要撰写某一篇文章时，却只能研究一个问题，不可能囊括所有问题。那么，我们在准备撰写一篇文章时，就要考虑，当前和今后一个时期社会发展需要解决的最紧迫问题是什么，我们还有哪些问题未解决，哪些问题需要研究。在经过认真思考后，根据社会需要确定文章的主题。在这方面的典型，就是革命导师。马克思、恩格斯、列宁、斯大林、毛泽东他们的全集中收录的文章，都是根据当时的社会需要而写作的，推动了社会的前进和发展。

（2）关于检察工作需要。我们写文章，大多与各项检察业务工作开展有关，甚或说，写文章是我们的本职工作。实际上，我们每个人都在写文章，只是文章的形式不同。比如说领导讲话、演讲、公诉人出庭支持公诉，"反贪"、"渎侦"同志办案所作的笔录，都是写文章。就检察调研文章而言，我们主要考虑，在各自业务范围内，有什么工作问题没有解决，什么工作问题又最需要解决。作为称职的检察工作人员，我们应当知道研究什么问题更符合实际，最有实际价值，最能满足工作需要。也就是说，我们要根据自己工作中遇到的问题来写文章，来谈自己的观点、对策，供同行们参考借鉴。比如，前面笔者讲的"社会矛盾化解与检察机关定位"、"参与创新社会管理与检察机关定位"、"科学发展观视野下的检察工作开展"课题，大家有兴趣、有能力不妨一试。

（3）关于与自己能力相适应。和大理论家相比，比如最高人民检察院检察理论所的同志，以及社会上的"大秀才"们，我们奋斗一辈子也赶不上他们。因为每个人受教育程度、工作资历和能力大小有别，专业水平高低、强弱不一样，站位和思考问题的角度有差异。实际上，这也是个实事求是的问题。我们在写检察理论文章和调研文章前，应当考虑实际情况，实际能力，看自己是否具有驾驭这篇文章的能力。如果超越自身的能力，很可能白费力气。所以说，只有根据自己专业知识、自身水平和具体情况，选择合适题目，才能写出有一定价值、有一定水平的调研文章来。

（4）关于题目合适。过去，笔者多次讲过，在基层检察院写调研文章，一般是小题大做、深个，切忌大题小作、浅作。小题目可扩展、深挖，这样比较容易集中精力把文章写好。题目大，驾驭不了，肯定就写不好了。再者，一定要写你熟悉的业务工作。在基层院，主要是结合检察工作中遇到的问题，法律上存在的问题，去选一些题目。小题、大背景、深挖掘，解决实际问题。市级院可组织些力量，根据最高人民检察院、省院每年下达的课题，搞一些比较深的研究，搞一些大的课题。

2. 文章撰写目的要明确。首先，要明确撰写这篇文章的意义是什么？是理论意义，还是实践意义？你在写作文章时，应当明确它具有什么意义。所谓理论意义，是指文章在理论上有哪些创新，有哪些新观点，说明什么问题，以及在理论上有什么推动促进作用；所谓实践意义，就是你的文章能解决大家在工作遇到的实际问题，解决院党组、检察长和党委、政府领导正在"头痛"的一些问题。其次，明确文章的性质。你写文章，是想解决难点问题产生的原因，还是对某一问题的宣传、表达？这都需要自己心中有数。文章想达到的目标，往往决定文章的性质。比如，文章是基本理论的阐述，还是应用问题的提出，主要是事实的反映，还是对策建议的提出。如果文章是宣传性质的，就要求论述严密准确，就不一定是很新的，说清楚、明白即可。如果是对事实的反映，就是调查报告，说清楚，说准确就行了；提出建议性的文章，应有新意，即要有研究性质、探讨的性质和分析的性质等。最后，要明确文章的读者对象。写文章时必须考虑读者对象问题，做到上下内外有别。要想到，文章的读者对象是上级领导还是下级群众。让上级领导看的，应主要是对基层实际情况的反映，通过我们调查研究把基层实际情况、问题传达给领导，对领导提出有参考的对策、建议，文章里反映的情况必须全面、真实和准确，绝不能报喜不报忧。如果那样，很可能使领导看不到下面的问题。而让一般群众看的文章，我们主要是宣传党的路线、方针、政策，使群众自觉接受并贯彻执行，同时又对社会难点、热点问题用我们的理论知识和政策水平做出科学的解释，为老百姓释疑释惑。不宜对群众公开的问题不能写出来，否则，很可能产生不利于社会安定的负效应。

我们还应考虑所写的理论或调研文章是内部的探讨还是对外的宣传。我们面对的许多问题确实是应当研究、探讨的，不研究不探讨会影响我们工作，但有些问题研究探讨只限于内部或社会的一定范围。内部探讨问题一定不要当作对外的宣传问题。一定要注意，在写对外宣传问题的文章时，不能轻易把内部探讨问题写在文章里面。中央提出"研究无禁区，宣传有距离"的原则，是非常正确的。对于无定论的观点，在宣传上应有规则，不能随意说，以免出现误导，引起社会不必要的混乱。我们在行文或发文时，应上下有别，内外有别。

3. 文章体裁的选择。大家都知道，文章的题材一般有论文、调查报告、研究报告和宣传文章。论文一般是对宏观问题理论的探讨，理论观点的研究，阐述分析，提出新观点；调查报告是对某一具体事件很微观问题的调查和叙述，我们对某一事件、事项进行调查时，要说清他的来龙去脉，可能的话再提出一些解决办法和建议，应主要在调查事实上。相比之下，研究报告比调查报告研究的内容要多一些，一般是由一个微观问题引出一个带有普遍性的问题，比如对由某一个院的检察干警队伍状况的调查，很可能引出我们河北省检察队伍乃至整个政法队伍的状况，通过分析我们的政治素质、业务素质、办案能力各方面情况，得出现在全省政法干警是不是适应现在工作需要，不能适应问题出在哪里，以及怎样改进等？研究报告，主要是研究一些重大、宏观问题，这样的文章不是一般的事实叙述，而是要分析深层次原因。调查报告重在调查；研究报告在调查事实基础上研究和提出对策，重在研究。而宣传性文章，主要适合于党的路线、方针、政策，国家的法律法规的宣传，对一些问题答疑，需要用生动活泼的语言来写。所以说，在相关检察调研文章写作前，应总体把握对它们如何写，明白为什么写，以及这篇文章应写成什么样子等，否则很可能写不好你要写的文章。

（三）检察调研人员文章写作要有时机把握，特别是检察机关一些重要工作开展要有时机把握

检察调研文章都是检察实践的产物，它在某种程度上说是对检察工作规律的客观总结和反映。因此，检察调研文章的撰写应当有个时机把握问题。所谓时机，要从这样几个方面进行考虑：一是在客观上，问题出现了，还是没出现，但在随后一个时期肯定或可能要出现；二是在主观上，我们已经掌握，或了解或基本了解被调研客体的情况；三是应当把它们写出来，供同志们在工作中参考借鉴，或供领导决策参考。无论是理论文章还是调研文章，时机把握很重要。有的时候，我们的理论文章、调研报告写早了，人们认识不到它的重要作用和意义；写晚了，时过境迁，工作造成损失。笔者认为，文章当及时、适时完成，适时报送一字千金，否则可能一文不值。这是因为，我们撰写调研文章的目的是解决问题，推进工作，而不是为写文章而写文章。有人讲：写文章和打仗一样，同样有个"天时、地利、人和"的问题。20个世纪80年来，我们检察机关就有一些有识之士提出要加强法律监督权的问题，提出了包括民行监督、行政诉讼监督、自身内部制约等观点内容，但当时没有引起我们检察机关同志应有的重视。90年代中后期，学术界上掀起一股削弱检察权的理论思潮，由于我们应对无力，取消了免诉权，甚至职务犯罪侦查权也差点被取消。从那时起，最高人民检察院领导和社会上的有识之士，开始认识到加强法律监督权的必要性，开始重视在理论上、学术上就此问题进行探讨和呼吁。笔者讲这段历史，是告诉大家调研成果的出台一定要把握好时机，尤其是对前瞻问题

的研究，更是如此。否则，调研文章写得再好，恐怕也难发挥出其应有的作用和社会效能。和检察调研文章写作一样，检察机关一些重要工作开展也有一个时机把握的问题。比如，我们搞的一些专项活动，就是这样。

（四）检察调研人员要有真水平，要坚持实事求是

笔者认为，检察调研人员的真水平，就是能够实事求是和辩证地研究问题、提出问题和解决问题，并用文章的形式把它们固定下来的能力。检察工作的真水平，就是落实"强化法律监督，维护公平正义"的检察工作主题，不断提升法律监督的工作能力。

这么多年来，就调研人员如何运用实事求是与辩证思维的问题，还是省委研究室原副主任管再源同志讲得深刻。他认为，实事求是是调研部门的立业之本，亦是调研人员的立身之本；辩证思维是调查研究的明事之道，亦是调研人员的谋事之方。实事求是是调查的起点和归宿；辩证思维是研究的主导指南。管再源同志认为："实事求是 + 辩证思维 = 唯物辩证法。"他说，毛泽东同志解释过："实事"是客观存在，"是"即客观规律，"求"就是探索和调研。过去笔者说过，调查研究就是从客观存在入手探求客观事物的规律，其功能就是通过认识世界去探寻改造世界的途径。主要是四个方面：一是摸透事物的来龙去脉，以利于说清事；二是掌握事物的信息依据，以利于谋划事；三是抓住事物的苗头趋向，以利于预见事；四是校正事物的运行偏误，以利于干成事。概括起来就是明事、谋事、预事、成事，我们完成这"四事"，离不开调查研究工作，而缺了其中"一事"就构不成完整概念上的调查研究。

江泽民同志说过："我们党在理论和实践上的每一步前进，改革和建设的每一步发展，都是坚持党的思想路线，解放思想，实事求是的结果。"实践是永无止境的，认识真理不是一次完成的，一切从实际出发，解放思想，实事求是，也要一以贯之。"这就决定了我们的调查研究工作在认识未知世界和解决深层矛盾中要常用不懈、常用常新。

关于检察调研人员的实事求是问题，应当注意以下几个方面：

其一，坚持实事求是，要勇于冲破阻力。调查研究是达到"实事求是"的阶梯，然而这是一个攀登的过程，是求真求实的长征，是思维旅途上的艰难跋涉，必然充满各种困难、矛盾和障碍，所以说，我们通过调查研究去认识事物本质，搞清客观规律是十分不容易的，其间大体有十个方面的阻力：

一是无知的阻力。无知是实事求是的第一道屏障，一个人没有对这个事物的基本了解就没有发言的资格，更不用说能得出符合实际的结论，缘木不能求鱼。无知是认识的空档，是思路的断层，是摆在我们前进途中的沟壑，必须先

有知识之桥搭接对岸，才能有下一步的探求。

二是经验的阻力。经验可以是通向实事求是的大门，但也可能是把自己关在实事求是之外的大门。一个有经验的人和一个无经验的人同时面对一件事，前者可能自恃经验不再调研，结果一无所获，后者则可能因无经验可参考而静下心来调查了解，结果有所发现，有所收获。

三是自满的阻力。自满是实事求是的第三道屏障，自以为是就不会有新的追求，满足于一孔之见、一得之功，就很难找到新的突破口，就很难发现新事物。甚至当别人把新的调研结果、调研结论给他看时，他往往视而不见，充耳不闻。

四是私心的阻力。前三个阻力由于主、客观因素使其不能为，因而力所不能，找不到实事求是的门路。但是，私心这种障碍却不同，非不能为，而是不愿为。一是以我之利害来决定是非，二是以我之好恶来决定取舍。特别是当私心过重时，嫉心自缚时，就会是非混淆，黑白颠倒，结果与实事求是背道而驰，乃至坠入谬误的深渊。

五是实践的阻力。指当时某个阶段的客观实践发展还不成熟，还不足以揭示事物的真相和规律，主客观无法一致时，这是实事求是的第五道障碍。其如，燃烧是源于燃素还是源于氧气的认识过程；《资本论》只能产生于英国而不是其他国家等，都说明了这一问题。恩格斯在解释假说并不是真理时有一段名言，他说："哥白尼的太阳系说有三百年之久一直是一种假说，这个假说尽管有百分之九十九，百分之九十九点九，百分之九十九点九九的可靠性，但毕竟是一种假说，而当勒威耶从这个太阳系学说所提供的数据，不仅推算出一定还存在一个尚未知道的行星，而且还推算出这个行星在太空中的时候，当后来加勒确实发现了这个行星的时候，哥白尼的学说就被证实了。"因此，客观实践还没有达到这一步时，要老老实实承认当时实践和个人实践的局限性，提倡尊重实践，特别是群众的实践；增强耐心，在不断的实践中去促成瓜熟蒂落。

六是书本的阻力。赫尔岑说：书是行将就木的老人对前来接班的年轻人的遗训。书如灯塔，书如石墙，其导航力和束缚力都很大。不要唯书唯上，不要本本主义。恩格斯就曾告诫那些企图从自己书中寻找未来社会图画的人说："你们在我这里连半点也找不到。"正如佛学中"所知障"解释的那样，人们已知的知识，往往障碍你探求新的知识。

七是习惯的阻力。这里说的习惯是人们的思维习惯和社会习惯，习惯把人控制在一个固定的思维空间里，使你看不到外部世界。习惯常常不问对错，而只问有无陈例可循、旧例可援，这样最省事。往往一种概念，形成之后对少数人来说是在理解的基础上执行，而对大多数人来讲是在习惯的"惯性"中运行，轻易不会跳出这个惯性空间去思考、去探求，这就难于认识和把握新的情况、新的问题和新的经验。

八是权威的阻力。权威是某一领域正确意见的代表或对某一经验有益体验的总结。但是权威和经验一样，只能代表过去，尽管他们是对过去的举一反三，预知预学的一面，但也有不了解新的实际，新的变化的局限。现实生活中，只有过去和现在的权威，而没有将来的权威和百分之百的正确，它一样要受实践的检验。权威对正确意见的否定，往往是以自己的自信和经验来决策，别人则以对他的崇拜和信任来服从，这里面本身就潜伏着一种对实际情况的忽略，因此很可能偏离实事求是，造成一道通向实事求是大路上人为的障碍。

九是行政的阻力。当一种脱离实际的知识上升为政策、法规、制度、体制并通过行政权力推行时，实事求是遇到的阻力已不是知识问题，而是一种行政的屏障，体制的樊篱。

十是利益的阻力。社会是分成各种阶层各种利益集团的，这种利益相别的阶层或集团，由于触犯既得利益或保护自身利益而误导调查研究，使其结论部门化、本位化，进而影响上层领导决策。一切从人民的利益出发是调查研究和实事求是的灵魂。丧失这个灵魂，调研工作就成了空壳。

其二，坚持辩证思维，要走出旧思维的框框和认识误区。实事求是是一个思维方法，也是一个实践过程，它关系一件事、一项事业的正误成败，因此，它又是一条思想路线，是一个行动纲领。由于调查研究是一个"求"的过程，而不是"做"的实践，因此思维方法就极为重要，辩证思维就是全面法、联系法、矛盾法、发展法、系统法、开放法、创新法，是克服主观主义、教条主义、形而上学和机械唯物主义等错误思想的武器。毛泽东在1931年4月《总政治部关于调查人口和土地状况的通知》中指出"我们的口号是：一不做调查没有发言权，二不做正确的调查同样没有发言权"。所谓正确的调查，就离不开马克思主义唯物辩证法和历史唯物主义的思想指导。列宁也说过"遵循着马克思的理论道路前进，我们将会愈来愈接近客观真理，遵循着任何其他道路前进，除了混乱和谬误之外，我们什么也得不到"。

如何跳出旧的框框和思维误区？应注意以下这样几点：[①]

一是知浅言深者妄。妄就是自以为是，妄自尊大，夜郎自大。调查研究重在深入，尤其要深入到问题中去。

二是知小言大者慎。知小可以言大，知小慎于言大，慎就是谨防只见树木，不见森林。

---

① 此部分参考了河北省委研究室原副主任管再源同志在一次调研会议上讲座的内容。

三是知此言彼者误。误就是误导、误引，这是由于简单类比造成的。有的时候，类比固然能使我们开阔视野，却也常常将我们引入迷途，正确的类比推理是贴切中肯，恰到好处，让人心悦诚服的，让人能够接受。但是，类比推理也可能造成思维的陷阱。至少把握这样三点来评价：第一，数量，第二，相似方面的相关性，第三，不同方面的相关性。总之，不同性质的矛盾要区别对待，有区别才有政策，才有出路，才有结果。

四是知次言主者鲁。真懂得，只知道抓次要矛盾而抓不住主要矛盾，而随意下结论就是鲁莽。辩证思维讲求全面性、系统性，但更强调重点论和抓主要矛盾。

五是知实言虚者戒。讲情况头头是道，讲对策套话一堆、无关痛痒，甚或都是放之四海而皆准的空话，这一点用处也没有。我们做了调查，找准了问题，还要放到头脑这个"加工厂"里去加工提炼，综合升华，才能起到真正的报告作用。如马克思所说：是把完整的表象蒸发为抽象的规定，形成概念，然后再把抽象的规定在思维的行程中导致具体的再现，即把"现象具体"变为"抽象具体"，这是通过辩证思维来完成的，也就是求实——转实——务实。形象地说，我们是要检察调研的"形象工程"，完美无缺，而不是要大家看到烂尾工程，令人生厌。

六是知真言假者禁。弄虚作假，谎报军情是调研人员的头号敌人，无论是为尊者讳，为亲者讳，为上者讳，还是为什么人讳，都要力避之。调研离开真实就是砂上筑堤，注定要垮。

（五）检察调研人员要有平凡之心，检察工作要有"平凡"之举

人不能没理想、没目标、没志向，但理想、目标、志向一定要切合自己的实际情况，否则就是空想，或说叫做"乌托邦主义"，根本实现不了，白白浪费自己的感情和精力。人的思想是复杂的，在古往今来的社会生活当中，有人想了却君王天下事，赢得生前身后名，只是可怜白发生；有人巨富敌国无所比，可惜一朝散去叹黄粱。有的人，即使是贵为天子，称王当帝，还不满足，到处去炼丹访仙求长命，企图"再活五百年"，等等。细想起来，有什么作用？说这些话的意思，是要大家有一颗平常之心，平稳之心，脚踏实地，实事求是地干好自己的本职工作。有一段关于人生成功的信息编的好，是这样的："工作方面，能力不敌态度；做人方面，精明不敌气度；做事方面，速度不敌精度"。对此，我们应当从中悟出点什么，学习点什么，并应用在工作当中。

前不久，笔者看到《石狮日报》上刊登李义新同志撰写的《人生三看》短文，读后很受启发。他说：一个人要想走好自己的路，必须要"看远、看透、看淡"。

看远，就是志向高远，目标远大。如果目标短浅，把自己局限在狭小的范围之中，就看不到远处的风景。实践证明，人生之旅不可能总是一帆风顺，有顺境也有逆境。一个人如果拘泥于一时一事得失，就可能失去拥抱未来的机会。只有认准了自己的目标，脚踏实地，不为环境所干扰，不为外力所左右，一心一意干事的人才有可能到达成功的彼岸。

看透，就是认清本质，领悟真谛，不为表象所迷惑。不被假象所蒙蔽。人生不过百年，需要得到物质满足，更需要精神追求，精神富有，这样才能赋予生命以真正的价值和意义。如果满脑子都是权力、金钱、美色，不惜为之忙于算计，疲于奔命，甚至利令智昏，铤而走险，什么结果都不考虑，那最终必将误入歧途，亵渎生命，乃至身败名裂。

看淡，就是淡泊名利，乐观旷达，始终保持健康的生活情趣。人生活在社会中，不可能不受社会条件的制约和客观环境的影响。但一定要知道，求生存、图发展，不能不面对各种各样的挑战和考验。要清楚，人的生命有高潮也有低谷，有选择有放弃。如果总是用功名利禄的鞭子去抽打自己，一路狂奔不停，而无暇顾及"四季"的变化，周围的变化，不给自己以喘息的机会，那就可能背离生命的真谛，也很难实现真正的成功。

当然了，看淡不是不讲物质利益，不求进取，而是要摆脱虚名浮利的羁绊，放下包袱，调整身心，积蓄力量，以便更好地投入到火热的实践和多彩的生活当中去。有追求者，会珍惜宝贵的时间，拒绝庸俗的交往，并主动舍弃一些没有意义的应酬，把有限的时间和精力投入更有意义的事情中，才会拥有更丰富多彩的人生。有智慧者，会及时遏制膨胀的欲望，有境界者，会舍弃对财富的贪念。一个人正常的物质需要是有限的，不要让无穷的欲望左右人生。

检察调研人员要有平常之心、平稳之心，应当从李义新同志所写的"三看"文章中受到教益。笔者想，作为一名称职的检察调研人员，首先，要有一个良好的精神状态；其次，要有一种坚韧不拔的毅力和吃苦耐劳的劲头。有的时候，人的"能力与态度相比"、"精明与气度相比"、"速度与精度相比"，往往是后者决定前者。世界上没有天才。所谓"天才是百分之一的灵感加百分之九十九的汗水"。大科学家爱因斯坦讲过："成功＝艰苦劳动＋正确的方法＋少谈空话。"在现实生活中，有些人总想一夜之间创造辉煌。实际上，这是很不现实的。古人讲："不积跬步，无以至千里；不积小流，无以成江河。"这里，我不想打击大家的积极性，也不是低估大家的能力、水平，只是想说还是实际一点为好，还是靠自己的汗水取得成绩为好，还是知足一点为好。须知，在社会上有多少人还在为自己的生存条件在奔波。有份工作干就不简单了，何况我们是国家公务员——人民检察官呢。当然了，在现实生活中，我们也不否认有的人没怎么费劲就成功了，比如说发财或升官等，但少数个别现象并不代表社会的主流现象，或说普遍现象。

　　检察工作开展，同样需要"平凡"之举。所谓"平凡"之举，不是说不让大家创新，而是要求大家在持久的"平凡"中，包括从办理每一起案件和法律监督行为中实现自己的人生价值。人民检察官要按照宪法和法律规定办事，履行职责，不辱使命，不负党望、民望。笔者在省检察院工作20多年了，到过许多检察院搞调研，也认识许多基层院检察长，有些人总想搞一些"检察形象工程"、"一鸣惊人"，其实大可不必，大家按照我们的职责开展工作就行了。我们要认真完成院党组和检察长交给我们的各项任务，进而实现宪法和法律交给我们的神圣法律监督任务。

十五、如何做一名合格的研究室主任①

　　怎样做一名合格的研究室主任？研究室主任应当抓点什么，干点什么，怎么抓，怎么干？总的要求是四句话，即要思考调研工作、谋划调研工作、抓好调研工作和创新调研工作。具体地说，有以下几点：

（一）一定要统筹兼顾，协调好方方面面的关系

　　目前，各市院研究室的工作比较多，包括调研课题、法律法规研究、检委会办公室工作、学会工作和人民监督员工作等。研究室主任是一个"多头主任"，对上他要负责研究室的工作、检察官协会的工作和"人监办"的工作，而这三个部门的工作特点是不完全一样的。目前，在省院（大部分市院亦如此）这三项工作都要由研究室主任来组织、领导，还要当好本院领导的参谋，以及院领导临时交办的一些任务等。这就需要学会"弹钢琴"，学会区分轻重缓急，在保证重点工作的情况下，使方方面面的工作都动起来，都取得应有的成绩。

　　研究室是一个综合性的业务部门，主任的协调艺术是不可缺少的。从实际情况看，协调包括硬协调与软协调、明协调与暗协调、冷协调与热协调，等等。所谓硬协调，是指运用上级院的文件、领导指示和制度规定来进行的协调，就是明确告诉别人应当怎么办，不应当怎么办，使上下左右步调一致；所

---

① 本文是在一次市院研究室主任座谈会以上的发言稿，文中内容参考了一些同志的经验材料。

谓软协调，是指一件事在各方都有道理的情况下，在可办和缓办的情况下，主任通过自身的能动作用，说服各方配合、支持，按领导的意思尽快落实，进而达到预定的工作目标。明协调，是指利用公开场合进行对话活动，也就是把问题摆上桌面，当面解决，现场办公；暗协调，是指利用非正式场合的协调，主要用于解决矛盾尖锐、问题复杂，一时公开不利于工作的问题。不过，这里所说的"矛盾尖锐"和"问题复杂"是相对而言的，并非对抗之意。冷协调，是指用冷处理的方法解决矛盾和问题；热协调，是指运用趁热打铁的方法解决矛盾和问题。在实际工作当中，不一定能划分这么清楚，需要各位主任根据实际情况来灵活应用。讲这些的目的，就是要通过我们研究室主任的良好工作方法来保障领导交办的各项任务和职责范围内的工作的完成。

和其他处室领导比较起来，研究室主任确实有许多难言之隐。比如由于工作的静态特点，我们和外界的联系就少；由于我们埋下头来搞调研、查找资料，和机关同志的接触、来往就少；由于我们多少有点思想，有时常常会"坚持己见"。这样的结果，在当前的社会风气下，许多人有可能不理解我们，进而或是讥讽，或是孤立，或是关键时刻不投你票等。不过，什么事总要有人去做，有人去奉献。我们既然从事了法律政策研究工作，就应当无怨无悔，就应当认真负责，就应当勇于奉献。一个人一生只要干成功一件事就行，所以说我们自身不要抑郁、焦虑和自卑，更不要有别人滋润、提拔和潇洒后的忌妒之心，一定要认认真真地做好工作，不辱使命，不负重望，努力体现自己的研究价值和作用。

（二）一定要心中有数，思路清楚，千方百计搞好自己的工作

研究室工作虽说也有计划、规律，但和其他业务处室相比，变化的系数比较大，而定数相对较小。比如每年都有研究课题，但课题的名称不同；就是名称相同，由于工作要求发生变化了，内容也会随之变化。这就要求研究室主任心中有数，掌握情况，提出方案，拿出对策，动员方方面面的力量去完成。主要表现在以下几方面：

1. 调研思想要解放，跟上形势。中共中央《关于加强党的执政能力建设的决定》指出，要"立足于新的实践和发展，着眼于对重大问题的理论思考，解放思想、实事求是、与时俱进，不断开创马克思主义理论发展的新境界，不断开创社会主义事业发展的新局面"。这对于搞好检察调研工作，同样适用。所谓"解放思想"，就是在马克思主义的领导下，打破习惯势力和主观偏见的束缚，研究新情况，解决新问题。所谓"实事求是"，就是一切从实际出发，在掌握关于事物大量真实材料的基础上，经过分析研究，找出事物内部或事物

之间的本质联系即规律，作为我们行动的向导。所谓"与时俱进"，就是不凝滞于物而能与时推移；不拘泥于陈而能出新；不固定于式而能随机变化。在共产党人的"字典"里，"与时俱进"作为一种精神状态，具有积极性；作为一种理念，具有科学性；作为一种实践活动，具有人民性、全局性、根本性；作为一种工作方法，具有原则性、灵活性。搞检察调研工作的同志务必掌握"与时俱进"的思想，否则就会跟不上形势。可以说，解放思想、实事求是和与时俱进，是开创检察调研工作新局面的内在动力。

2. 调研领域要拓宽，适应工作。检察工作搞到哪里，调研工作就要搞到哪里。检察工作的重点永远是我们研究的重点，检察工作的"难点"、"薄弱环节"，永远是我们努力的方向。近两年，围绕"强化法律监督，维护公平正义"的检察工作主题，我们检察工作有许多新进展，比如人民监督员制度的实行，就是一个新的事物，有许多需要我们研究的地方，以进一步规范这项工作。今后，我们应当从"横的"和"纵的"两个方面考虑研究室工作问题。横向，需要在突出"检察主题"研究的同时，加强检察机关党的建设、反腐倡廉、"三个"文明建设和服务大局等的调查研究，使检察工作有机地融于社会发展的大环境中。纵向，需要进一步研究检察改革、发展与业务建设中的深层次问题，在系统、深入和规范上下功夫。社会是一个系统，工作需要连动，智慧、经验需要互相借鉴，我们要通过对更多领域、不同层次实际问题的深入了解，帮助院党组和检察长更全面地贯彻党的基本路线、方针和政策，帮助院党组和检察长更全面地贯彻和实现检察工作主题。

3. 调研力量要有新的组合。检察理论研究和检察工作研究不是研究室一家的事，而是全院和全体检察干警的事。从某种意义上说，也是全社会的事。一些重要专题研究，单就我们自身的力量是不够的，需要动员多部门、多学科来联合攻关，研究室的组织作用要发挥好，模范带头作用要发挥好。要通过组织、协调作用，使我省的检察调研力量形成网络，形成合力，以便上下贯通，优势互补，集思广益，减少重复调研研究，争取出更多、更好的成果。近几年，河北省沧州和唐山市院在这方面都有创新，各地可学习一下。

4. 调研方法要有新的改进。从实际情况来看，主要是解决好五个问题：一要更开放一点，不仅要立足当地，摸清摸透不断变化的情况，还需要迈开双脚，到市外、省外乃至境外去开阔眼界。俗话说，"他山之石，可以攻玉"。我们要与最高人民检察院和中央各调研部门加强联系，与外省、市检察机关开展跨省级的调研协作。二要学会运用现代的调研方法，诸如数理统计法、问卷调查法以及定量定性相结合方法等。三要尽快把现代信息技术引入研究领域，发挥电脑传递、储存和处理信息的助手功能。当然，学习现代调研方法和应用现代技术信息，决不能丢掉那些切实有用的传统调研方法，特别是经常深入基层、深入群众，了解群众的所想、所盼、所喜、所恶。这是党的优良传统，要继承下来，发扬光大。四要学会辩证的方法分析问题。要注意运用马克思的辩证唯物主义和历史唯物主义的观点和方法，对调查得来的资料、素材进行去粗取精、去伪存真、由此及彼、由表及里地分析，从中找出规律性的东西。五要提倡集体创作，发挥集体智慧，进行集体奋斗。

5. 调研目标要有新的追求。主要是承担一些全国性的检察理论研究课题，出一些符合实际和管用、能用的大成果。到目前为止，河北省先后承担了最高人民检察院的4个研究课题，质量还是比较高的。出了一些符合实际和管用、能用的大成果，就是别人看了你的文章以后，思想能有所启发，方向有所明白，行为有所依据，标准有所掌握。要达到这一点，至少调研人员要敢讲真话，敢说实情，敢谏箴言。敢讲真话、敢说实情、敢谏箴言，不是在下面听到什么就讲什么，自己想说什么就说什么。笔者认为，讲真话、讲实情，是指能够反映下面群众、干警多数人的看法，是指能够反映群众、干警的情绪和意见里面最本质看法的东西。现在有些胡言乱语的话多得很，如果你都带上来，写到调研文章里面，这不叫真话、实情。至于有些不上台面的俏皮话、讽刺话，就更不许写到调研文章里面了。反映问题不要看领导的眼色，但你反映问题要有正确的立场、观点，没有正确的立场、观点，你就要站到错误的方面去了，也失去了一个检察调研人员应有的品德和素质要求。

（三）一定要突出重点，用重点课题项目的完成来拉动调研工作的全面提升

由于各个市院的基础工作不同，工作开展程序和特色不同，固而重点确定也不完全一样，但有以下几点应当是相通的：

1. 为领导服务放在有利于工作开展上。要站在领导的高度想问题、出主意，真正做到想领导所想，思领导所思，议领导所议，尽可能地保持与领导思维一致。要做到这一点，应注意三个方面：（1）参与而不干预。研究室人员参与决策的辅助性，是其自觉地接受领导，在职责范围内提出工作建议。即使建议被采纳，也不能认为是自己的决策，更不能因为做了大量的辅助工作而产生与领导共同决策的错觉，甚或干扰领导决策。（2）服从而不盲从。研究室人员要认真领会领导意图，以高度的责任感鼎立相助，有据、有节、有度地为领导决策拾遗补缺。对领导的一时失误应及时提醒，甚至大胆纳谏，据理力争。这需要把握两点：其一，对领导的决策、指示有不同看法只能提建议。如果领导不同意改变原决定，研究室人员应无条件执行。其二，如果领导决策或指示确有明显的违法违纪问题，研究室人员有责任向领导献诤言，帮助领导改变错误决定，甚至可以按照组织原则向上级反映情况。（3）主动而不盲动。研究室工作应具有超前性，对有规律和有程序的工作要早动手，争取主动，明确领导需要干什么，摆正领导与自己的位置，决不能自作聪明，善做主张。

2. 为业务处室服务重在保障办案上。我们检察机关的研究室不同于社科院研究所，更不同于其他教育和专业研究中心的研究机构，我们研究室的任务就是为院领导、检察工作和具体办案服务。衡量一个研究室工作成果的大小、工作好坏的一个主要标志，不仅仅是看了你写了多少书、报刊上发表多少文章和个人著作有多少，而是既要看调研成果和调研成果质量，但更要看你能不能为院党组和检察长决策服务发挥作用，看你能不能为检察工作发展和办案服务拿出有价值的意见。当然，如果你文章写得不少，报刊上发表的文章不少，书也出了不少，它至少说明你有这方面的素质、能力。笔者这里所强调的是，只是要我们把位置摆正，主次分明。位置摆不正，主次闹不清，你的作用就发挥不好。在摆正位置的前提下，还要出成果。研究室最重要的是围绕检察主题搞研究、作课题，用成果服务于办案。还有我们为各处室提供信息、订购书报杂志等，也都是服务的内容，一定要想办法搞好。

3. 为下级院服务突出在工作指导上。指导是上级院的一项主要工作，各级院研究室要做好这项工作。通过指导研究一些大课题，比如研究检察改革问题，研究解决"三个"断层上的司法制度建设问题。现在，城镇中国与乡土中国的断层、法律工作者与行动者之间的断层和理想的法制诉求与现实社会资源条件之间的断层，需要很好解决。英美"对抗式"诉讼制度，固然有利于保护当事人的利益，但是诉讼成本相当高，中国目前的资源条件其实无法达到普遍推行这种制度的水平，而且也未必一定要达到那种程度才是最佳效果。党中央曾经将现阶段的主要社会矛盾概括为人民群众日益增长的物质文化需求与落后的社会生产力之间的矛盾，这种理想状态和现实资源之间的矛盾，在法治建设上也同样存在，而且还会进一步凸显，甚至可能带来相当的社会问题。

（四）一定要提高素质，为调研工作提供不竭的动力

历览古今兴衰事，成败得失在于人的素质。各种各样的工作成绩，归根到底取决于用人上。各种各样的腐败现象，归根到底是出在用人上。用什么人，就会相应有什么样的作风。选用了正派之人，就会带来正风；选用了廉洁之人，就会带来清风；选用了能力之人，就会带来绩风。从目前研究室的队伍情况来看，主流是好的，是能胜任工作的。但不能满足，要再接再厉，主要是进一步提高调研人员的政治素质、业务素质和写作水平：

1. 政治素质是我们坚持正确调研方向质量的保证。当前，提高政治素质主要应从两个方面着眼：一是学习辩证唯物主义的世界观和方法论，并把它运用到工作中发现问题、分析问题和解决矛盾上来；二是加强理论武装，使理论武装入脑入心，使理论学习持之以恒。主要是学习邓小平理论、"三个代表"重要思想和科学发展观，尤其是中央领导同志对检察工作的重要论述和检察系统的有关文件的学习。要把学习理论的过程变成坚持真理、修正错误、增强党性和丰富检察实践的过程。

2. 调研人员的业务素质是一个很宽泛的概念。笔者认为，凡办案人员应当具备的，调研人员都应当知晓和具备；领导的预测、洞察、协调和开拓意识，调研人员都不可或缺。调研人员应当是一个相对的"通才"，应当是一个检察工作的"多面手"，不然你的调研任务就不会很好完成。再有，调研人员要有奉献精神。说到奉献，主要有四：一是敬业，它是奉献的基础；二是守法，它是奉献的前提；三是乐业，它是奉献的条件；四是勤业，它是奉献的根本。

3. 作为研究室人员，能写、会写和善写是看家本领。无论撰写调研文章、编写简报和整理材料，还是起草领导讲话、文件，哪怕是请示、报告，都要有较强的书面语言表达能力，字词达意，表达准确，观点鲜明，论证有力。要做到这一点，研究室人员应从两个方面努力：一是注意平时积累，处处留心，时时留意，对重要的文章，经典语句，优秀范文，要收集、摘抄和整理，加深理解。二是注意多锻炼，要善于思考，勤于动手，多动笔头，多下工夫思考和钻研。这样，才能日有所进，年有所长，直到能写、会写、写得像和写得好的地步。

十六、省院研究室人员应当注意的一些事项[①]

作为省检察院研究室的一名人员，我们应当注意哪些事项才能把我们的工作搞得更好？对此，笔者有以下几点认识和体会：

（一）适应环境，不断思考，有一个明确的目标

关于环境，主要是指工作的环境，不是纯学习和科研的环境。是指本机关

---

① 本部分是作者在省院研究室民主生活会上的发言内容。

自身的环境，而不是其他单位的环境。结合实际，我们是不是要注意和认清这样四点：（1）近几年院领导层的变化，班子老、中、青三结合，极富创新性；（2）研究室工作内容的变化，由相对单一转向多面；（3）人际关系的变化，由于人员来自四面八方，由于一些高素质人员的到来，院内关系的变化是必然的；（4）领导工作方式的变化，院领导高瞻远瞩，与时俱进，我们应当紧随其后。在这样的一种环境下，我们的原则是：把职责内的事情干好；把领导交办的事办好；同时，在与领导汇报、接触、交谈和交往时，要把握住机会，让领导认识自己，了解自己，乃至承认自己。

关于思考什么的问题？主要有这样三点：（1）要思考研究室的工作规范是什么，思考检察调研工作的规律是什么；（2）要思考检察事业上的朋友是谁，检察学问上的朋友是谁？俗语讲，贵人相助，小人相害！（3）要思考研究室最佳的工作路径是什么？比如，怎样才能抓住亮点，怎样才能调动大家的工作积极性？怎样才能加强团结，有利于工作开展，等等。

关于目标，应当分两点来说：（1）近期目标是什么？主要是半年、一年的工作计划。（2）远期目标是什么？也就是终极达到的目的：在检察理论研究上占有一席之位，体现河北检察大省的作用。关于目标问题，一定要注意区分研究室的目标和个人的目标。研究室的目标：在院党组的领导下，继续在最高人民检察院、省政法委研究室及相邻部门中占位次。就每个人而言，目标不一定一成不变，要根据环境、形势、人际关系及其他方面的情况，适时调整。树挪死，人挪活。有一位英国哲人说过，"要好好计划未来，但也必须随时应形势而变通"。一句话，要以有利于自己的成长为主线，适应变化，体现价值，作出贡献。顺应—适应—改造（局部的），是我们搞好工作的基点和保证。

（二）立足本职，出点成绩，把形象树立得好一点

研究室的本职：法律政策研究。研究室的特点：服务性，主要是服务于领导决策、服务于办案处室和服务于下级院。每个人的本职：按研究室工作规范去办事。秘书组、调研组、法规组人员，资料室和检委会办公室人员，都要结合自己的岗位，明白应该干点什么，怎么干和干到什么程度。一个人如果不知道自己该干点什么，他是不可能把工作做好的。出点成绩：不误事、不出事，按程序办事，是最低标准；在最低标准的基础上，发挥主观能动性，有所创新，争先创优，效益最大化，影响最大化，这就是有成绩了。一个人形象的好坏，除了有成绩外，也包括其他因素在内，比如思想、品德和工作作风等因素。

本职、成绩、形象，三者具有内在的统一性。有时，一个人或一个单位脱离本职也能有成绩、有形象，但这不是我们所说的、所要求的成绩、形象。只有三者的一致和统一，才能体现出每个人或单位分工的不同，体现出法律政策研究室人员的作用和特点。

再有，要做好工作，出成绩，首先，是要有一种责任感，危机感。如果没有责任感，势必一事无成；如果没有危机感，危机必然来临。其次，要按规矩和章法办事。最后，不要怕吃苦、受累，"业精于勤荒于嬉"。应当说，有多少投入，就会有多少收获。

（三）提高素质，学以致用，不断创新工作

提高素质是基础，学以致用是方法，不断创新是结果。关于素质，要注重"三个提高"：文凭上提高，能力上提高，工作质量上提高。关于学以致用，要注意"两个并重"：要知行并重，精通的目的在于应用；要知诚并重，注重自己人格的魅力，注意良好学风的形成。就是说，一个人不能永远学习，学习也要有个限度。我们要为用而学，而不能为学而学。关于创新，要两个注重：注重前人的基础和现实条件，注重有序和科学发展。创新既是一个人的生存之本，立身之本，也是自己所从事的检察事业发展之本。还有，干工作需要热情、激情和冲动，这三者都不可少，但要适当控制，把握好"度"。因为"两情"、"一动"有两重性：一是它的正面效应，创新离不开它，推动工作开展和事业发展离不开它；二是它的负面效应，"占有性"、"私利性"同样来自于它。

提高素质、学以致用和创新工作，离不开以下三点内容：

一是要养成一个良好的工作习惯——时刻准备着。具体地说，就是时刻准备接受领导交办任务、工作，时刻准备献身于自己所从事的伟大事业。人要和懒劲儿作斗争，要和私心杂念作斗争。一个人养成勤奋和多干点事的习惯，不会没有什么亏可吃。有这样一个寓言故事：有一天，一头猪到马厩里去看它的好朋友老马，天晚了，马留它在那里过夜。马让猪先睡，可猪睡几个回合，马却一直站在那里没睡。猪问马为什么不躺下睡，马回答说，自己站着就算已经开始睡了，因为我的习惯是奔跑，我要随时准备着将士的召唤，不能因为睡觉误了大事。在我们的日常生活中，有多少人因为睡觉误了大事，又有多少人因为享受葬送了自己的前程。

二是要当一个先知先觉者——不断地进行学习。这里讲的主要是结合自己的工作去学习。为什么要结合自己的工作去学习？因为知识在折旧，更新的周期没有多久；因为有为先有识，知识就是力量；更因为实践是先行的，从这个

角度讲，学无止境，不进则退。不过，学习可是一项艰苦的事情，不是谁都做得来，但也不是谁都做不来。不管是谁，只要坚持，持之以恒，汗水不会白流，功到自然成。

三是要具备思考的能力——做一个智慧者。有一天，一位哲学家来到集市上。屠夫问："你会杀猪吗？"哲学家答："不会。"铁匠问："你会打铁吗？"哲学家答："不会。"商人问："你会经商吗？"哲学家答："不会。"他们又问："那你会什么？""我会思想。"众人大笑："思想值多少钱一斤？"哲学家说："我不能做你们所能做的事，但能思考你们所不能思考的问题。"说完，他便开始思考，众则无语。检察调研人员，如果缺乏智慧，不可能有什么成绩。

为什么要强调提高素质？作家王蒙在《逍遥》里有一段话值得借鉴，他说："一个人自己丰富才能感知世界的丰富；自己善良才能感知世界的美好；自己坦荡才能逍遥地生活在天地之间。"

（四）精诚团结，互助友爱，共同进步

首先是班子的团结，其次是研究室的团结，最后是全院的团结。为什么要强调团结？这是因为，互相补充，好戏一台；互相拆台，一块垮台。要敢于推倒"自我"之墙，建立一个"竞技场"，至少是"篮球场"，共同把工作干好。同志们一定要有这样一种意识：省检察院研究室的成功和失败，就是我们每一个人的成功和失败；每一个人的荣誉和不足，就是我们研究室乃至整个机关的荣誉和不足。省院研究室主任、副主任一定要亲自干、带头干，敢于说向我看齐；每一个人都要用自己的"实绩"和"看家本事"站稳脚跟。团结、友爱的来源有二：（1）相互间有本能的喜欢，不烦、不厌、不倦，更不整别人；（2）有共同的目标追求，即有工作之心，有事业之心。

共同进步很重要，如果没有研究室的共同进步，就没有个体的进步；没有个体的进步，就谈不到群体素质的提升。至少要处理好四对关系：（1）群体和个体的关系，二者要保持一定的平衡；（2）过去、现在、将来的关系，主要是继承和发展，不要吃老本，要立新功；（3）学历高、能力高和学历低、能力低的人，相互之间的关系要处理好，互相帮助，各取所长；（4）一生不懈追求和做好现实工作之间的关系，也要处理好，要实事求是，符合自己的实际。

（五）加强修养，不断规范自己的行为

修养是什么？它是指一个人在理论、知识、技能和品德等方面所达到的水

平。修养包括的内容很多，我们强调的主要是自信修养、诚信修养、谋略修养和价值修养。说到自信修养，不妨举一个小例子：据说有一个勤奋好学的小木匠，一天去给法官修椅子。他不但干得很认真很仔细，还对法官坐的椅子进行了改装。有人问他其中的原因，他解释说："我要让这把椅子经久耐用，直到我自己当上法官坐上这把椅子。"因为自信，这位木匠后来果真成了一名法官，坐上了这把椅子。自信之所以能够成功，是因为人的意识和潜意识在起作用。意识和潜意识是人的两个主要部分。当意识作决定时，潜意识则做好所有的准备。换句话说，意识决定了"做什么"，而潜意识便将"如何做"整理出来。

诚信修养、谋略修养和价值修养的作用就更大了，它指引着我们的行动和成功。举一个例子：有一天，一位成果卓著的老科学家和一个年轻的歌星同机到达某市。他们走下飞机舷梯时，歌星被围的水泄不通，而老科学家则孑然一身，无人问津。事后有人为老科学家鸣不平，但他却说："歌星是面对面地为人们服务的，我们却是背对背地为大家服务的。面对人群，怎能思考和试验？"老科学家的故事和前面列举的哲学家的事，对我们研究室人员应当有所启发，也就是说，要看到我们的作用和价值，要看到我们与别人工作的不同之处。

说到规范自己行为的问题：首要的是要大家遵章守纪，严格按法律、按纪律办事；再者是按规章制度办事。说到按规章制度办事，这里面有许多内容需要注意，比如按程序办事、按上下级职责办事，可有些人就是不管这一套，总是个人利益第一，只要组织照顾，不要组织纪律；对自己有利的事就愿意办，对自己不利的事就不愿意办。就是上级院安排工作和召开会议，有些人认为对自己关系不大的，他也不来与会。甚至搞人身依附，自己看着上眼的领导开会，他就来，不上眼的他就不来。无数事实说明，一个不讲规矩和组织纪律的人，最后没有不跌跤的。孔夫子有一句名言："三十而立，四十而不惑，五十而知天命。"研究室人员都是30岁以上的人了，有些道理不说，大家自明。

规范自己的行为问题，也并不是说就要大家一生谨小慎微，什么创造性的东西都不去做。人要干事，就有可能出事；人要不干事，永远也不会有什么事。古人讲，人非圣贤，孰能无过？关键是从错误当中能吸取教训，找到根源，总结经验，不断前进。而这都跟一个人的修养高低有关，跟一个人的心智层次有关。修养和心智高的人，能从四大误区中走出：（1）从伪装或假象的误区中走出，敢于敞开自己的真实思想，开展批评与自我批评，打牢思想基础；（2）从"井底"的误区中走出，开阔眼界，认识大千世界，接受"灯红"、"酒绿"、"金钱"等的考验；（3）从"市场"的误区中走出，认识公平背后的不公平现象，客观地看待自己，看待别人，不以恶小而为之，不以善小而不为；（4）从"戏剧"的误区中走出，认识现实生活与理想境界的差异，认识人生与自然、与宇宙的差异。

十七、检察调研人员要有点哲学修养

老一辈革命家陈云同志讲过："学好哲学，终身受用。"哲学与人生是有关系的。笔者以为，人生说其快，快如梦，可以说转眼就是百年；说其慢，路久远，或是生活艰难，或是工作困难，有时上下求索无所得。但是，慢也好，快也好，或是难也好，谁也无法改变，总要面对。然而，如果一个人有点哲学修养，掌握不同的面对方法，生活品位和工作标准会提高，结果也会大不一样。那么，如何运用哲学修养来提高自己的生活和工作标准呢？以下10个方面如果能一以贯之，会对自己有所补益，乃至成就一番大业。

1. 要有一个好奇之心。好奇之心是什么？就是一件新鲜事对自己的吸引程度，或是一件旧事对自己的反思、疑问程度。也可以说是对事物的探究能力。一个人如果对什么事都不感兴趣，或是对什么事都不问个底细，很难说这个人有头脑，会有所发展，更难成就一番事业。那么，怎样培养这种能力？就是对每一天所发生的新鲜事感兴趣，对以往的事或既成的事有疑问。狄德罗认为："迈向哲学的第一步，就是怀疑。"当然，这里不是要我们有激进主义的态势，或是有怀疑一切打倒一切的反叛心理，而是要我们对事、对物有积极的思想和行为，善于动脑筋，多问个"是什么"、"为什么"、"还要做什么"，以求心理明白，方向正确，行为规范。鲁迅先生讲："怀疑并不是缺点。总是疑，而并不下断语，这才是缺点。"这是因为，有疑问，有设想，才能去探讨、证实，也才能有突破。历史上，牛顿对树上落下苹果的好奇之心发现了万有引力定律；阿基米德洗澡时通过浴盆水的溢出原理，测出了皇冠含金量的多少；大陆漂移说，也是魏格纳在病床上对地图上凸凹部分的思考而产生的。可见，好奇之心的重要作用和意义不可小视。工作当中，如果有一种探究的能力，同样会为自己探索出一条新的工作路子。路子对了，事情总要获得成功，至少是朝着好的方向发展。

2. 要有一个良好心态。心态是处理好任何事情的基础。人生不可能事事都如愿、顺利，也不可能每天都晦气，总有好有坏的时候，或是好坏相伴。有人说，人生就是一种"五味瓶"，苦、辣、酸、甜、涩，什么都要经受到，这就要求人要有一个良好的心态去应对它们。良好心态应当在遇到事情的时候，尤其是不愉快的事的时候，要做到四点：一是顺其自然；二是不以为然；三是不得不然；四是想法尽然。实践告诉我们，一个人能不能在遇到好事的时候头脑清楚，在遇到不好事的时候正确面对，并想办法解决，是对一个人哲学修养的检验和锤炼，更是取得成功的"抓手"。谁能够经得住这一关的考验，谁的生活和工作就会有新的转机。比如对一些人的进步，尽管他们某些方面还有不如自己的地方，但仍然要有一个正确的态度。应当是羡慕而不忌妒，敬佩而不自卑，坚定不移地作出自己的贡献。一个人活在世界上，总是要忍受一些缺憾、困难、不便。如果不经受任何困难，总是一帆风顺，既不现实、客观，人生也没有什么真正意义。有一位外国哲人说过：把快乐铭记于心，让不开心的事随风而逝，就能永远快活。再者，我们常讲，是为着解决困难去工作、去斗争的，说的就是这个道理。良好心态并不是什么都不在乎、一切无所谓，而是冷静思考后的一种人生规律把握。所谓"悲观者让机会沦为困难；乐观者把困难铸成机会（哈利·杜鲁门）"，讲的也是这个道理。

3. 要有一个学以致用的心态。所谓学以致用的"学"，指的是一个人在广大的世界里如何运用好自己的知识，如何在有限的生命里作出自己的贡献。庄子说过："吾生也有涯，而知也无涯，以有涯随无涯，殆已。"知识的范围是无限的，但是生命的时间却是有限的，人想要用有限的生命去追求无限的知识，实在是一点希望都没有。因为知识宛若一片汪洋大海，人一生所学到的只是很少的一部分。具体到每个人学什么，由于每个人的天资、条件和职业要求不同，不可能完全一样。一般情况下，在学生时代，尽可能涉猎得广一些，一旦从事某一职业，就要围绕职业要求来学习。但学习不是无止境的，而是要有一定的期限。人要想有所作为和贡献，就要将学到的一些知识及时用到实践中去，用到自己的工作当中去。人人都这样做，社会就发展了，进步了。反之，如果不是这样，就算你学到的知识再多，也没有什么实际意义。毛泽东同志说过："精通的目的全在于应用。"革命先驱冯雪峰也说："不要跟说漂亮话的人竞赛，而要向老实工作的人学习。"如果不是应用，不是将学到的东西造福于社会，还不如不学，至少是可以节省点时间干点别的事，也少些浪费的现象出现。

4. 要有一个价值取向。价值取向是一种人生意义的选择，如果我选择了某些价值要求，就要放弃另外一些要求和追求。可见，人们在选择价值取向的时候是需要勇气的，因为人不可能什么都要，也不可能什么都不要。人活在世间最可贵的，就是要有一种精神，一种为社会、为大多数人服务、献身和被好人肯定，只有这样的价值取向才是可取、可歌和可敬的。有一次子贡请教孔子：“一个人在乡里中，好人喜欢他，坏人也喜欢他，那么这个人应该不错吧？”孔子回答：“不对。应该是好人喜欢他，坏人讨厌他。”这里所强调的就是一种价值取向。相反地，如果是坏人喜欢你，好人讨厌你，那你就大有问题了，因为它说明你已属于坏人这一边。尽管好与坏都是人的一种价值取向，但最怕的还就是有些人认为“喜欢自己就是好人，讨厌自己就是坏人”的人。按照马克思主义的观点，人类追求的最高价值取向是“真”、“善”、“美”的统一。“真”、“善”、“美”代表人们追求的三个不同的境界或层次，三者在本质上是一致的。具体地说，“真”是指人的思想、行为同客观外界的本质和规律完全相一致的境界；“善”是指在社会生活中人的言行达到了同人的社会关系和社会需要相统一的境界，也就是价值的真正实现；“美”是指人在满足身心需要的情况下，所呈现出来的一种精神感受。每一个人在经由不断的抉择和奋斗之后，都会不断塑造出自己的业绩、风格和人生特点，“真”、“善”、“美”的层次有多高，立足于社会群体之中的位置就会有多高。显然，这不仅仅指“做官”有多大，而是一个综合评价尺度。

5. 要有一个准确定位。准确定位的内涵有二：一是指位置，二是指方向。人的生命的动态性决定了我们不是静止的，不可能停留在一个定点上，而必须时时知道自己在哪里，以及未来往哪里走。随着时间和情况的不断变化，我们要养成一种习惯，也就是说在发生任何事情的时候，要仔细想一想：“我是如何走到这一步的？”“现在的处境怎样？”“下步怎样才更好些？”通常情况下，一个人在进入社会、找到工作，并且安定下来后，大都会开始思考自己的定位问题。“自我定位”需要定期做反省，尤其是遇到困境的时候，一定要认清自己的位置和方向。人生在很多的时候，是不能由别人给你希望的，主要是靠自己去选择、定夺和奋斗。不管什么事，只要自己还怀抱一丝的希望，就应该继续奋斗，即使无法感动别人，你的精神斗志也会赢得人们的敬畏。为什么人们说“后生可畏”？就是因为年轻人斗志昂扬，敢于开拓，不怕困难，而成功往往也就是与他们的这种精神和行为密不可分的。当然，人生定位也要注意实事求是，考虑自己的实际情况，否则定位不切实际，超出自己的条件、土壤，不仅不能够实现，反而会造成终生痛苦，乃至“走火入魔”，误入歧途。

6. 要有一个奋斗目标。可以说，每个人从上小学的那一天起，都会有自己的奋斗目标，只是目标大小不同而已。关于目标的重要作用，可以用日本一位管理学家吉田秀雄的话来说明：“向大的目标挑战，小的目标只会使自己变得渺小。做事要有计划，它会让你产生耐心、窍门和希望。”给目标下个简单的定义，就是指你的一生想干成点什么事，包括为官、为民，或是为商人、为活动家、为外交家，或是当一个什么专家、学者、教授等。目标是和一个人的志向紧密相连的。"志向"这两个字，通常会联想到具体的、外在的和社会化的成就，譬如要赚多少钱、从事什么职业等。然而，所谓志向的真正内涵，应该是指一个人内在特质的具备和培养问题，比如我崇尚仁义，我就不断大发慈悲之心和施舍行为；我欣赏勇敢，就应该设法培养自己成为一个勇敢的人；我欣赏正直，就应该培养自己成为一个正直的人。现实当中，一些人个人的有些特质可能一时做不到，但是只要立定志向，有一个明确的奋斗目标，持之以恒，将来就有可能达到。人生的道理其实很简单，如果能够立志定向，生命往往就会有转机；能不懈地坚持下去，生命就会脱胎换骨，最终赢得美好的结局。立志定向和坚强的毅力，二者是紧密相连和相互促进的。古今中外许多值得人们羡慕与崇拜的人物，他们大多是做到了这一点。正如吴运铎先生所讲的那样："一个真正的人，他对困难的回答是：坚决的战斗；他对战斗的回答是：坚持胜利；他对胜利的回答是：永远是谦虚。"还应当加上，"他对人生的回答是：不懈的追求；他对追求的回答是：人生的意义"。

7. 要有一个整体观念。整体和根本都是哲学的主要内容。所谓掌握整体观点，就是对任何事情都要从不同的角度去思考，不是两面，而是三面、四面，乃至更多的方面。有时候坏事就坏在一点上，而不是在大的方面出问题。侯磊检察长有一副对联写得好：上联是："宽严俱持，待人宽，律己严，无处不宽严"，下联是："方圆同重，行事方，思谋圆，诸事求方圆。"人能做到这一点，久而久之，就可以克服自己的偏见，纠正自己的不足，思想也将更为成熟。当然，我们年轻的时候未必喜欢圆融，甚至好像觉得没有什么个性，说任何话都四平八稳，想要面面俱到。然而，年龄与经验增加之后会发现，人生很多问题的确立应该从各方面来考虑，这样才不至于钻牛角尖，才不至于出现更大的差错。试问，宇宙与人生之间，人的生与死之间，个人与群体之间，可以形成完整的系统吗？实践告诉我们，它是完全可以的。

8. 要有一个合适群体。人不能离开群体而生活，从家庭到社会到一生，几乎都是这样。群体包括单位领导和一般同志在内。有人讲过，人有两个不可改变：一个是生身父母不可改变，一个是单位领导和同事不可改变。后者说的，就是一个合适群体对自己成长的重要性。之所以强调群体的重要性，是因为群体中储存了人类社会所生产的文化成果与人力资源，在群体中可以相互学习，获得发展，成就事业，体现价值。不过，群体也有其不足之处，比如会造成心理压力、人际关系失调等。作为个体的人，一定要处理好自我与群体的关系。自我对人而言是非常重要的核心概念，人的一生无论主动或被动、清醒或模糊，都是在自我实现的过程之中。一般而言，我们都希望自己与社会群体之间能保持平衡关系。这就要求个体的人，一方面要保有属于自己的内涵及特质，不要完全被社会群体同化，体现个性；另一方面也不能完全排斥社会，否则人生就会很寂寞，也不利于自己的发展，乃至被抛弃。人要想在群体中立于不败之地，必须不断开发自我的潜在能力，提高自身素质和特点，这样才能使自己既融于社会又凸显自己的特色，进而使自己的空间越来越大，作用越来越突出，人生也会因此更加丰富。

9. 要有一个坚定信仰。信仰到底是什么？信仰是一个人所认定的人生中最重要的事，他是一个人内心的超越力量。目前，人类社会的信仰问题主要有三种类型，即人生信仰、政治信仰和宗教信仰。信仰问题很难说哪一种正确，哪一种不正确，因为不同的人、党派、团体和不同的人群之间的信仰标准、价值取向不同。但无论是哪一种信仰，都需要坚定，切勿三心二意。据说，西方民主制度的起源，就与宗教信仰有关。尽管日常生活中人们分三六九等，但在上天主教堂祈祷时人们的地位是平等的，不管你是总统还是一般百姓，都是上帝的兄弟姐妹，久而久之就导致出了"人人平等"的理念。我们共产党人的信仰是共产主义，是"先天下之忧而忧，后天下之乐而乐"。一句话，就是大公无私，为人民服务。须知，在为人民服务的过程中，共产党人也会从中吸取营养，得到生存、升华，实现双赢。历史规律告诉我们，人类的理想即共产主义一定会实现的。按照毛泽东在《实践论》里的说法，"世界到了全人类都自觉地改造自己和改造世界的时候，那就是世界的共产主义时代"。共产主义不是宗教，它是有着坚实的现实基础的。而宗教则不然，它只是一种虚幻的追求，不需要经济基础和社会的发展与之相辅。有些宗教强调一个人死后烧出几颗舍利子就了不得，好像舍利子越多表示修行越高。事实上，从医学的角度看埋舍利子只是与人的结石形成有关，而与一个人的修行并没有什么必然的联系。当然，我们无意反对宗教上的说法，只是想要说明一下神迹的显示并不是宗教的内涵所在。宗教的意义在于，把信仰中人与超越力量的关系以合理的方式表现出来，所以说，我们对于它们表现出来之后的一些多元化现象，要学会去尊重和容忍，甚至是欣赏。

10. 要有一个精神超越。精神超越既不是有神论的"神灵"，也不是无神论的"没有"，而是一种"心智"的展现。"心智"是什么？简单地说，就是看不见摸不着的思想存在。它取决于一个人的"身"、"心"、"灵"的修养程度，取决于人们所处社会的经济、政治、文化和科技的发展程度。一个人"心智"境界的到达，要经过两个同步过程：一个是财富创造的过程；一个是精神追求的过程。在财富创造的过程中，由忍受、接受到享受三个阶段来完成：所有学习、拜师的过程都是忍受的阶段；所有工作的过程都是接受的阶段，或称接受自己知识结果的阶段；退休或不能工作时则统称为享受阶段。精神追求由认知、理性和实践几个阶段构成。当一个人财富创造和精神追求都达到自觉实践的时候，就是精神超越的开始。实现精神超越，对一个人的健康成长和事业发展很必要。每一个人只有处理好过去、现在和未来的关系，才能立于不败之地。现实中，有些人为什么条件很好却无什么发展，尤其是有些人稍遇一点困境却不会克服，乃至自杀寻短见，或是干出一些伤天害理的勾当？这都是与他们没有处理好过去、现在和未来的关系有关，都与他们的"心智"不健全有关，更与他们没有达到一种精神超越有关。精神超越是一种赋予自己生命意义的能力。这种能力每个人都具备，它存在于每一个人的"身"、"心"、"灵"当中，只要开发就能够显现出来。开发它的主要手段就是学习，包括学习一般知识和学习科学。培根有一句名言："知识就是力量。"说的也有实现精神超越的问题。如果不是这样，一个人不去学习一般知识和科学，而是干其他的什么，那生命就好像在薄冰上行走一样，基底薄弱而不易站稳；反之，如果能逐步培养、开发一种学习精神，他就可以承受身心的各种考验。这也是为什么有些人虽然身体受伤、心理失常，但是却能因为"心智"的力量而能安定下来一样。此外，"心智"也是一种整合的能力，能够把人的分裂状况统合起来，让自己肯定自己是"一个人"，是一个社会和自然的有机整体，我们有什么理由要自毁它呢？须知，要做"一个人"是很困难的，因为每个人都有很多种角色，这种多元化使得一个人的精力分散、内心矛盾、挣扎，因此特别需要统合。如果无法做到这一步，人就会有一种撕裂的痛苦。可见，培养锻炼"心智"的重要作用和意义。

十八、调研文章要写得通俗实在些

从各地报送上来的调研文章来看，深奥难懂者甚多，长篇大论者不占少数，在形式上规范写作的也很少。其实，这不是调研文章的本质要求和写作初衷，只能说你写的文章根本就不是调研文章。毛泽东同志讲过：要让哲学从哲学家的课堂上和书本里解放出来，变为群众手里的尖锐武器。包括调研文章在内的一切文章写作也是这样，写出来的调研文章必须让一般干警能看得懂，必须要实在、具体和具有可操作性，否则你写的文章就没有多少作用和价值。一篇好的调研文章，必须具备以下几个方面的特点。

（一）要善于从检察实务中发现和确定主题

写调研文章，首先要定好主题。主题定得好，就有可能写出有意义、有深度、干警感兴趣和读者愿意看的文章。主题从哪里来？不是从大家头脑中来，而是从检察实务和法律法规运用中来，也包括从深化检察改革中来。毛泽东同志讲过：真正的理论就是从客观实际中抽出来，又在客观实际中得到证明的理论。邓小平同志讲：实践是检验真理的唯一标准。同理，检察调研文章写作如果离开检察实践和法律法规应用，那也就没有理论可言。牵强附会写出来的所谓调研文章，只能是从概念到概念，从原则到原则，从推理到推理。这样的文章，不可能通俗易懂，更不可能客观具体，指导工作。因此，调研工作者必须深入办案实际，听取办案人的意见，包括听取涉案人和律师的意见，从实践中发现问题和确定主题内容。我们不是为写文章而写文章，而是为了办案或规范执法写文章。实际办案、规范执法和检察改革需要，是检察调研文章的生命力所在。

（二）要有一种正确的理念作指导

理念包括思维方式、遵循原则和所要达到的目的等。有什么样的理念，就会有什么样的文章构思、写作遵循和文章产生的社会效果等。如果我们头脑中树立了从检察规范执法和"科学立法、严格执法、公正司法和群众守法"的理念，树立了"强化法律监督，维护公平正义"的理念，执笔时就会自觉地到检察办案中去挖掘主题、查找数据材料，以及确定写什么样的体式文章，或调查报告，或理论文章。当前，新一轮司法改革已经拉开帷幕，"两大修改后的诉讼法"正在实施，新情况和新问题会层出不穷。检察调研人员如果不去面对这些情况和问题，那就是回避矛盾和严重失职，也失去了检察调研人员和理论工作者存在的价值。现在一些人对我们写作的检察调研文章不感兴趣，不是理论本身没有价值和魅力，而是文章写得离客观实际工作需要太远了，或者与我们的工作没有关系。随着司法工作的规范和发展，有些规律性的东西亟须我们去总结、发现和提升，并上升为规范性文件，或上升为司法解释和法律法规，指导司法活动沿着正确的方向和轨道前进。调研文章如果不联系实际需要，不解决工作中遇到的问题，就没有任何意义，浪费了时间和纸张。因此，调研人员必须深入到具体的办案实践中去，摸准法律要求的脉搏，把握司法活动规律性的东西，研究办案人的所思所想，研究阳光司法活动规律的所需，研究人们群众对司法公正的诉求期待，结合社会发展尤其是法治中国建设的需要，把文章写得实在一些，实际一些，通俗一些，读后给人以深刻印象和启迪。

（三）要按照文章内容本身的逻辑要求来构建文章结构

文章结构也叫文章的表现形式，它既取决于内容也服务于内容。文章内容本身的逻辑是指为表现内容所确定的外在形式，它的基本要求是要和一般人的思维理解程度相符合。过去"八股文"中讲的"起、承、转、合"要求，现在文章讲的"提出问题、分析问题和解决问题"，"论点、论据和论证的相一致"要求，以及文章的层次结构布局等，说的都是文章本身的逻辑要求特点。文章的表现形式好，层次布局紧凑，环环相扣，浑然一体，能使人们很快理解和接受你的见解，达到所写文章的目的。不然，仅把一些支离破碎的材料和观点毫无逻辑地堆在那里，不像个文章的样子，也不通俗，更不易懂，既不实在，又不具体，甚至让人读而生畏，这就失去了调研文章的应有作用和价值。如果调研文章具有一种很好的逻辑关系，本身就具有很强的说服力量。许多好的文章，既用道理说服人，又用逻辑征服人，使你无法脱身，一气读完，从中获益。所以，写文章一定要讲究逻辑关系。不过，逻辑有主观先验的逻辑，有客观对象自身的逻辑。要写出通俗易懂和令人信服的调研文章，不能凭主观先验想法去建构自己的逻辑，必须遵循内容本身的内在逻辑和读者的一般思维规律要求去构建文章的逻辑。也就是说，要对文章所反映的客观事物运动发展所涉及的各方面及其相互关系进行透彻的分析，从而抓住其中最本质的联系，并从这种最本质联系出发来建构文章的体系结构。在这方面，毛泽东同志和我们党的历代领导人给我们做出了很好的榜样，读了他们的文章感觉，很有道理，说服力强。

（四）要用广大干警听得懂的语言来表达

语言大众化是调研文章能够被干警理解和接受的必备条件。调研文章语言客观实际，生动鲜活，引人入胜，具有感染力，干警当然愿意看，而且易于接受。在这方面，毛泽东、邓小平和习近平等中央领导同志是有很深工夫的，他们的话语不多，但使人听了句句入心入脑。为什么呢？除了他讲的内容符合事物的本质要求之外，就是他们的用语大众化和通俗易懂，且符合常人的逻辑思维特点。比如，讲我们党的路线方针政策对不对，一些人很可能就从理论根据、事实根据和价值取向等方面讲起，可邓小平同志用"人民拥护不拥护、赞成不赞成、高兴不高兴、答应不答应"来说明，一下子就把问题讲清楚了，老百姓既听得明白，又感到亲切可行。在《毛泽东选集》里面，形象生动的比喻和典故比比皆是，诸如他用"小脚女人"来说明胆子小、速度慢，用

"不入虎穴，焉得虎子"说明实践对认识的重要作用，用"要想知道梨子的滋味就必须亲口去尝一尝"来说明实践是检验真理的标准，用"从游泳中学习游泳"、"从战争中学习战争"，来说明实践出真知的唯物主义认识论，用"解剖麻雀"比喻由个别到一般的逻辑方法等。还有，习近平同志讲话中讲的"中国梦"和他引用的毛泽东同志的大量诗句等，读后瞬间就会架起沟通的"桥梁"，既通俗易懂，又增加文采。

实践当中，理论性比较强的调研文章写作，也是一项很复杂的工程。要把调研文章写得通俗易懂，必须根据理论的本质特征，最大限度地将其简单化，使干警能够一眼就知其所以，一下就抓住实质，一下就知道自己该怎么想，怎么干。在这方面，我们党的历代领导人都有着许多范例和经验。比如，把辩证唯物主义和历史唯物主义概括为"实事求是"，把毛泽东哲学思想概括为"实事求是、群众路线、独立自主"，把邓小平理论解决的重大问题概括为"什么是社会主义、怎样建设社会主义和社会主义初级阶段"等。精当的概括，形象的比喻，往往能使体系庞大和内容丰富的理论显得清晰、明白和简洁，很容易被人们接受、掌握和应用。我们写理论文章，也要善于运用从简单到复杂，再从复杂到简单的规律手法，力争多用简洁、明了和概括的语言，教给读者深刻复杂的道理。真正的理论是把复杂的问题简单化，而不是把简单的问题复杂化，让人捉摸不透。正如毛泽东概括的那样，马克思主义的道理千条万绪，归根结底就是一句话："造反有理。"他深刻地揭示了社会财富集中在极少数人手里和社会分配不公正的话，必然会导致矛盾激化，使一个社会制度发生颠覆性变化的规律。

调研文章要写得通俗些和实际些，关键在于作者要具有深厚的理论功底和丰富的办案实践，以及娴熟的写作技巧。作者必须在认真研读马克思主义基本理论和法学原理规律的基础上，博览群书和现在网络上刊载的文章观点，也包括历史知识、文学知识、法律法规条文规定和科技知识的掌握等，要知晓你研究写作的文章内容目前已经研究到什么程度，或是空白，少走弯路；必须多到办案实践中去了解情况和座谈锻炼，以丰富深化自己的思想和论点，丰富论据资料和确定论证手法，使文章达到一定高度水平。毛泽东同志曾指出，我们所要的理论家是什么样的人呢？是要这样的理论家，他们能够依据马列主义的立场、观点和方法，正确地解释历史中和革命中所发生的实际问题，能够在中国的经济、政治、军事、文化种种问题上给予科学的解释，给予理论的说明。同理，检察调研文章的写作就是给予检察工作和检察改革遇到的问题以阐释、说明和提出可行的对策。文章要达到这一点，作者必须着力于研究透自己的对象和所要表达的主题内容。很难想象，如果作者自己没有研究清楚某一事物的特点、规律和未来发展趋势，而写出来的文章却入情入理，符合客观实际情况，且通俗易懂；很难想象，作者在不占有大量的资料和数据情况下，能够进行恰切的定性和定量分析，把调研文章写得让人服气和让人自觉接受；很难想象，作者不深入实际了解问题和潜心研究问题，能够把握好研究对象的本质、规律和特点，并用恰切的文字把他们固定下来，形成文章。李大钊先生讲的"铁肩担道义，妙手著文章"说的就是这个意思。

十九、关于规范检察委员会工作的几点意见①

根据《人民检察院组织法》、《检察院检察委员会议事规则》等有关法律法规的规定：一是明确检察委员会的地位、作用和组织原则；二是规范检察委员会人员结构、议事范围和议事程序；三是提高检察委员会议事质量和议事效率。

（一）明确检察委员会的地位、作用和组织原则

《人民检察院组织法》（以下简称《组织法》）第 3 条第 2 款规定："各级人民检察院设立检察委员会。检察委员会实行民主集中制，在检察长的主持下，讨论决定重大案件和其他重大问题。如果检察长在重大问题上不同意多数人的决定，可以报请本级人民代表大会常务委员会决定。"这一规定，明确规定了检察委员会的地位、作用和组织原则。

1. 检察委员会是人民检察院依法设立的决策机构，处于检察业务工作的最高决策地位。《组织法》规定：各级人民检察院设立检察委员会。这就是说人民检察院必须依法设立检察委员会，而不是可设可不设。《组织法》还规定：检察委员会的职责是讨论决定重大案件和其他重大问题。这就规定了检察委员会是决策机构，处于检察业务工作的最高决策地位。检察委员会的这一决策地位，是法律赋予的，是不可动摇的。同时检察委员会决策的事项，非经法定程序，不得有任何改变。

2. 检察委员会的作用，在于保证检察工作中重大案件和重大问题的决策正确和有效实施。《组织法》规定：检察委员会实行民主集中制，在检察长的

①　这是笔者在几次基层人民检察院检察长换届培训班上的讲课内容，借鉴了一些同志在这方面的研究成果。文中引用的法律条文和文件规定都是当时的规定。

主持下，讨论决定重大案件和其他重大问题。这就要求检察委员会必须认真实行民主集中制，充分发挥检察委员会的积极性、创造性、集中集体智慧，保证检察工作中的重大案件、重大问题决策的正确和有效实施。

3. 检察委员会的组织原则是实行民主集中制。《组织法》规定，"检察委员会实行民主集中制，在检察长主持下，讨论决定重大案件和其他重大问题。如果检察长在重大问题上不同意多数人的决定，可以报请本级人民代表大会常务委员会决定"。这一规定有这样几层意思，大家一定要掌握：一是它是我国《宪法》中规定的民主集中制原则的具体体现。我国《宪法》第 3 条规定，"中华人民共和国国家机构实行民主集中制的原则"。人民检察院作为国家的法律监督机关，人民检察院的一切活动包括其决策机构检察委员会，当然要实行民主集中制的原则来议事议案，否则就是违反《宪法》的。二是检察委员会是讨论决定重大案件和其他重大问题的决策机构，检察长虽然是主持者，但对讨论决定的事项按照少数服从多数的原则作出决定，不能自己一个人说了算，不能把自己的意见凌驾于检察委员会之上。三是检察委员会在讨论决策重大案件和其他重大问题时，必须符合民主集中制的要求。怎样才能符合民主集中制的要求？按照《组织法》和检委会议事规则和最高人民检察院《关于改进和加强检察委员会工作的通知》的要求，应该做到三点：第一点，检察委员会开会必须有检察委员会全体组成人员过半数出席才能召开。检察委员会讨论决定问题，必须坚持少数服从多数的原则，在全体组成人员过半数同意后才能作出决定。如果对重要问题争议较大，检察长应建议不做表决，进一步调查研究后，下次再议。第二点，下级检察院对上级检察院检察委员会的决定如有不同意见，可以提请复议。经复议后，认为确有错误的，应当及时予以纠正。第三点，对检察长的职责作了特别规定。既规定在检察长的主持下召开会议，也规定如果检察长在重大问题上不同意多数人的决定，可以报请本级人大常委会决定，应当说这是检察长的一个"特权"，其他机关首长没有赋予这种权力。

多年来，检察委员会在检察工作中发挥了十分重要的作用。第一，检察委员会是人民检察院独立行使检察权、实行集体决策、充分发挥集体智慧的体现；第二，通过检察委员会对重大复杂和疑难案件进行把关，可以有效地防止司法人员徇私枉法、个人主观臆断等司法腐败现象的发生，也可以借助检察委员会这种集体决策机构来抵挡外界不正常的干扰、压力和不良影响。同时，检察委员会讨论决定重大疑难案件，也能弥补检察干警个人业务能力上的不足，对提高检察机关的办案质量大有益处。但是，我们也应当看到，目前一些地方检察委员会仍然存在成员结构不尽科学合理，议事范围不明确，程序不规范，议事效率和水平不高，检察委员会的决定不能及时贯彻执行等方面的问题，影响了检察委员会作用的发挥，必须进一步改进和加强检察委员会工作，尤其是基层院加强和改进检察委员会工作尤为重要。据统计，现在全国检察机关所办的案子数，有 80% 以上是基层院办的；全国的检察院 80% 以上是基层县（市）、区院；全国的检察干警人数 80% 以上是在基层院一线。这三个 80% 以上决定了基层院建设的重要性，也决定了基层院检察委员会建设的重要性。因此，我们要充分认识检察委员会的法律地位和它在检察工作中的重要作用，把检察委员会工作作为检察工作的重头戏，真正从思想上引起高度重视，切实做好改进和加强工作，这是做好检察委员会工作的前提。

（二）规范检察委员会人员结构、议事范围和议事程序

1. 规范检察委员会人员结构。从河北省的情况来看，目前基层检察委员会中一部分委员文化水平不高，法律素质偏低，检察工作经验相对不足，议事能力和解决问题的能力有限。根据 2008 年底统计，河北省基层院检察委员会委员中具有大专学历的约占 50%，有的院只占 40%，缺乏实际经验的人约占 40%，有的院占到 50%，有的委员既没有学历，也没有检察工作经验，这种现象不可能不影响检察委员会的决策水平和效率。检察委员会委员应当是检察院的"精英"，但目前的人员组成并不是这样，绝大多数基层院检察委员会组成人员基本上都是检察长、副检察长和其他党组成员，有水平有业务专长的科长、主任很少，分布面也窄。也有的基层院把检察委员会委员当作一种政治待遇，考虑人选时只注重职务和资格而对法律专业知识、议事能力和实际工作水平要求较少，出现了凡是党组成员都是检察委员会委员的局面。我们应该按照检察官队伍四化的要求，体现改革精神，把那些具有较高法学理论水平、精通检察业务和有创新精神的同志选拔到检察委员会中来。

2. 规范议事范围。根据《组织法》和《最高人民检察院检察委员会议事规则》的规定，检察委员会的法定职责是讨论决定重大案件和其他重大问题。但是在实践中，相当一部分基层院还存在议事范围不明确的问题，比如，检察委员会只负责讨论决定案件，而应该由检察委员会讨论的其他重大问题均由党组会或检察长办公会来讨论决定等。那么，基层院检察委员会的议事范围应该怎样明确？到目前为止，最高人民检察院和省院还没有一个统一的规定。根据最高人民检察院 1995 年制定的《最高人民检察院检察委员会议事规则》[①] 和

---

① 2009 年 10 月 13 日最高人民检察院公布了《人民检察院检察委员会议事和工作规则》，这里引用的是原来规定。

省检察院 1996 年制定的《河北省人民检察院检察委员会议事规则》（试行），结合基层检察院所处的地位和作用，应该这样来规范：一是讨论决定在检察工作中如何贯彻执行国家有关法律、政策方面的重大问题；二是总结检察工作经验，研究检察工作中的新情况；三是讨论通过有关检察工作的规定、办法；四是讨论本院办理的重大疑难案件、提起抗诉的案件和提请上级检察院抗诉的案件，并作出相应决定；五是讨论向同级人民代表大会及其常委会的工作报告和汇报；六是讨论检察长认为有必要提交检察委员会讨论的其他重大事项。

根据各地实践，重大案件主要是指下列案件：一是《刑法》中规定的八类严重刑事犯罪案件。二是重大职务犯罪案件。查处职务犯罪，一般难度较大，特别是基层院，查处副科级以上职务犯罪，就能在当地引起较大的震动。因此，对此类案件应当提交检察委员会研究。三是不捕、不诉、撤案、改变定性、追捕、追诉、减少罪名、变更强制措施等案件。这些案件之所以要提交检委会讨论、研究，主要原因在于这些案件和环节很有可能产生徇私、徇情枉法、不严格执法现象，影响执法的严肃性。四是延期审理、起诉部门提出抗诉、民行部门提请抗诉的案件。庭审中，由于出现了新的证据，造成案件难以继续审理时，应当提交检委会讨论研究，以便集体确定主攻方向、制定有效措施。起诉部门提出抗诉和民行检察部门提请抗诉，是基层院履行检察监督职能的重要体现，既要大胆又必须慎重，须提请检委会认真研究，严格把关。五是当地党委、上级院、人大交办或要结果的案件。这类案件往往都具有一定的"特殊性"和重要性，因此要提交检委会研究。六是公安机关对不捕、不诉决定提出复议的案件。检察机关作出不捕、不诉决定，公安机关要求复议，说明公、检两机关对案件存在较大分歧，为了做到严肃执法，不枉不纵，同时，也为了贯彻公、检、法三机关"分工负责、相互配合、相互制约"的原则，应当将此案件提交检委会研究。七是刑事申诉中的赔偿案件。此类案件的认定关系到执行"两错"责任追究制、《国家赔偿法》，保护当事人的合法权利等问题，必须严肃慎重，应提交检委会研究。

疑难案件主要是指在罪与非罪、此罪与彼罪的认定、案件事实证据认定、刑事责任大小认定和如何具体处理上有争议的案件。主要包括四个方面：一是在性质上难以认定的案件。这里是指涉及罪与非罪，此罪与彼罪难以认定的案件。比如所触犯罪名起刑点低，行为人的行为情节轻微，难以定罪；法条竞合，此罪与彼罪难以划分；涉及新《刑法》中的新罪名，由于解释滞后，难以把握罪与非罪、此罪与彼罪的界限；属于改革开放中的新问题，对其行为性质难以分辨定性，等等，这些案件关系到检察机关能否准确掌握打击与保护和打击适度的问题，是关系到检察机关能否严格执法和正确执法的问题，所以这些案件必须提交检委会研究。二是在事实证据上难以完整认定的案件。有些案件在事实、证据的认定上，定案证据与反证参半，分歧较大。此类案件，在办理普通刑事案件和自侦案件中都会遇到，由于自侦案件主体反侦查能力强和案件本身固有的复杂性，自侦中遇到的事实、证据难以认定的问题相对较多，难度也较大。特别是靠间接证据认定的自侦案件，对事实、证据的确认难度较大。要解决这一问题，提交检委会研究很有必要。三是刑事责任大小难以区分的案件。有些案件虽然事实、证据和定性上没有什么问题，但犯罪嫌疑人的刑事责任大小却难以区分。比如同伙犯罪特别是集团犯罪，涉及成员多，作案次数多，每次犯罪所处的地位、所起的作用又不尽相同，如何区分他们之间所承担的刑事责任大小，有时便成为难题。为正确划分他们各自的责任，做到不枉不纵，公正执法，对这类难题也有必要交由检委会进行研究。四是在案件处理上难以把握和协调的案件。如有的案件需要协调有关部门，才能使案件得以妥善地处理，而协调工作往往又难度较大。对这类在处理上难度大的案件，需要由检察委员会集体研究，充分发挥大家的智慧，才能使案件妥善处理，实现法律效果与社会效果的统一。

其他重大问题，根据各地实践，主要包括下列八个方面的内容：一是如何贯彻党的路线、方针、政策和人大的决议，充分履行检察职能，服务大局的问题。这是检察机关坚持党的领导，保持正确的政治方向，自觉服从服务于党的中心工作的需要，检察委员会就检察工作如何坚持党的领导、服务大局，取得最佳的办案效果进行讨论、决定，制定方案、方法及措施，确保党的方针、政策及人大决议在检察工作中得以落实。此案问题应是检察委员会研究其他重大问题的首要问题。二是全年性的业务工作，阶段性的工作部署。全年性的各项业务工作，阶段性的工作部署，涉及检察工作如何开展，业务目标如何完全，能否达到预期效果等问题，应提交检察委员会研究确定。三是向同级人民代表大会及其常委会的工作报告和汇报。人大对"一府两院"实行监督，是《宪法》明确规定的。检察院向人大负责，对人大报告工作，是接受监督，改进工作的有效途径。因此，对人大的工作报告，应当提交检察委员会严肃认真地研究。这是对人大负责、对人民负责的具体体现。四是检察工作中出现的新情况、新问题。对检察工作中不断出现的新情况和新问题，仅靠少数人难以全面地分析判断，只有提交检察委员会，发挥集体智慧，才能使问题得以较好解决。五是同级党委、人大交办的问题。这类问题往往影响较大，关系到社会稳定和民心向背，应提交检察委员会进行专门研究，以便作出最佳决策，赢得党委、人大对检察工作的认可和支持。六是基层院检察委员会自身运行机制、程序、议事规则、范围及检委会委员的任免等问题。基层院检察委员会如何运作，才能发挥在指导检察业务工作中的重大作用，以及对检察委员会任职资格的审理、委员的任免，这些都是事关检察业务全局性的大问题，应由检察委员会集体研究。七是对于检察长和公安机关负责人的回避。1997 年修改后的《刑事诉讼法》第 30 条已明文规定应提交检察委员会讨论研究。八是检察长认为应当提交检察委员会研究的其他问题。

省院研究室对河北省基层检察院检察委员会议事范围曾作过调查，从调查的情况来看，当前基层院在检察委员会议事范围方面存在以下几个问题：一是有些基层检察院检察委员会重案件讨论，而轻重大问题研究，削弱了检察委员会的职能，影响了检察委员会对检察业务的指导作用，不利于全面掌握检察工作的新情况、新问题，也不利于在全局中把握检察工作，用党的方针政策指导检察工作。二是该议的不议，不该议的却上了检委会讨论。如有些案件事实清楚、证据充分，理应尽快捕、诉，由检察长行使职权即可，却要上检察委员会讨论，造成了不必要的麻烦，还有的案件虽然本身并不重大，但罪与非罪认定证据方面难以把握，需要集思广益，交检委会研究的却没有研究，增加了办案失误的概率。三是有的院检察委员会与党组会、检察长办公会、院务会不分。省院检察委员会办公室曾经到过一些不错的基层院调研，这些基层院各种规章制度都有，院领导班子成员素质也很好，但一看几个会的记录，除了记录很简单外，就是几个会内容不分。有的虽然有不同的几个会议记录本，但每个记录本中的内容交叉。在检察委员会记录本上有研究人事内容、参观内容等；在党组会记录本上有讨论案件情况记录，还有其他一些不该研究的内容。这些问题都需要在以后的工作中逐步解决，必须认识到只有严格按照检察委员会的议事范围议事，才能充分发挥检察委员会的职能作用把本院的工作做好。

3. 规范议事程序。概括地讲，检察委员会议事程序主要是：检察委员会在检察长的主持下，讨论、决定重大疑难案件和其他重大问题。检察委员会的召开及讨论事项由检察长决定；检察委员会讨论事项由职能部门提出，经主管检察长同意，通过检察委员会办事机构向检察长提请，也可以由主管检察长或检察委员会委员直接向检察长提请；凡是提请检察委员会讨论的事项，一般应由办事机构对其是否需提请检察委员会讨论决定进行审查，报检察长决定；对提请的事项，检察委员会办事机构需进行会前法律政策研究，向检察委员会提供法律政策依据。检察长决定召开检察委员会后，办事机构应做好会前准备工作，一般应在会前 3 日将会议通知及讨论事项的相关材料送达各位委员。各位委员应认真准备，按时参加会议，因故不能出席会议时，须向检察长请假；根据上级院有关规定和工作实际，列席检察委员会会议的人员由检察长决定；检察委员会由检察长主持。检察长因故不能主持的，可委托一名副检察长主持，会后将讨论的情况和决定的事项及时向检察长报告；检察委员会实行民主集中制，检察委员会委员要充分发表自己的意见。作出决议、决定采取举手表决、口头表决的方式。如果检察长在重大问题上不同意多数人意见，可再行审议，仍不能作出决定的，可以报请本级人民代表大会常务委员会和请示上级院决定；检察委员会作出的决议、决定，各部门要认真执行，并及时向检察委员会办事机构反馈执行情况。检察委员会或承办部门认为检察委员会决议、决定有错误的，可要求检察委员会复议，检察长可以决定中止执行，需要改变原决定的，由检察委员会复议。

检察委员会改革是最高人民检察院 1998 年确定的六项改革之一，最高人民检察院也多次下发文件加强检察委员会工作，尤其着重强调了各级检察委员会要严格按议事程序讨论决定重大案件和重大事项，尽管有这样要求但从省院掌握的情况看，一些基层院检察委员会在议事程序中仍存在一些问题。主要包括：一是议题的提请程序不规范。多年来，检察委员会议题的提请大多延续着承办人提出意见，部门负责人审核，分管检察长同意后报检察长决定是否提交检察委员会研究的传统做法。而有些基层院提请的程序不尽规范，随意性很大，主要表现在提请议题的程序混乱，越级提请，重复提请，多头提请，导致了提请案件程序上的脱节，无形中降低了检察委员会决策的准确性。二是讨论议题程序不规范。最高人民检察院关于改进和加强检察委员会工作的通知指出，在讨论议题时，要发扬民主，保证与会委员充分发表具体明确的意见，然后主持人应当对讨论的情况加以归纳，明确自己的意见，对讨论的议题按照少数服从多数的原则作出决定。而有些检察委员会委员在未进行充分研究的情况下，仓促表态。也有少数主持会议的检察长首先对议题发表看法，在一定程度上左右了委员的意见；还有的院检察委员会对本可以很容易决定的议题由于人情、上级领导干扰等因素，不便作出决定，于是不作出决定，把矛盾上交。三是贯彻民主集中制原则不规范。按照有关规定，检察委员会决定的通过须由全体委员过半数以上同意方可生效，而个别院检察委员会在对议题进行表决时，按出席会议的委员人数计算是否达到过半数，在这种情况下通过的决定，违反了有关原则和规定。四是落实检委会决定的程序不规范。有些基层院在检委会决定的落实督办问题上还处于无人负责的状态，造成了只注重检察委员会作出决定，忽视决定是否落实的情况。五是在大多数基层院中没有统一明确的检察委员会议事规章制度，各自为政，各有不同。有的基层院开会都是临时性的，好的是提前一两天打个招呼，有关内容、事项大多数委员往往一无所知，这势必就造成会上委员发言的随声附和，没有自己主见。六是对检委会决定的执行情况，普遍缺乏监督。有的检察委员会只研究、讨论案件或其他问题，但对作出的决定没有用正规文件予以确认、公布；有的没有反馈执行结果，委员们只知道讨论决定了，决定是否落实则不清楚；还有，就是有的检察长变更决定内容时，没有经过会议讨论，也不通报。检察长不同意大多数意见，可以按照《组织法》第 3 条规定，提请同级人大常委会研究，但必须履行手续，公开进行。须知，由于检察长所处的位置不同，掌握材料较多，在许多情况下他个人意见是正确的，或符合上级要求决定，或符合立法本意，或符合大局要求等。尽管是这样一种情况，如果不履行一定的手续和程序，效果往往会不理想，甚至出现一些意想不到的消极作用。这些问题都需要我们做检察长的在工作中予以重视。

（三）提高检察委员会议事质量和议事效率

1. 检察长要提高主持水平。主持水平取决于自身素质高低。怎样提高自身素质，主要有三：一是要熟悉法律，熟悉检察业务；二是要认真执行民主集中制原则；三是要正确行使检察长的职权。

（1）要熟悉法律、熟悉检察业务。这方面可以讲许多内容，检察长要熟悉法律，主要是熟悉三大诉讼法、《刑法》、《民法通则》、《行政法》和"两高"重要司法解释；熟悉检察业务，主要是检察机关性质、特点、职责、作用等，这在《组织法》和《刑事诉讼规则》中有明确规定。检察机关是法律监督机关，检察长要想履行好自己的检察职责，必须熟悉法律、熟悉检察业务。要想熟悉法律、熟悉检察业务，检察长一定要加强学习、加强调查研究工作。必须强调的是，调查研究是检察长的一项基本功，虽说检察委员会的作用很大，但对一些重要问题的研究，检察长还是应当心中有数。而心中有数，在会前必须进行调查研究，了解事情的本来面目，找准问题的症结，透过现象看本质，通过现象抓规律。这样，在检察委员会研究的时候，才能准确拍板、决策，防止和克服"情况不明决心大，心中无数办法多"的错误拍板、胡拍板现象出现。

（2）认真执行民主集中制原则。检察长在检委会中处于核心、主导的地位，对确保各项决策的成功负有第一位的责任。怎样履行好第一位的责任，贯彻好民主集中制原则是一项不可或缺的法宝。检察长贯彻民主集中制原则，首先，是营造一个民主讨论研究的氛围。凡属检察委员会的决策，检察长要认真听取各位委员的意见，汇众人之长，集众人之智。检察长一定要创造条件让大家把意见都讲出来，并充分尊重每一位委员的意见。对相同的意见和不同的意见，都要耐心听取，使委员们真正感到自己是这个集体中不可缺少的决策者，感到在这个集体中自己受到尊重而且应当发挥好自己的作用。其次，检察长作为会议的主持人，不能把自己的意见强加于人，要让委员先发言。同时，注意围绕讨论的内容因势利导地把讨论引向深入。要善于听取委员们的不同意见、观点，在比较中筛选正确意见、观点。再次，要适时归纳，准确决策。针对各位委员的发言情况，检察长认为多数委员意见正确的，要果断拍板决策。如果一时拿不准，又事关重大的，可先终止研究讨论，待重新调查或学习明白后再上会研究。最后，是严格表决程序。表决可以采取多种形式，如口头表决、举手表决、记票表决等，也可以采取主持人归纳的方法。

（3）切实履行法律规定的职责。最高人民检察院在《关于改进和加强检察委员会工作的通知》中指出："检察长要切实履行法律规定的职责，主持开好检察委员会。在讨论时，要发扬民主，集思广益，保证各位委员充分发表具体、明确的意见。讨论结束后，主持人应当对讨论的情况加以总结、归纳，对讨论的事项有明确的意见。对讨论事项按照少数服从多数的原则作出决定。如果检察长在重大问题上不同意多数人意见，可以报送上一级人民检察院决定，同时抄报同级人大常委会。"这里笔者要特别强调的是，检察长一定要及时召开会议，不要久拖不决或超时违法；开会时要认真负责地主持好会议，遇有不同意见要认真听取，遇有冷场现象要认真引导，活跃讨论气氛。还有，检察长一定要找准自己的位置，权力是人民赋予的，要为人民想事、干事，并干成事；检察长是检察院集体行使职权的代称、威称和誉称，而不是个人行使独裁权力的舞台和场所。如果为所欲为，或是不认真负责，或是不能履行职责，都是与检察长的职责规定和人民的要求相背离的。

2. 检察委员会委员要提高议事议案能力。检察委员会委员的议事议案能力高低，主要取决于委员的政治思想水平和检察业务水平。政治思想水平主要是掌握马列主义、毛泽东思想、邓小平理论和"三个代表"重要思想。检察机关是法律监督机关，它的一切活动都具有很强的政治性、思想性，它的目的和出发点都是为了保证国家法律的统一正确实施，都是为了实现执法为民。而这些离不开马列主义、毛泽东思想、邓小平理论和"三个代表"重要思想的指导。检察业务水平主要是法律知识和检察业务知识。要想提高检察委员会委员的业务水平，应当抓好下列三项工作：一是抓委员的法律业务知识培训。现在是终身学习的时代。有些委员虽然文化程度达标了，但仅靠在学校学习的东西远远不够。因为法律是不断变化的，社会是不断向前发展的。这就要求必须对检察委员会委员进行业务培训，不断更新法律业务知识。有人讲，如果学习小于变化就等于死亡。现在我们倡导要建学习型检察院，就在于使检察干警的知识适应检察工作的要求。二是抓委员的实际工作能力提高。抓委员的实际能力提高工作，主要是让委员紧密联系检察工作实际，委员不能是外行，要懂办案会办案，尤其要求要成为专家型检察人才。检察长要想方设法提高委员的素质，比如送出去学习、到业务科室参与办案，或是采取与办案能手结对子的办法，运用"兵教官"的形式使委员不断提高实际工作能力。三是抓委员议事能力的提高。委员的议事能力主要是指分析问题和解决问题的能力，概括问题和总结问题的能力，也包括写作能力和语言表达能力。如果委员具备这些最基本的素质和条件，委员的议事能力会大大提高，检察委员会议事质量和效率就会有保证。

3. 检委会办公室要充分发挥参谋助手作用。检察委员会办事机构是保证检察委员会议事质量和议事效率的必要部门，各级院都要根据检察委员会的性质和特点，确定专人负责检察委员会的办事机构工作，进一步明确办事机构和人员的职责。办事机构主要做些什么工作呢？笔者认为：一是认真细致做好会前准备工作，仔细审查拟提请检察委员会研究的议题。二是对拟提请研究的议题提出法律政策依据和参考性意见，供检察长参考。三是检察委员会开会要事先通知，会前要将所有有关材料，印发到每一位委员手中，使得检察委员会委员对将要讨论的案件或事项，能在会前安排时间进行充分地思考、准备，在检察委员会上拿出比较成熟的意见，从而在一定程度上有效地防止可能出现的矛盾，进一步提高决策的正确性，以维护检察委员会所作出的决策的权威性。四是做好检察委员会记录，统一会议纪要编写格式，并针对实践中发现的检察工作中存在的问题，及时下发规范性文件。五是加强对检察委员会研究决定事项或交办事项（含重大、疑难复杂案件）执行情况的检查监督。检察委员会作出的决定具有法律效力，必须坚决执行，办事机构必须对检察委员会负责，保证检察委员会作出决定的贯彻执行。

4. 有关业务部门要切实做好提请工作。作为业务部门，一定要规范提请工作。规范提请工作主要包括：（1）办案人员要认真阅卷，审查案件事实和证据材料，审查定罪定性和实体法依据情况；（2）认真写好提请会议讨论的报告材料，一般情况应当把案件来源、犯罪嫌疑人基本情况、案件基本事实、诉讼过程、承办人意见、提请部门意见、分管检察长意见、检察长批示等；（3）下级院提请上级院研究的案件，要严格按照省检察院制定的有关规定办理。

下篇　执法理念①

---

① 笔记中讲的执法理念是指社会主义执法理念，或中国特色社会主义执法理念。

一、对与"执法"一词相关的几个概念或词语的说明

与"执法"有关的概念和词语主要是："法制"、"法治","司法"、"执法","司法机关"、"执法机关"等几个概念。按照《现代汉语词典》①的解释：法制的含义是：统治阶级按照自己的意志，通过政法机关建立起来的法律制度，包括法律的制定、执行和遵守，是统治阶级实行专政的工具。法治的含义是：根据法律治理国家。司法的含义是：指检察机关或法院依照法律对民事、刑事案件进行侦查、审判。执法的含义是：执行法律。这里，既包括行政执法，也包括诉讼执法。"执法机关"和"司法机关"的词语，在笔者查找的几本《现代汉语词典》里没有出现。但参照它对"司法的含义"和"执法的含义"解释，可以看出司法机关就是指法院和检察院"两家"；执法机关就是执行法律的机关，显然，它是包括法院、检察院、公安机关和政府机关依法行政内容的。可见，执法机关是一个很宽泛的概念，它既包括具有诉讼和非诉讼法律事务职能的机关，比如公、检、法、司、安机关，也包括没有诉讼和非诉讼法律事务职能的机关活动，比如工商、税务、商检、海关，以及政府其他相关部门的行政执法行为。

根据我国现行社会发展的情况和法制建设的情况，《现代汉语词典》对一些概念的解释没有恰当地反映现实社会和法制建设的发展变化情况。比如，对"法制"的解释里面，至少应当把"监督"的内容包括进去。对"法治的含义"的解释也有欠缺，"法治"的核心是指统治阶级或执政者运用法律的一种治国方略或运用法律进行社会调控的一种方式，它是和"人治"相对立的一种治国方略或社会调控方法。但是，它与"德治"又有相联系的地方。

"词典"对司法机关概念的解释和我国学界大多数人的界定基本一样，认为司法机关就是指法院和检察院"两家"，而公安、安全、司法行政、监狱管理部门等不属于司法机关的范畴。之所以出现这种情况，一是有人从查找1978年编纂《现代汉语词典》而来，二是有人照搬了国外的一些说法。笔者个人认为，从一般理论上来说，司法权是一种两造判断权，凡具有这种评判职能和权限的都应当属于司法机关的范畴，或者叫作诉讼执法机关的范畴。现在，我们国家法律的刑事办案权限设定，是分别授予公、检、法、司、安

---

① 参见中国社会科学院语言研究所词典编辑室编：《现代汉语词典》，商务印书馆1978年版。

"几家"和部队保卫、检察和审判部门的，从侦查、起诉到判决的各个环节，"两造判断"体现在它们身上，体现在分工负责、互相配合和互相制约的过程中。比如，批捕过程中，如果公安、安全机关认为错了，公安、安全机关可以要求复议、复核。就是判决了，如果认为错了，还有检察院的抗诉规定。而这一切，都离不开"两造判断"的成分。所以说，在中国"司法机关的概念"或"诉讼执法机关的概念"，不能是法院一家独享。

严格地讲，"司法"、"执法"说的都是同一个方面的问题，是"表层性"的。而"法制"或"法治"则是一个完整的概念，是一个系统，它至少包括六个方面的要素：（1）立法；（2）执法；（3）守法；（4）法律监督；（5）法律研究；（6）法律改革。其中的立法科学和与时俱进是基础和前提条件。相应地，法制或法治的理念也应当有六个方面：（1）立法理念；（2）执法理念；（3）守法理念；（4）法律监督理念；（5）法律研究理念；（6）法律改革理念。其中的"立法理念"科学和与时俱进十分重要。

执法理念问题的提出，是我国社会主义民主政治建设和社会主义先进文化发展的迫切要求，尤其是具有诉讼职能的机关和非诉讼法律事务职能机关"规范执法行为、促进执法公正"的迫切需要，其本质要求是追求执法的客观、公正、公开与执法效率的最佳结合。"客观、公正"，也有人称之谓客观公正性，它的具体含义：一是指执法要客观，符合实际情况，不能主观臆断；二是执法要遵循依据，严格按法律规定办事，在诉讼中不能偏袒任何一方。公开，就是反对暗箱操作，严格按照诉讼程序进行，人称这是看得见的公正。执法效率，是指在办案和法律事务活动中，执法者要遵守法律规定的时限要求，在规定的时间内结案。

笔者想说明一下立法理念的问题，因为执法的前提是有法可依。一个国家如果没有法律的存在，或者法律在立法时就制定得不好，正确的执法理念便无从谈起。总的来看，如果立法上有问题了，会波及执法、守法、法律监督、法律研究和法律改革等各个方面。从理性层面讲，如果立法理念有问题，不正确、不科学，执法理念、守法理念、法律研究理念和法律改革理念的正确都谈不到，因为它失去了存在的条件和基础。从"三个"代表重要思想、构建和谐社会和科学发展观的角度来看，在立法理念培育和树立上，有四点情况应当给予特别关注："（1）以人为本的理念。应当在立法活动中把尊重人权、爱护公民、依靠人民的精神贯穿到立法活动的各个环节，用法律来保障大多数人权益实现和分享到改革和发展的成果。（2）权力（权利）制衡的理念。法律制度的和谐，表现为制度建设中五种利益关系的和谐均衡，即权利与义务的和谐均衡、公共权力与公民权利的和谐均衡、公共权力之间的和谐均衡、公民权利之间的和谐均衡、实体权利和程序权利的和谐均衡。（3）利益博弈的理念。密集型的立法会带来社会利益、个人利益、公民利益和整个市场主体利益的大调整。法律的质量，表现为立法者能在各种社会利益和利益集团之间找到有效的平衡点。而要做到这一点，必须使利益主体的博弈充分。凡涉及重大利益的调整，均应该让与这一重大利益调整有关的各类主体参与博弈，参与立法讨论，对争议点充分表达意见、阐述观点。（4）法制统一的理念。没有法制的统一，就不能依法维护政治的安定和社会的和谐。社会主义法制统一体现在法律制度建设上，应当集中表现为'不抵触'原则，因为宪法规定：'一切法律、行政法规和地方性法规都不得同宪法相抵触'。下位法不得与上位法相抵触。其他规范性文件不得与法律规范相抵触。"①

　　记得有一位学者这样讲过："理念的成熟是制度变革的前提，司法理念现代化是司法现代化的先行官。只有首先解放思想，更新观念，具备了当今世界最先进文明科学的司法理念，才能理性地推进司法改革，逐步实现其他各项司法要素的现代化，使中国的司法工作适应国家现代化迅速发展的需要，尽快由落后变先进，居于当代世界领先地位，从而为全面建设小康社会，积极推进社会主义现代化事业提供坚强有力的司法保障。"在这里，这位学者用的是"司法"这个词。"司法"这个词，好多人都在使用，包括中央一些文件的用语，也开始用这个词，比如"九五计划"、"十五计划"、"十一五规划建议"，都出现了"司法"这个词。但是，前面说了，用这个词并不十分科学，显得太狭窄，不符合中国法制建设的实际情况。国外的"司法"是法院的同意语或代名词，而我们中国则不然。词语混乱说明什么？只能说明我们社会理论研究工作者研究得不够深入，说明社会文化工作者诸如语言学家、逻辑学家和词典编辑、编译部门工作的不扎实。现在，我们的"词典"大多是古人编的，也有现在的人从国外抄录来的，最大的不足是缺少对现实中国实际情况的科学概括。在逻辑学上，首要的任务是概念明确，含义专一，这是进行归纳、推理和演绎的前提。我们做工作虽然不倡导从概念到概念，但在有些情况下，如果概念不清，道理也论述不明，实践更会出现混乱。我们今天讲的"司法理念"或"执法理念"也存在这种情况。

　　马克思主义哲学认为，理念、观念、理论和理性都是人脑中的东西，是对一定的客观存在现象的反映和概括，它有重要的方法论意义。执法理念的成熟和应用，小到一个人、一个单位执法的规范、科学和有效，大到一个民族或一个国家在法治领域方面的成熟或先进性。正如恩格斯所说的那样：一个民族如

---

① 李文泉：《浅谈构建社会主义和谐社会的法制保障》，载《河北发展》（内刊）2006年第1期。

果没有理论思维，一刻也不能站在时代的先锋。从哲学的概括上说，理念的层次是最高的：理念高于观念，观念高于理论，理论高于理性，理性高于感性。社会实践活动是它们的共同来源，是产生它们的条件和基础。目前，仅从法制建设的角度上讲，我们在理念和理论方面是有很大欠缺的，主要表现为：一是社会主义法制统一原则贯彻不力，不同位阶的法律规范相抵触，同一位阶的法律规范相矛盾，不同行政区域对同一规范对象的规定大相径庭，其他规范性文件与法律、法规和规章相悖，以至于发生"规则相撞"或"法律打架"的现象，给人们带来种种困惑和无奈。二是法律的立、改、废等工作失衡，重制定轻清理，许多时过境迁的法律规范依然存在，甚或影响着早已变化了的社会现实情况。应当指出的是，近几十年我国的经济、文化和民主政治已经发生了很大的变化和进步，而在不同理念指导下制定的一些法律规范并存应用，甚或相互抵触，成为可持续性发展的障碍。三是计划经济、部门利益和地方保护的阴影还依然作怪，有的在已经过时的法律文件中存在，并投向今日新的法制建设的实践上。四是由于立法程序和立法技术的不完备，有些法律还在继续制造法律制度上的不和谐。程序的欠缺使权力意志不能顺利实现，而权利意志无法充分表达，就不可能很好地平衡各方面利益，使法律成为"良法"。立法人员成分单一和素质不够，加之立法技术的不高，使立法活动只关注宏观原则，而不注重细节。立法上的过大弹性内容、过宽的自由裁量空间，往往使同一个法律条款在各地乃至同一个地方出现面目各异的适用结果。正如人们所讲的，法律规范有时成了"橡皮泥"或"变形金刚"，给个别不良执法行为者留下了可乘之机，利用"合法"的手段达到自己不合法的目的。而这一切，都可以从执法理念上找到根源。所以说，研究和探讨执法理念问题很有必要，也很需要。

二、"执法理念"的一般含义和我国社会主义执法理念的特征和作用

（一）执法理念的一般含义

执法理念的一般含义，从哲学的角度讲应当包括两个层面的内容：一是深层次的执法价值观，二是表层次的执法操作观。执法价值观是社会对执法工作的需要及其工作满足社会需要的某种关系。它是人们对于执法工作及其价值的总体看法和根本观点，它包括执法的价值目标、价值尺度和评价标准等。执法操作是执法价值的外化形态，它是解决"为谁执法"、"怎样执法"和"执

者是谁"的问题。"为谁执法"？不同的国家、不同的制度和不同的时期，服务对象是有区别的。我们是"为民执法"，或叫"执法为民"。胡锦涛同志讲过"情为民所系，利为民所谋，权为民所用"的话语，同样是我们执法理念含义的内容和远景追求。"怎样执法"？不同的国家、不同的制度和不同的时期，表现也会不一。过去几年，我们强调的"严打"执法行为，就是我们国家的创造，有它的积极性作用，容易体现法律的威慑力量，可以很快将一个时期的严重刑事犯罪的气焰打下去。现在，我们又讲"阳光执法"、"按程序执法"、"规范执法行为，促进执法公正"等都是特定时期的特定要求。"执法者是谁"？是人，是法律人。既然是"人"，尤其是一个"法律人"，那么，就应当具有法律人所应有的条件和素质要求。从社会形态学的角度讲，执法理念包括执法的目标追求、执法工作的现状和执法工作的价值体现等内容，而且其相关内容不是割裂的，而是有机统一。

（二）我国社会主义执法理念的特征

我国社会主义执法理念至少应当有以下六个特征：一是指导思想的政治性，二是性质的人民民主专政性，三是价值追求的客观公正性，四是办案程序的优先性，五是理念载体的特殊性，六是进程特点的渐进性。具体地讲：

一是指导思想的政治性。就是要求我们在执法工作中，坚定不移地坚持以邓小平理论和"三个代表"重要思想为指导，始终以科学发展观和构建和谐社会的要求为统领，始终保持执法工作中具有坚定正确的政治方向。因为马克思主义是我们立党立国的根本指导思想，邓小平理论和"三个代表"重要思想是中国共产党在新的历史条件下坚持、发展马克思主义的重大理论创新，是当代中国的马克思主义。改革开发以来，在发展社会主义市场经济和建设社会主义民主法治的进程中，新情况、新问题不断出现，各种思想文化相互激荡，执法领域在意识形态方面也面临着许多需要用马克思主义理论给予回答的问题。除了马克思主义理论能够回答和解决中国的问题，其他任何理论都不能解决中国的问题，这是被无数中国历史实践所证明了的事实。那么，在这种情况下，必须更加牢固地确立马克思主义在执法领域的根本性指导地位，坚持以"三个代表"重要思想、科学发展观和构建和谐社会指导我们的执法工作，特别是正在进行的刑事诉讼法律或法治体制改革方面，一定要把"三个代表"、科学发展观和构建和谐社会的要求贯彻到观察、分析和处理问题的全过程。具体地说，就是要在党中央的领导下，自觉地把严格执法、公正执法、热情执法的要求和法律面前人人平等的原则落到实处，把建设和谐社会、维护社会公平正义的要求落到实处，把维护国家法律的统一正确实施落到实处，充分发挥法律在打击犯罪、保护人民根本利益、调节社会矛盾、维护稳定和促进社会发展方面的职能作用。只有这样，才能保证执法的准确性，把中国特色社会主义法律制度的建设不断推向前进。

二是性质的人民民主专政性。我国《宪法》第 1 条第 1 款规定："中华人民共和国是工人阶级领导的、以工农联盟为基础的人民民主专政的社会主义国家。"说到这里，笔者想先说一下对"专政"一词的理解问题。按照传统的解释，"专政"总是带着一种杀气。《现代汉语词典》的解释是，"占统治地位的阶级对敌对阶级实行强力统治，一切国家都是一定阶级的专政"。实际上，"专政"在不同的历史时期有不同的含义，在现代国家里，它是指凭借或运用一种政权形式来控制、管理和支配国家之意。我们是人民民主专政的社会主义国家，就是指要依靠人民来控制、管理和支配国家。我们的人民代表大会制度，就是实现这种专政特点的具体体现。可见，从一定意义上说，我们所说的"人民民主专政"并没有丝毫的"杀气"在内，而是讲的谁是我们国家的主人和领导者的问题。《宪法》第 1 条第 2 款还规定："社会主义制度是中华人民共和国的根本制度。禁止任何组织或者个人破坏社会主义制度。"这就要求我们，要旗帜鲜明地坚持中国特色社会主义道路，一切从我国的国情需要出发来不断推进社会主义民主法制建设，永葆执法工作的社会主义性质。当然，坚持中国特色社会主义道路，推进社会主义民主法制建设，一切从我国国情出发，并不意味着否认积极借鉴人类文明成果包括执法文明的有益成果，但是，决不能照搬照抄西方的政治制度和法治模式。

我国的政治体制改革包括执法体制改革在内，是社会主义政治制度的自我完善和发展。现在有人一说到欧美国家，好像他们什么都比我们的好，其实不是这样。各个国家有各个国家的特点和优势，也都存在自身的不足。再者，一个国家的政治制度选择，包括法律制度选择，都是各个国家根据现实需要而定的。"我们党成为执政党，是历史的选择、人民的选择。"① 归根到底，就是一句话，不管干什么事，都要实事求是，一切从实际出发，一切从我国的国情需要出发。而实事求是，从实际出发，就要坚持我们的国体和政体，坚持社会主义初级阶段理论，坚持社会主义本质论，坚持科学的发展观和建设社会主义和谐社会等战略思想，执法理念如果脱离了这一点，即人民民主专政性，就不是社会主义的执法理念了。说得再明确一点，作为一名执法人员，要始终不渝地把实现人民当家做主、维护广大人民群众的根本利益作为执法工作的永恒主题和价值追求。有人讲：政治的根本在于人民，政治的血脉也在于人民。人民群

---

① 《中共中央关于加强党的执政能力建设的决定》，人民出版社 2004 年版，第 1 页。

众的观点是我们党的基本政治观点，也是全部执法工作的根本出发点和落脚点。执法工作坚持马克思主义的群众观，就要自觉增强人民群众意识，本着对人民群众高度负责的精神执法，从人民群众最希望做的事情做起，带着对人民群众的深厚感情办案，从人民最不满意的地方改起，坚持人民利益至上的原则，运用法律手段保护人民群众的合法权益，并不断拓展人民群众参与执法的领域和途径，彻底打破执法神秘主义倾向，进一步提高执法为民、维护公平正义的能力。

三是价值追求的客观公正性。客观公正性，是执法的本质特征和最高价值。罗马法学家把法律称为"公正的艺术"，中国古代"法"的象形文字，寓意也是客观公正。法律作为调控社会关系的一种国家强力手段，特别强调客观和公正的问题。"客观"强调的是它的法律意义，"公正"强调的是它的社会意义。法律意义和社会意义有相同点，也有不同点。今天，我们强调执法理念的客观公正问题，就是要通过执法人的主观能动性使二者一致起来。坚持执法客观公正性，就是尊重案件实际情况，该打击的打击，该保护的保护，该作特殊情况对待的也要有，只有这样才能得到人民的拥护和爱戴，才是社会主义法治特色的本质体现。换句话说，执法的客观公正性，既是法律本身的本质特征，也是对执法工作的根本要求，是执法工作的永恒主题。现代社会是物质文明、精神文明和政治文明高度发展的社会，人们对执法客观公正性的追求日益精细化，不仅要求执法裁判的实体要客观公正，而且要求执法的程序公正。江泽民同志"严格执法，热情服务"的题词，就是要求法官、检察官和警官的执法结果和过程达到客观公正的要求。在我们国家，实现执法的客观公正性，不仅要靠执法官员的职业技能和职业良知，还要靠良好的执法条件和执法环境，尤其是它的人文环境相匹配。有人讲过，只有使执法的客观公正不仅成为执法官员的信条，而且成为全社会全体公民的共同理念，才能确保执法的客观公正。比如，对不客观不公正的执法行为，要有人举报、反映和与不良执法行为作斗争，如果有人连正常的作证都不敢，那执法的客观公正就会失去基础。只有人人都养成了和坏人作斗争的习惯，才能为执法理念客观公正性的形成提供坚强的实践基础。

从国外立法例来看，执法的客观公正性来源于"19世纪后期德国的刑事诉讼法，随后在欧洲大陆和亚洲一些大陆法系国家的法律中也得到了体现。最初的表述是：实施刑事诉讼程序的官员在办理案件的过程中应当就对被告人有利和不利的情况一律予以注意"。①

---

① 谢鹏程：《论客观公正原则》，载《国家检察官学院学报》2005年第4期。

我们在要求执法客观公正的同时，还要求执法要达到高效，严格说来"公正"本身就有效率的因素在内。市场竞争常讲"时间就是金钱"，商场如战场，市场竞争不仅要比质比价，还要比速度，执法工作也是一样。在高科技和信息化时代，执法的效率问题已经越来越受到当事人的普遍重视。加强对执法活动的管理，提高办案效益已成为当今世界各国共同关注并着力解决的突出问题。据报道，连一向没有时限制度规定的美国、英国等普通法系国家的法官们，也开始自己动手制定加快办案效率的内部制度。因此，现代执法活动必须是快节奏的，对诉讼案件要快侦、快诉、快审、快判、快执行，使因纠纷而停滞的交易迅速启动，使因侵害而受损的权益及时补救，这是社会主义执法理念的重要内容。

四是办案程序的优先性。现在的大部分学者和实务部门的同志，几乎都认同实体法与程序法并重的说法，但笔者一直持不同意见。实体法和程序法"不是车之两轮，而是人之两足"，它不能同时启动，只能一前一后地进行。程序优先，就是先有立案手续，有合格的办案人员，遵守办案时限，严格按诉讼法程序的规定进行。据某省检察院法纪处统计，去年全省检察机关共立案"侵权"、渎职案件481件，提起公诉339件589人，有247件440人受到了刑事处罚。分析这些人犯罪的原因，几乎都与不按工作程序办事有关。这同时也在说明一个问题，那就是我们的刑事诉讼法学家对现在的12小时规定，符合不符合刑事诉讼办案规律，符合不符合我们的执法人员实际办案需要？应当实事求是地做出规定为好。

在执行程序法方面存在的问题：（1）诉讼程序使用的选择性。在运用时只使用对自己有利的程序，其表现在：①执法者的目的就是将犯罪绳之以法，程序的价值是为保障实体的公正而存在的，程序本身并没有独立存在的意义，因而在执法时对自己有用的程序就用，对自己有阻碍的就弃而不顾；②对严格的程序有很强的抵触心理，认为是在保护"敌人"，以致在执法过程中视程序规定为草芥，例如对传唤不得超过12小时不严格执行，只顾着"突破口供"，又如审讯时根本不告知嫌疑人有诉讼权利，认为一旦告知势必给侦查工作带来被动等；③认为程序在执法者手中，想怎么用就怎么用，虽然嫌疑人最终定罪权在法院，但程序的运用则可以不受限制，因而选择使用无可厚非。（2）执法行为的随意性。由于对程序没有正确认识，执法者在行使执法权时随心所欲。表现有三：①无计划性，查办职务犯罪案件时，没有侦查计划，没有讯问方案，没有取证预案，一切都是无序状态；②无规律性，理论上讲任何程序均有规律，任何行为均需按规律行事，但我们的执法者往往不注意犯罪行为之间的规律，案后没有总结，没有体会，更没有经验教训；③无预见性，由于对诉讼程序不去研究，遇上新问题措手不及，如对犯罪嫌疑人的翻供不去研究原因而使一味认为"不老实"，在出庭公诉时对辩护人提出的新观点，事先不去钻研，以致在庭上手忙脚乱，等等，这些都是漠视程序的结果。（3）执法过程的懒惰性。有些执法人员没有充分认识到程序的意义，但在执法过程中嫌麻烦、图省事，偷工减料，藏头匿尾，不负责任，如搜查时，不通知见证人到场，导致搜查的物证缺乏形式要件而被法庭不予认定；有的对笔迹鉴定在侦查阶段不向嫌疑人宣读，导致该结论在庭审时出现反复，而拖延诉讼时限；有的在做讯问笔录时，讯问人不签字，对修改的地方不让嫌疑人按手印，使笔录难以被采信；有的讯问未成年人不通知其法定代理人到场等，诸如此类的现象与其说是执法者不懂程序，不如说是其懒惰使然。（4）内部通融的无原则性。

五是理念载体的特殊性。我国执法人员不同于西方其他国家的一个最明显的标志，就是执法人员的政治思想性。由于中国共产党执政的特点，由于她具有先锋队的性质，用现在的话来说，她是以马克思主义、毛泽东思想、邓小平理论、"三个代表"重要思想和科学发展观为指导的，因而是伟大、光荣、正确的党。而现在的诉讼执法人员，中共党员成分占绝大多数。就是政府部门的行政执法人员，中共党员的成分同样比较多。斯大林说过一句话，"共产党人是用特殊材料制成的"。正是这个特殊材料，决定了执法理念载体即执法人员的高素质，具有政治上的伟大、光荣和正确性，更决定了它对政法工作开展的正确指导、保证和主体支撑。

在所有执法人员的群体当中，检察官作为一个特殊的群体，它是专司国家法律监督的，应当对法律规定的职责和自身的素质提出更高的要求。这是因为，"在百姓的眼里，检察官是国家和法律的化身，是社会正义和社会良知的代表。……检察官必须加强修养，使自己具备良好的政治素质、业务素质和道德素质；检察官如果不加强自身修养，就不会成为一个合格的检察官"。检察官具有良好的品性，"不是特指检察官职业道德，而是指检察官作为一个普通人的个人品质和道德操守。检察官作为社会的一员，应当遵守公民的道德规范，作为一个好公民。实践证明，一名好公民，不一定可以成为一名检察官；但一名检察官必须是一名好公民"。①

六是进程特点的渐进性。总体上讲，强调社会主义执法理念的树立，是要加快推进我国法制建设的历史进程，全面落实依法治国基本方略。但必须考虑我们国家的国情实际，循序渐进地推进，使人能够接受的了，承受的了。比如，我们好多人都说美国的法律制度好，但如果辛普森的案子在我们这里发

---

① 张建同、王治朝：《略论检察工作如何顺应现代司法理念的要求》，载"法律图书馆"网站。

生，恐怕大家都接受不了。1995 年辛普森被指控谋杀前妻尼克尔及其男友戈德曼案，经陪审团（陪审员由黑人占多数）评议 4 个小时后，裁决控方证据不足，辛普森无罪开释。当时美国社会一片哗然，人们纷纷指责这是一场种族之间的不公正裁判（尼克尔和戈德曼均是白人），连美国总统克林顿都出来讲话，呼吁公众尊重法院判决。1996 年，尼克尔和戈德曼的家人向加州对圣莫尼卡法院提起"非法致死"的民事诉讼，此间原告方律师向法庭提交尼克尔生前的亲笔日记，记载有辛普森多次殴打她，用棒球棍子打碎她的汽车玻璃的内容，普森一双 16 码的皮鞋底花纹与现场血迹鞋印吻合等新证据。这次由白人组成的陪审团经 6 天的评议，裁定辛普森对两个死者负责，法官认定辛普森在死者生前对死者有暴力倾向，以"恶毒"、"高压"手段施暴，遂判决其支付 850 万美元赔偿和 2500 万美元的惩罚性损害赔偿金。[①] 多少年来，我们强调的是实体法上的正确，强调的是客观事实标准，而不是通过证据印证的法律事实。为了客观事实的实现，为了单纯的侦破案件，不惜动用各种手段。在外人看来，好像是先有证据，先有程序，其实完全不是这么回事。这在国外，在法律上是无效的。近几年，我们在这方面有很大的改进。

（三）社会主义执法理念的作用

简单地说，社会主义执法理念能够武装执法人员的思想和对执法工作起到支撑作用；能够在执法过程中"规范执法行为，促进执法公正"。规范执法和公正执法的内容比较广泛，包括实体和程序两大方面，包括执法主体的合格、执法效果的良好，也包括及时对法律进行调研，适时"立、改、废"等。这里，侧重从刑事执法的角度来探讨执法理念的作用问题。正确的刑事执法理念的具备，能够在执法过程中实现八个方面的统一：

一是依法办事与人权保障的统一。法制社会是我国社会发展的必然，是人心所向，也是一个世界性的主题。从十一届三中全会至今的三十余年中，我们的法制建设取得了令人瞩目的成绩。但古人讲过，"徒法不足以自行"，要想使法律真正地发挥作用，必须把制定的法律落到实处。落到实处的前提是执法人员的素质和群众对法律的感知程度。其中，执法人员按照法律的规定办事，是最基本的条件和保证，也是法官、检察官和公安执法人员的天职。按照法律规定办事，首要的是加强学习，完整准确地理解和阐释法律，在理解和阐释的基础上，不折不扣地贯彻执行法律。再者，当遇到权势和困难的时候，理应想方设法予以抵制、克服，不畏权势和不被困难所吓倒。执法人员在任何情况

---

① 参见张嘉林：《美国掠影》，载《人民法院报》2002 年 2 月 11 日第 4 版。

下，都要做到不惧权贵、不徇私情，忠于法律，捍卫法律，用自己的全部精力和工作保证法律的全面实施。据报道，在政法部门不畏权势的干警很多，克服困难的干警也有。比如，近几年在一些贫困地区，尤其是某些县、区检察院，有些干警一年外出办案差旅费有几千元甚至上万元都是自己垫支的。这都是克服困难的典范人物，应当给予大力表扬。谁都知道，把钱存到银行还有利息收入，而垫支在办案上却没有"利息"，只有"贡献"。人权保障，是指在办案中要重视涉案人员的生命自由和社会价值，保证法律规定权利的落实，不得以任何借口和方式侵犯他们依法享有的合法权益。当今世界，既严格执行法律，打击严重刑事犯罪，又充分尊重与保障法律规定的人权，已被世界各文明国家宪法确认为重要的宪法原则。作为社会主义国家的中国，尊重和保护人权，已经写入《宪法》。我国《宪法》第 33 条第 3 款规定："国家尊重和保障人权。"这就要求我们，在处理以权利义务关系为基本内容的执法活动中，必须坚持依法办事和以人为本的统一，既要坚持打击严重刑事犯罪，又要充分尊重和保护他们依法应有的人权。从执法理念上讲，我们要由侧重专政型向侧重服务型转变，努力克服长期封建社会所形成的官重民轻、官断民服、重职权、轻人权等陈旧观念和习惯做法，牢固树立执法为民、执法亲民、执法利民、执法护民的新观念和新作风。不过，人权是一个涵盖很广泛并且不断发展的概念，涉案当事人与诉讼有密切关系的权利只是人权的一部分。因此，在执法工作中尤其是在诉讼执法活动中，坚持尊重与保障人权，除了要求对诉讼法和实体法上所规定的涉案人员的权利给予充分尊重和保障之外，法律没有明确规定的，但属于人的基本权利的，也要给予充分的尊重与保障，如对当事人包括犯罪嫌疑人和犯罪分子的名誉、尊严和身心上的实际困难等，都要在可能的情况下，给予必要的关照或满足。除此，在执法工作中充分尊重与保障人权，还应当包括对弱势群体给予必要的帮助和救济，以使他们能够与其他涉案当事人一样平等地行使权利。这样做，即通过营造尊重人、满足人和激励人的氛围，可以调动涉案人员的积极性、主动性和创造性，配合我们的工作，支持我们的工作，理解我们的工作，进而使案件得以快速侦破、快速起诉和快速审判，使法律得以顺利实施，使涉案人员的各项权益得以保障。

二是公正执法与时限保证的统一。执法工作不同于其他工作的一个最大特点，就是它的时限性要求。比如收案 3 日以内，应当告知犯罪嫌疑人有权委托辩护人，告知被害人及其法定代理人或者近亲属、附带民事诉讼当事人及其法定代理人有权委托代理人；以及批捕、起诉、羁押、执行、复议、复核和抗诉等，都有严格的时限要求。在规定的时间内办完了，都是执法公正的重要内容。为什么说公正执法与时限保证要统一呢？这是因为，对于诉讼当事人来说，即要求自己的官司得到公正处理，也希望诉讼的时间不要太长。时限保证就是提高执法效率的问题。执法效率有两个重要环节：一个是使案件及时地进入诉讼程序，另一个是正确地执行终局结果。有一句谚语说得好，"没有效率的正义是延误或虚幻的正义"，"迟到的公正不是公正，迟来的正义等于无正义"。目前，需要特别强调的是，对公正执法的标准应当是指法律上的要求程度，而不是一般的社会要求标准程度。如在处理法律事实和客观事实不一致时的"有意为之"办法，在客观实际上它是不公正的，但在法律层面上它却是公正的。"法律有时因追求特定的价值或者实现特定的政策目标，而有意使法律事实与客观事实不一致。在这种情况下，法律事实与客观事实可能是矛盾的，而且，法律有意造成这种矛盾，或者无视这种矛盾，所谓'明知为是，也认定其非'，而这种矛盾也是法律为追求或者实现其他更重要的价值或者政策所不得不付出的必要代价。法律事实认定规则中的举证时限、非法证据排除规则、证明标准（不是绝对有把握的情况下进行决断，以实现效率）、推定和拟制，都可能导致法律事实与客观真实的不一致。这种不一致或者是无法避免而构成制度代价，或者是法律有意为之。例如，即使非法证据完全能够证明案件事实，而排除非法证据将使案件事实无法查明，但法律宁愿舍弃案件事实的查明，也不去纵容非法证据的获取和使用。"① 与"有意的不一致"相关的制度设计，都是法律明文规定的和当事人可以预先知道的。例如，法院不接受超过举证时限的证据、以非法手段获取的证据等，都是法律预先规定好的，当事人应当知道这种情况及其法律上的后果，因而将这些证据排除对当事人来讲并非不公平，相反，倒可以不断地指导和规范当事人的行为，使其养成严格按法律办事的习惯，维护法律的尊严。

三是依法独立办案与接受党的领导和接受人大监督的统一。说到依法独立办案的好处，大家可以列出许多，其中的道理人们不说自明。在我们国家里，法院、检察院依法独立行使审判权、检察权是写入《宪法》的，应当说，在当今的社会生活中，确立法律为最终规则的地位，授予执法机关独立的办案权力，是法律得以执行的保证，是办案规律的内在要求，更是人心所向和众望所归。过去，我国古代仁人志士所担心也是这个问题，法律的制定不是一件难事，难的是有了法律不能得到很好执行。"世不患无法，而患无必行之法。"② "盖天下之事，不难于立法，而难于法之必行；不难于听言，而难于言之必

---

① 孔祥俊：《论法律事实与客观事实》，载《政法论坛》2002 年第 5 期。
② （西汉）桓宽：《盐铁论·申韩》。

效。"① 可见，严格执行法律不是一件容易的事情。在中国这个有着数千年人治的国度中，尤其是在诉讼活动与行政活动不分的封建传统国家里，只有使执法活动不仅在宪法和法律的规定上明确，而且在社会行为上也真正得以确立和实施，才能确保"法律不成为零"。依法独立行使执法权力，既包括执法机关依法行使职权时不受行政机关、社会团体和个人的干涉，也包括执法机关内部不同审级之间或不同领导层级之间不得非法干涉。就法院来讲，法官只服从法律，"除了法律没有别的上司"，只有让审判机关和法官不受外部和内部的非法干扰，依法独立公正地思考和处理案件，才能确保个案审判的公正。公正的标志，就是犯罪分子的罪行受到应有的惩罚，涉案当事人的权益得到应有的保护，进而使法律得以完全落实，使社会正义得以完整实现。笔者见过这样一件事，有一个县检察院办过的不足两万元的一个贪污案件。由于外部和内部的干扰，在长达两年的时间内先后改变管辖3次，卷宗材料先后移送上下八个司法机关审查，最后还是在市人大常委会的监督下，对涉案犯罪人才作了有罪判决。这样的例子虽然不是普遍现象，但社会影响很坏，有损司法机关的社会形象和司法公信力。目前在一些执法机关内部，一方面是人员紧缺、素质低下；另一方面，又有相当一部分人无所事事，或者说不愿干事。究其原因，多数情况是他们的"心气儿"不顺，与"依法办案保证不够"有关。由于主、客观方面的种种原因所致，使一些司法机关的案件质量低下，使一些问题和矛盾越积越多、越大，最后影响了机关的正常活动和工作秩序。

根据我们国家的情况和特点，执法机关在依法独立办案的同时，还要依法接受党的领导和人大的监督，这是由我们国家社会制度的性质和执法工作的需要所决定的。但一定要明确，接受党的领导是指接受党中央的领导；接受监督是指接受全国人大常委会的监督。地方党委和人大常委会也有这项职权，但行使的方式、范围和要求不同。就接受地方权力机关的监督而言，从理论上讲，因为我们的刑事执法机关产生于它，接受它的监督理所当然。接受权力机关的监督，实质上是接受人民群众的监督。在现代社会和民主政治体制下，任何权力的主体都必须接受监督。如果没有权力的监督，就不能保障权力的正确行使，那么权力腐败必然产生。不过，权力机关对执法机关的监督必须依法进行，按程序行使，不能违法进行，更不能假借监督之名行非法干预之实。

执法机关接受党的领导和接受人大的监督，必须注意以下几点：①要提高对接受领导和接受监督重要性的认识。要充分认识到党对执法机关的领导和人大对执法机关的监督是正确行使执法权、严格执法、公正执法的重要保证，也

---

① （明）张居正：《张文忠公全集·请稽查章奏随事考成以修实政疏》。

是推进执法队伍发展的迫切需要；加强对执法活动的监督制约，是执法工作中一项具有全局性、治本性的措施，也是防止执法权滥用的重要保证。②要增强接受领导和监督的主动性和创造性。执法机关可谓位高权重，工作好坏关系到党的执政地位和形象，如果离开党的领导和人大监督是不行的。实践一再证明，没有领导和监督的执法权力，就会导致腐败。不管是来自外部的领导监督，还是来自内部的领导监督，被领导监督的部门和相关人员，都应虚心接受，认真检查相关执法行为之不足，及时改正和总结提高。特别是检察机关，由于它的设立是建立在权力制衡基础上的，是出于对国家工作人员的监督制约而设定相关权力的。在多数情况下，检察机关作为监督者的形象出现。那么，"谁来监督监督者"，是人们的普遍忧虑和值得认真研究解决的问题。检察机关是否自觉接受党的领导和人大监督，关系到检察机关在人民群众心目中形象的优劣。在大家看来，自觉接受监督可能会导致不良的后果。因此，检察机关为维护自身的良好形象，营造良好的外部社会环境，应自觉接受党的领导和人大监督。

四是严格执法与衡平利益的统一。作为现代社会控制模式最基本的要求之一，就是严格执法和衡平利益的相一致问题。为什么说要严格执法呢？这个大家都清楚，不用多讲。我们国家把法治定义为：党在宪法和法律范围内活动；人民依照宪法和法律参与管理国家事务；政府依法行政；诉讼执法机关依法独立公正地行使职权。并且确立了"有法可依，有法必依，执法必严，违法必究"的社会主义法制原则。① 现实和未来的法治模式特点，应当以个体自治、诉讼执法独立和规范政府权力等为基本原则，以客观、民主、公正和效率为内在特征，这是人类社会发展继"神治"和"人治"之后在社会发展上更高层次的追求。当然，建设法制社会必须有"良法"，法律必须符合"三个"代表重要思想，必须符合科学发展观和构建社会主义和谐社会的要求。

"衡平利益"这个词是个舶来品，它是英、美等资产阶级国家法治发展的产物，"随着实践的推移，程序法的细节越来越复杂，以致在人们生活的许多领域内的问题竟不属于取得补偿的范围，因而就有必要增设大法官法院或衡平法院，以补其不足。……顾名思义，这种法院是通过对案情的衡情度理，来调整各方的权利，而不着重于形式。不过这两种制度终于几乎在英国和美国的各级法院里都合并为一了，只保存了两种制度的基本要素，而革除了那些不需要

---

① 《中国共产党第十五次全国代表大会文件汇编》，人民出版社1997年版，第31页。

的技术细节。在少数几个州里，仍然保留着普通法和衡平法的区别"。① 我们国家没有单独的衡平法，现在一些学者普遍认为，我们在立法时就已经考虑了本身所蕴含的利益整合功能，考虑到了法律关系主体之间的利益均衡问题。所以说，只要做到了严格依法办事，衡平利益问题就理所当然解决了。其实，这样认为有失妥当。必须看到，由于种种因素所致，至少我们在立法技术层面上的不足和缺憾，会使有些法律无论是在利益整合功能和人文关怀要素上，还是在权利和义务的综合衡平上，都不可能百分之百的合适。加之客观实践的发展变化，又会使得法律总有某些方面的滞后性。以上这些问题的存在，会导致执法实践中出现一些法律公平与事实公平的矛盾问题。正是因为法律公平与事实公平矛盾的存在，在执法过程中，考虑执法的衡平性就越发显得重要。我们知道，由于个别法律的滞后和脱离实际，有时越讲严格执法就越会出现不公平的现象，进而影响经济发展和引发治安混乱，使社会发展出现缓慢情况，乃至矛盾百出，无法克服，走向极端。

从执法理论上讲，或者从执法哲学的角度去审视衡平利益问题，它是指在制定法则适用于某一具体案件会带来显失公平、公正的结果时，基于法律的历史、社会习惯或惯例的考察，法律、意图、价值取向的考量，社会利益或社会效用的衡量，以及社会公平正义的价值选择或价值判断等，对制定法有关规定或规则制定一个例外，或者说为其拒绝适用、背离制定法找一个正当理由，回避、淡化制定法规定或规则的缺点和难点，对制定法规定或规则予以补救，从而建立起裁判大前提，以对个别案件平衡公正，实现个别公平。

执法中的衡平利益问题不可小视，必须很好解决。现在，检察机关做的"暂缓起诉"研究和"量刑建议"研究，就有很大的自由度，需要办案检察官的"良心"作用或"内心力量"制约。这些东西，在几百年前的美国就这么搞了，现在也在搞，效果不错，值得我们很好研究和借鉴。在我们的执法办案过程中，实现理念上和实践上的"衡平"利益问题，必须有一套配套的措施，不然就会走样。因为执法官员解决案件中的衡平问题，"实际上，它仅受大法官的良心制约而已"。现在我们强调的，在处理和解决案件时，尽最大努力使办案的法律效果与社会效果相统一，都有"衡平"利益的因素在内。

五是"专防专治"与"群防群治"的统一。老百姓常说的一句话，群众的眼睛是雪亮的，什么事情也瞒不过他们、逃不过他们，执法中的群众路线不可少。所以说，执法机关的"专访专治"与社会公众的"群防群治"的统一，

----

① 上海社会科学院法学研究所编译：《国外法学知识译丛·司法制度和律师制度》，知识出版社1981年版，第68页。

应当是中国特色执法过程中不可或缺的一项重要原则和有效途径之一。基层党组织、社区、社团、社会中介组织的力量具有多元性、多层次性，广泛分布在基层，渗透于民间，具有感知矛盾和发现问题的天然优势。就是作案后在逃的犯罪分子，如果"群防群治"真正能够发挥作用，也可以加快侦破案件的速度。"专防专治"与"群防群治"有机地结合起来，一方面可以在国家与社会之间构筑各种"缓冲区"、"消力带"，建立起调处社会矛盾、化解社会冲突的"第一道防线"；另一方面，也可以使有限的执法资源得到整合，有效地降低办案和社会治安工作的成本，提高工作效力。尤其是检察机关办理的案件，如果办案机关与发案单位互相理解、互相支持和密切配合，查办职务犯罪案件的速度就会加快。与此同时，可以很好地与促进经济社会的发展有机统一起来，起到打击犯罪、保障人权、维护社会稳定和市场经济秩序的多重作用。

最近笔者看了一份材料，标题是《"枫桥经验"的由来》，是湖北警官学院曾德才老师写的。说的是浙江省诸暨县枫桥区 1963 年在社会主义教育运动中，坚持少捕人、依靠群众改造四类分子（地主、富农、反革命分子、坏分子）的经验，当时枫桥区 7 个公社共有四类分子 911 名，根据调查，有比较严重破坏性的为 163 名，其中基层干部、群众要求逮捕的 45 名。经过教育学习，干部、群众统一了思想，认识到少捕人比多捕人好，文斗比武斗好，主要靠群众专政比主要靠政府抓人好。到运动结束时，没有人要求把矛盾"上交"了，全部留在生产队里，由群众进行监督改造。毛泽东同志很快发现并高度评价了这个经验。

1963 年 11 月 22 日，毛泽东同志在审阅当时公安部长谢富治在第二届全国人民代表大会第四次会议"依靠广大群众，加强人民民主专政，把反动势力中的绝大多数人改造成为新人"发言稿时，对这个文件作出了重要批示："此件看过，很好。讲过后，请你们考虑，是否可以发到县一级党委及县公安局，中央在前面写几句介绍的话，作为教育干部的材料。其中提到诸暨的好例子，要各地仿效，经过试点，推广去做。"同日，又口头指示说："诸暨的经验要好好总结一下，整理一个千把字的材料发下去，回答两个问题：（一）群众是怎么懂得这样去做的；（二）依靠群众办事是个好办法。"1964 年 1 月 14 日，中共中央发出《依靠群众力量，加强人民民主专政，把绝大多数四类分子改造成为新人》的指示。文件转发了浙江省委总结的枫桥经验，就是"小事不出村，大事不出镇，矛盾不上交"。"枫桥经验"这个由基层干部群众创造的经验，从此闻名全国。在新的历史时期，为了推进和谐社会建设，《人民日报》于 2004 年 6 月 12 日在第一版发表了评论《"枫桥经验"的启示》，再次对"枫桥经验"进行了肯定，指出"小事不出村，大事不出镇，矛盾不上交"，是枫桥镇多年来抓社会治安工作的一条重要经验。

在改革开放的新形势下，"枫桥经验"不断丰富和发展，值得学习借鉴。并且指出：基层特别是村镇是社会平安稳定的重心所在。抓好基层治安，对于保证社会的平安稳定十分重要。希望基层单位学习借鉴"枫桥经验"，使"枫桥经验"在其他城镇乡村结出丰硕果实。①

六是执法与守法的统一。现在一说到执法问题，有人自然就想到有关职能部门，一说到守法自然就想到一般公民或普通老百姓。其实，这样理解错了，大错而特错了。执法者更需要守法，其守法重要性远远大于对一般公民或普通老百姓。正如古希腊法学家、思想家柏拉图所说得那样："人类必须有法律并且遵守法律，否则他们的生活将像最野蛮的兽类一样。"这里讲的"遵守法律"，主要是指执法者，因为他们手里拿着国家赋予的执法权力，它是一把锋利无比的"双刃利剑"，它既可以惩罚犯罪但稍有不慎就会伤害公民百姓的利益。从法学理论上看，守法的内容要比我们一般人理解的内容多得多，具有广泛性、深刻性和丰富性的特点。"守法意味着一个国家和社会主体严格依法办事的活动和状态，而依法办事就自然包含着两层含义，一是依法享有权利并行使权力，二是依法承担义务并履行义务。""从法的应然角度讲，任何一个国家和社会中的所有主体都应当成为守法的主体，但是从法的历史发展来看，守法主体的范围从实然的角度讲，由于国家性质的不同，守法指向的内容也是很不相同的，守法主体的实然与应然呈不同状态。例如，在奴隶制社会和封建制社会中，奴隶主和封建主成为守法中只享有权利和行使权力的那部分主体，而奴隶和广大劳动者则成为守法中只承担义务和履行义务的那部分主体。只有到了资本主义社会，在资产阶级倡导'法律面前人人平等'的原则下，才使守法所指向的内容即行使法律权利和履行法律义务逐渐合一，至少在法律上，所有的人即是守法中行使权力的主体，也是履行义务的主体，即成为守法的主体。由于我们国家奉行人民主权、主权在民的宪法原则，因此，在我国，人人在法律上享有平等的地位，一切组织和个人都成为守法的主体"。② 目前，我们国家执法人员的守法情况最令人担忧的地方，就是执法犯法，包括内外勾结和想方设法钻法律空子。守法可以分成三种状态：一是守法的最低状态，就是本身不违法犯罪。二是守法的中层状态，就是能够依法办事，形成统一的法律秩序。三是守法的高级状态，就是在动机和行为上都符合法律的精神和要求，严格履行法律规定的义务，充分行使法律规定的权利，从而真

---

① 参见曾德才：《"枫桥经验"的由来》，载《警史钩沉》2005 年第 1 期。

② 张文显主编：《法理学》，北京大学出版社 1999 年版，第 282～283 页。

正实现法律调整的目的。如果是执法人员违法犯罪了，就证明他们连最低的标准状态都没达到。为什么要强调守法？因为守法是法本身的要求，守法是出于人们契约式的利益和信用的考虑，守法是由于人们惧怕法律的制裁，守法是出于社会的压力，守法是由于人们心理上的惯性所至，守法是道德的要求。

七是执法与接受舆论监督的统一。俗话说"人言可畏"，就有舆论监督作用的含义在内。执法的好坏，群众的评价是一面镜子，也最能说明问题，这说明舆论监督或外界人士进行评判的作用和意义。执法与接受舆论监督的统一，主要是指办案的过程当中，包括在办理重大案件之前，可以让新闻舆论部门依法参与进来，或依法召开办案新闻发布会，借助新闻传媒手段使办案在阳光下进行。同时，通过新闻媒体对个别执法人员在办案中徇私枉法、滥用职权等消极腐败现象进行披露和曝光，使全社会形成对这类害群之马的谴责，这有利于执法机关和执法人员保持廉洁自律，有利于提高办案质量，有利于提高全体公民的法制观念和法律素质。实践告诉我们，哪一种监督也没有新闻舆论监督的指向广泛，而且影响面大、震动力大、反应迅速，最易取得轰动性效果，使执法工作不得不公正进行。但有一点要特别引起注意，那就是必须在各级党组织的领导下，进一步完善舆论监督体制，提高新闻人员尤其是一线采访记者的素质，这是确保舆论监督与执法工作有机结合的重要机制条件。否则，新闻舆论监督就有可能"泡汤"，根本行使不了新闻舆论监督之权。还有一点要特别注意，就是像历史上群众反对社会腐败一样，"他们既是腐败的受害者，又是腐败的强烈反对者，但除了用农民起义这个最高形式对政治腐败作背水一战的抵抗外，他们反对腐败的态度、要求和呼声，始终构不成中国政治文化的主旋律，对官员的行为也起不到任何约束作用"。类似这种情况，在新闻舆论监督执法问题上，我们也要特别注意。由于种种因素的影响和作用，利用新闻舆论监督执法工作不但没有做好，反而给执法的公平、公正带来不必要的麻烦和负面影响。换句话说，就是"好事没办好"，而没有办好的原因在于新闻舆论监督者的本身。但不管怎么说，执法机关不能拒绝新闻舆论部门的监督，"两家"可以在实践中沟通具体有效的监督办法，接受新闻舆论监督，也是执法公开的内容和办案质量的保证。执法机关都属于国家机器的范畴，代表了广大人民群众的利益。为了确保人民群众的知情权，增加执法工作的透明度，执法机关应自觉将自身执法行为置于新闻部门的监督之下。这样，一方面可以消除有关当事人由于主观臆测或利益关系而引起的不满情绪；另一方面也可以提高执法机关依法办案的水平和效率。

三、社会主义执法理念的理解和核心构成

社会主义执法理念是关于社会主义执法追求、执法理想、执法信念和执法观念的总称，是社会主义执法的内在要求、精神实质和基本原则的概括和反映，是执法领域的基本思想准则。社会主义执法理念的核心有五点：（1）必须反映和坚持社会主义先进生产力的发展要求；（2）必须反映和坚持国家的国体和政体特点；（3）必须反映和坚持我们国家的现行法律规定和要求精神；（4）必须反映和坚持我们国家法治发展的远景，与人类法治社会的共性要求相接近；（5）必须反映和坚持马克思主义的指导地位。具体地说：必须反映和坚持社会主义先进生产力的发展要求；必须反映和坚持我们国家的国体和政体特点；必须反映和坚持我们国家的现行法律规定和要求精神；必须反映和坚持我们国家法治发展的远景，或者说要与人类法治社会的共性要求相接近。中国现在正处在社会主义初级阶段，将来还会有中级阶段和高级阶段，而我们要发展要进步，就不能故步自封，更不能夜郎自大，必须大力吸收人类社会创造的一切法治文明成果，但不能照抄照搬外国的模式。还有，也必须反映和坚持马克思主义的指导地位，包括党对政法机关的绝对领导，包括邓小平理论、"三个代表"重要思想和科学发展观的指引，包括中国特色要求和与时俱进要求等。

社会主义执法理念的核心构成是什么？主要由以下几点：

一是树立检察机关为法律监督机关的理念。这是宪法和法律的规定。《宪法》是国家的根本大法，《宪法》规定："中华人民共和国人民检察院是国家的法律监督机关。"笔者理解，中国的检察权是一种属于国家性质的法律监督权，即包括：维护和保障宪法以及其他法律的统一和完整实施之权；包括行政执法和行政诉讼执法之权；包括民事执法和民事诉讼执法之权；包括刑事执法和刑事诉讼执法监督之权；包括除全国人大所立法律之外的一切行政机关的立法审查之权。这是《宪法》规定的本意。笔者理解，在一些权力的监督问题上，我们的开国领袖人物是这样考虑的，即在党的领导方面有纪律检查部门监督；在各级政府行政管理职能方面有监察部门监督；在整个国家法律执行方面有检察机关负责监督。应当说，在这几种监督权中，法律监督权是最高监督权。因为，检察机关有对公职人员贪污贿赂、侵权、渎职案件的立案管辖权。最高人民检察院检察理论研究所谢鹏程博士在《论客观公正原则》一文中写道："关于检察机关的地位和角色，在西方国家历来有两个对立的理论派别。一派主张检察机关在刑事诉讼中是一方当事人，与民事诉讼中的原告角色相

同，只负责收集对被告人不利的证据，揭示有利于己方的事实，对于对方因疏忽防御而遭受重判，不必考虑。而且，检察机关不得为了对方利益而要求上诉或抗诉，被告方也不得要求检察官回避。另一派认为，检察机关是法律守护人，应担当追诉犯罪和保护无辜双重角色，负有全面实现法律要求的职责，既要收集对被告人不利的证据，也要收集对被告人有利的证据，既要打击犯罪，也要保障人权，以实现实体真实和法律正义。这两个理论派别曾两次在德国引起大讨论，一次发生在 19 世纪刑事诉讼法立法的酝酿和制定过程中，被称为世纪大辩论，一次发生在第二次世界大战之后的 20 世纪 60 年代，不过，这两次大讨论都以主张检察机关为法律守护人的一派获得全面胜利而告终。"① 国家检察官学院闵钐老师撰文写道："近代检察官的出现，主要是在警察权力和法官权力之间做一权力分立的制度设计，制约审判，同时也控制警察权力。从这个角度来看，检察权具有监督制约法官和警察的特质，体现了法律监督性。当然，由于对法律监督的内涵和外延理解不同，有的人认为监督具有从上位到下位的特点，而反对检察权的法律监督性。"② 他还说，"对检察官客观义务的理解，并不仅仅限于一般'客观公正'的理解上，而是应从检察制度产生，发端于监督警察和制约审判的角度上去理解"③。中国古代的御史机构类似今天的检察机关，它是专门为皇权服务的。应当说，"主张检察机关为法律守护人"和检察制度产生为"法律监督性"之说，与我们国家现行《宪法》对人民检察院"法律监督"的定位有相同的地方。我们的检察机关，应当成为执政党的守护神，国家政治制度、民主制度和法律制度的守护神。

有鉴于此，应当在"三大诉讼"中规定对检察机关有特殊的检察权。比如刑事诉讼，如果检察机关两种形式的抗诉法院仍不改判，几次通知公安机关立案仍不立案，检察机关认为自己意见正确的，可以由检察机关启动人大个案监督程序。不过，这需要有全国人大立法机关立法予以明确。这里，应当说明的是，"法律监督与监督法律的实施是两个既有联系又有区别的概念。监督法律的实施，既包括依据宪法和法律的授权对法律实施的情况进行监督的权力，也包括一切社会活动主体依法享有对法律实施的情况进行监督的权利。而法律监督只是运用国家权力对法律实施的情况所进行的监督。法律监督的特任属性决定了它具有不同于作为主体权力的监督的性质和特点"④。

---

① 谢鹏程：《论管观公正原则》，载《国家检察官学院学报》2005 年第 4 期。
② 谢鹏程：《论管观公正原则》，载《国家检察官学院学报》2005 年第 4 期。
③ 《国家检察官学院学报》2005 年第 4 期。
④ 张智辉：《检察权与法律监督》，载《检察日报》2004 年 2 月 16 日。

　　二是坚持在执法过程中追求客观公正的理念。客观公正可以简称为"正义"。它有两层含义：（1）符合客观实际情况；（2）符合人为设定的某种标准。英国哲学家罗尔斯说过："正义是社会制度的首要价值，正像真理是思想体系的首要价值一样。"正义也是人类社会孜孜以求的道德理想和法律目标，它熔铸了苦难的人类对美好生活的无限希冀和向往。站在刑事诉讼执法的角度，客观公正中的"客观"，就是实事求是，以事实为根据，忠实于事实真相。客观公正中的"公正"，就是不偏不倚。我们常说的公平正义——公平意味着一种横向比较关系，指同样的情况得到同样的处理，即法律面前人人平等；正义则表示一种纵向的因果关系，即每个涉案人得到他应当得到的结果。通俗地讲，就是善有善报恶有恶报，而且报应程度与其行为及其后果相适应。法律上的正义，既包括实体正义，即结果的正义；也包括程序正义，即主体为追求某种结果所采取的步骤、措施和方法符合社会的正义伦理。

　　从现代社会的需要和发展来看，与正义或者说客观公正结合最为直接、最为密切的是诉讼法律制度，因为诉讼法律制度是具体落实、实现正义的，也是社会正义的最后一道防线。立足于刑事诉讼的领域来看，当代世界范围内主要存在着两种迥然不同的诉讼正义观。一种观点主张，刑事诉讼的正义主要体现为诉讼过程的正义，相对于裁判结果来讲，一个正义的诉讼过程更为重要。这是因为，他们相信只要诉讼过程正义，裁判结果的正义自然也就尽在其中了。美国哲学家罗尔斯在其《正义论》一文中把程序正义划分为三种：第一种称为"纯粹的程序正义"；第二种称为"完全的程序正义"；第三种是"不完全的程序正义"。他认为：虽然在程序之外存在着衡量什么是正义的客观标准，但是百分之百地使满足这个标准的结果得以实现的程序却不存在。罗尔斯认为，刑事诉讼就是"不完全的程序正义"，因为无论如何精巧的设计程序，认定无辜的人有罪或相反的结果总是难以避免的。英美法系刑事诉讼之所以对"程序正义"情有独钟，在更深的层面上是与其怀疑主义的认识论传统有血缘上的联系的。经验主义哲学是英美国家的主导哲学思想，具体到认识论方面，就表现为对人类的认识能力持谨慎的怀疑态度。经验主义哲学学派的主要代表培根就认为，人心中存在着四种根深蒂固的幻想和偏见，即所谓假象：第一是种族假象，即把人所有的本性加于客观自然界身上，造成主观主义；第二是洞穴假象，指人们在观察事物时，一定会受个人的性格、爱好、所受教育、所处环境的影响。这些构成一个认识者所处的"洞穴"，使其看不到事物的本来面目而陷入片面性；第三是市场假象，指人们日常交往中使用虚构的或含混不清的语词概念造成谬误，如同市场上的叫卖者以假冒真所造成的混乱；第四是剧场假象，指由于盲目崇拜而造成的错误。① 这四种假象使人类的认识能力受到极大的限制。英国另一位哲学家洛克也认为，人不具有把握事物实在本质的能力，而只能把握事物的名义本质。法官裁判的不确定性以及事实真相发现能力的有限性，都说明了这样一个结论：人们对诉讼结果的公正性不能抱有太高的期望。然而，刑事诉讼又不能不关心正义的实现问题，于是英美国家把更多的视线投射到那种"看得见的正义"——过程正义或称程序正义上。

与过程正义观相对，当今世界还盛行着另外一种诉讼正义观——"结果正义观"，持此论者把刑事诉讼视为国家的侦查、控诉与审判机关一道与被告人之间开展的追究与反追究的斗争，带有浓重的政治色彩，而绝不能拿它与游戏或比赛之类的轻松活动相类比。由于这场斗争是紧紧围绕着案件事实真相的发现以及实现刑法对犯罪的打击之目的而进行的，因此，刑事诉讼程序也主要是根据这一目的的需要而设置的。如德国学者亨克尔教授就认为，"刑事程序是为寻找实体真实服务的"②。换言之，刑事诉讼程序仅仅是实现刑法功能的手段。现代功利主义理论的鼻祖边沁就认为："对于法的实体部分来说，唯一值得捍卫的对象或目的是社会最大多数成员的幸福的最大化。而对于法的附属部分，唯一值得捍卫的对象或者说目的乃是最大限度地把实体法付诸实施。""结果正义观"为大陆法系国家刑事诉讼接受和贯行。大陆法系国家刑事诉讼对"结果公正"的偏爱和注重，一定程度上是历史传统的浸染和影响的产物，因为，大陆法系的职权主义诉讼是在中世纪纠问式诉讼的基础上改造而来的，而纠问式诉讼是当时的宗教裁判法庭的发明。出于维护宗教教义的考虑，在宗教裁判法庭上，罪行的"真实性"要比任何所谓"人权"更为重要，因此，诉讼程序的各个要素都必须服务于确定犯罪行为的真实性。注重裁判结果的正义从而相对忽视了对程序过程正义的关照和追求，是大陆体系国家刑事诉讼传统中由来已久且生生不息的精神取向。

"结果正义"型与"过程正义"型的刑事诉讼模式都是一种极端性的选择和做法，不具有普遍推广和借鉴的意义。那么，能不能建构一种理想的、普遍适用的诉讼正义观呢？或者进一步说，刑事诉讼能否兼顾"过程正义"与"结果正义"，即以正义的过程导出正义的结果呢？答案应该是肯定的。追求案件真相是刑事诉讼的当然性目的之一，然而，刑事诉讼又不完全是为了追求案件真相而存在的。理想的、普遍适用的诉讼正义观有五个特点：一是法官的中立性。二是控辩双方的平等性。三是控辩双方活动的充分性。四是法官适度

---

① 参见朱德生等：《西方认识论史纲》，江苏人民出版社1983年版，第121～122页。
② 宋英辉：《刑事诉讼目的论》，中国人民公安大学出版社1995年版，第46页。

的积极性。五是适度的人道性。查明真相不仅大陆法系国家强调，英美法系国家也不例外，法律程序的实体价值目标归纳为两项——真实与正义。然而，发现客观真实应当成为中国刑事诉讼程序的最高目标。

三是体现和尊重人权、宗教信仰和民族习俗的理念。根据一些人的研究，体现和尊重人权，至少有这样三点：其一，必须在执法过程中充分体现人文关怀精神，对嫌疑人、被告人和服刑罪犯的人格权、名誉权等给予重视和尊重，这是法治文明和进步的表现的重要内容。实践证明，我们在审讯嫌疑人时放下架子，尊重其人格往往会取得意想不到的效果，而且在尊重其人格，保护其隐私、维护其名誉前提下，获取的口供往往更加真实，且不易翻供。其二，要充分保障嫌疑人的辩护权，一方面，对嫌疑人自行辩护要引起足够的重视，不能简单地视为"抗拒"、"狡辩"、"不老实"；另一方面对嫌疑人的律师要给予充分必要的辩护条件，不要轻易地限制其会见和会见次数，不要设置人为的障碍，对辩护人提供的合法申请应当尽可能满足。其三，要切实保障嫌疑人、被告人和服刑罪犯的健康权，要坚决杜绝刑讯逼供、超期羁押现象和其他种种非人性化做法。不过，也要时刻提高警惕，防止一些人犯由于情绪激动所造成的侵害，以减少或杜绝执法事故的发生。在执法过程中，对宗教信仰和民族习俗的尊重同样不可小视。我国《宪法》已对此做出了明文规定。

四是严格执法和热情服务相统一的理念。严格执法，就是在执法者的眼中只有法律，只服从法律。要求在执法过程中做到三点：其一，是要使执法行为按程序、按规范进行，杜绝随意性。以检察机关自侦案件为例，要求各业务部门严格按照规范方案进行，初查时要有初查方案，制定详细的计划和可能的情况准备。其二，是对检察官的自由裁量权进行严格控制，防止滥用权力，比如撤案、不起诉和抗诉等诉讼权的不当行使，要严格依法定条件、法定程序和法定权力行使。其三，是让执法者的执法行为更加理性，不因某位领导的好恶来办案，不因一些人事变动而影响办案，更不因个别领导的压力而放弃或者中止办案，也不被金钱和人情因素所左右。热情服务应当做到这样三点：其一，执法态度上要有亲和性。在思想上要确立以民为本，杜绝或减少官本位意识。孟子曾提出"民为重，社稷次之，君为轻"的思想，历史上开明的统治者更明白"水能载舟亦能覆舟"的道理。我们坚持以民为本思想与古代专制统治时期的民本位有着本质区别：我们是通过法治的手段来实现，人民的地位是通过《宪法》获得最权威的保障。因此，我们在执法时展示给民众的应是亲近、和蔼、保护，而不是展示权力、炫耀武力、张扬暴力。在执法过程中要努力贴近群众，切实改变官僚衙门作风。其二，执法程序上要有便利性。法律的存在，源于人民的意志。在法治社会，最宝贵的法治资源是人民对于法律的信仰和认同。执法机关要让民众知法、守法，就必然要在执法过程中给公民以必要的便利。如在查办职务犯罪时，让嫌疑人及时获取律师的帮助，及时告知其所享有的诉讼权利；传唤证人时，要尽可能地考虑证人的时间和地点，避免给证人造成不便或消极影响。在行使执法权时也要从方便群众的角度出发，避免神秘化和高高在上。其三，在执法方式上要有通俗性，避免因法律专业知识而成为与老百姓沟通的障碍，比如在接待控告申诉时，尽量使用通俗易懂的语言进行交流；在法制宣传时，要用群众喜闻乐见的方式，让老百姓听懂、读懂和看懂；在进行职务犯罪预防时，要充分调动人民群众的积极性，形成群防群治的态势，使我们的执法活动怀亲民之心，办便民之事，行利民之举，用公正和文明的执法形象取信于民。实际上，这既是人民群众的实际要求，又是执法者所倾心追求的崇高境界。

五是不断完善和发展的执法理念。邓小平同志说过："发展是硬道理。"什么事不发展就不会前进。作为观念范畴的执法理念，它必须与整个社会的发展和法制建设踏着相同的脚步前进。适时完善和发展执法理念，有一个重要的方面就是借鉴国外的一些优秀法律文化成果。在这方面，最高人民法院做得比较好，一直走在其他执法机关前面。比如他们首次参照国际惯例制定的"审理信用证纠纷案"的司法解释，就有十分重要的作用和积极的意义。中国银行副行长张燕玲在贯彻实施《关于审理信用证纠纷案件有关问题的规定》（以下简称《规定》）专题座谈会上讲道：许多人绝对想不到我国的这一司法解释，既遵循国际惯例，又对国际惯例无规定的空白领域进行了补充。据最高人民法院副院长万鄂湘介绍说：《规定》是我国首次参照国际惯例制定的司法解释，它积极吸收了其他国家的先进理论，信用证业务的独立抽象性，严格相符和例外的原则在其中均有体现。《规定》调整范围涉及信用证业务的整个流程，是我国司法实践中的一项创举，既有效保护国际金融界和商界的合法利益，使国际贸易的主要结算方式有法可依，也使我国作为贸易大国的金融环境和法治环境得以不断改善。中国政法大学副教授段东辉评价说：世界这么多国家只有 29 个国家对信用证有过粗线条的规定，而我国能有如此详细的司法解释，体现了一种新的法律价值取向，走在了世界前沿。①

从不同的角度，可以对执法理念列出许多条，但不管有多少条，都可以从以上所说的五个核心构成理念中找到归宿。笔者认为，这五个方面的执法理念处理好了，坚持住了，就能够规范我们的执法行为，包括行政执法行为和诉讼

---

① 《法制日报》2005 年 2 月 10 日第 8 版。

执法行为两个方面，提高我们的执法水平和层次，进而实现整个社会的公平、正义和科学、文明发展，使我们中华民族自立于世界民族之林。简单地说，社会主义执法理念是回答"为谁执法"、"怎样执法"和"谁来执法"的。

四、使用"执法理念"一词的合理性

过去，我们常说要在灵魂深处爆发革命，那么，在灵魂深处怎样才能爆发革命？笔者理解，主要是要解决思想上的问题才能把工作干得好一些。思想上的问题，主要是理念问题。理念决定行为，行为决定结果。实际上，我们说的"理念"和"理智"有相同的地方，都是人的成熟性标志，只不过"理念"一词大都是学者用语，"理智"一词是老百姓或说群众用语。具有正确"理念"和"理智"的人，能够辨别是非、利害关系，进而控制自己的行为，知道该怎么做和不该怎么做。就检察机关而言，为什么要用"执法理念"这个词，而不用"司法理念"这个词？要想说明这个问题，必须说明"执法"一词的来历。大家知道，邓小平同志讲的社会主义法制原则用的就是这个词，他说："有法可依，有法必依，执法必严，违法必究。"江泽民同志为政法工作的题词大家更熟悉，就是"严格执法，热情服务"。在去年下半年政法机关进行的教育整顿过程中，用的也是这个词，即"规范执法行为，促进执法公正"。刘复之检察长在任的时候，他给《刑事犯罪案例丛书》的题词是："严格执法，准确定性"；张思卿检察长在任的时候，确定的检察工作主题是"严格执法，狠抓办案"。近日，中共中央政治局常委、中央政法委书记罗干同志在全国政法会议上也讲道："为了牢固树立执法为民的思想，2006年要对全体政法干警进行社会主义法治理念教育，真正做到用正确的执法理念指导执法活动，防止和纠正各种侵害群众利益的现象。"再有，从老百姓的日常用语来讲，对一些机关或一些人的评价大多说的也是"执法"情况如何，比如，是执法好还是执法坏等用语。再有，从一些词典的解释上看，"司"者，系指"主持"，或"操作"，或"经营"之意也；也有直接把"司"解释为"执"意的。"司法"这个词在国外是特指的，专指法院的审判活动。而我们国家则不然，"司法"包括公、检、法、司、安"几家"的诉讼执法活动。基于这样几点，笔者个人认为，还是用"执法理念"这个词比较合适，因为它符合中国法律运行的实际状况和公民群众的通俗用法。

根据我们国家法制的运行情况，"执法"这个概念，应当包括两个方面的内容：一是行政性执法行为，二是诉讼性执法行为。在"诉讼性执法行为"里面，又有刑事、民事和行政性诉讼之分。行政性执法，主要指政府方面有关部门的法律行为；"诉讼性执法"，是指具有侦破案件、裁决、调解、处理和监督案件职能机关的法律行为。由于我们的汉语词语比较丰富，同音不同字，同字不同音，而我们的法制建设又在建设过程中，还不完善，所以说，对一些概念的使用，包括法律、法规和中央文件中的用语，目前仍有许多混乱的地方。辞书编纂者们，应当根据变化了的实际情况，对一些概念重新明确其含义，以便于人们使用和进行逻辑推理。笔者认为，根据我们国家的法制建设情况，使用"行政执法"和"诉讼执法"这两个词比较合适，前者侧重指政府方面有关部门的执法行为，后者指公、检、法、司、安"几家"的执法行为。在现实生活中，社会主义执法理念问题，有时指公、检、法、司、安"几家"的诉讼执法理念，有时也指政府部门的行政执法理念问题。

在谈到社会主义执法理念的时候，应当区分清楚我们国家与国外一些国家的权力配置特点。根据笔者的学习、分析和研究，国外一些国家和我们国家的权力配置是根本不同的。

为什么是这样？为什么要这样？答案是：历史的选择、人民的选择和我们国家社会发展的必然。中央党校李君如先生在他写的《中国能够实行什么样的民主》一文中，有这样一段论述很能说明问题。他说："在中国能够实行什么样的民主？这个问题是需要认真而又慎重地讨论的。但是，我们也要知道，这个问题并不是能够主观设定的，而是要在中国人民的历史奋斗中逐步形成的。这里，有一个'路径依赖'的问题。如果当年在抗日战争胜利后，按照中国共产党的政治设计，建立包括国民党和共产党在内的多党合作的民主的'联合政府'，那么，今天中国民主政治可能采用的就是另一种形式了。但是，当年国民党坚持一党独裁，要消灭共产党，打内战，结果就完全不同了。历史的路径，引导我们建立了人民民主专政的国体。这是不以人的意志为转移的。在民主政治制度选择的问题上，我们只能尊重历史，尊重历史的辩证法。事实上，考察近代以来世界各国的民主形式，都是有其历史原因的。"①

---

① 李君如：《中国能够实行什么样的民主》，载《新华文摘》2006 年第 1 期。

五、为什么要强调社会主义执法理念

1. 有三种可怕的声音。目前，在立法、执法、法律研究和法律改革领域，有三种可怕的声音，需要引起特别的注意：一是对中央文件要求和精神贯彻的不同声音，二是对《宪法》规定的执法机关设定和职能规定的不同声音（主要是对检察院有不同声音），三是对吸收外来法律文化的不同声音。在十六大文件里面，中央明确提出我们不搞"三权分立"。但有些人仍然主张我们国家也要搞"三权分立"，主张把英美国家那一套直接拿来为我所用。主张这种声调的人，主要来自无视中外政治、经济、文化和法律史区别和特点的学者们；也有来自于个别执法官员的，包括很高级的执法官员。记得有一位很高级别的司法官员曾经这样讲过，"我们为什么不能搞三权分立？三权分立难道一点好处也没有吗？"他说，"三权分立，就好像一个盆子里面养了三条鱼，这三条鱼是平面的，相互牵制的，英文中的三权分立的真正含义就是制约与平衡。制约与平衡主要讲的就是监督问题。如果说三权在这方面有什么优势的话，我想就是因为它实行的是'一盆三鱼'，是鱼咬尾式的监督，非常有效，成本也是非常低廉。反过来看，我们国家实行的是什么呢？实行的不是一个平面上的三个权力相互监督，而是立体的，是人民代表大会监督'一府两院'。这样立体架构从监督成本来说是很高的。我们这种监督就是搭积木式的监督，并且是多个积木堆"。这是这位司法高官的原话，在这里我并不想否认"三权分立"一点好处都没有。哪一种制度都有好的一面，也有不好的一面，关键是看你在哪一个基础和条件下生存。对宪法进行指责，在国外包括像美国那样自由度很大的国家，都是不允许的。宪法是一个国家的根本法，任何人包括学者研究都不能和它相抵触，每个公民都必须尊重它。前几年，笔者曾经注意一个新闻报道，一位领导接见一位美国大法官。接见过程中，这位大法官手里拿着一本美国宪法。难道这位大法官不知道宪法的条文内容吗？回答是否定的。这样做，说明他对美国宪法的尊重。"三权分立"在西方国家有比较长的历史，有它存在的客观基础，但在我们中国行不通。"领导我们事业的核心力量是中国共产党"，历史告诉我们，中国如果搞多党执政，由于它的"恋权性"、"封建性"和"占山为王"的思想作怪，各自都要搞各自的武装，那么稍微控制不好的话，就会引起颠覆性的局面。

实际上，一个国家法律制度的选择模式和作用发挥如何（包括国体和政体的确定和作用发挥），与人们的持久坚持也是有很大关系的。我国台湾地区台湾大学教授傅佩荣在他的《哲学与人生》一书里引述过这样一个故事，他说中国古代有一个叫作曹交的人，资质不太好，他认为孟子讲话很有道理，就去问孟子，说："周文王身高十尺，商汤身高九尺，我曹交身高九尺四寸，介于他们两个之间，但是为何他们两个都当了帝王，我却只会吃饭？"孟子回答他："如果你穿上尧穿的衣服，说尧说的话，做尧做的事，那么，久而久之就会变成尧。"反之，也会学习桀而变成桀。"尧"和"桀"是古代的两位人物，"尧"代表好人、善人，"桀"代表恶人、坏人。这个故事告诉我们，主观对于客观有很大的能动作用，告诉我们上层建筑对于经济基础的推动作用。我们的法律制度设计，我们的法律制度体系，总体上并没有什么大错，关键是坚持下去，关键是不折不扣地执行好。前面说了，如果我们搞"三权"分立，搞多党执政，后果不堪设想。没有必要，更不符合中国的国情特点。

关于吸收、借鉴外来文化，毛泽东同志早在抗日战争时期，在《延安文艺座谈会上的讲话》中就说过：要批判地吸收、借鉴，洋为中用，而不能"生吞活剥"。王维达先生在其《论公民在公共行政中的参与程序及其在中国的发展》[①]一文中，曾经用过一个叫"内源式发展"的概念，如果把这个概念用在我们执法机关工作的执法理念建设上，也是有积极参考意义的。"所谓内源式发展，就是既要实现发展，又不异化，更不可破坏或歪曲各国人民的文化特征。"[②]内源式发展，就是要求将本民族的文化当作自身创造性的环境与源泉，并在这样一种基础之上，有选择、有批判地吸收外来文化，为我所用，而不是我为它用。实际上，在我们国家各方面的改革事项上，这都是非常正确的一项重要原则。历史告诉我们，不管是哪一个国家的哪一项改革，一切照搬外国体制模式的尝试无不以失败而告终。这是因为，外来的一些体制和运作模式往往与本国的文化传统发生摩擦和冲突，不仅不能发挥其在现代化过程中的强大推动作用，而且往往相反，成为某一项事业发展的阻力。

就诉讼执法理念而言，唯有根据我们国家过去和现在的法律文化价值，以及潜在的法律文化资源来设定，探索具有自身特色的社会主义执法理念，才能充分、有效地保证我们国家法律的正确执行。比如，我们国家和美国最大的不同点是什么？从笔者对历史的学习和知识掌握来看，除了社会制度有别外，就国民或群体人员的生存特点和来源上有别。我们国家一个村庄的人，几十年、几百年甚至上千年都在一起生存着，世世代代相守一处。在这样一种世代相处的环境中，"家情"、"人情"、"族情"、"乡情"及其"小团体势力"强大的

---

① 参见《中国行政管理》1998 年第 3 期。
② 《联合国教科文组织有关行政管理纲要的总趋势》（MAN 3 号报告 SS－79 NS－49）。

很，要想突破它很难。相应地，我们的闭关自守、故步自封和封建传统文化即形成于此，比如"坐井观天"、对新鲜事物不感兴趣，"小农经济思想"、"不患贫而患不均，不患寡而患不安"，以及"君君、臣臣、父父、子子"等。为了个人利益和生存，我们是保"小家"而不顾国家的时候多。而美国与我们有许多不同的地方，它是一个移民性国家，人员来自地球上的各个地方，可以说是"四面八方"，这样，他们在"家情"、"人情"、"族情"、"乡情"及其"小团体势力"方面不是说一点没有，但比较弱势。相应地，在遇到什么事情尤其是国事的时候，他们是保"大家"即考虑国家而放弃"小家"的多。他们的市场经济上的公平、开放和政治上爱管别人事的行为，其深刻的历史文化背景就在这里，包括"国际宪兵"行为，都源于它的国家利益。说到根本上，他们这样做也是在保护个人利益，但保护的方法于我们有别。美国确实是有许多东西值得我们学习，比如它在法律上倡导和实行的人权保障、诉讼公开、执法人员的职业化和专业化，以及办案上的时效保证等，都可以借鉴过来为我所用的。

2. 国内外客观情况的变化和挑战，需要重视社会主义执法理念问题。国外的客观情况，主要是苏联解体和东欧一些社会主义国家的巨变，世界由"单级"变"多级"，可以说是社会主义国家剩的不多了。国内的客观情况就是通过三十多年改革开放，我国社会经济、政治、文化和法制建设都有了长足发展和进步。比较突出的是：一是由传统农业经济和计划体制向现代化工业经济和市场体制转变；二是由高度集权行政化的政治体制向实行依法治国的社会主义民主政治体制转变；三是由带有浓厚的封建和计划特征的文化向以促进人的全面发展为核心价值观的现代化转变；四是通过法制建设和司法改革举措，整个法律工作逐步由传统的封闭型走向开放型，比如法院初步实现了执法任务由单一的以形式审判为主向多元的担负刑事、民事、行政审判任务转变。整个法律工作职能，由侧重专政向侧重服务转变，办案程序由强调职权主义向强调当事人主义转变。正是在这种经济、政治、文化和法制建设形势以及法治改革的不断变化进程中，社会主义执法理念的提出，越发显得重要、必要和需要。因为在相当一部分人看来，我们一切不如资本主义国家的好，因而要采取全盘西化的办法，他们怎么办我们就怎么办，没有必要另搞一套，讲什么中国特色社会主义，中国特色法制建设等，纯属多此一举，重复劳动。这是很危险的，我们必须提高警惕。社会主义制度和法律制度的优越性在哪里？在于符合中国国情，在于党领导下的广大人民群众的选择。别说我们现在的法律制度，就是几千年的封建法律制度，也不是一点好处都没有的。按照历史唯物主义的观点，"每一项法律都应当纳入当时的时代条件和社会环境加以考察。正确的评判标准应当是看它是否能够实现维护社会的价值、稳定社会的功能。因而对中国传统司法制度维护社会的价值、稳定社会的功能不应全盘否定，否定的只是它对个体自由权利的漠视"。①

3. 解决法律自身存在的问题和扭转执法"变数"问题，离不开社会主义执法理念的作用。在王涌先生的一篇研究文章里，有这样几段话。他说："中国法律的主流是好的、积极的，但是，零散、暧昧甚至矛盾在中国的法律中确实严重地存在着。究其原因，一方面在主观，由于缺乏科学的、统一的立法程序，使得有些法律才成为部门垄断主义或地方保护主义维护一己之私的场所。正如美国的富勒教授所言'如果一位立法者为实现一种极端利己或极不公平的目的而制定法律时，他就不可能使他的法律表述得清清楚楚'。另一方面在客观，那就是中国法学传统的根基太浅薄了，以至于不能清清楚楚地表述法律。"还有，当今执法"变数"问题也是一个不争的事实，而"法律的变数愈多，诉讼就愈像一场棋局，有无数种走法，也有无数种结局。法治本是以正义为使命的神圣事业，如果一个诉讼可有多种'正义'的结果，甚至多种相悖的'正义'的结果，正义不过是强权的产物，法也不过是一堆可以恣意揉捏的烂泥，法治也不过是强权乐此不疲的迷宫游戏而弱者望之生畏的龙门阵罢了，那么法治则就失去了本来应有的意义"。这是一个很难解决的问题："因为，一些法官的素质提醒我们：即使未来的中国法律不再那样零散、暧昧和矛盾，因其终究是语言的产品，它仍可能在这些法官的解释中充满变数。那时，我们所真心期盼的法治仍难逃'剧场'的命运，法律推理在台前，强权操纵在幕后，神圣与荒谬被奇妙地结合在一起，而中国人在'论语'与'语录'时代所练就的本领将在庄严的法律推理中再次获得生命力，'被倒置的法律推理'的把戏将久玩不衰，花样翻新。"②

4. 提高执法人员的素质，解决目前执法中存在的严重问题，离不开社会主义执法理念的作用。据某省 1996 年至 1997 年两年的统计，全省检察机关办理的刑事执法人员滥用职权、徇私枉法和刑讯逼供案件就有几百件之多。仅就刑讯逼供和非法拘禁的特点就有多种，有的令人不堪想象。主要表现有三：其一，徇私舞弊犯罪的数量明显增多，表现形式多种多样。两年中，该省共查办诉讼执法人员徇私舞弊犯罪 300 多人，比前两年增长了 73.1%。这类犯罪的主要表现形式有五种：一是贪财图欲，故纵犯罪。如某市公安局桥东分局行政拘留所民警王某某，1996 年在办理王某昆、杨某伟等人强奸案中，向杨某伟

---

① 郭成伟、孟庆超：《清代司法程序中的惰性因素分析》，载《政法论坛》2002 年第 5 期。
② 王涌：《被倒置的和被省略的法律推理》，载《杂文月刊》2000 年第 9 期。

索要现金 1500 元后，即把二犯放纵。直至另一起抢劫案告破后，才先后一同归案。某公安局大石岭乡派出所干警马某某，把盗窃 5 万元的外逃犯何某敏（女）抓捕回所后，当夜趁审讯之机，两人勾搭成奸，结果马某某既不如实作笔录也未向领导汇报，私自放何某敏回家。二是伪造文书、案卷，篡改、毁灭罪证。某市中级法院助理审判员王某春为帮助荣某某侵吞 10 万元货款，收受贿赂 1 万元后，帮助编造了全套民事案卷。某县法院法庭庭长赵某勇，为帮助别人追回欠款，伪造了一整套假民事案卷材料，并以拒不执行裁定罪将对方当事人逮捕，非法羁押 8 个多月。三是通风报信、泄露案件机密。某某市公安局法制预审支队秘书刘某峰，在重大抢劫犯辛某雨、靳某峰等 4 人羁押期间，多次接受犯罪嫌疑人家属宴请、旅游；并从一犯罪嫌疑人亲属处取走近万元钱归已用，刘多次为人犯及家属前往收审所捎衣物、食品、书信，并传达口信，谈押犯情况，还将自己收集的收审所电话提供给犯罪嫌疑人家属使用，俨然是"朋友"。刘还将 4 名重大抢劫犯先后保外就医、取保候审。某县望树派出所治安警察李某科受拐卖妇女罪犯刘某胜之父的委托，利用检查监号之机，将刘的"通气信"捎出，交与刘妻。刘委派人去东北通风报信，导致县公安局去东北捕一罪犯时未获成功。四是依仗权势，干扰执法。某市海港区公安分局纪检书记霍某光（正处级），受人之托，将报至分局待捕的个体船主方某强等重伤害案卷（本人并不负责查办）亲自从分局预审科拿走，并催河东派出所所长李某生取回，还把卷内的重伤害鉴定书抽出，对取卷人说："这个案子你们按轻伤害办个取保，调解一下算了。"办案人据此"指示"，对案件进行了调解，严重亵渎了法律。五是勾结犯罪、出卖法律。某县公安局看守所所长武某某受人之托，为达到使奸淫幼女案犯焦某安出监的目的，通过私人关系为焦检查身体时开具了血常规化验单，当说情人（该县法院副院长焦某贵）说化验单内容不行时，武竟擅自将化验单上约血色素数 7 克改为 6 克，致使焦犯被取保候审。某市监狱干警苗某生，利用职务之便，多次和重大犯罪团伙成员王某京接触，密谋脱逃，并在王脱逃中主动为王安排接应，致使王某脱逃 23 天之久才被抓获。其二，刑讯逼供犯罪屡禁不止，情节恶劣。刑讯逼供犯罪总数虽有减少，但作案手段、情节和后果仍较严重，两年因刑讯逼犯罪致多人死亡重伤，在社会上造成很坏影响。其三，非法拘禁犯罪情节恶劣，后果严重。因非法拘禁犯罪致多人死亡重伤。此类犯罪的主要表现形式有三种：一是滥用职权、滥抓无辜，接连造成错案、冤案。二是执法犯法，情节严重，影响恶劣。三是滥用职权、非法使用戒具，后果严重。

六、社会主义执法理念与资本主义执法理念之比较

（一）两者的相同点

从执法理念学或执法哲学的角度讲，现代的、科学的和有存在价值的执法理念，尤其是社会主义执法理念的形成，不是凭空产生的，它有一个长期的发展过程，也可以说是人类社会共同创造的精神性法律文明成果。最高人民法院副院长万鄂湘在讲《司法改革与司法理念》时说：世界各个国家，不论英美法系，还是大陆法系，不管是资本主义国家，还是社会主义国家，都离不开六个特点，即中立性、独立性、统一性、专业性、公开性和权威性。他认为，这六个特点不管在哪一个国家，都是相通的。万副院长的观点我们可以研究、讨论。不过，笔者只同意他讲的"独立性、统一性、专业性和公开性"四个特点。相关内容摘录如下①：

1. 独立性。独立性有两种解释，也就是说到底是整个体制上的独立，还是行使独立审判权时候的独立性。三权分立的解释是，司法必须独立于其他两个公权，一个是行政权，一个是立法权。它是整个体制上的独立，还是行使裁判权当中的独立？中国的理解是第二种。马克思有一句名言，"法官除了法律以外，没有别的上司"。这句话曾被凝缩成中国《宪法》当中的一个重要的原则，就是"法官只服从法律"。可是，在以后的《宪法》中把它拿掉了，现在我们的《宪法》在第 126 条当中只提到"法院独立行使审判权，不受行政机关、社会团体和个人的干涉"。

2. 统一性。司法必须是统一的，世贸规则已经明确。司法的统一有两层意思：一是任何国家只能由一个统一的司法机关来行使审判权，不能有另外的。如果除了司法机关以外，还有另外一个机关能够决定一个人的生死、自由的话，那么这个机关经常要受到人们的责难。比如现在大家谈论很多的就是我们的劳教制度，这已经是一个不可回避的问题了。这些问题相当于在司法机关以外，还有一个机关可以决定一个自然人或者公民的权利是否存在，他的自由是否被剥夺和侵害。二是司法权的问题。司法权在适用的时候必须和皮尺一样。我们举个例子，刑法的行贿罪、受贿罪涉及一个重要的概念，就是多少钱

---

① 注：万鄂湘副院长没有用"执法"一词，而是用"司法"一词。

的问题，数额有多大。可是在我们的刑法里面，只能查到较大、巨大、特别巨大。一个现实的案件摆在法官面前，比如说，五十万、一百万、五百万、一千万元，多少才算上较大，才是巨大？什么样的数额才算得上特别巨大？立法上没有这样的规定。通过谁来做出这样一个裁判过程中的判断？为什么广东和内蒙同样的五十万元受到不同样的惩罚呢？这就需要最高人民法院的司法解释来把什么叫较大、巨大，超过多少算得上特别巨大，统一下来，这就叫统一裁判尺度。

3. 专业性。他说，法官必须要由专业人员来担任，这个在世界各国应该不算是一个问题。但是在中国，这个现象就奇怪了：现在，全国达到《法官法》要求的本科水平的法官总数加起来，刚刚超过 25%，也就是说在四个法官当中，只有一个达到《法官法》的要求。我们在上大学以前，当时只有湖北财经大学、北京大学、吉林大学有法学院招生。在这以前，中国的法学教育基本上是停顿的，或者是没有的。肖扬院长说，他在人民大学学法律的时候，学的只有三个法律，一个是《宪法》，一个是《城市反革命条例》，一个是《婚姻法》。这么简单的法律要去学四年吗？不需要！部队转业回来 3 个月就可以上岗。这就是历史造成的我们过去法学中断。专业人士担任法官，这在国外是毫不奇怪的事情。你说当法官没学过法律，是天方夜谭。就像别人打的比方，一个人生了病要去开刀，开刀的人告诉你他没有学过医学，就和我们的法官没有学过法律是一样的，拿他人的生命去开玩笑。可是历史造成这个断档，我们怎么办呢？你不能把已经积累了很多实践经验的法官踢出法官队伍。我们通过法官培训这样的渠道，去加强他们的理论知识，让他们专升本，或者原来的夜大毕业生能够考上研究生，或者博士生。现在最高人民法院的研究生是80 多人，笔者想这个数目正在加大，各级法院正在加强硕士生和博士生的培养。

4. 公开性。公开性有两个方面：一个是社会监督，就是裁判结果要公开，接受社会各界的舆论监督。像我们的"今日说法"、"法治时空"，各个电视台的法制节目的开通，都是社会各界人士评判司法裁判是否公正的一个检验场所。另外一个方面就是，法庭场所的公开。你要公开的对象不仅是当事人，而且是所有对这个案件感兴趣的公民。所有人通过身份证就可以旁听，旁听的过程不仅是受教育的过程，也是法制宣传和监督法官公正司法的过程。在阳光下审判，结果才可能是公正的。

（二）　两者的不同点

由于不同国家的社会制度、历史和文化传统不同，以及对执法机关的创设和规定的职权不同，因此，执法理念的内涵和所追求的价值目标肯定有差异，乃至出现矛盾现象。差异和矛盾产生的原因，主要是以下六个方面的根本不同所致：

1. 经济基础和政治条件的不同。经济基础主要是公有制为主还是私有制为主的问题。我国《宪法》第6条规定："中华人民共和国的社会主义经济制度的基础是生产资料的社会主义公有制，即全民所有制和劳动群众集体所有制。社会主义公有制消灭人剥削人的制度，实行各尽所能、按劳分配的原则。国家在社会主义初级阶段，坚持公有制为主体、多种所有制经济共同发展的基本经济制度，坚持按劳分配为主体、多种分配方式并存的分配制度。"而在资本主义国家没有公有制之说，虽说他们也有不少的公共福利事业，但社会的经济制度是私有制性质。政治条件主要指我们的国体和政体制度。根据《宪法》规定：我们的国体是人民民主专政制度，我们的政体是人民代表大会制度，也包括中国共产党领导下的统一战线。我们的法律制度和执法理念，就是在这样一种经济基础和政治条件下形成的。而其他国家是没有我们这样的经济基础和政治条件的。近日，笔者看了看《美国宪法》，他们写的比较简单，一共7条21项，主要是勾画了法律的基本原则，确立了"三权分立"制度，坚持联邦制和保护个人权利。宪法颁布不久，后来通过了10条宪法修正案，总称《权利法案》。这部美国元老们起草的宪法，现在仍在执行，成为最老的美国成文宪法。"这部宪法的篇幅还不到八千字，它之所以幸存下来，相对地说修正很少，那是由于一些重要的术语，例如'商业'、'必要而适当'、'正当程序'和'忠诚信用'等，都非常简略而富于适应性。按照首席法官马歇尔的说法，宪法的性质要求只有其大纲应当是明确的，其重要的标的物应当指明，而组成这些标的物的那些次要成分，则应当从这些标的物本身的性质中推论出来。……我们决不能忘记，我们要说明的，不是别的，而是宪法。"①

2. 制度设置、运行特点和定罪标准不同。首先，国外的执（司，下同）法机关与我们所说的执法机关的指向不同，国外说到的执法机关，主要是指法院。有些国家虽说也有检察院，但对法院、检察院的设置和运行要求是不一样的。而在我们国家里，执法机关的指向比较广泛，包括公、检、法、司、安等机关（《宪法》第3条第3款规定："国家行政机关、审判机关、检察机关都由人民代表大会产生，对它负责，受它监督。"）《宪法》第135条规定："人民法院、人民检察院和公安机关办理刑事案件，应当分工负责，互相配合，互

① 《麦克库洛赫苏马里兰案》，载威敦编：《判例汇编》（第4卷）（美国最高法院1819年），第316页。

相制约，以保证准确有效地执行法律。"除了刑事案件外，对民事、行政案件的办理，检察机关也有法律监督的责任，主要是通过民事、行政抗诉和受理申诉等途径，纠正冤、假、错案。其实，在"三大"诉讼活动当中，"分工负责，互相配合，互相制约"的原则是一直贯彻始终的，旨在保证准确有效地执行法律。这种诉讼执法制度设置和运行模式，是其他国家尤其是资本主义国家所不具备的。其次，在起诉和判决方面更有差异。比如"控辩协议"制度，就是美国独特的刑事执法制度，一旦被告人愿意认罪，且愿意配合调查，那么，公诉方就可以向法院申请为被告人减刑，法院一般也会接受。在美国，还有大陪审团提起公诉和检察官提起公诉之分，前者一般都是重罪案件，后者则是一些相对较轻的刑事案件。还有，在法院案件的分工和审级上也与我们不同。我们实行的是"四级三审制"，哪一个法院审理哪一类案件，主要根据案件大小来定，而国外一般没有我们这样的制度设计要求。比如说在英国就有"高级法院与低级法院的区别。高级法院是上诉法院和高等法院（包括大法官法庭、女王法庭、遗嘱验证、离婚和海事法庭），其中还必须包括由高等法院指派法官为某一巡回地区主持的巡回审判法院。此外，还有中央刑事法院和季审法院。低级法院是地区法院，也就是郡法院（亦称州法院）和地方法院。高级法院又名记录法院，因为他们的审理过程都是记录在案的，并且是决定性的"。也有的"把法院分为初审法院和上诉法院。初审法院依照司法程序是举行第一轮审判；上诉法院则对初审法院的判决进行复审。在高级法院中，高等法院除下述情况外，均属初审法院。其上是上诉法院，再上面就是上议院。高等法院的女王法庭也是对一些依法设立的法庭所作的形形色色影响人民权利的决定行使复审的权力。女王法庭是用禁止这些法庭行动的禁令，命令这些法庭行动的执行令，或命令这些法庭把诉讼移交高院复审并否决其裁决的移送令等方式来行使它的职权的。高等法院的分院还与地方法院的上诉有关"。[①]

在定罪标准方面，英美法系有案例参照。案例的作用和意义有以下几点："一是拘束力，它对同类案件的当事人和法官能起到规范作用，从而体现法制统一；二是自足力，即通过指导性案例确立，达到修正、完善、创制法的能力，从而在维护法制稳定的同时使法律的内容得到丰富和发展；三是辅助性，即就制度地位而言，案例指导制度应处于成文法的辅助地位，起到补充作用。"[②]

---

①　上海社会科学院法学研究所编译：《国外法律知识丛书·司法制度和律师制度》，知识出版社出版 1981 年版，第 3 页。

②　傅尉尉、张旭良：《论我国案例指导制度之建构》，载《法律适用》2006 年第 1～2 期。

在说到国外法律制度设置、运行特点和定罪标准的时候，不能不提到他们对诉讼执法官员的养成、培训和管理问题。以德国为例，根据宁波市鄞州区检察院施源明同志的考察印象，德国检察官的养成和培训与我们不同，对检察官的管理也与我们不一样。在德国，没有专门的检察官养成和培训制度，根据法律规定，法官、检察官包括其他法律人的养成必须接受两个阶段教育与培训和通过两次相应的国家考试。其一，是大学法律教育阶段。就是说要成为法律人，必须是学法律专业毕业的。大学毕业后，即可申请登记参加国家第一次考试，第一次考试主要测试学生在校学习期间对各个科目内容的掌握情况。考试分笔试、口试两种方式进行，笔试合格者方能参加口试。其二，是实习阶段。凡通过第一次考试者，即可申请进入实习阶段。这一阶段，主要是对学生进行法律实务训练，让他们掌握从事检察官、法官、律师等职业的基本技能。实习阶段的时间为两年。实习的内容涉及面比较广泛，必须去实习的部门有法院的民庭、刑庭或检察院、行政署及律师事务所；选择实习的部门，可以安排他们到公司或国外进行交流等。每个部门的实习时间，一般由各州自己决定，但实习生可根据自己拟从事的职业，延长自己在某一部门的实习时间。实习结束后，要通过第二次国家考试。第二次国家考试，也采取笔试和口试相结合的方式进行。考试内容不仅涉及在校学习的法学理论知识，而且还涉及与实习内容紧密相联和难度较大的实际问题。一般通过考试者占应考者的70%，不合格者有一次补考机会。通过第二次考试后，即取得了应征检察官、法官的资格，但是否能成为检察官、法官，还要由司法部根据职位的缺失情况择优选任。因此，一般只有成绩优秀者才能被录取。

有关检察官的管理特点，比如检察官的任命制度、检察官的交流制度和工资制度等都值得我们学习和借鉴。其一，关于检察官的任命制度。与德国检察机关组织系统相适应，德国联邦检察官和州检察官的任命权限，分别归属于联邦与州两级。联邦检察官为联邦总检察长、联邦检察官、高级检察官三个等级。联邦总检察长和联邦检察官的任命，须经联邦司法部长提名，并向联邦总理建议，由总理提交上议院讨论通过后，由联邦总统批准；高级检察官则可不经议会讨论程序，由司法部长提交，经总理同意后，即可直接报联邦总统任命。各州的检察官，均由各州检察长提名，报各州的司法部长任命。其二，检察官的交流制度。德国十分重视检察官的阅历，为此建立了多层次的检察官交流制度。一是向上交流，即下级检察院的检察官到上级检察院工作，以增加检察经历的广度和高度，一般以学术研究人员的身份在上级检察院工作，旨在提高法学理论和学术水平，工作2～3年后回原工作岗位。二是与法官相互交流。德国的检察官，基本都有法官经历，检察官、法官两个职位可以相互融通、调动，且已成为不成文的制度。三是与司法行政官员交流。检察官通过到司法部或其他行政机关工作，能够更加全面和深入地了解社会，进而丰富和和扩展自己的社会阅历。其三，是检察官的工资制度。德国检察官工资制度有以下几个特点：（1）检察官、法官实行单独的工资等级和标准。（2）检察官、法官工资水平一致，其工资起点大大高于一般公务员。德国公务员工作大体可按低级公务员、中级公务员、较高级公务员和高级公务分为四个大的级别，检察官、法官工资起点与较高级公务员最高等级的工资起点相当。（3）检察官工资的确定与职务、工龄挂钩。较低等级的工资依工龄晋升，较高等级的工资依职务晋升。（4）实行基本工资与补贴相结合的结构工资制。基本工资体现职务等级、工龄长短、职责轻重，补贴体现地区差别和家庭状况的差异。①

3. 服务的对象特点不同。前面说了，中国是一个农村人口占绝大多数的国家。和一些发达国家相比，我们执法机关服务对象的特点，往往表现出了对法律的信仰和追求不同；文化素质低，不懂法等。正如马鞍山市中级人民法院周耀虹同志和一些法律大家所研究的那样：制度体制的失当，促使乡村司法动作的先天不足。封建社会、受过会堂教学教育的宗族成员可以充当族人的诉讼代理人，或由无照律师写状子。② 法律往往关注上层社会的权力分配、调度，也只有那些对乡土社会秩序有重大危害的案件或冲突，才会引起上层政治权力的关注，生活在乡土社会中的人们并没有感到没有法律给生活带来的不便。③ 乡村司法运作从来就没有成为法治的主流，但在和谐社会的构建中，却被推上了"农村包围城市"的主角。在乡村司法运作能力很脆弱的情形下，似乎承受不起构建和谐社会之重。乡村司法也只能在依法收贷、农业税清收中偶显身手。和谐乡村社会未必就是没有纠纷产生、没有矛盾冲突，尤其是在"城乡分治、挖乡补城"的二元体制下，村民还没有充分享有"自由迁移、受教育、社会保障、税赋、医疗卫生、就业、土地制度、贷款、乡村自治等方面的国民待遇"。④ 在乡村宗族和谐、封闭和谐、常态和谐的三个层面上，司法动作的影响力相去甚远。宗族和谐强调的是以团结来维护和加强宗族力量，是能够发展成为一种同政治上的统治者权力对待的势力，却有悖于社会文明和人类进步，排斥甚至对抗司法运作的影响。封闭和谐是自然生存状态下生活，缺乏与外界的交流、沟通，依靠村规民约来维系。常态和谐是乡村司法运作介入、渗

---

① 参见宁波市检察院：《检察调研》（内刊）2005 年第 6 期。

② 参见［德］马克斯·韦伯：《自治、法律与资本主义》，载《韦伯文集》，中国广播电视出版社 2000 年版，第 106～107 页。

③ 参见吕萍：《推进司法改革必须弄清本土文化》，载《检察日报》2005 年 7 月 18 日。

④ 参见杜润生：《给农民国民待遇》，载农友网 2001 年 5 月。

透最充分和彻底的结果，司法是村民的首选，它给村民以"我不能保证你不受欺负，但我可以保证你在受欺负时，一定可以给你公道"的承诺，而不是通常理解的"投靠我，我可以保护你不受欺负"的权力庇护。

4. 追求的价值取向不同。说"不同"，可能一些学者有反对的声音，说"差异"可能更合适一些。我们的法律制度设置和运行，在价值取向上是要达到"公平、正义与效率的最佳结合"。然而，现实情况如何呢？还是有距离的。笔者认为，我们国家法律的价值追求，主要反映出这样的两个特点：一是侧重打击和威慑的力量；二是强调服务和发展的功能。前者比如"严打"和死刑判决及其执行问题。"严打"是我们国家的执法特点，从古到今都有。死刑判决在当今社会，已有120多个国家和地区废除或实际上不再执行死刑。我们的"绑缚刑场、执行枪决"一语，有时公开写在法院布告上。这都是追求法律的打击和威慑的价值功能。后者，我们推选的办案部门服务上门、服务发展的经验在国外也很难找到，因为他们认为执法部门需要中立，经济发展不发展是政府的事，是旁人的事，与我们执法者无关。强调上门服务，发展经济，会不会引起一方当事人的不满，认为你执法有偏向，从而影响法律的权威呢？肯定会有的。相比较而言，国外一些国家尤其是发达资本主义国家的法律制度，他们侧重体现了和谐、从属和人权的保护，体现了执法部门中立和权威的特点。差异和来源，我们是国家、社会本位第一，而个人是次要的。这是笔者个人的看法，不一定十分恰当。现在，我们学界的意见是，逐步"实现国家本位、社会本位和个人本位的统一"，在执法过程中"做到兼顾各种利益，在不同价值之间寻求最佳平衡点"，这也是中国特色法制建设的发展趋势。资本主义法制建设的价值取向特点是个人利益第一，用个人本位的保证来体现社会本位和国家本位。哪一种价值收效更好？不作评论。中国有一句话叫"殊途同归"，也许各个国家依据各处实际情况，确立不同的价值取向，选取不同的法治方式，最后会达到世界的共同发展和进步的。第22届世界法律大会《上海宣言》也指出，法制是人类文明和进步的重要标志，是用和平理性的方式解决社会矛盾的最佳途径。通过法制构建国际和谐社会符合世界各国人民要和平、谋发展、促合作的共同心愿，需要各国人民共同努力，建立在法制基础上的国际和谐社会，必将对维护世界和平，促进共同发展具有重大意义。

七、倡扬社会主义执法理念的重要性、必要性和现实性

社会主义执法理念的重要性、必要性和现实性问题，前面有的地方已经讲到了。如前面讲的"三种可怕的声音"存在，有"国内外客观情况的变化和挑战"，都需要我们强调社会主义执法理念的问题。除了这些，我们强调社会主义执法理念的问题，更重要的在于以下几点：

1. 加强和改善党的执政能力建设离不开社会主义执法理念，并用它来指导我们的工作开展。在《中共中央关于加强党的执政能力建设的决定》（以下简称《决定》）中指出："加强党的执政能力建设，是时代的要求、人民的选择。"关于党的执政能力的含义，该《决定》是这样表述的："党的执政能力，就是党提出和运用正确的理论、路线、方针、政策和策略，领导制定和实施宪法和法律，采取科学的领导制度和领导方式，动员和组织人民依法管理国家和社会事务、经济和文化事业，有效治党治国治军，建设社会主义国家的本领。"① 这里面讲的"领导制定和实施宪法和法律，采取科学的领导制度和领导方式，动员和组织人民依法管理国家和社会事务、经济和文化事业，有效治党治国治军"都离不开社会主义法律理念的具备和互动。该《决定》中还特别强调："全党同志特别是领导干部要牢固树立法制观念，坚持在宪法和法律范围内活动，带头维护宪法和法律的权威。督促、支持和保证国家机关依法行使职权，在法治轨道上推动各项工作的开展，保障公民和法人的合法权益。"② 这应当区别党的领导与执政两个概念的差别，否则就容易造成党政不分、以党代政。党的领导包括党的执政，但党的领导与党的执政毕竟有区别。熊晓峰先生在一篇文章里讲到："领导特别是民主革命时期和建国初期的领导，具有直接性的特点，它通过党的路线、方针、政策和群众运动直接对群众进行政治动员，直接向社会发号施令。而执政则具有间接性。执政主要是执政党通过执掌政权来治理国家，是以国家政权为主体所从事的政务管理活动，是一种国家行为。党不能代替国家最高权力机关和立法机关——人民代表大会来治理国家，党也不能越过宪法、法律和司法机关来行使领导权和执政权，而只能通过立法、守法、支持司法机关来依法治国。这就是要求党具备通过国家机器执政的

---

① 《中共中央关于加强党的执政能力建设的决定》，人民出版社2004年版，第1~2页。
② 《中共中央关于加强党的执政能力建设的决定》，人民出版社2004年版，第16页。

能力。领导与执政的区别还在于：党的领导主要是政治、思想和组织领导，而执政是党的领导在国家政权活动中的具体体现形式。因此，不能把政治领导的手段和方法简单地搬到执政活动中来，不能把政治领导与执政行为混为一谈。"①

中国发展的问题，要求各级党政领导干部必须积极推进民主法制的进程，必须崇尚法律的权威和公正，必须信仰法律和模范地执行法律。具体地说：一是严格按照法定的程序、法定权限和法定职责行使权力，这是加强和改善党的执政能力最重要的源头治理，是构建和维系和谐社会的关键所在。二是建立、健全权利（力）制衡机制、利益协调机制、利益诉求表达机制，并充分发挥其作用。没有监督的权利（力）必然产生腐败，利益分配不公必然产生纷争，产生矛盾没人管必然发生社会动乱。三是积极引导社会各类群体增强政治认同感。如果一个社会没有基本的政治认同，一切看似正确的法律和政策都可能失去其应有的作用。这种政治认同，应当包括对国家政治体制的认同、对政策法律的认同、对政治信仰和政治伦理的认同，以及对政治人物的认同等。② 四是要着力培养公民良好的法律意识，树立对法律的信仰和自愿遵守的习惯。良好的公民法律意识，才能驱动公民积极守法，尊重法律，执行法律，进而使法律由国家力量的外在强制转化为对法律的权威性和内含的价值性认同。这样，全体公民就会严格依照法律行使自己的权利和履行自己的义务；也会充分尊重他人的合法、合理权利和自由；遇到问题不激动、不报复、不私了，而是寻求法律的途径解决纷争，使社会稳定有序，和谐统一。

2. 维护宪法和法律的尊严及其实行，需要有社会主义执法理念作支撑。我国《宪法》第5条规定："中华人民共和国实行依法治国，建设社会主义法治国家。国家维护社会主义法制的统一和尊严。一切法律、行政法规和地方性法规都不得同宪法相抵触。一切国家机关和武装力量、各政党和各社会团体、各企业事业组织都必须遵守宪法和法律。一切违反宪法和法律的行为，必须予以追究。任何组织或者个人都不得有超越宪法和法律的特权。"而目前我们在这方面存在的问题较多。至少有以下四点：一是诉前存在的问题：举报、告状和受理难。二是诉后存在的问题：程序观念淡薄，各种愚民、欺民、扰民、治民、刮民行为，利益驱动和刑讯逼供现象等；不遵守规定的时限，办案过程中的久拖不决、超期羁押、执行难和执行不到位等，尤其是申诉问题更难，很少

---

① 熊晓峰：《加强和改进政法委对政法工作的领导推进依法执政》。
② 此部分参考李文泉同志的《浅谈构建社会主义和谐社会的法治保障》一文内容，载《河北发展》2000年第1期。

有改正的。三是执法环境存在的问题：说情、行贿，个别领导非法干扰，群众法律观念淡薄等。四是执法监督存在的问题：内容不够，包括程序的、实体的和其他方面的；力度更不够，大多走过场；缺乏一套有效的监督程序性保障等。而这一切的一切，都能从执法理念上找到缘由，都与执法人员的执法理念不具备有直接关系。

3. 对检察诉讼执法职能的动摇、对检察工作的误解等执法改革理论研究的混乱，需要重提和强调社会主义执法理念问题。我们的执法机关设定是《宪法》规定的，是符合中国国情的，是人民的选择。我国在大陆法系和苏联法制的影响下，建立起了国家职权主义的执法体制和模式。单就刑事诉讼制度设置和运行而言，我国奉行的是公、检、法三机关"分工负责，互相配合，互相制约，以保证准确有效地执行法律（《宪法》第135条）"的框架体制。在这一框架体制下，我国刑事诉讼确立的是"直线形的诉讼结构"。其基本特点是：其一，审判机关、检察机关和公安机关作为整体的执法机关实行一体化。其二，三机关在执法活动中具有较强的主动性和积极性。其三，犯罪嫌疑人、被告人在诉讼过程中具有明显的消极性和被动性，其诉讼地位实际上被客体化。在这一诉讼框架体制下，公安机关、检察机关和审判机关都承担着惩治犯罪、保护人民的任务，这就使得侦查权、检察权、审判权，都具有同样的性质，都是诉讼执法权的组成部分。而西方资本主义国家执法机关的职权与我们的完全不同，他们的诉讼执法权一般仅指审判权，而不包括检察机关的一些权力，更不包括公安、安全机关的一些权力。就检察机关来说，无论是大陆法系国家还是英美法系国家，他们在民事诉讼中一般充当当事人的角色，在诉讼中的地位与普通当事人没有什么实质性的区别。在刑事诉讼中，西方国家普遍实行对抗制的诉讼体制，检察机关主要承担控诉职能，在诉讼过程中一般行使侦查指挥和侦查监督权，与犯罪嫌疑人、被告人形成相互对立、地位大体平等的控辩双方。在刑事诉讼中的主要目标，是通过举证、质证、辩论等诉讼行为，向法官证实所指控的犯罪事实，说服法官确认自己所提出的犯罪证据和事实。因此，检察机关和被告人在刑事诉讼中的具体行为取向和追求目标上存在直接的冲突。从他们在刑事诉讼中发挥的总体功能来看，大体上属于单纯的刑事起诉机构，检察官代表国家和社会利益，对刑事案件提起公诉、支持公诉以及监督法院裁决的执行。虽然它们在一定程序上也负有揭露案件事实真相，维护社会正义的使命，但这并不否认它们在整体上具有刑事追诉机关的性质。他们说的检察权，实质上是一种由执法行政机关行使的行政权，这与我们国家《宪法》所规定的诉讼执法权是不同的。他们检察权的特点，决定了检察官的身份只能定位为政府雇用的律师，隶属于执法行政部门的官员。有鉴于此，即他们用国外的标准来衡量我们国家诉讼执法情况，难免出现许多不和谐的情况，实际上是"奇谈怪论"，危害甚大。

对检察诉讼执法职能的动摇：一般认为，检察权就是我国检察机关享有的法律监督权。这主要包括公诉权、部分刑事案件的侦查权、诉讼监督权等。在我国法学界和实务界占据主导地位的狭义诉讼执法权说，是将检察权作为诉讼执法权的组成部分。但近几年，有许多学者对检察权是否属于诉讼执法权提出了质疑。从逻辑的思路来看，我国学者对诉讼执法权的理论反思，源于诉讼法学界对我国诉讼体制，尤其是刑事诉讼体制的检讨。目前，对检察机关的不同声音较多的原因，就是检察机关在诉讼过程中既享有起诉权又享有检察权，同时又承担着提起诉讼和法律监督的双重任务。他们认为，检察机关既有"运动员"身份又有"裁判者"角色，按照西方资本主义国家法治的要求，我国检察机关诉讼角色的多重性，已经违背了诉讼活动的基本规律，即当事人之间的平等抗辩原理，破坏了控、辩、审三方相互分离同时又相互制衡这一现代诉讼格局，其表现出了明显的不合理性和非科学性。在此背景下，一些学者提出要用"等腰三角形诉讼结构"代替原有的"直线型诉讼结构"，以与西方资本主义国家诉讼执法体制接轨。"等腰三角形的诉讼结构"在刑事诉讼中具体表现为：检察机关和承担侦查任务的公安机关实行一体化，形成"控"、"辩"双方对等均衡，而法院处于居中裁判的地位。"等腰三角形"诉讼架构的提出，对我国诉讼执法权的主导观念形成了鲜明的挑战。按照"等腰三角形"诉讼结构的理念要求，必须重新定位我国检察机关在诉讼活动中的角色，即由原来诉讼活动的启动者和监督者，变为单纯的诉讼活动的发动者或者控诉者。由从前的"站着的检察官"变为实质意义上的"当事人"。这种诉讼执法体制，先别说检察院和公安、安全机关同意不同意，就是其这样设定，在我们这样一个有着几千年封建色彩的国家里，有十几亿人口的大国里是行不通和做不到的。商界里有一句话，叫做"同行不同利，同利不同行"。笔者认为，这句很有哲理的话用在处理外来诉讼法律文化建设上，也是很合适的。确实，在诉讼执法权问题上，我国与西方发达国家有明显的差异。我们可以学习他们的一些长处，改进我们的诉讼执法工作，但完全照搬是行不通的，这涉及我们的国体性质和政体特点问题，涉及改变不改变社会主义性质的问题。可见，有学者参照西方国家的检察体制，提出要重新定位我国检察机关的性质和检察权的配置，是根本行不通的。

误区：有学者讲，随着我国诉讼执法改革的不断深入以及理论界对检察权性质的深刻反思，我国检察机关本身似乎已经不视自己为司法机关或诉讼执法机关了。他举例说："这一点可以从最近几年最高人民检察院工作报告用语的悄悄变化中清楚地看出来。1998 年最高人民检察院工作报告在第四部分'积极推进司法改革和检察法制建设'中写道：'五年来，检察机关坚持解放思想，实事求是，……根据国家政治体系改革和法制建设的总体要求，积极推进司法改革，加强检察法制建设。'从语义中分析，这里检察机关仍然将自己作为司法机关看待，检察权仍然是司法权。但最高人民检察院在 1999 年的工作报告中，则使用了'深入开展集中教育整顿，加强队伍建设，促进公正执法'（第一部分）和'公正执法，服务大局，努力开创检察工作新局面'（第三部分）这样的一句话。2000 年和 2001 年的最高人民检察院工作报告分别使用'坚定不移的推进检察改革，确保公正执法'和'以强化监督、公正执法为主题，认真做好 2001 年的检察工作'这样的标题。'公正执法'虽然与'公正司法'仅一字之差，但含义大不相同。这表明检察机关在实践上已经将自己由原来的司法机关定位为执法机关。检察权所具有的行政权性质日益突出。"笔者个人认为，仅凭这一点就说检察机关自己否定了自己的宪法性质，是大错而特错的，不足为据。在中共中央《关于加强党的执政能力建设的决定》里面的"贯彻依法治国基本方略，提高依法执政水平"一节中，仍然是这样表述的："支持审判机关和检察机关依法独立公正地行使审判权和检察权提高司法队伍素质，加强对司法活动的监督和保障。以保证司法公正为目标，逐步推进司法体制改革，形成权责明确、相互配合、相互制约、高效运行的司法体制，为在全社会实现公平和正义提供法制保障。"检察机关对中央文件的执行历来是坚决的，至于个别词语的用法变化，不能说明"本身似乎已经不视自己为司法机关"了。再者，前面已经说过了，用执法机关的概念比司法机关的概念更科学，更符合中国的实际情况。

执法改革理论研究的混乱：执法改革是近几年喊得最响的一个话题，因为我们是要搞法治的国家吗？但有一种诉讼执法改革理论之说值得注意，即一些人提出的"法院中心论"，其或主张"取消和弱化检察机关审判监督权"等；也有些学者，仅凭自己的想象，不顾《宪法》规定和中国国情，主张在检、法关系的走向上，确立法院的中心地位将会是一个不可逆转的趋势。[1] 就是检察机关自身的理论家们的研究也是很不够的，比如有人对检察机关和审判机关制约关系的理解，就已经步入了误区。有人讲，在"检、法"两家这一双向制约关系中，就程序而言，检察院是处于上位，是一种程序上的制约，检察院只有控诉请求权，即程序启动权，而没有对案件的最终决定权；就实体而言，

---

[1] 参见郭有评：《司法活动中的检法冲突及司法改革话语下的检法关系展望》，载《检察制度理论思索与研究》。

法院又处于上位，法院对检察院的制约是一种实体性的监督，法院对检察院的控诉拥有最终裁决权。这样说的理由，是因为对检察院的抗诉，如果法院认为不成立的，仍然可以判决维持或驳回。在权力制衡原理中，监督与制约是同质的概念。① 这样的研究和理解，显然是十分不妥当的，或者说是十分错误的。类似自我错误之说还有不少，如近日笔者翻看的 2005 年 12 月 30 日《检察日报》上的一篇文章，题目是《2005 年检察理论研究聚焦五大热点》。文中认为：2005 年对检察权的优化配置的研究，体现出了相当的理性和进步。其根据是，有人提出了法律监督权的有限性与有效性的统一。"有文章指出，我国检察机关的法律监督职能，主要是诉讼法律监督（司法监督）的职能，是对诉讼活动实行法律监督。监督的范围主要限于刑法、民商法和诉讼法等法律，方式主要是通过诉讼的途径。只有真正认识对自己的权力是有限的时候，才能冷静、公正地行使手中的权力。为此，（'应当在这样一种前提下'，此句为引者推论）应当研究如何拓展检察机关法律监督的范围、手段，使检察机关成为名副其实的法律监督机关"。还说，"科学配置检察权，必须与检察机关的性质界定相适应，对检察权配置的内容是以诉讼上的权力为主体，兼有监督上的权力。而且，（'目前'，引者推论）配置给检察机关的职权是在不断充实、扩大的"。这样对国家法律监督权或检察权进行研究和理解，值得商榷。

还有，一些人讲的在刑事诉讼中，就程序而言，检察院是处于上位，是一种程序上的制约，检察院只有控诉请求权，即程序启动权，而没有对案件的最终决定权；就实体而言，法院又处于上位，法院对检察院的制约是一种实体性的监督，法院对检察院的控诉拥有最终裁决权。在权力制衡原理中，监督与制约是同质的概念。其实，综观"三大"诉讼法、《人民检察院组织法》，特别是《刑事诉讼法》的规定，"上位"、"下位"之说，或是"同质"之说，都是站不住脚的，也不符合立法本意。法律规定：检察院有审查起诉、不诉、抗诉权，有对"侵权"、渎职犯罪人员的侦查权，检察长有列席审判委员会会议权，有不同意大多数检委会委员意见时向人大常委会报告权和向上级检察院报告权等，这说明检察机关的法律监督之权或检察之权，就是一种上位性质的权力。这是中国特色的检察权能规定。也许是因为这一点，所以说，我们要特别强调党对检察机关的绝对领导问题，以及要大力加强人民监督员制度改革问题，以防止自身执法不公和腐败现象产生。

造成执法改革理论研究混乱的原因，主要是多年来我们忽视了马克思主义和社会主义国情教育，加之国外物质生活优裕的诱惑，一些人就认为还是资本

---

① 参见刘立宪、张志辉：《司法改革热点问题》，中国人民公安大学出版社 2000 年版，第 191 页。

主义好；也有人认为，我们和资本主义已经没有什么差别了。甚至有人认为，社会主义的末日到了。其实，这些人是糊涂了，就是国外一些著名的学者和专家都没有这样认为，比如针对苏东剧变的情况，"分析派马克思主义"代表罗默在 1994 年出版的专著《社会主义的未来》中，就认为社会主义不是死了，而是需要现代化，而现代化的一个重要内容就是搞市场社会主义。德国《新德意志报》在一篇思考中华人民共和国成立 45 周年的文章中，曾对中国的经济改革评价说，中国的发展模式，"同东德和俄国的区别，不仅仅在于改造的途径'较温和'，而且主要在于中国政策的目的不是复辟资本主义，而是利用资本推动社会继续进步"①。我国建立社会主义市场经济体制以来，极大地解放了生产力，公民的经济收入、生活水平和政治地位都得到了迅速提高，对此，《亚洲周刊》载文认为，"这是两个世纪以来中国第一次在正确的方向上稳步前进"。德国教授海纳·温克勒说："由于中国，世界经济面临划时代的力量消长变化"，"西方垄断的末日已可以预见了"。真是"环球同此凉热"了吗？回答是否定的。当然，法律制度同其他制度一样不可能一成不变，它需要不断完善，不断加强，以适应变化了的经济、政治、文化和科技形势等。但不能不顾实际情况，什么都"接轨"。就刑事诉讼执法改革而言，从近几年的情况来看，正确地估计，无论是实务方面还是理论研究方面，应当说是成绩不大，有些方面甚至是失败的。试问，刑事诉讼法律改革该改什么，不该改什么，已经改了什么，还有什么没改，以及为什么要这样改等？我们搞清楚了吗？没有！在都不清楚的情况下，东一"榔头"，西一"棒子"，哪有不混乱的，更不会有受到人民群众欢迎的成绩。就检察机关来讲，实行检务公开是成功的，主诉检察官很有必要，人民监督员制度也有很大影响，而其他的改革举措是否抓住了根本，值得很好地研究一下。

4. 已经具备了社会主义执法理念产生的客观基础：主要是在上层建筑领域，我国经济、政治、文化和科技发展等方面的蓝图已经初步完善，特别是在依法治国基本方略方面，中国特色社会主义模式已经形成；执法的正规化、权威化和现代化步伐，包括法律研究和法律机制改革等，都正在大踏步前进；一些科学的执法理念已经具备，且正在指导着执法实践活动。在执法实践中，一些错误的执法理念正在克服，比如为什么不严格按照程序法的规定办事，为什么办案事故屡禁不止，为什么执法人员的素质提高不快等，通过近几年的教育整顿活动，特别是开展的"先进教育活动"和"规范执法行为，促进执法公正活动"，使我们从深层次上找到了问题的症结所在，主要在于执法人员

---

① 《新德意志报》（1994 年 9 月 30 日）。

"进、出"口不畅、机制建设不适当和经费保障跟不上等，为此，各个执法机关都制定和完善了相应的规章制度，已经或正在产生很好的作用。最高人民检察院公布了十项规章制度，河北省检察院公布的也是十项，实际各个部门的规章制度远不止这些。但必须看到，解决不规范执法问题不是轻而易举的事，需要有一个过程。说到根本上，影响正确执法理念的形成和坚持的原因，都是受到我国现阶段物质的、制度的以及传统文化观念的影响所致。为此，必须积极推进社会主义市场经济的发展、社会主义民主政治的进步和大力弘扬社会主义先进文化的建设，为执法理念的形成和发展创造必要的经济、政治和文化条件。必须正确认识和处理国内外法律文化借鉴、继承与创新的关系，为社会主义执法理念开辟正确的前进道路。必须全面加强社会主义法制建设，为执法理念的养成和工作指导营造适宜的环境因素。

八、构建和推进社会主义执法理念形成的条件和对策

众所周知，单纯的法律制度建设和调整并不能消除制度运作中的所有问题，因为法律制度的建立是不可能包罗万象的，法律制度也不是僵死和教条的，它要随着实践的发展而发展，随着实践的变化而变化，这就要求制度创设者必须有相应的理念意识作保障，并用这种理念意识来指导国家制定法律，我们常说要贯彻落实科学发展观，实际上"科学立法"很重要，是第一步的，这是提升和保证我国法制建设水平的基础性条件。构建和推进社会主义执法理念有许多工作要做，既包括国内的也包括国外的，既包括现在的也包括历史的，既包括同一社会制度、法系的，也包括不同社会制度、法系的。结合一些学者的研究具体地说主要有以下几点：

（一）进一步完善我国的市场经济体系和加快民主政治建设进步伐，为社会主义执法理念创造条件

历史证明，商品经济的发展必然会伴随着文明社会民主政治建设的深刻变革，与此相应的法权关系与法律文化也必然跟着变化。这是因为，一方面，市场经济运行需要法权关系与法律文化的支持，比如严格运用法律手段解决经济上出现的问题，平等对待涉案主体的权利、义务问题；在执法中除了公正、高效、执法公开和重视法律程序等外，还要有人文关怀和人权保障的内容等；另一方面，市场经济所创造的巨大物质财富和高科技，也为包括现代执法理念在

内的民主政治建设的形成、传播和实现创造了必备的物质条件和技术手段。民主与法制历来是一对"孪生兄弟"，实行民主必然要伴随法制；而法制的前提和基础又离不开民主条件的具备。所以说，现代民主政治制度是现代法治精神的外化形态，是现代执法理念的上层建筑依托。同理，只有积极实行和推进民主政治，从根本上改革"人治"和"熟人社会"的传统习俗，树立起宪法和法律的权威，使崇尚法治成为全社会的共同信仰，才能建设高度政治文明的社会主义法治国家，振兴和复兴我们伟大的中华民族。

应当特别强调的是，作为社会主义民主政治建设，天然就包括着人民群众的运动，但人们群众的运动并非天然就是民主运动。人民群众是推动社会历史前进的决定力量，但并非任何形式的群众运动都在推动历史走向前进。在这一点上，笔者认为，毛泽东同志关于民主是目的还是手段的论述是十分精辟的。他在《关于正确处理人民内部矛盾的问题》一文中曾经指出："要求抽象的自由、抽象的民主的人们认为民主是目的，而不承认民主是手段。民主这个东西，有时看来似乎是目的，实际上，只是一种手段。马克思主义告诉我们，民主属于上层建筑，属于政治这个范畴。这就是说，归根结底，它是为经济基础服务的。"从某种意义上说，民主作为一种政治手段，包括法制建设在内，它本身是一把"双刃剑"，既可以用来保护自己，也可以被它伤害。

有人这样讲：在民主问题上毛泽东同志最大的贡献就是领导我们建立了社会主义的民主制度。因此，它给后人提出的任务首先是如何最大限度地减少制度运作的随意性问题。从目前来看。只有法制能起到这样的作用。正如邓小平同志所说："为了保障人民民主，必须加强法制，必须使民主制度化、法律化，使这种制度和法律不因领导人的改变而改变，不因领导人的看法和注意力的改变而改变。"毛泽东同志的身后，给我们留下了一些他当时未能解决或当时尚不突出而后人不得不面对的问题，这就是："人民民主专政的国家政权能不能在生产力落后的基础上持久巩固？能不能在文化相对落后的基础上实现长治久安？什么是遏制腐败的真正良方？依靠'大民主'能不能从大乱走向大治？而更重要的是，为保证社会主义制度不改变颜色，应该怎样选择共产主义的接班人？怎样实现最高领导人的有序更迭？这一切都可以归结为民主道路究竟应该怎么走。这些，毛泽东同志都没有给出明确的答案，而是把寻找答案的任务交给了后人。"①

---

①　薛建忠、王建政：《跳出历史周期率——执政规律与民主法制》，红旗出版社 2002 年版，第215 页。

（二）进一步认识和处理好法律文化借鉴、继承与创新的关系，使执法人员的执法理念符合时代要求

一是大胆地学习、借鉴和吸收国外法律文化建设中的合理成分。我国《宪法》规定，"中国的前途是同世界的前途紧密地联系在一起的"，中国要"为维护世界和平和促进人类进步事业而努力"。有人研究认为，执法工作既有阶段性、政党性或国家性或区域性的特质性层面内容，也有属于通用的政党管理、国家管理和调控社会的技术性层面内容，乃至相容的一些思想意识和道德要求，突出的是宗教文化现象，大都可以跨越疆界进行传播。正是它的这后一层面性的内容和特点，使不同国家或不同区域的法律文化成果也可以进行相互交流的原因所在，更是后发展国家加速自己法治化进程的捷径。必须承认，由于我国历史和人文需求的原因，我们自身属于现代化的法律文化资源并不够用，需要"它山之石"来完善我们的法律文化建设，和其他事项一样自立于世界民族之林。要敢于解放思想，结合我国国情实际，大胆地向他人学习、借鉴和吸收适合我国生存和生长的法律文化成果。但有一点必须注意，那就是对西方法律文化不能盲目推崇、盲目学习，更不能照抄照搬，应该采取批判和扬弃的态度。我们的方针和原则是，只学习借鉴他们法律文化中属于科学的、符合社会发展规律的和代表文明进步的东西，可以为我所用的优秀成果。如重视立法科学、执法独立、公正，重视人权保护，重视办案程序，重视社会舆论监督等。由于外来法律文化有其产生、发展的历史条件和文化环境，即使是最先进的东西，如果移植至中国，不加以本土化改造，也会水土不服，使其不能生存和发展。所以说，我们对西方现代法律文化既不能一概视为洪水猛兽而拒之门外，也不能不分良莠而盲目崇拜，更不能不顾国情和民众的接受能力而生搬硬套，要在学习、批判和借鉴的基础上，按照我们国家的实际情况进行改革和创新，使之成为构建中国特色社会主义法制建设的重要资源。

二是批判地继承中国传统法律文化的优秀成果。必须看到，以闭关自守和自给自足的自然经济为基础，以儒、道、佛"三家"尤其是以儒家学说为主的理论依据，以维护皇权神圣不可侵犯为宗旨的中国传统法律文化，其专制性、等级性、封闭性，以及其重刑轻民、刑罚酷烈和缺乏正当程序等法律行为特点，是与现代规范、科学和民主的执法理念和行为格格不入的。但在中华民族五千年的历史中，也产生了许多优秀的法律文明成果，如强调执法者的清正廉明、执法如山、刚正不阿、崇德重义、为民作主和一些行之有效的办案方法等，至今对我们仍有积极的借鉴作用。比如"五听"办案方法，就可以与现代使用的"测谎器"技术相媲美。"五听"，即从"辞"、"色"、"气"、

"耳"、"目"入手，判别言词真伪，找寻破案依据："（一）辞听，即分析陈述者的说话内容，不真实则前后矛盾，没有条理，很杂乱；（二）色听，即观察陈述者的面部表情，如果心虚有诈，则面色不正常或惊慌失措；（三）气听，即观察陈述者的呼吸状况，不真实或有隐情则气息不匀，紧张喘息；（四）耳听，即观察陈述者听觉反应，心里有鬼则往往知觉迟钝，问东答西，注意力泛散；（五）目听，即观察陈述者的眼睛、眼神变化，有隐情、理亏者往往目光游离，不敢与人直视。所谓'听'，即断案、判断之义，我们今天的侦查、审判在古代统称'听讼'、'决狱'"。① 当然，"五听"办案法也有它自身的局限性，它不适应于累犯、惯犯和心理素质变异的涉案人员。总之，凡是对以往中国传统法律文化中有借鉴意义和体现民族精神性的东西，尤其是适合当代中国的国情的东西，被人民群众传扬称颂和认同的优秀成果，一定要大胆学习、吸收、继承和借鉴；对其中与现行执法理念相抵触的内容，如官僚衙门作风陋习、封建迷信和等级差异等糟粕性的东西，要努力克服并坚决摒弃之，不要让它影响和制约我们的现代社会主义法制建设步伐。

三是继续发扬人民执法的优良传统，认真归纳总结和吸收执法过程中创设的新鲜经验。中国共产党以马克思主义国家与法的理论为指导，自革命根据地红色政权时起，经过几代领导人和法律工作者的辛勤努力，创造了一整套人民诉讼执法的优良传统和作风。尤其是改革开放以来，各级政法机关在党的领导下，结合实际需要都创造了许多具有时代特点和中国特色的工作经验，这是我国法律文明成果中最宝贵的财富，是构筑中国特色社会主义执法理念的最新鲜的资源。比如，强调政法工作为大局服务，为经济建设服务，正确认识和处理改革、发展稳定的关系；既要严格执法又要善于执法，注重办案的法律效果和社会效果；强调坚持公正与效率的主题，反对执法不公和执法迟延，维护国家法制的统一和尊严；强调在执法工作中贯彻为人民服务的宗旨；强调执法文明，尊重和保障人权，特别是重视保护弱势群体的权益，反对粗暴和蛮横执法；强调全面贯彻执法公开原则，注意公开、公正、公平、民主、高效和廉洁等，都应当认真总结并加以理性概括，使其成为中国特色社会主义执法理念体系中的核心内容。

（三）进一步加大法律的宣传、普及和培训制度，为执法人员执法理念的形成、发展应用创造条件

执法工作是一项涉及各行各业、方方面面、千家万户的社会工作，执法现

---

① 萧伯符：《"五听"问案法漫谈》，载《警史钩沉》2005 年第 1 期。

代化是一项系统的社会工程。只有全体公民都守法，崇尚法治、尊重和维护法律的权威，并使其成为新的民族精神，才能为执法人员执法理念的形成和实践营造适宜的社会环境。因此，推进执法人员执法理念的形成和发展，必须在各级党委和政府有关部门的领导下，动员方方面面的力量，全社会共同关心，共同努力，使人民群众知法、守法，同时对执法人员不断培训、考核和监督，把权力关进制度的笼子里，用两个方面的力量把法律规定落到实处。

具体地说，执法人员科学执法理念的养成，离不开以下几点措施：一要坚持通过加强法学教育、法学理论研究和普法宣传，使执法工作者和全体国民对执法理念的科学体系和基本内容有个比较系统全面的了解和认同；二要按照我国宪法的要求不断完善和发展现行法律，做好法律法规和司法解释的"立、改、废"工作，为社会主义执法理念的实施创造必需的体制性和制度性保障；三要建立起一整套执法人员的遴选、培训、管理、监督和保障方面的工作机制，培训和造就一支有高尚职业情操、良好职业素养、精深职业能力的执法人员队伍；四是构建执法哲学体系，为执法理念层次的提升和实际应用提供哲学理论支撑。也就是说，要将执法理念逐渐内化为全体执法人员的理性认识和自觉行动，"理性、平和、文明、规范"执法，这样才能使法制建设走向完善，使依法治国方略落到实处。

（四）通过规章制度的严密设计和自律的双重作用，不断培养和提升执法人员理念的层次

我们一些同志到西欧考察，据介绍很少听说过有执法官员违法、违规的现象。比如德国亚深市检察院的情况，在这个检察院的每一个工作部门中，人员的配置明显呈现出"层级——塔型"的结构，部门领导为首席检察官（兼任主任），下面依次为检察官、检察员、事务性工作人员，各级工作人员的职责、权限明确，制度健全、清楚，可操作性强，管理的效率比较高。在人员管理上，他们主要强调自制和自律，尽管有的也和我们一样，比如存在严重的"案多人少"现象，但他们的工作秩序井然，有条不紊。据该院克耐帕先生介绍，在他20余年的工作中尚未听说有检察人员违规违法的现象。在德国学习、工作好几年的王女士讲述了这样一则趣闻：一个中国籍学生在获得博士学位后，准备在德国法院（检察院）应聘就业，但一连应聘三次都失败了，该学生深感困惑，觉得笔试、面试成绩都不错，为什么不能被录用？后几经周折，才了解到个中原因——只因他曾有在德国公交车上三次逃票的记录。德国人认为，一次逃票可以原谅，两次逃票需要调查，而三次逃票则推定为明知故犯了。可见，德国公务人员有很强的自律性，是由其制度的严密设计和严格执行

作保障的。我们检察队伍提出分类管理已有时日，但迟迟未见落实。检察机关的人员编制数规定得过死，而基层院之间人均办案量（主要是公诉、批捕案件）相差极为悬殊，已严重影响了办案任务重的基层院的办案质量。为此，建议在国家宏观政策未变动之前，除专项返回编制实行倾斜外，可以在省内试行基层院之间检察人员及其编制的"横向调剂"，这样既可解决基层院之间忙闲不均的现象问题，又可以发挥好每一位检察官的工作潜能，进而提高全省检察工作的总体水平。另外，现在一提到人本化管理，就侧重强调个体权益的保护和用利益保障来调动人们的积极性，但比较忽视人自身的严格监督、管理和主观能动性的发挥，这也是我们应当引起重视的。①

（五）严格惩治执法腐败分子，确保执法理念载体的高素质和法制文化形成

有一点应当特别注意，如果我们只有惩治执法腐败这一手段并不能根治腐败问题。建立和完善严格的规章制度才是一种比较好的办法，但根本的办法还是要从法律文化建设入手。比如"高薪养廉"在国外行得通，但在中国高薪未必能够养廉。为什么呢？中国文化有浓厚的"家文化"色彩。不孝有三，无后为大。多子多福，父辈一定要给子孙留钱。这和西方文化截然不同。我们做父亲的，自己薪水不高，还要想着留给孩子，因此他就要贪，这也是中国官场"贿赂文化"的形成之一。或者说，是形成的主要原因之一。科学的执法理念的形成需要做许多工作，但想方设法提升法律人的身心素质、道德水平和人文关怀、博爱等必不可少，尤其是构建好法制文化建设体系必不可少，"典型环境创造典型人物"，说的就是这个道理。

（六）深入开展调查研究工作，不断为执法理念的丰富增添新鲜内容

执法理念内容的增添，笔者认为，就是能够达到和实现三个方面的客观公正：一是维护秩序的客观公正，二是维护竞争的客观公正，三是维护权利的客观公正。当前，从社会上来讲，影响秩序客观公正的问题主要有两个方面：一个是贫富差距不断扩大，一个是人民内部矛盾凸显。从河北来看，企业改制带来大量的下岗失业人员、农民生活还很低，大中专毕业生就业难等，这是潜在的不稳定因素，比起解决执法机关自身的问题要难得多。可见，政法机关贴近群众、了解群众，切实加强情报信息工作，准确了解民意、及时化解各种矛盾问题，把影响社会稳定的问题解决在基层、解决在内部，显得十分重要。我们

---

① 参见《西欧考察见闻》，载宁波《检察调研》（内刊），2005 年第 6 期。

国家的执法人员如果像国外那样，什么都"保持中立"不管，待在"衙门"里面办公，"坐堂问案"，那么，党的执政能力建设问题可就真的不行了，执法人员应当有党的共同体和国家共同体的概念。结合自己的工作职能，目前市场经济秩序的混乱和公民权利被侵犯问题，是执法机关维护社会客观公正的主要内容。就市场经济秩序方面需要解决的问题陈善美同志有一篇文章有几条可以借鉴参考。他讲："（一）在招投标活动中的暗箱操作问题，政府部门干预企业问题，市场经济发展过程中的法制环境不健全等问题。（二）走私、骗汇逃汇、金融诈骗、偷税漏税、贪污受贿等经济犯罪逐年攀升，严重扰乱市场秩序和社会秩序，危害极大。（三）地方保护主义、部门保护主义现象严重。一些地方依赖政府资源进行垄断性竞争或竞争主体不规范的恶性竞争，造成整个市场经济秩序的混乱。"公民权利的被侵犯方面需要解决的问题是："（一）要维护好社会主体的生存权利。人民群众的生存权、财产权是最基本的权利，也是人民群众看的最重的权利。各级政法机关必须站在维护法制的高度，认真履行好打击犯罪的职责。特别是对人民群众反映强烈的杀人、抢劫、爆炸、绑架等严重暴力犯罪和涉毒、侵财型多发性犯罪，必须始终贯彻严打方针，从重从快予以严厉打击；要着力建立严打的长效机制，把严打的方针政策贯彻落实到政法机关的日常工作中去；要建立打防管控的立体防范机制，落实社会治安综合治理措施，增强人民群众的安全感。（二）要切实维护社会主体的知情权利。政法机关必须大力推行警务公开、检务公开、审判公开，主动接受党的监督、新闻舆论的监督、社会群众监督，以此增强执法、司法公正性。（三）要维护社会主体的自由权利。政法机关必须切实增强亲民爱民为民意识，规范执法行为，增强程序观念，坚持文明执法，规范执法，严禁在执法、司法过程中搞非法拘禁、刑讯逼供、超期羁押等严重侵害当事人合法权益的行为；严禁乱摊派、乱罚款；严禁以执法为名，随意干扰群众的正常生产生活。要通过规范执法行为，维护社会主体的权利公正。"①

九、自觉运用社会主义执法理念指导工作实践

在说到理念与工作关系的时候，笔者想举一个与执法不相关的题外例子。北京有个很著名的智力节目叫《S K 状元榜》。老师曾出一题目考学生：Who

---

① 陈善美：《构建和谐社会重在维护公平与正义》，载《长安》2005 年第 11 期。

is the man that everyone admires and very much wants to be?（有一个人让每一个人都羡慕，并都想成为这样的人。请问这人是谁）学生脱口而答出来，说："king"（国王），而答案是"hero"（英雄）。这说明我们的中学生在人生理念上存在问题，而这些学生都是我们的未来呀！我们常常是错了还不觉得错。执法中类似这样的问题也有，比如强调实体法而忽视程序法，强调客观真实而忽视法律真实，强调办案而忽视时限，强调特殊对象的保护而忽略了法律平等原则等。比如，有些执法机关对某些企业实行"挂牌保护"的做法，就是十分错误的。这是因为，它违背了法律面前人人平等的社会主义法治原则。我国《宪法》第 33 条明确规定，"中华人民共和国公民在法律面前一律平等。任何公民享有宪法和法律规定的权利，同时必须履行宪法和法律规定的义务"。对某一类或某一个特殊企业实行"挂牌保护"，实际上是一种歧视待遇现象，如果把企业分成三六九等，给某些企业或某些人法外特权，这是封建等级观念的反映和封建残余存在的表现，它与《宪法》规定的法律面前人人平等的原则是格格不入的，必须彻底纠正。

前面说过了，执法理念的含义是很丰富、很科学和很讲究实际的，它的核心构成是追求客观、公正和效率的统一，追求法律事实和法律价值的统一，追求实然和应然的统一，追求理想和现实的统一。然而，就法律的现实情况来看，再高明的立法学家，再高明的执法工作者，他们也要面对客观公正执法的要求与法律条文之间的矛盾，客观公正执法的要求与案件自身之间的矛盾等，这些矛盾现象产生的原因，主要是立法的严重滞后或落伍，跟不上形势和社会发展的要求。赫克认为："即使是最好的法律，也存在漏洞。"从理论上讲，就是所谓超前性的法律也不可能完全合于客观实际情况。这在我们的办案中是经常遇到的。"这是因为：（1）立法者的观察能力有限，不可能预见将来的一切问题；（2）立法者表现手段有限，即使预见将来一切问题，也不可能在立法上完全表现出来。"① 法律漏洞或主要缺欠有：（1）法有不确定或不明确之文；（2）法律文字与法律精神相悖，或者说，法律文字与法律精神有反差；（3）法律相互抵触，相互冲突；（4）虽然有规定，但该规定在此案件事实背景下，多少有些不合理、不妥当而难以适用它；（5）对其具体案件，法无明文规定。② 那么，怎样才能比较好地解决上述这些问题？一句话，正确的执法理念指导很重要。有人这样讲过，执法理念虽然不包括具体的法律制度，不同于普通的执法理论，但它却是高于法律制度和执法理论的，是执行好法律和制

---

① ［德］赫克：《利益法学，庆应大学法学研究会》，津田利治译，1985 年版，第 13 页。
② 参见王洪：《论不可操作性》，载《比较法学研究》1994 年第 1 期。

定好制度的指导思想，也可以说它是一种内驱性的力量，确保执法的客观公正。执法人员如果离开了它，就缺少了一种"执法之魂"，这样，就很难说能够执行好法律了。请看这样几个典型案例：

案例一：1999年12月24日，上海市青浦区人民法院一审判决了上海市第一起"婚内强奸"案。被告人王某违背自己妻子的意志，强行与其发生性关系，一审法院认定王某构成强奸罪，被判处有期徒刑3年，缓刑3年。① 而在不到半年后的2000年上半年，四川省南江县人民法院也受理一起"婚内强奸"案。② 被害人王某与被告人吴某闹离婚而分居，但依然一起干农活。2000年6月11日，吴某强行将王某按在床上，撕烂内裤，与王某发生了性关系。南江县人民检察院以涉嫌强奸罪对吴某提起公诉。南江县人民法院审理认为：因为被告人吴某与被害人王某系夫妻关系，在夫妻关系存续期间的暴力型性行为，不能认定为强奸犯罪。检察机关对吴某的指控不成立，该院对吴某做出了无罪判决。

案例二：某县人民法院2005年判处被告人赵某法、贾某平二人共同盗窃氧气瓶一案，涉案金额为2923元，二人分别被判处有期徒刑1年、有期徒刑8个月，并处罚金2000元。而同样发生在该省的某县被告人刘某粮、徐某安、杨某联、杨某根4人盗窃液化气瓶一案，涉案金额为2900元，此案中前三被告人被判处有期徒刑6个月且缓刑1年，第四被告人被判处有期徒刑6个月，4被告人被并处罚金3000元。

作为执法机关尤其是作为法律监督机关的检察机关，对上述这几起案件的处理，显然涉及了执法理念的作用和正确指导的问题。执法者只有按照法律的规定认定案件的性质和罪名，只有"在法律规定范围内正确地行使自由裁量权，才符合公平正义的要求"。公平正义的应有含义之一是"合法合理"。那么，究竟什么是"合法合理"呢？对"合法合理"要求和把握，应当注意这样几点：其一，执法者权力的行使应当符合法律赋予该项权力的目的。其二，行为人的行为危害与处理结果轻重幅度相当。其三，同样情形得到同样处理。

在案例一中，涉及对我国《刑法》第236条第1款规定的"以暴力、胁迫或者其他手段强奸妇女的，处3年以上10年以下有期徒刑"理解问题。前一个有罪判决，是就法条表面理解的，即不管什么情况下的男女"性关系"，只要具备暴力、胁迫或其他违背妇女意志手段的，就属强奸罪，而这不符合立法的本意。后一个无罪判决，南江县人民法院认为被告人吴其与被害人王某夫

---

① 参见《北京广播电视报》2000年3月14日第11期。
② 参见《北京晚报》2001年4月4日第28版。

妻关系还处于存续期间，认定不构成强奸罪，是对《刑法》第 236 条第 1 款本意的理解，即增加了一项限制或除外，即有"夫妻关系"的除外，或者说"非夫妻关系"的是适用该法条的限制。

在案例二中，犯罪情节相似、犯罪数额相同和犯罪后果一样，但处罚情况却大相径庭，这不能说是公平的。因为"公平还存在于'比较'当中。在执法程序中，同样情形的案件应当做同样处理。这一方面是法律自身的要求，更重要的是符合社会公众对公平合理的理解和期望，同时也应限制执法权力的滥用、维护法制统一和法律权威。如果两个同样情形的案件不能得到同样处理，不论其中哪个案件的处理是正确的，当事人总会认为其中肯定有一个是错误的，从而导致当事人失去对政法机关和法律制度的信任"。

案例三：广西南宁某法院受理一起损害赔偿案件。客运公司司机叶某驾车途中，遇歹徒抢劫乘客，遂见义勇为欲将客车开往派出所，在与歹徒进行搏斗中，不幸车翻，一乘客受重伤（高位截瘫），歹徒乘机逃掉。该受伤乘客向法院起诉，要求客运公司予以巨额赔偿。人民法院迟迟难以判决。我国《合同法》第 302 条规定，承运人应当对运输过程中旅客的伤亡承担损害赔偿责任，但伤亡是旅客自身健康原因造成的或者承运人证明伤亡是旅客故意、重大过失造成的除外。显然，法官迟迟难以判决的原因，倒不是因为找不到相应的法律规定，而是将上述确定的法律规定直接适用于本案这样特殊的情形，其妥当性或正当性需要全面判断和衡量。在这个案例中，虽然有明确的法律规定，但是，如果将该规定直接适用于此案，对见义勇为的承运人就有些显失公平和公正，就多少有些不合理和不妥当之处；但是，如果拒绝适用的话，对毫无过错且贫困交加的受害人，也是不公平和不公正的。法官面临两难选择，而且法官还必须做出选择。怎么办？大家可以去研究。

按照社会主义法治理念的要求，执法机关和干警在执行法律的时候要正确处理好法律效果和社会效果的关系。这是因为，"执法办案的根本目的是保障和维护广大人民群众的根本利益，执法活动在追求法律效果的同时，必须注重社会效果，统筹考虑具体公平正义与社会公平正义，考虑执法活动的社会评价和导向作用，接受人民群众和社会各方面的监督与评判"；"要充分看到法律不是万能的，有些矛盾不是单纯依靠法律手段就可以有效解决的。不注重执法的社会效果，法律效果也将大打折扣，法治权威也将受到质疑和影响"。必须看到，在执法实践当中，少数政法单位和干警由于没有正确处理好法律效果与社会效果的关系，以致有的机械追求法律效果，机械执法、机械办案、就案办案，不重视、不考虑社会效果，"造成案子办了，企业垮了，社会乱了"等不良影响。不求法律效果与社会效果相统一的执法理念和行为，实际上违背了社会主义法治的本意，违背了党和人的意愿。作为检察机关，在具体的执法过程中，要坚持科学理论的指导，要学会辩证法。在依法办事的同时，要讲政治、讲大局，注重执法的社会效果，尤其是面对重大执法活动更要慎重。

案例四：我国香港特区高等法院原讼庭于 1997 年 7 月初，受审了一起香港回归前发生的刑事案件。案件尚未开审，涉嫌犯罪的 3 名被告的律师就向法院提出：香港特区临时立法会缺乏法理依据，因而它所通过的法律没有效力；香港原有法律在特区成立时未经正式程序采用，故香港原有法律在特区也是无效的。因此，3 名被告无须答辩，应无罪释放。原讼庭法官认为此案关系重大，遂转交上诉庭审理。这个案件的关键问题在于，香港特区临时立法会是否有法理依据？倘若香港基本法等有关文件明文规定了"临时立法会"这项职权，则"临时立法会"的法理依据自不待言。但是，香港基本法等文件并没有明文规定"临时立法会"。那么，香港特区临时立法会到底合不合法？上诉庭认为：虽然香港基本法等文件没有规定"临时立法会"，但是《全国人民代表大会关于香港特别行政区第一届政府和立法会产生办法的决定》，授权筹备委员会负责筹备成立香港特区的有关事宜。既然授权筹委会负责筹备成立香港特区的有关事宜，也就授予筹委会为了贯彻立法意图所必须行使的一些权力，这些权力是一种"隐含权力"。因此，筹委会为了实现立法意图——成立特区政府，有权设立临时立法会。从而，临时立法会的设立有其法律依据，临时立法会的合法性不容置疑。

执法理念作为一种理智的思想，是一种执法态度和追求，应当把握什么原则，应当支持什么，反对什么，通过上述几起案例的处理，可以得到鲜明的体现。

十、执法者科学思维的内容和特点[①]

按照樊崇义教授的讲法，"做什么事情，如果没有一种科学的思维，是不可能成功的"。无论是行政执法，还是诉讼执法，都是如此，否则，执法行为就会发生这样或那样的偏差。不过，由于行政执法者和诉讼执法者的分工职能不同，遵循的法律和执法对象不同，性质有别，科学思维的内容和特点也不

---

① 此部分主要借鉴参考了中国政法大学樊崇义教授的相关研究内容，是笔者在一次执法理论研究会议上的发言提纲。

同。从共性来讲，任何一个执法者都应当具备这样四种科学思维，即法律职业职能方面的思维、案件事实方面的思维、法律逻辑推理方面的思维和自身职业形象方面的思维。

（一）科学思维的内容

1. 职能思维。职能思维就是不同的执法者都要知晓自己是干什么的？比如，公安侦查人员（警官）主要是侦破刑事案件，查找涉嫌犯罪人；检察人员（检察官）主要是审查批捕、审查起诉、出庭支持公诉和查办职务犯罪案件，把被告人送上审判席；审判人员（法官）主要是开庭，听取控、辩双方意见，居中判决裁定；监管执行人员（狱警）主要是管教改造，使犯罪人成为社会新人。这是具有诉讼职能执法人员必备的思维素质。在当今中国社会，随着法治中国步伐的加快和推进，执法人员的职业职能思维建立显得十分重要和必要。尤其是在转型改革时期，各自都要按照最高司法机关的顶层设计，明确自己的定位、定性和履职规范是什么？我们从事诉讼执法的同志都知道，近几年的涉法涉诉上访案、翻案风和案件的质量下降，许多证人和被告人到法庭上都推翻以前自己的供述，很值得我们深思。这是什么原因？是办案质量不高，还是证人、被告人不讲理，应当说都有。但笔者认为，问题还是前者较多，应当从规范执法上找原因。因为它直接关系到我们的执法公信力，乃至关系到我们的政权建设问题。所以，我们要强调职能思维问题，科学的职能思维是执法之魂。要想使公平正义体现在每一起案件当中，离不开正确的职能思维支撑。只要我们的职业思维正确，行为就会规范，法律效果和社会效果就会好起来。

2. 价值思维。也就是说，执法人员执法办案终极追求一个什么样的目标，价值取向是什么？在刑事执法价值思维上，长期以来老百姓们概括得很好。那么，我们的价值是什么？有三个方面的价值功能一定要考虑到：一是进步、文明和法治的价值功能；二是保障涉案人员基本人权的价值问题；三是诉讼民主公开、社会效率和效益价值问题。长期以来，我们都是一种专政工具论的价值。但很少考虑到上述三个方面的统一问题，很少考虑到案件质量不高，尤其是冤假错案产生对执法公信力的影响问题。现实执法过程中，有些案件只有被害人（"死者"）又出现了，我们才想到研究如何纠正赔偿。有些案件已经知道错了，还在研究改不改？这显然是没有把自己的执法良知放在心上！就检察机关而言，根据宪法和法律规定，我们的职责有对三大诉讼法律活动开展监督，刑事诉讼的专政性特点是有的，但在民事和行政诉讼上专政性特点就没有了，我们应当有一个正确的工作价值思维。很难想像，一个特权严重、棍棒办案和刑讯逼供的执法者，他的价值思维是正确的。就是行政执法人员，比如常见的城管人员不问青红皂白，也没有说服教育，就把进城摆地摊"小商贩"货物一律没收，甚或靠打骂执法，这都是职业工作价值不具备的表现，也是自己无能的表现。还有，我们的一些执法人员执法办案时不愿意着装，但回老家或吃饭宴请时，却把服装穿得整整齐齐，这说明了什么？隐含的内在意义不说自明。

3. 执法程序思维。就刑事诉讼而言，有的学者这样说过："法律的好坏，不在'法条'的本身，而在'诉讼法'的执行。不在如何处罚犯罪，而在如何确定犯罪。"就执法程序问题，在"三大"程序法特别是在《刑事诉讼法》上规定得很明确很具体，但有些执法机关和人员就是不管这一套，认为束缚手脚。特别是在办案过程中肆意妄为，甚至通过刑讯逼供等非法手段和程序获取证据其结果必然导致冤假错案。笔者认为：办案如果没有程序，好比火车离开铁轨，就等于授予执法人员的恣意妄为权，它说明着一个国家法律制度的落后和黑暗。我们强调严格执法，首要的是要强调严格执行程序法，用程序法的执行来达到实体法规定内容的落实。比如，在检察工作中的职务犯罪侦查、侦查监督、公诉、抗诉、复议和复核、监所检察、控申检察、民行监督等；审判过程中的立案、开庭、审理、判决或裁定以及调解等，都有严密的程序性设定规范，它最大程度限定了执法官员在侦查、检察和审判办案中可能出现的随意性。从现在检查出来的办案瑕疵和纠正的冤假错案的情况来看，绝大多数都与没有严格执行规定的程序法有关。

4. 诉讼模式思维。诉讼模式思维不是具体执法者的责任，而是立法者和法律改革者的任务。经济的全球化，法律怎么办。在诉讼模式上，我们要不断进行两种模式的整合，互相吸收，互相发展，并积极去实践。据樊崇义教授介绍，他说他们到英国去考察，苏格兰大家普遍认为是个大陆法系，英格兰是英美法系，连他们自己都说我们是把这些抛在一边的。要想使法律适应全球化的需要，不要拘泥于两种模式。当然，这涉及诉讼法律的完善修改。我们为什么要讲控、辨平衡呢？在诉讼模式上大家要把这个东西定位定好，这是当今世界法治发展的一个趋势。美国是判例法的"老祖宗"，可他们现在也在不断地制定成文法，2005 年 2 月就颁发了刑事诉讼规则，同年 4 月 1 日已经生效。所以说，我们在诉讼模式上不要固守于一种模式，可以相互学习，完善。

5. 证据判断思维。证据判断思维涉及四个问题：一是如何确立证据裁判原则。二是在学理上如何对证据的认识从哲学的范畴迈向法律的范畴。长期以来，我们常说的话是，第一是实事求是，第二是客观真实，第三是实践是检验真理的标准。讲这些话，都是哲学上的范畴，是我们党的路线、方针和思想方法上的要求。我们不反对实事求是，也不反对客观真实，更不反对实践是检验真理的标准。现在我们要思考和解决的问题是，在立法和执法工作中怎样迈向实事求是的问题，显然，它要靠一套证据规则来制约和解决它。我们不要拘泥于和被告一见面，第一句话讲你要实事求是，第二句话你要坦白从宽、抗拒从严，第三句话何去何从由你选择吧。要打破这个模式，要用证据规则来办案，用法律规则来办案。在证据规则上，要体现一种法治精神。三是如何消除口供主义的影响。一定要从口供本位迈向实物证据本位，一定要淡化言词证据的运用，要加强实物证据的运用，真正提高办案质量。四是要通过科技办案手段来实现上述转变。也就是说，要科学技术证据法定化，要给大家一个科学技术办案的手段，收集实物证据的手段。

6. 自身职业形象思维。就检察官而言，我们在执法办案过程中，要选择合适的言语、举止、仪表和社交活动等，并通过这些看得见的途径，使自己表现出公正和可亲可敬的形象，让涉案诉讼人认为你是一个好的执法官员。包括检察官在内的一切执法人员，要学会换位思考，要懂点心理学知识，通过换位思考和心理学知识，使自己的行为和言语与涉案诉讼人员产生共振。一句话，就是用自己的才华、气质、态度和言语，也包括穿戴等，使执法对象认为你是作为一名合格的执法官员，而不要让人觉得你就是一个专政的工具，你就是整人的，特别是负责职务犯罪侦查的执法人员更是如此。一个党员，一个领导干部，受教育这么多年，出了问题你要关心他，爱护他，体现一种关怀和责任，要把他从错误的道路上挽救回来，让他认罪伏法，这才是我们执法办案人员应有的真经。

7. 法律思维。不管是诉讼执法，还是行政执法，都有一个法律思维的问题。首先，在接受案件后，要初步明确案件可能涉及哪些法律问题，目前有关这些问题的法律规定现状如何；其次，根据法律规定的内外在要求以及有关权利义务之规定，结合案件具体实际，分析本案已符合哪些法律要件，欠缺哪些法律要件，欠缺的要件对法律适用或依法处理的结果可能造成哪些影响；再次，随着程序的进行、案件事实的不断明确化，执法个案人员的法律思维也要不断有所变化，要与案件的进程、逐步查清的法律事实形成互动；最后，在适用法律时，还要通过法律思维找出解决有关法律条款相互矛盾的办法，解释适用此条、排斥彼条规定之充分理由。现在，强调行政执法和刑事执法移送制度联席会议制度，可见执法者的动态法律思维不可或缺。

（二）科学思维的特点

1. 周密性。执法人员尤其是刑事诉讼中的执法人员，面对社会上已经发生的案件，案情千差万别，形态各异，其复杂性往往是书本上和理论中难以找到的。执法者要查清案件事实并把案件处理好并非易事，他要在诸多的原则性很强的法律规定中寻找到解决具体案件的法律依据，可见周密的思维离不了。这就要求执法人员在思维过程中，做到全面、细致、严密，不放过任何一个与案情有关的"蛛丝马迹"和法律条文，要穷尽案件发生的一切可能，理清所有与事实有关的证据和细节之间的矛盾和联系，并最终理清案件事实发展的来龙去脉，形成最接近客观真实的法律事实。

2. 确定性。思维的确定性是指办案人员在办案过程中，其思维要有追求唯一确定性的要求，这是实现法律确定性这一司法功能要求的必然结果。笼统地讲，执法人员拥有法律赋予的侦办案件、审查起诉案件、审判案件的权力等，大到剥夺一个人的生命权，小到限制一个人的自由权，均须小心翼翼地行使，切不能草率而为和马虎办事。简言之，它要求执法人员的判断结论必须明辨是非、黑白分明，使有罪的人受到法律追究，使无罪的人受到法律保护。否则，不但不能做到维护公平正义，还可能制造出冤假错案，这对于法律的权威、执法人员的威信和法治社会的构建都将是非常危险的。可以说，未达到内心确定，执法者的思维就不可能结束，案件就谈不上办结。

3. 敏捷性。思维的敏捷性要求执法人员对任何时候出现的新情况、新问题都要灵活、快速地做出思考和反应，这不仅是执法人员公平、正义和效率的要求，更是法律人职业特点和诉讼性质规律的要求。因此，执法官员必须要有敏捷的思辨能力，要善于捕捉随时可能出现又随时可能消失的各种对案件处理有影响的新情况、新证据、新疑点，以及与案情有关的每一个小细节，并及时利用这些细节重新审视和验证已查清案情，把案件出差错的可能降低至最低限度。当然了，诉讼执法人员再敏捷也不是活神仙，他不在作案现场，只是事后查明，总会有这样那样的纰漏，我们只是说把纰漏减到最低限度而已。国家为什么有赔偿法，为什么冤假错案国家要承担赔偿责任，就有这个意思在里面。

4. 独立性。执法人员思维的独立性，是指执法者的思维要按照宪法和法律的规定，独立行使法律赋予的权力，不受任何外界干扰，不人云亦云，根据自己的查证情况独立思考，依法有理有据有节作出决定。具体办案人是最有发言权的，其他任何人对案件经过的了解都是大概的，或是片面性的，依大概了解或片面了解对案件作出的处理不可能客观、公正和真实。如果不具备独立的思维能力，就容易被他人的言论所左右，无法依法办案。

5. 专业性。执法活动是一种专业化程度极高的专门性活动，执法人员办案不代表他个人，而是代表国家依法履行职责，实现法律制定和实施的目的，所以执法人员必须掌握专门的法律知识和技能，并应用在具体的执法办案当中。不管是社会问题，还是法律问题，执法人员都要具备专业性思维素质，用合适的、规范的和专业化的语言文字进行表达，将现实生活抽象为法律上的思维，用专业的眼光去看待，凭专业的理论和技能水平去处理。

十一、行政执法人员和诉讼执法人员执法理念之区分

行政执法人员（包括行政领导）的执法理念和诉讼专业人员的执法理念有许多区别之处：

1. 行政执法人员的执法理念，指不具有"三大"诉讼职能部门人员的执法理念。主要有六个方面：一是对法律的认同、信赖和崇尚的理念；二是公正、公开与依靠群众的理念；三是行政程序法适用优先的理念；四是严格执法与衡平利益的理念；五是尊重与保障人权的理念；六是接受党的领导和人大监督的理念。

这里简要介绍其中的几个理念：

（1）认同、信赖和崇尚法律的理念。"认同"，是指同意法律规定的内容；"信赖"，是指对法律的信任并依靠；"崇尚"，是指对法律的尊重或推崇之意。法制建设发展的历史告诉我们，如果一个法律没有基本的社会各类群体的认同、信赖和崇尚，一切看似正确的法律和政策都可能失去应有的效能。这种认同（实际上也包括信赖和崇尚），前面说过了，包括"对政策法律的认同，对执政党政治信仰和政治伦理的认同，以及对政治人物的认同"。① 我们强调对法律的认同、信赖和崇尚理念的理由，至少有四：一是法律的制定是一种国家行为，而不是哪一个人的行为，正如马克思所说："立法者，国家权力，不是在制造法律，不是在发明法律，而仅仅是在表述法律……如果一个立法者用自己的臆想来代替事务的本质，那么我们就应该责备他极端任性。"二是法律具有普遍约束力，因为法律作为一种社会规范，而"社会规范所支配的是人本身的活动，人类全体的活动，个人和社会的存在。"三是法律虽说也要修改，但它不是朝令夕改，它的运行需要有一个相对较长时间的稳定过程，"我们制定法律，不失为了一时之需，而是为了百年大计，不是为了我们，而是为了世界。"② 四是因为在法治社会里面，法律是维护社会公正的最后一道防线。笔

---

① 李文泉：《浅谈构建社会主义和谐社会的法制保障》，载《河北发展》（内刊）2006 年第 1 期。
② ［法］罗伯斯比尔：《革命法治和审判》，《西方法律思想史资料选编》第 340 页。

者记得英国的培根说过这样的一句话，大意是：一次不公正的判决比十次犯罪所造成的危害尤烈，因为它弄脏的是"水源"，而不是"水流"。

（2）"公正"、"公开"与"依靠群众"的理念。"公开"、"公正"与"依靠群众"这几个词，几乎在我们国家的每一部法律里面都可以找到。作为一个行政官员或具体执法人员，在公务活动或执法中具备公正、公开与依靠群众的理念应当是其应有之义。"公正"不"公开"不行，"公开"不"公正"不行，二者是辩证的统一、缺一不可。而"公正"、"公开"的对象是谁？是人民群众。所以说，"依靠群众"与"公正"、"公开"密不可分。报载近几年由独立的学术机构对政府创新行为进行评估，并为之设立奖项，在我国还是第一次，它有力地见证了中国基层民主的发展进程。"中国地方政府创新奖"，是一个开启"民评官"历史的民间奖项。从 2000 年创立至今，该奖项评选活动已经成功举办了三届，共有 853 个地方政府的改革创新项目参与评选，其中 30 个项目获优胜奖。这一民间奖项，虽然不会直接影响官员的升迁，但因其能够自下而上地推动政府的改革，因而大大激发了各地政府的创新行为，从而吸引了越来越多的地方政府参与其中。三届评奖，推出许多民主创新项目。其中，第一届的"两票制"选举村党支部书记、第二届的村民委员会的"海选"，以及第三届的"公推直选乡镇党委成员"等，已经成为具有里程碑式的民主创新结果。"两票制"，是指通过党员、群众投信任票，党员投选举票选举村党支部书记的选举办法。这是湖北省广水市自 1998 年以来对村党支部书记选拔进行的创新性探索。"两票制"的实行，不仅解决了村党支部难以发挥核心作用的问题，提高了当选者的群众基础，而且解决了村支部书记选拔难以避免选拔中存在的不正之风问题，从而化解了干群矛盾，强化了村党支部的权威。在基层民主政权建设中，吉林省梨树县村民委员会的"海选"，也为全国村委会民主选举提供了宝贵经验，其中，村民行使直接选举村官权利的原则已被《村民委员会组织法》所吸收。该法第 11 条明确规定，"村民委员会主任、副主任和委员，由村民直接选举产生"。还有，获第三届入围奖的河北省青县村治模式，把村民代表会议常态化，广大农民通过村代会这一有效载体行使当家做主的权利。2001 年乡镇换届选举时，四川省平昌县在灵山乡进行了党员公推直选常委领导班子的有益尝试。公推直选的党内民主，是目前中国社会基层最重要的制度创新形式。当然，在实际操作过程中也面临着诸多现实问题，如在理论、制度、社会条件上都存在很大差距，需要制度来规范和推进。还有，浙江省武义县的村务监督委员会，就是在村党支部、支委会，在村民委员会之外设村民监督委员会，由村民监督村务，通过村务监督委员会实现民主监督。

全国政协委员、中国社科院研究员、全国专家委员会委员白钢在接受记者采访时说:"政府创新奖"的许多获奖的创新项目都已在全国产生示范效应。例如,湖北广水市村党支部书记的"两票制"选举,获奖后不久,就受到了湖北省委和省政府的高度重视,并在该省推广,在全国范围内也产生了很好的影响。中阳市人大常委会推选的市民旁听制度,在获得优胜奖后,在全国范围内产生了很大的影响,现在已经有不少省市的人大常委会推行的市民旁听制度。而南京下关区的"政务超市"也是在获奖后,引来很多其他地区的政府机关前往观摩,产生了较好的社会影响。

笔者记得山西省政协副主席吕日周在一次颁奖会上说,中国如果在"面"上有什么问题,"点"上就会有什么经验。如果能对"点"上的经验进行调查、总结、归纳和推广,就可对解决"面"上的问题有所裨益,但这需要一个推动力。如何解决推动力的问题,是中国目前很多基层改革面临的问题。

中国社会学会会长、中国人民大学原副校长、第三届中国地方政府创新奖选拔委员会委员郑杭生在颁奖会上指出:"中国的改革需要自上而下和自下而上相结合,形成良性的互动,才能进一步深入地推进。而政府创新奖,正是对政府改革的一种自下而上的推动。"

政府创新奖负责人、中共中央编译局副局长俞可平在颁奖会上指出,由相对独立的权威学术机构,而不是由政府及其附属机构,依据一套科学的评估标准和严格的评估程序,对政府行为进行研究、评估和奖励,是世界上许多国家的普遍做法。它有利于评估活动的科学性、客观性和公正性,有利于消除评估过程中容易产生的腐败和不公正现象。

(3) 接受党的领导和人大监督的理念。对接受党的领导和人大监督,要有一个正确的理解。接受党的领导和人大监督,不是放松自己的职责,而是处理好与党委和人大的关系,加强与党委和人大的沟通汇报,求得理解和支持,因为党委和人大在执行国家法律这一点上和执法机关并没有根本的矛盾,他们有共同的执法追求和目的,这是写入宪法和党章的。在理论上讲是这样,不过在实际运行过程中,我们也必须承认和面对许多不好解决的问题。比如在一些个案的处理上,由于地方党的领导人和人大领导的具体批示,如果与法律要求相悖,我们还坚持不坚持自己的意见、决定? 实际工作当中,有些执法机关就不坚持了,甚至放弃自己的职权,这都是不对的。这样做也是一种"渎职"的表现。美国《国际百科全书》里面的一段记载,这样写道:"法院的命运,从技术上来说,是完全掌握在国会和总统的手里;但是为什么法院却有它这样独特的力量,几乎达到无懈可击的地步,这主要是由于公共舆论的力量和人民的尊敬。这一事实,是由罗斯福总统戏剧性地发现的。1937 年,当罗斯福从

48 州中获得 46 州的选票而重新当选总统，他的声望达到最高峰的时候，他想在最高法院中再安插 6 名法官。这正是法院把它的所谓新政方案的绝大部分判为违反宪法而被砍掉的时候。尽管这些新政方案和这位总统一样地受到广泛的支持；但是公众的意见，通过国会、报章、电台等渠道，汇集成一股力量，终于使'九位老人'取得了政治上的胜利（这时法院本身也做出了及时的让步）。"这里讲的"九位老人"是指当时最高法院由罗斯福任命的"九位大法官"；"取得了政治上的胜利"是指在程序上否决了罗斯福的意见。不过，当时"法院本身也做出了及时的让步"，令人不解。不管怎么说，要知道美国"宪法规定最高法院法官由总统征得参议院的'建议和同意'后加以任命……这一规定实际上意味着不到死亡或退休，任期不会终止"。

2. 诉讼执法人员的执法理念。主要有 10 个方面：一是依诉讼程序行使职权的理念；二是独立行使法律规定职权的理念；三是平等保护涉案人员权益的理念；四是用证据定案和人权保障的理念；五是维护国家法律统一和法制权威的理念；六是公开、透明执行法律的理念；七是讲究办案效率和时限的理念；八是尽最大可能追求客观真实的理念；九是人格修养和品行良好的理念；十是要适时完善和发展的理念。以上 10 个方面的执法理念，说到根本上，就是要体现法律的客观公正原则和要求。

一是依诉讼程序行使职权的理念。核心要求是，执法官员在刑事诉讼过程中只能服从非人格化的程序法规定，违反程序法就是违法，违法所获得的证据一律无效，定罪判刑更谈不到。为什么要强调程序法的作用？因为正当程序是权利的重要保证，它是对权力的必要限制和弥补实体规则不足的屏障，更是整个法律制度设计的基石。多少年来，我们国家在考虑法制建设时，不管是领导还是法学专家，最大的着眼点是强调令行禁止、正名定分的实体合法性方面，而对在现代政治、法律系统中理应占据重要枢纽位置的程序问题则十分落后和不重视。"缺乏程序要件的法制是难以运行的，硬要推行之，则极易与古代法家的严刑峻法同构化。其结果，往往是'治法存，法治亡'"。[1] "正当程序是法律创制、法律执行、法律实效和法律权威的保障。缺乏程序的法律或制度无异于道德或政策。法律固然需要国家强制力来保证，但是这种强制力有可能使法律权威异化为粗暴的威力。人民对公正的理解和对法律权威体验首先是从'能够看的见'程序形式中开始的。程序一方面维持法的稳定性和权威性，另一方面又'使无限的未来可能性尽归于一己'，容许选择的自由，使法律系统具有更大的可缩性和适应能力。现代社会的中心课题是优化选择机制的形成，

---

① 季卫东：《程序比较论》，载《比较法研究》1993 年第 1 期。

而正当程序正是改善选择条件和效果的有利工具，把许多价值问题转换成程序问题来处理，应当是一种明知的作用。"①

二是独立行使法律规定职权的理念。执法人员独立行使职权，独立思考案件和处理案件，是确保公平和公正的前提和基础。之所以强调执法人员要独立行使职权，一方面是源于民众对执法不公和执法腐败的强烈反映，包括各种执法干扰因素在内；另一方面是执法活动特别是刑事诉讼执法活动，是维护社会客观公正的最后一道防线。这里一定要注意，独立并不等于独来独往，也不是唯我独尊。在执法实践中，确实有些地方尤其是检、法两院纯粹把自己定位在"你诉、我判上"，公、检两家也有"你侦、我诉"的现象存在，背离《宪法》规定的互相配合和提高效率的原则。根据我们国家的实际情况，宪法和法律规定的几家分工负责、互相配合和互相制约的原则，尤其是互相配合的原则是完全正确和需要的，如果不这样，就会使有些案件，由于认识不同或其他原因等而处理不下去，影响涉案当事人权益保障和社会稳定。互相配合原则与各司其职和互相制约的原则并不矛盾，三者是"对立的统一"，旨在正确、及时处理案件，从而维护社会的公平、公正。

执法人员要想依法独立行使职权，需要有一种刚直不阿的执法精神，需要克服和摆脱执法过程当中的许多不当干涉和意想不到的问题。现在的情况不是办案自身难，而是处理一些干扰和人情因素难，有人比喻为"难于上青天"。这话确实不假。马克思主义认为，人是社会关系的总和，人是人世间最为活跃也最为宝贵的东西。所以说，一提到涉及人的问题就比较复杂，这个问题在办案上反映得十分明显。因为我们生活在社会中，总要与人打交道，总要找人家去办点什么事，而人家找到我们头上来了，就很难拒绝一个"办"字了。有时你帮助他"办"了，法律就会把你也"办"了。且不说你收受贿赂与否，就是一分钱没拿，还有徇私枉法罪、玩忽职守罪、私放罪犯罪和滥用职权罪等着你呢。但作为一个国家的执法人员，只能是排除这些干扰，"不讲情面讲法面"，严格依法办事。这方面的典型多的是，现在有，比如公安的任长霞，检察院的方工等；过去也有，比如大家熟知的海瑞、包拯、林则徐等，都是刚直不阿的典型，值得我们好好地去学习。

古代历史上的包拯，人称"包青天"，"包青天"的形象可以说是家喻户晓，人人皆知。清代末年的林则徐，也是一个刚直不阿的典型。但笔者一直认为，林则徐这个典型有胜过"包青天"的地方。为什么？因为他不仅有敢于和"上司"斗争的精神，还有敢于和外国侵略者斗争的精神。他的有些对联

---

① 张文显主编：《法理学》，高等教育出版社、山东大学出版社1999年版，第343页。

写得很好，比如，"苟利国家生与死，岂因祸福趋避之"。"海纳百川，有容乃大，壁立千仞，无欲则刚。"这足以看出他的伟大志向和宽广胸怀。温家宝同志，在"非典"时期和大家见面时，就引用过林则徐"苟利国家生与死，岂因祸福趋避之"这副名联。林则徐在广州焚毁鸦片烟的时候，没有考虑个人利益，只考虑国家民族的利益。当时，他完全清楚，做了这件事，立刻会丢官，甚至会被杀头，可他是做好思想准备的。果然，他把鸦片烟一烧，便被免去两广总督的职位，充军到新疆。他到新疆以后，还念念不忘国家和老百姓的事，规划了新疆的水利工程，把个人的荣辱得失放在一边。他这样做，当时看起来是吃大亏了，可是却受到人民的尊崇，感化了很多人。现在，英国伦敦的蜡像馆里，对于清代的历史人物只塑了林则徐的像，这说明做了好事会有好报的，说明历史是自有公论的。据介绍，林公的后裔子孙繁衍，人才辈出，至今遍布世界各地的有 300 多人。比较知名的有曾任原国民党政府最高法院院长林翔；曾任中国驻联合国首席代表的凌青（原名林墨卿，为林公第五代孙，三十年代参加革命时更名），在香港回归前夕，他写了一首七绝庆祝回归，表示对先祖的赞扬："粤海销烟扬我威，但悲港岛易英徽。国耻家仇今日雪，只缘华夏已腾飞。"《易经》上有一句话，叫做"积善之家，必有余庆"。作为一个执法人员，我们应当从历史上这些刚直不阿的执法典型中悟出点什么，学点什么，并把它用在干好工作上，维护法律的神圣尊严。

三是平等保护涉案人员权益的理念。在程序和实体法上，实现法律面前人人平等，平等保护各方当事人的合法权益。《宪法》第 33 条第 2 款规定："中华人民共和国公民在法律面前一律平等。"平等保护涉案人员权益问题有许多工作要做，对此最高人民法院院长肖扬（时任）在湖南法院检查工作时强调："要大力解决'申诉难'和'再审难'的问题，认真解决广大人民群众最关心、最直接、最现实的问题。尤其要全面落实司法救助措施，加强与法律援助机构的沟通与协调，确保'有理无钱'的贫困群体打得起官司、确保'有理有据'的当事人打得赢官司，确保'打得赢官司'的当事人的权益得到及时兑现。"

四是用证据定案和人权保障的理念。用证据定案和人权保护具有内在的一致性。大家都知道，2005 年 4 月 13 日，湖北省京山县"杀妻"案的当事人佘祥林被宣告无罪，法律终于还了佘祥林的清白。这让笔者认真思考了办案中的证据获取和如何采信的问题，我们必须坚持没有证据不能定案，靠刑讯逼供取得的证据更不能定案的原则。这是对执法公正与人权保障的最基本要求。我国刑事诉讼法律明文规定：在办案的每一道环节，都是有时限规定的，并用时限来督促执法人员积极来履行职责，保护公民的人身权利、财产权利、民主权利和其他权利，保障无罪的人不受追究。应当说，在 20 世纪的今天，出现佘祥林"杀妻"这样的案件是历史的悲哀，更是法治的悲哀。据统计，河北省每年办理的"侵权"、渎职案件有几百起，其中刑讯逼供案件占相当比例。看来这里有个历史的原因，"清代司法程序中的证据问题也是很令人担忧的。除了户婚、田土、钱债等民间细故中的婚约、地契、借据、契约等物证、书证可以当作认定案件事实的依据外，在刑事案件里，证据的地位微乎其微"。费孝通先生对清代断狱程序作过这样的描述："把犯人拖上堂，先各打屁股若干板，然后一方面大呼冤枉。父母官用了他看相式的眼光，分出那个'獐头鼠目'，必非好人，重加呵责，逼出供状，结果好恶分辨，冤也伸了，大呼青天。"在这里，口供是唯一的定案证据。当然，这并非指清代刑事诉讼过程中没有其他证据种类。《大清律例》及有关档案表明，清代对案件尤其是命盗重案的勘验还是比较重视的。在勘验过程中，能获得很多有价值的物证、书证，但问题的关键在于，这些证据定案的作用远不及口供。……康熙年间担任知县的黄六鸿曾对刑讯的惊恐气氛作过如下描述：其时"拍案大怒，命取夹棍吓之，两班牙爪疾呼跃出，捉捧而下，则尺魂大怖，宁有不服输者乎！"[1] 我们中国人的特点是效仿，愿意按照上司行为和办法行事，乃至看眼色行事。"上有所好，下必盛焉，既然上级看重的是口供，为下的便一味想办法刑讯逼供了。刑讯甚至能逼出'证据'来。雍正五年，潮北麻城县杨五荣诬告涂如松杀妻，县官一味刑求，涂如松受刑难耐，只得承认被诬陷的'罪行'，但又供不出证据，其家属见亲人在严刑中煎熬，'求死不得'，只好割破自己的手臂，染了所谓'血衣'送到县衙权当'证据'，以便让亲人速死。"

五是维护国家法律统一和法制权威的理念。统一就是对谁及其在什么地方都这样，在适用法律上没有区别。权威除了威慑内容外，还蕴含着一种支配力，而且也具有合法性，这种合法性来源于执法本身令人信服的威望和公信力，来源于当事人和社会公众对执法的认可，来源于执法机关在诉讼价值上的一致，即实现社会的公平和正义。[2] 我们讲的维护国家法律统一和权威的理念，与古代的强权法律和愚民政策有着本质的差异。春秋时期，郑国子产因公布成文法招致以叔向为代表的保守势力的强烈反对。在叔向看来，"民知有辟，则不忌于上，并有争心，以征于书，而侥幸以成之，弗可以矣……今吾子相郑国，作封洫，立谤政，制参辟，铸刑书，将以靖民，不亦难乎。"子产则以"救世"作为回应，最终，公布成文法成为以后历代相沿的传统。公布成

---

① 黄六鸿：《福惠全书》（卷 11）。

② 参见杨宏亮：《和谐视野下"检、法"两院关系的协调》，载《检察调研》2005 年第 6 期。

文法符合历史的进步潮流，在唤起国民的权利意识方面意义重大。但也正是由于这一点，历代统治者在公布成文法的同时，依然奉行叔向的愚民政策，压制民众的权利意识，以达到"靖民"的目的。这"两种"情况在法治领域的突出体现，就是推行强权法律，靠威吓令人服从；遏制向社会下层提供法律援助，根本不管穷人的诉讼冤屈。或许康熙皇帝的一番言语能道出统治者的苦衷："若百姓不畏大堂，总觉自己有理，讼争定会泛滥。人往往为私利迷惑，争斗遂成无期，半壁江山却无以维持。朕不希望那些诉至大堂的人得到怜悯，应让他们对法律感生厌恶，在长官面前发颤。"① 我们所说的维护国家法律的统一，是指法律不因地域不同、不因人员特别而区别对待，形成法律上的特权。法制权威是指对法律的严格执行，非经正常的程序法律不能修改或变更；非经正常的程序既定的立案、犯罪嫌疑人批准逮捕或决定逮捕、决定起诉或抗诉、判决裁定等，必须不折不扣地得到执行。这是社会主义法制建设的核心内容，必须坚持下去。这是因为，"从整个社会规范来说，包括经济规范、道德规范和法律规范，而法律规范则构成社会规范的最高部分"。

六是公开、透明执行法律的理念。就是要求执法人员在行使职权的过程中，一定要进行必要的权利告知，法律文书和司法解释等都要公开。在这方面，河北省的检察机关是有贡献的，比如检务公开就起源于河北省，有 23 项告知内容我们都印制在检察机关的法律文书上了，详情可看侯磊同志的《检务公开论》② 一书。当前，检察机关必须强化"监督者同样要接受监督的意识"，进一步树立执法为民的思想，结合工作实际，把现有检务公开拓展到检察诉讼的各个环节。"通过检务公开活动改善现有的办案方式、方法，最大限度地提高办案的社会效果。结合工作实际，要进一步完善不起诉案件公开审查制度、刑事案件证据庭前开示制度，尽快推行人民监督员制度、人大代表列席检委会制度、专家咨询委员会制度，最大限度地把检察执法活动置于公众的监督之下，实行'阳光作业'，确保公正执法，以赢得社会的支持，并提高执法的公信度。"③ 这是公开、透明执法理念的内涵要求和应有内容。

笔者认为，在办案中坚持公开、透明的执法理念，除了办案程序、办案内容等需要公开外，主要的是办案人要养成一种敢于向涉案当事人说真话、讲实情的劲头和勇气。应当说，说真话、讲实情，是一个执法干警最基本的人格素质要求。当然，按照法律和有关规定属于保密的内容不能讲。在讲真话方面，

---

① S. Van der Sprekel：《满清帝国的法律制度》，伦敦大学出版社，第 77 页。

② 该书已由中国检察出版社于 2004 年 1 月出版。

③ 胡保钢：《树立现代司法理念，推动检察事业全面发展》（内部交流检察资料）。

我们有些办案人往往做得不好，致使涉案人员很有意见。这里，笔者想说点题外话，就是人应当掌握自己思想的"主动权"问题。只有掌握自己思想的"主动权"，才不至于说假话，更不会编一些瞎话，才会真正把公开、透明的执法理念真正体现在办案之中。人不应当是"八哥"，别人说什么你就跟着学什么。人说话应该有个底线，这些底线的依次顺序是：（1）力求在什么情况下都要说真话；（2）如果条件限制不能说真话时，应当保持沉默；（3）不保持沉默而又不得不说假话时，则应以不伤害别人为限。作为一名执法人员，要带头讲真话，要喜欢讲真话；作为一名政法领导干部，要敢用讲真话的人。但常常出现的情形是，"讲真话的人领导不高兴，讲假话的人群众不高兴"。当年，我们在批判林彪时，说他在井冈山时就反对毛主席。原因是，当时林彪给毛主席写了一封信，提出"红旗到底能打多久"的问题。虽然林彪后来成了罪人，但这件事他并不错。不仅没错，还有益处呢。一个下面的干部，用这种形式向党的领导人反映自己的观点，提出自己的意见，这是好事。如果把自己的观点隐藏起来，上面说什么就跟着说什么，这是不正确的。林彪不隐瞒自己的观点，尽管他的观点是错误的，但他敢于向上面反映情况，这是一种到今天都应该提倡的精神。由于林彪提出了这个问题，毛主席写出了千古名篇《星星之火，可以燎原》。笔者举这个例子，是想让大家从中受到启发，一个执法干警连讲真话都做不到，你办案的时候能够依照刑事程序法公开、透明吗？笔者以为是很难做到的。

七是讲究办案效率和时限的理念。可以通过简化诉讼程序，进行案件分流等方式，节省诉讼资源；通过加班加点，通过科技强法等手段，使案件在规定的时限内及时结案。在我们国家执法效率低下问题，有上百年上千年的历史原因，比如在清代后期，"积案"和"拖案"现象达到了令人吃惊的程度。据史料记载，"嘉庆十年，安徽六安州知州高廷瑶上任之初，3 日处理积案 129 件，这成为他自己颇感得意的'政绩'。道光十年，湖北襄阳县知县阮克峻于一年多的时间内审结新旧案件 900 有余，湖广总督卢坤为表彰其'勤奋'，上奏皇帝，申请嘉奖。以上两位地方长官审结案件的质量是很值得怀疑的，但足以说明'县官词讼山积'的事实。而乾隆的一道上谕表明，直至乾隆十七年有康熙年间的人犯，因案件情迹未明而监候待质。……对于那些耗时费力的'积案'，在任官员惯常的作法就是往后拖，一直拖到升迁、转任而将这些'老大难'留给下任。既然司法行为从属于行政行为，因而就不存在地方长官为'拖案'行为承担司法责任的问题"。办案效率和时限问题，是相辅相成的关系。之所以强调这个问题，这是因为我们的执法资源是有限的，一个案件要在法律规定的时限内结案，必须使现有的资源主要是执法人力资源，得到合理和有效地运用，也就是说要有限度地开发和使用。实践中，一些执法单位片面追求"政治效益"而不计执法时间要求和诉讼成本的做法，尤其是不顾人的有限承受能力的办法，是不可取的。我们的原则是，在保证公平、公正执法的前提下，根据法律的要求，积极探索提高执法效率的途径，积极探索缩短办案时限的办法，进而使公平、公正与效率、时限与人员的素质提高有机地结合起来。

说到讲究办案效率和时限理念问题，不能不提到实事求是的原则，不能不提到我国公民农村人口占绝大多数和素质不高的特点。周耀虹同志在《乡村法官司法能力构建之悖论》中有一段话值得思考和借鉴。摘录如下：

"全国近 13 亿人口，62% 以上在农村，占大多数。目前，农村还有 3000 万左右的贫困人口，约 6000 万人刚刚越过温饱线。"清华大学学生李强的《乡村八记》指出："一个处于社会转型期的乡村世界，需要人民去关注，因为它始终是中国社会的主体、事实上、物质上的主体。"

在国家权力强化和乡村经济多元化发展的双重"挤压"和需求下，乡村司法运作基本上是以法律的名义完成其他社会控制所不及的行为，形成乡村司法运作的司法性与行政性的交织，却始终是维护乡村社会和谐、实现乡村公平和正义的最后一道防线。

在一个农民占多数的国家里，农民是否安居乐业，对于社会和谐举足轻重。乡村司法在农村社会和谐进程中的运作，是通过对乡村政权的规范、村民行为的导向和公民意识的培养而进行的，体现出一种渐进性和渗透性。

某乡村老汉向法官口头状告其子不孝，乡村法官当即填张传票，传不孝之子，确认身份后，把不肖之子反拷在树上，边"左右开弓"边教育：长成人了吧，叫你不孝。让其反思后直到认错。

某女村民外出打工返乡提出离婚，后被丈夫打伤，女村民被送到法庭。乡村法官见状，传其夫到庭：本想劝和，你这一打，还能留住心吗，自作孽，不可调。先治伤，后办手续。

且不论乡村法官司法运作的程序性和适当性，就结果而言，当事人认可，村民满意，效率又高，更无后患。如果严格按照程序操作，开庭之日可能就是矛盾激化之时。但把乡村法官的行为置于法治理念的视野中去考察，冲击、反差是强烈和巨大的。究其因，一是现行司法制度是移植不同法律文化融合的结果，丧失和缺乏的是对现实法律文化背景的深刻认识和理解。二是乡村司法运作在我国社会二元权力结构间游走，乡村司法运作的环境决定了乡村法官必须在司法浪漫主义和司法现实主义之间找平衡。三是司法制度的形式西洋化与乡村法官操作过程的本土化格格不入，地方法、地方性知识和经验时刻扮演着关键的角色。四是司法改革设计和目标着眼于城市发展的速度和水平，以期促进和加快乡村司法的进程，但乡村法官无法理解立法者的良苦用心。

八是尽最大可能追求客观真实的理念。尽最大可能追求客观真实的问题，是理论界和实务界都需要很好研究和认真解决的一个重要课题。现在大家普遍认为，"法律事实与客观事实的一般关系是，客观事实是法律事实的基础，法律事实是客观事实的再现或者反映，法律事实必须以客观事实为追求目标。……法律事实一般应当与客观事实相符合，但由于种种原因，也可能产生不一致的情况，包括无奈的不一致、错误的不一致和有意的不一致"。[①] "有意的不一致"在前边已经引证谈到了，这里再阐释一下"无奈的不一致"和"错误的不一致"两个问题。

（1）无奈的不一致。就是因时过境迁、认识能力的局限性、办案程序的时限性等原因，无法再现原来的事实。通常是案件事实上有疑点，但又无力排除，在这种情况下办案人员就需要在法律上（侦查、起诉和裁判，乃至抗诉等）做出选择，而刑事、民事和行政诉讼就存在着不同的判断标准，或叫作证据规则。例如，有疑点的同一事实，在刑事诉讼中如不能排除合理怀疑，就不能认定该事实（排除合理怀疑标准），也不能以具有疑点的事实作为定罪量刑的依据。不过，这种情况并不否定据此认定的事实，可能与客观事实相一致。在民事诉讼和行政诉讼中，证明和认定标准与刑事诉讼不同，它是要根据标准的肯定与否定的成分谁占优势（优势证据标准），来对事实作出肯定（认定）或者否定（不予认定）的评价。据此认定的法律事实，也与客观事实更为接近，但其接近或者符合客观事实的程度，不如刑事诉讼依排除合理怀疑的标准认定的准确性事实更高，更规范和更科学。但是，不管哪一种情况，依据证明标准认定的事实都无法确保完全、彻底地与客观事实相符合，相一致，或者说办案人员根本就无法避免法律事实与客观事实的不一致现象，法律事实的认定均具有程序不同的博弈色彩。这种博弈性特点，不是因为事实认定者的过错，而是因为认识能力无法克服的主客观条件的局限性。换一句话说，就是"对于时过境迁而又没有足够的证据肯定或者否定的证据，也没有超凡的力量（如神明裁判）查出个水落石出，而只能根据盖然性大小或者举证责任分配等相比较而言更合理的法律手段，在特定时限内作出裁判，解决纷争。这种认识和做法虽出于无奈，却是一种建立于科学合理性基础上的特殊的实事求是。不过，立法者应当尽最大可能制定完善的事实认定规则，使得据此认定的事实在

---

① 孔祥俊：《论法律事实与客观事实》，载《政法论坛》2002年第5期。

绝大多数情况下与客观真实相符"。①

（2）错误的不一致。这种情况属于执法人员因主观原因所导致的认定事实错误，从而造成客观事实与法律事实不一致。这种错误的不一致，主要起因于办案人员的徇私枉法，有意为之；或者不能准确地适用法律事实的认定规则，也叫办案人员的水平不够所致。在上诉或者再审中，或在复核和抗诉过程中，应当纠正这些错误。或者说，上诉或者再审，或在复核和抗诉过程中，只能纠正这些错误。在执法过错当中，这些错误的程度属于可纠正和可救济的错误类别。

九是高尚的人格修养和品行良好的理念。尽管各个时期和朝代的法律性质和内容特点不同，但注重执法人员的人格修养和品行端正，是历代名君统治者的共同要求。为什么要求执法人要有良好的修养和品行呢？道理很简单，因为好人有时也可能出现把事办坏的情况，但坏人永远也不可能出现把事办好的情况，正如国外一位著名哲人所言："守法和有良心的人，即使有迫切的需要也不会偷窃，可是，即使把百万金元给了盗贼，也没法指望他从此不偷不盗。"执法人员高尚的人格修养和品行良好的理念来自于多个方面，其中对执法官员的严格管束是一个重要方法。比如，"在清朝前期，管束官吏比较严格，高级官员管束低级官员是一种有效办法，监察官吏监督司法官吏与行政官吏也能发挥震慑作用。但到清朝晚期，中央集权势力削弱，监察机关的职能逐渐丧失，各级官吏仅凭'修身正己'的儒家信条，起不到自我约束的作用；监督机制形同虚设。于是，在中国传统的国家机器内很自然地形成这样一种规律：当行政衙门廉洁有效时，司法功能可以得到正常发挥，一旦行政机关出现腐败，司法非但不能纠正之而且跟着腐败。"② 人格修养和品行良好，突出表现在办案人员的清正和廉洁上。还举清代的例子："由于司法机关附着于行政衙门，因此其司法活动也便无专项办案经费，一切活动都是'官差'。既是'官差'，就要涉及'官费'，'官费'却来自平民百姓。除了向农民、手工业者、商人征收税费等正常渠道外，州县长官及其佐杂幕吏往往将受理诉讼作为扩大行政经费的来源，乃至填充个人腰包的重要机会。由此，当事人的讼费高得吓人。清代曾有谚语形容'官司'之苦：'衙门朝南开，有理无钱莫进来'，一旦涉讼，当事人将面临巨大的讼费开支：'代书盖戳有戳记费，告期挂号有挂号费，传呈有传呈费，准理而交保请息息费，又隔数日无票，便索出票费，呈词数日不批，便索升堂费'，'审讯时有坐堂费，将结时有衙门费。'"为了遏制官

---

① 孔祥俊：《论法律事实与客观事实》，载《政法论坛》2002 年第 5 期。
② 郭成伟、孟庆超：《清代司法程序中的惰性因素分析》，载《政法论坛》2002 年 10 月第 5 期。

吏借诉讼扰民，《大清律例》也作过一些"官面"规定，如《断狱·检验尸伤不以实》条例中就有"凡人命呈报到官，该地方印官立即亲往相验，止许随带仵作一名、刑书一名、皂隶二名，一切夫马饭食俱自行备用"。实际上，州县下乡勘验，往往"带五六十人，需索饭食，钱自五六十千至百余千。吓逼情形，目不忍睹"①。事隔近百年了，社会制度发生了根本性的变化，我们现在办案的情况如何呢？"吃"、"拿"、"卡"、"要"涉案当事人的现象并没有杜绝，有的还相当严重，一些人为此不断受到举报和党政纪处分。

执法官员不廉洁的问题，有传统封建历史文化影响的原因。我们这些在外工作的人，每到年后、节后回家见到亲戚朋友，很少有人问你是搞什么专业的，出了多少成绩，为国家作了多少贡献等，大都是问你当了什么官，有多大权力，挣多少钱，甚至问你除了工资外能不能有外块钱进账，这是典型的官场文化观念现象，而且根深蒂固，很难突破它。有些人为了当一个什么官，不惜削尖脑袋往里钻，目的达到了，高高兴兴，自在得意；一旦目的达不到，就垂头丧气，萎靡不振，且不说用卑劣手段去害别人了。为什么官瘾这么大，因为上大学读书的目的，就是想有官、有权、有钱，乃至有一切。从历史上看，古之得官至少会有四件大事临门，即"乘他一顶轿，起他一个号，讨他一个小，刻他一部稿"，这就是古代为官者的追求。在相传由北宋真宗所作的《劝学篇》里面，对这些情况的描写更是赤裸裸，云："富家不用买良田，书中自有千锺粟。安屋不必架高屋，书中自有黄金屋。娶妻莫恨无良媒，书中有女颜如玉。出门莫恨无人随，书中车马多如簇。男儿欲遂平生志，五更勤向窗前读。"在这里，劝人要把读书作为升官发财的阶梯。"在古代中国，富与贵的统一，便有了以下两种实现的途径：一是由富及贵，常以贿赂为道路，即买官、捐官。二是由贵及富，常以索贿纳贿或横征暴敛为手段，贵而不富或富而不贵，反倒成为一种个别现象。尤其是由贵而富，由于借助了权力，简直是畅通无阻。'三年清知府，十万雪花银'，便是对旧官场的真实写照。"有学者深刻指出："一种政治特权对于财富的压倒优势，以及随着'官衔'高低而至的财富多少所建立起来的价值观念，几千年来作为一种历史文化精神，常常嵌入保守中国历史文化蕴养的'士大夫'阶层，时至今日仍然在相当多数读过些历史书、受过历史熏陶的'贵者'观念意识中留下深深的烙印，潜移默化地诱导他们依其官衔的高低去寻找相对应的财富。"②联系今天的社会现实情况，应当说，这样的分析是非常中肯和正确的。

---

① 赵晓华：《晚清诉狱制度的社会考察》，中国人民大学出版社2001年版，第25页。
② 肖扬主编：《贿赂犯罪研究》，法律出版社1994年版，第134页。

十二、诉讼执法人员应处理好四个方面的关系

(一) 处理好接受党的领导与依法行使职权的关系

党的领导主要是党中央的领导，这是由中国共产党的执政党地位所决定的。作为党中央下属的各级党组织，党对政法工作的领导，是总揽而不是包揽，即要在宏观上指导，方向上把握，信息上沟通，业务上协调，力量上整合，行动上统一。这要求党委政法委必须在宪法和法律的范围内活动，严格依照法定程序领导政法工作，支持政法机关依法独立公正执法，维护执法权威，防止包办、干预，做到"到位而不越位、帮忙而不添乱"。对重大敏感的案件，党委政法委应建立联席会议制度，及时召集公、检、法、司等部门及时依法办理。在处理重特大案、事件的过程中，党委政法委应当快速传递党委意图，有力整合政法资源，有效提升政法部门对重特大事件的应变力。①

处理好党的领导与依法行使职权的关系，也是宪法规定的应有之意。我国《宪法》序言中写道："中国新民主主义革命的胜利和社会主义事业的成就，是中国共产党领导中国各族人民，在马克思列宁主义、毛泽东思想的指引下，坚持真理，修正错误，战胜许多艰难困苦而取得的。……中国各族人民将继续在中国共产党领导下，在马克思列宁主义、毛泽东思想、邓小平理论和'三个代表'重要思想指引下，坚持人民民主专政，坚持社会主义道路，坚持改革开放，不断完善社会主义的各项制度，发展社会主义市场经济，发展社会主义民主，健全社会主义法制，……推动物质文明、政治文明和精神文明协调发展，把我国建设成为富强、民主、文明的社会主义国家。"目前，至于有个别地方党委对执法机关一些工作的质疑或干扰，是需要加以制止和改正的，但这毕竟是极个别现象，随着党的执政能力建设工作的不断向前推进，这种情况会逐渐改善。为此，我们一定要坚定信心和决心，在执法工作中一方面要紧密围绕地方党委的工作大局开展工作，积极主动向党委请示报告工作，争取地方党委对执法工作的领导和支持，解决办公、办案和干部提拔使用中的各种困难；另一方面，遇到具体业务问题，也要自觉接受上级执法机关的领导、支持，严

---

① 参见张国臣：《创新理念，优化机制，加强和改进党对政法工作的领导》，载《长安》2005 年第 11 期。

格执行请示报告、备案备查制度，认真贯彻上级执法机关对案件的决定和处理意见，以及对各项部署和要求认真执行，否则，严格执法、公正执法就有可能落空。

为什么强调检察机关必须接受党的领导问题呢？这是因为，党对检察机关的领导，是党对人民民主专政国家政权进行领导的组成部分，是检察机关依法独立公正行使检察权的政治保证，是中国特色社会主义检察制度的重要内容。党领导检察机关和检察工作的基本方式是：（1）各级党委领导本级人民检察院的党组，并通过党组实现党的政治、思想和组织领导。各级党委在上级人民检察院的协助下考察决定本级人民检察院检察长的候选人。（2）通过存在于各级检察机关党的组织如党组、党委、党总支、党支部、党小组和党员，深入群众，宣传党的政策和主张，并带头在工作中贯彻执行党的方针政策。不过，党对检察机关的领导并不意味着人民检察院与本级党委具有组织上的隶属关系，因而，党委不能直接向检察机关下达指示或命令，更不能直接代替检察机关作出属于检察职能范畴的决定。党的领导与检察机关依法独立行使职能，都是宪法确立的基本原则，都必须坚持，不能顾此失彼。

（二）处理好打击犯罪与预防犯罪的关系

"打防并举，重在预防"，是我们党的一贯方针，是社会主义法制建设的应有之义，它对执法部门的工作尤为重要。"要建立健全教育、制度和监督并重的预防腐败体系，加大查办和预防职务犯罪工作力度，严肃查办国家工作人员利用职权以权谋私、滥用职权、玩忽职守造成重大损失的案件，让侵害国家和人民群众利益者受到惩处，让正义得以伸张。"[①] 笔者认为，将来执法机关，尤其是检察机关在打击犯罪方面，应当克服"唯重刑论"和"唯功利论"两种错误思想。

1. 唯重刑论

重刑主义思维在检察人员的脑海里仍有相当大的市场，而重刑主义是"惩治犯罪"执法价值理念的重要标志。主要表现在，一是在查办职务犯罪案件时，用尽一切办法也要将小案做成大案，对掌握一定权力的官员戴着有色眼镜来审视；二是批准逮捕时，不合理运用逮捕的三个条件，将逮捕作为"惩罚"手段而不是防范措施。对于报请延长羁押期限的案件，考虑较多的是为了侦查部门调查取证的需要，而极少考虑嫌疑人权利是否得到保障；三是在审查起诉过程中，往往有拔高的趋势，定性时首先考虑的是重罪，出庭公诉时对

---

① 陈善美：《构建和谐社会重在维护公平与正义》，载《长安》2005 年第 11 期。

案卷中明显存在罪轻、无罪证据不予举证，等等。

2. 唯功利论

执法中的功利主义主要表现为过多地强调执法的政治效果和社会效果，一是对社会关注的重大案件、群体性事件、上级督办案件、领导批示的案件，检察机关基于政治上的考虑，基于社会治安形势的压力，基于被害人亲属对抗情绪等综合因素，以捕代侦，惩治的目的占据第一位；二是利益驱动现象始终存在，办人情案、金钱案、关系案，特别是当地方财政的财力不足以支付检察院正常开支时，抓经济效益，以罚代刑就有了堂而皇之的理由，违法扣押、冻结、划拨嫌疑人的合法财产，对应当进行国家赔偿的案件搪塞、推诿，或者拒不受理等。

不可否认，"惩治犯罪"这一执法价值在当代中国仍有存在的必要。但只有在惩治犯罪、保护社会让位于维护正义、保障人权作为执法的第一选择时才符合依法治国的本质，才能真正实现"法治"。

将来预防犯罪的发展趋势，应当从"就案说案"的小圈子里跳出来，加大检察机关代表国家对犯罪苗头的干预力度。但具体措施问题，还有待进一步研究和思考。《检察日报》刊登过一则消息：《青年干部职务犯罪让人痛心，广州市检察机关和共青团广州市委联合行动——清源工程防青年干部"夭折"》。据报道："五年间，广州地区35周岁以下的青年国家工作人员职务犯罪人数共计292人，约占五年来该地区职务犯罪人数的五分之一。"而"清源工程"从青年国家工作人员这一特殊群体入手预防职务犯罪，其重大意义不言自明。按照他们的解释，所谓"清源"，取意于"正本清源"，希望它能进一步从源头上预防和治理腐败。典型案例：其一，李某雷，广东省交通厅原副厅长，复旦大学研究生，不到33岁时就担任广东省公路局副局长，是当时全国最年轻的省公路局副局长。遗憾的是，这位年轻的干部从担任局长职务的第二年就开始受贿，一审被判处有期徒刑13年。其二，王某仁，广东省交通集团原副总经理，38岁时成为副厅级干部，不仅是当时广东省内最年轻的副厅级干部之一，而且是广东有名的公路桥梁专家。然而，一念之差，他收受几十万元贿赂，走上了犯罪道路……

其实，有关对犯罪预防的历史并不是我们国家的独创，可以追溯到国外，比如古希腊时期著名的法学家、思想家柏拉图就有论述，他说："法律的主要意义在于改善，不在于示威，在于预防，不在于补救；对任何犯罪，社会都负担责任。立法者必须考虑人的趋乐避苦等自然本性。"随着国际形势的发展和进步，预防和根除腐败问题已在世界范围内逐步形成共识，比如《联合国反腐败公约》的制定就是一个明证。《联合国反腐败公约》序言称："铭记预防和根除腐败是所有各国的责任，而且各国应当相互合作，同时应当由公共部门以外的个人和团体的支持和参与，例如民间社会、非政府组织的支持和参与，只有这样，这方面的工作才能行之有效。"只有当缉拿贪官成为国际间的共同行为，并让贪官在阳光下接受法律的严厉制裁时，才能震慑和刹住贪官的外逃之风，堵塞贪官的躲藏之地，这样做，也必然会促进腐败防止的整体国际趋势的形成。不过，也要同时看到，虽然说我国已经签署加入了该公约，但由于公约的非强制性，并不必然意味着反腐败的国际合作已经成为各国的义务性规定。相信，只要国家之间能够坚持反腐败的信心，真诚地进行沟通，就能突破法律体制性上的障碍，在反腐败目标上达成一致。从我们国家的情况看，一个干部，尤其是一个高级领导干部沦为罪犯，其成本和代价是很高的，是我们共产党人所不愿意看到的。怎么解决这个问题？依法打击是重要的一手，但更重要的一手是提前打"预防针"，使他们不能犯罪，或把犯罪消灭在萌芽状态。河北省检察院原检察长侯磊同志在任期间，在预防领导干部职务犯罪方面多有探索。他认为："要建立起一种使犯罪者不想为、不敢为和不能为的制度。""不想为"和"不需为"有相同意思的地方，显然这需要物质条件的满足、教育工作和社会监督工作的及时到位。而"不敢为和不能为"，离不开对犯罪者的严厉打击和各种规章制度的完善。

目前，应当引起特别注意的是对未成年人的犯罪预防问题。据来自北京朝阳区检察院的统计显示，近 4 年来该区职业高中学生犯罪现象突出，占该区青少年犯罪总数的 20%，且有上升趋势。与成年人犯罪相比，未成年人犯罪危害具有多面性的特点：其一，小小年纪就干危害社会的勾当，他们是害人者，因为他们断送了被害人及其家庭的幸福。其二，少年人犯罪也为自己父母和亲属心中留下抹不去的梦魇。其三，一个国家未成年人犯罪现象的突出，对社会的未来发展会造成影响，也说明一个国家经济、政治、文化和道德水准的高低。未成年人犯罪是社会文明的晴雨表。对未成年罪犯，惩罚是必要的。任何原因都不能成为任何人违法犯罪的借口。让危害社会的他们付出必要的代价，是恢复被犯罪破坏的社会秩序的需要，也是被他们伤害的人应该得到的公正。从现实情况看，未成年人犯罪趋向成人化，一些犯罪情节之恶劣令人发指。在这样的现实下，降低刑事责任年龄的呼声不时从司法理论和实务界传出。不过，前面说了，惩罚不是目的，把误入歧途的他们拉回到正确的道路上，才是惩罚的初衷。最高人民法院日前出台《关于审理未成年人刑事案件具体应用法律若干问题的解释》，规定不满 16 周岁，一般不判处无期徒刑。我们希望这种特殊的关爱，能够得到未成年人罪犯的理解，并成为他们早日改造成为新人的动力。在呼吁全社会给未成年人更多关爱的同时，我们想对已经犯罪和正在犯罪边缘徘徊的未成年人说几句话：第一句话叫做：靠犯罪永远走不出"边缘化"的处境，只能在"边缘化"的路上越走越远。第二句话叫做：要想不被"边缘化"要靠社会救济，但更要靠自己。第三句话叫做：家长和亲友要切实负起教育和管理职责，因为"父母是孩子的第一任老师"。

（三）处理好办案质量与办案数量的关系

办案质量是办案工作的生命线，办案质量不高，谈不到客观公正执法。但是，没有一定的办案数量，提高办案质量也是一句空话。执法机关的管辖范围基本上都是确定的。解决办案质量问题，主要的工作是抓好案件事实认定、证据确立和程序坚持等几个重要环节和方面。笔者一直这样认为，在办案过程中，程序坚持是根本，证据确立是基础，事实认定（指对客观事实的恢复）是追求。解决案源问题，主要是采取多种方式开展宣传活动，让广大人民群众知道哪个机关是干什么的，都管辖哪些案件。两个方面的积极性有了，就能够实现办案数量与办案质量的统一。多少年来，我们在"惩治犯罪"这面大旗的遮盖下，执法机关在执法活动中普遍存在"数量第一"的错误倾向。

以检察机关为例，表现在：（1）查办职务犯罪追求"立案"数，将立案数作为衡量工作业绩的主要标准，导致查办职务犯罪案件质量严重下降，撤案率、不起诉率高和起诉率、有罪判决率低等情况严重影响了检察机关的形象；（2）在行使刑事法律监督权时，过于追求"立案监督"数；在行使审判监督权时，对人民法院的判决只要与检察机关认定有出入，便动辄行使"抗诉权"，造成抗诉案件改判率极低的尴尬局面。

根据检察机关办理自侦案件的实践情况，提高办案质量的关键有二：一是要有一个正确的执法理念，二是要有一个标准化的质量操作规程。在质量操作规程方面，河北省涉县人民检察院进行了有益探讨。他们的主要经验有四个方面：（1）在自侦工作中，围绕立案公诉率、有罪判决率，实施"两延、三快、一强"战术。所谓"两延"，即公诉部门向前延伸，侦查部门向后延伸，树立"大反贪"和"大公诉"观念，两部门既互相配合，又互相制约，形成办案合力。所谓"三快"，既快查、快结、快诉，加快办案节奏，以快制胜，减少办案中的阻力。所谓"一强"，即强化侦查手段与强制措施的综合运用，克服执法上的心慈手软，防止拘、捕措施的随意变更，确保办案顺利进行。这种战术的实施，使办案节奏明显加快，有效遏制了当庭翻供和翻证现象的发生。（2）在批捕过程中，围绕批捕准确率，运用"三种方法"确保批捕案件质量：①加强与公安机关的沟通。除坚持要求公安机关向检察机关批捕部门报送月破案报表和案件相关情况分析材料外，还对已经批捕的案件坚持在移送案卷时对公安机关提出进一步搞好侦查的相关建议，不仅对案件批捕的质量负责，而且对案件整体质量都负责。②灵活运用存疑证据复核权。实际工作中，由于批捕案件期限短，加之报捕案件多，对存疑案件全部复合往往很难办到。鉴于这种情况，他们就通知公安机关继续侦查，并移送新的有关证据。③坚持分管副检察长阅卷制度。该院 2003 年作出不捕决定的有 38 件 63 人，均由主管领导亲自阅卷把关，从而确保了批捕质量，对不捕决定，公安机关无一提出复议和复核。（3）在起诉工作中，围绕有罪判决率，突出"细"和"准"两个字提高案件质量。审查时突出一个"细"字，首先案件承办人要细致阅卷，对所有犯罪嫌疑人进行提审，复查主要证据，并提出自己的意见；然后由科长主持全科干警对案件进行分析，进一步审查证据。退查时突出一个"准"字。要求退查提纲必须把问题找准，实行承办人起草退查提纲，科长负责审核把关，分管副检察长统一签发，二次退查由检委会把关的审批制度。这样，既节约了办案时间，又提高了办案干警的业务水平，这无疑有利于提高公诉案件质量。（4）在民行检察工作中，围绕提请抗诉改判率，依靠人大监督和支持，提高办案质量。①大要案提前备案。民行提请抗诉的重大案件，该院都实行案前向县人大常委会备案制度，使案件的办理从开始就置于人大的监督和支持下。②疑难问题请求人大召开专相调度会。如该院针对 2002 年积案多、案件周期长等问题，向人大作了详细汇报，人大常委会十分重视，召开了专门调度会，将 12 件积案交法院限期审理，这些案件改判率在 70% 以上。③疑难案件及时求得人大协调。由于方法得当，该院民行案件抗诉改判率 2002 年达到了 100%。

（四）处理好业务建设与其他建设之间的关系

我们常说，队伍建设是根本，业务建设是核心，工作保障是条件。按照社会主义法治理念的要求，今后执法机关的业务规范化要抓好五项建设："（1）执法责任体系建设，紧紧抓住容易发生执法问题的重点岗位和环节，进一步细化执法责任和责任查究制度。（2）执法质量和效率考评体系建设，进一步明确考评标准、范围、质量界定以及评查结果运用等。（3）执法监督体系建设，更加广泛、扎实地接受社会监督。（4）执法工作信息化建设，把信息化手段使用到执法办案的各个环节，做到以信息化规范执法程序、落实执法制度、强化执法监督、提高执法质量和效率。（5）教育培训长效机制建设，按照执法资格的认证和升级制度要求，使教育培训经常化。"

这里，着重探讨一下与业务建设相关的队伍建设问题。关于选人、用人和培养人的问题，邓小平同志早就说过，不管干什么工作，"关键在党"、"关键在人"。执法队伍的重要性，决定了我们选人和用人必须泾渭分明，千万随意不得。古人说："贤不肖不杂，则英杰至；是非不乱，则国家治。""贤"与"不肖"要分清，是非要分清。只有分清了，才能"英杰至"，才能"国家治"。如果我们选用了像海瑞这样的清官，就表明绝不与贪污腐败同流合污的政治导向；起用了像王安石这样的大臣，就表明革除旧弊唯求一新的政治导向；把像魏征这样的苦谏之臣放在要害位置上，就表明我们是广开言路，具有从善如流的政治风气和氛围。以上实例，剔除其封建性的糟粕性要素，也可以为我们今天选拔、培养和使用政法队伍人才导向所学习和借鉴。

在执法人才选拔、培养和使用方面，国外有许多值得我们学习、借鉴的地方。比如执法官员的选拔，一般都有严格的条件限制和程序规定。除此，国外一些国家官员的竞选机制也值得我们很好研究。比如美国，笔者感觉有三：一是美国的精英体制不可小视。他们的干部制度，他们的竞选机制，能够确保决策者是一批精英。当然，这不是我们那几个人能够解决的问题，至少是我们现在还不能够很好解决的问题。当然，在干部问题上，中国有自己的国情，应该循序渐进，水到渠成。但有一条我们现在做不是早了，而是晚了，就是选拔干部要尽量民主。民主是什么？民主就是一句话：多数统治。你选干部，哪怕用伯乐机制选干部，也要大多数人都说好才行。很多同志对我国的干部年龄制度有微词。年龄制度是对民主选拔干部机制诸多践踏中比较厉害的一种。应唯才是举，而非唯年龄是举。有人50岁就不行了。托尔斯泰85岁还写出了《战争与和平》。从实际情况看，有的干部启用早了也不妥。选用最高国家机关领导人为什么有年龄最低限制？就是这个道理。因为，作为最高国家级领导人，需要有能力、资历、智慧和修养等多方面的素质要求，而这一切都与人的"年龄段"或生命成长的长短有关。孔子讲过："三十而立，四十不惑，五十知天命。"这都是说人的年龄与人的能力、水平或智慧的关系。用干部像打枪一样，有个"抛物线"，要取"最佳值"为好。说到民选问题，我们的民主选举要科学把握好，因为有的人在投票时，你越好他越不投你的票，这有多方面的原因，其是有的是一些人的劣根性使然。但只要加强教育，坚持下去，让群众能把人选上来，也能选下去，看到自己当家做主的权力和力量，事情会慢慢解决的。也许是因为这一点，我们还要加强党的领导，在党的领导下使干部选拔机制循序渐进、水到渠成。我们一定要明白"这个理儿"，"这个理儿"闹清楚了，其他事才知道该怎么办。

十三、学习和掌握一些执法哲学方面的知识

　　什么叫执法哲学？执法哲学研究的学术意义何在？执法哲学，又称执法理论学，它是指对执法理念、执法理论、执法行为和与这些内容相关的诸种现象所蕴含的社会需求、人本需求和发展需求所作的理性说明，是把它们提升到哲学高度进行概括的一门学问。执法哲学作为执法理念学、执法理论学和执法行为学等的基础性理论，对这些理论的发展，尤其是对现实规范执法行为、促进执法公正，有着重要的指导作用和意义。

　　一般情况下，我们讲的要注意哲学方面知识的学习与这里所说的法哲学不完全等同，前者侧重的是一般的大众哲学或人文哲学，解决的是马克思主义世界观、价值观和人生观的树立问题，而我们所说的执法哲学虽然也涉及一般的大众哲学或人文哲学，但更重要的是讲对执法以及与此相关的诸种现象的哲学理论概括，或者说是对执法方法论的确定。一说到哲学问题，有人总觉得不好接受，是一种"枯燥学"或"玄学"，其实不是这么回事。哲学枯燥吗？不枯燥，它解决和回答的是实实在在的东西，比如人为什么有生有死，这属于医学的事，可如何对待生与死，人生的价值和意义是什么，就是哲学要回答的问题了；还有，地球怎么会运动，这属于地球物理学的问题，可是地球运动是自我运动还是外力推动，有没有第一推动力，就属于哲学的问题了。哲学"玄"吗？不玄。古希腊有一句话说的好，叫做"哲学起源于惊讶"。为什么这样说呢？因为这个世界始终充满了变化，而这些变化的东西却能够存在着，这难道不是一件很惊讶的事情吗？西方哲学也称为"爱智学"，既然是爱智慧学说，那么，就要回答这不断变化的世界是什么和为什么的问题，回答过去、现在和将来怎么样的问题。你说这"枯燥"、"玄"吗？不枯燥，也不玄，都是人生不能离开而且需要探知的东西。

　　执法理念是法律社会一个极其重要的问题，社会主义执法理念的建立和生长，更是不可以轻描淡写和小视的问题。但怎么样才能保持执法理念的先进性，使它与我国的初级阶段社会主义制度进程相一致，也就是说有与时相应的执法理念。笔者认为，建立执法哲学理论体系，掌握和运用执法哲学理论，并在它的指引下勇于探索和实践，是一个很好的办法，且是一个具有长远效能的办法。目前，还没有人系统提出和研究这个问题。据说，陈兴良教授写过《刑法哲学》、《刑法的人性基础》、《刑法价值构造》和《本体刑法学》几部

带有哲学韵味的著作，开创了刑法哲学研究和学科体系建立的先河。但仅有刑法哲学方面的理论远远不够，还应当有执法哲学理论研究尤其是它的学科体系建立。说执法哲学学科体系建立，也许是分得太细了点，不如说"法制哲学"更好些，它包括立法、执法、守法、法律监督、法律改革，法律制度建立，以及与此相关的一切法律现象等。而这些内容和现象，都需要上升到哲学的高度去认识，从哲学的视角对其进行审视，并作为法律人的意念或理念的武装和工作支撑。

为什么要有"执法哲学"或"法制哲学"呢？

一是时代的思辨性要求有这门学科。陈兴良教授在《刑法哲学》题记中写道："我们的时代是一个反思的时代，崇尚思辨应该成为这个时代的特征。刑法学如果无愧于这个时代的重托与厚望，必须提高自身的理论层次，引入哲学思维，使刑法的理论思辨成为对时代本质的思维，与时代变革的脉搏合拍。"陈兴良教授认为，刑法哲学研究就是"在刑法学研究中，引入哲学方法，从而使刑法学成为一种具有哲理性的理论体系"①。刑法哲学是这样，执法哲学同样也是如此。执法哲学所思辨的内容至少有五个方面：其一是执法的主观、客观现象存在或叫执法的既存问题，包括案件现象和规律特点、法律法规和执法解释情况、执法人员既定思维和意识情况等；其二是执法的路径选择或叫执法的辩证法，包括法律认定、法律程序、法律结果、法律实效、法律思辨表现形式等；其三是执法规律和远景发展，包括独立、中立、专业、权威、公开、改革和吸收外来法律文化等；其四是执法比较问题，包括与不同法系之间的比较、不同国家法律特点之间的比较，过去、现在和将来发展的比较等；其五是执法哲学与一般哲学的区别问题。

二是执法自身规范的要求需要有这门学科。目前在执行《刑法》、《刑事诉讼法》和案件监督管理方面，都程度不同地存在着不规范的问题。比如，在执行《刑法》方面主要有以下几点：为凑办案数，违反《刑法》关于自侦案件犯罪主体的规定，立案侦查不属于贪赃渎职犯罪主体资格的人员，集中体现在农村基层组织人员的犯罪案件上；违反《刑法》规定，将没有达到犯罪数额、情节标准的一般违法行为立案侦查；违反刑法规定，为将应当起诉的案件降格处理，以证据变化为由将认定犯罪数额降低，规避《刑法》硬性规定办人情案、关系案；在办理刑事案件中，对存疑的案件事实不及时固定证据，消极应付，使本来能够认定的事实因时过境迁不能及时取证而不能认定；违反罪刑法定原则，在处理牵连犯、继续犯、想象竞合犯等情况时不恰当地"取

---

① 陈兴良：《走向哲学的刑法学》，法律出版社1999年版。

其轻"，客观上放纵了犯罪；等等。

在执行《刑事诉讼法》方面，执法不规范主要表现在以下几个方面：违反案件管辖规定，受理或侦查不应当属于检察机关管辖的案件；违反回避规定，应当回避而不回避，不应当回避而回避，或虽然回避，但仍在暗中操作案件；不尊重律师和代理人，对其权力保障不到位，只注重制约不注重配合；违法采集、固定证据；采取强制措施不履行法定程序，随意性大，变更强制措施不严格遵守法定条件；对案件当事人权利事项告知制度执行不到位，尤其是在自侦案件侦查中，在对犯罪嫌疑人执行逮捕时，依程序书面告知其有权申请人民监督员对不服逮捕决定的案件进行监督的权力；违规扣押、冻结涉案款物；以退查、借用时间等方式规避法律，延长办案期限；公诉人出庭语言失范，出庭文书不齐全，出庭准备不足；侦查监督、立案监督衔接不利；等等。

在案件监督管理方面，执法不规范主要表现在以下几个方面：法律文书制作不规范，没有必需的审批过程，没有相应的部门公章，没有规范的文书名称，甚至连骑缝章都没有，如此"公诉意见书"或"不起诉意见书"制作成"移送审查起诉意见书"或"移送（审查）不起诉意见书"等诉讼卷宗装订混乱，必要的法律文书、法律程序记录缺失，文书顺序颠倒，案与案不一样，卷与卷不一样，同一案件不同承办人装订不一样，同一承办人办理不同案件时又是一个样，没有统一的规范；案件办理终结后，不按规定填写自评卡，主动接受纪检监察部门监督，执行省检察院《暂行规定》和市院"一书一卡"制度，怕麻烦，穷凑合，执行制度不到位等。

以上这些问题的存在，是由许多因素共同作用造成的，但归结在一点上，都可以从"为谁执法"、"怎样执法"和"谁来执法"这一点上找到原因，而这正是执法哲学所要探讨和解决的问题。

三是探寻执法者与执法对象之间结合点需要这门学科。凡是有利于保障被执法者权利的地方，凡是执法者的义务内容，都是执法者与被执法对象之间的结合点或叫连接点，这个"结合点"或"连接点"解决好了，执法就会客观、公正，法律就会得以真正实行。否则，就有可能出现矛盾乃至造成"异化"现象，形成不必要的"冲突"。

四是执法学术研究需要有这门学科。任何学术研究只有保持客观性与中立性，保持与政治的适当距离，才能避免其僵化，才能探求出事物发展的内在规律，以指导相关实践活动。在我们的法制建设发展过程中，不能小看哲学尤其是法制哲学的启蒙和推动作用。比如，20世纪70年代末80年代初，当时的法学研究需要方法论上的革命，恢复哲学思维的方法是当时打破学术僵化局面的唯一武器，法律面前人人平等、罪刑法定、无罪推定等法治原则的重新确定，均与哲学启蒙观念和哲学方法的恢复有直接关系。意识形态乃是不以人们的主观意志为转移的社会存在，不管是立法还是执法，不可能不受意识形态的影响，然而意识形态和精神追求属于两个不同的领域。就像哲学家并不排斥神学家一样，社会科学工作者也不排斥意识形态工作者，后者可以像牧师布道一样继续他们的这种虚幻的东西，哲学家、科学家并不去抢夺牧师、意识形态工作者的饭碗。但是，"自近代科学诞生以后，意识形态话语与科学话语分属两个不同的话语系统，二者不能替代"。

五是执法人员心智的提升需要有这门学科。柏拉图有一句名言说得好，他讲："哲学就是练习死亡。"当然了，柏拉图在这里所说的"练习死亡"，不是要大家去尝试服毒、跳车、跳海、跳楼或上吊等，看看死是一种什么情况。所谓的"练习死亡"，是要人们练习减少身体对自己的依赖性和控制程度，以及让身体的惰性无法对个人产生影响力，就好像"没它"一样。这样讲，丝毫没有反对人们锻炼身体健康的意思。要做到柏拉图所说的这一点，人只能是加强学习和修养，每个人在心灵自觉、自由地追求智慧的力量。有人讲，人生就像求学，要努力修行，最后可以得到解脱，否则人生的一切辛苦就没有什么必要了。这是因为，"人的本质在于心灵，因为身体会老化，无论如何努力都无法避免。如果要依靠身体，只会一步步走向坟墓，一点希望都没有。相反，如果了解人的本质在于心灵世界，那么，不管身体如何变化，心灵都有一个可以翱翔的天空"①。

执法哲学是对执法过程中诸种思维、诸种存在、诸种方法、内在规律和特点的高度性概括，作为一种执法的方法论学说，应当在学科中回答和解决下列问题：

（一）对执法人员素质的回答和要求

主要有以下六个方面：包括习惯、心态、思维、行为、追求和结果。这里只着重讲讲最为急需的习惯和心态问题：

1. 习惯：凡事保持好奇与探究真相的统一。好奇之心是什么？就是一件新鲜事对自己的吸引程度，或是自己对一件旧事的反思、疑问程度。也可以说是对事物的探究能力。一个人如果对什么事都不感兴趣，或是对什么事都不探问个究竟，很难说这个人有头脑，会有所发展，更难成就一番事业。那么，怎样培养这种能力呢？就是对每一天所发生的新鲜事物感兴趣，对以往的事或既成的事有疑问。当然，这里不是要我们有激进主义的态势，或是有怀疑一切打

---

① 傅佩荣：《哲学与人生》，东方出版社 2005 年版，第 10 页。

倒一切的反叛心理，而是要我们对事、对物有积极的思想和行为，善于动脑筋，多问个"是什么"、"为什么"、"还要做什么"，以求心理明白，方向正确，行为规范。历史上，牛顿因对树上落下苹果的好奇之心发现了万有引力定律；阿基米德洗澡时通过浴盆水的溢出原理，测出了皇冠含金量的多少；大陆漂移说，也是魏格纳在病床上对地图上一部分凸凹部分的思考而产生的。可见，好奇之心的重要作用和意义不可小视。工作当中，如果有一种探究的能力，同样会为自己探索出一条新的工作路子。路子对了，事情总要获得成功，至少是朝着好的方向发展。

2. 心态：始终保持奋斗与价值实现的统一。我们常讲，我们是为解决困难去工作、去斗争的，这说的都有始终保持奋斗的意思在内。一个人做点好事并不难，难得是一辈子做好事。而要做到这些，离不开一个人良好心态的具备和良好价值观的存在。心态是处理任何事情的基础。人生不可能什么事情都如愿，大吉大利每一天不可能，也不可能每天都有晦气，总有好有坏的时候，或是好坏相伴。有人说，人生就是一种"五味瓶"，苦、辣、酸、甜、涩，什么都要经受到，这就要求人要有一个良好的心态去应对它们。良好心态应当在遇到事情的时候，尤其是遇到不愉快的事情的时候，要做到四点：一是顺其自然；二是不以为然；三是不得不然；四是想法尽然。实践告诉我们，一个人能不能在遇到好事的时候头脑清楚，在遇到不好事的时候正确面对，并想办法解决，是对一个人哲学修养的检验和锤炼，更是取得成功的"抓手"。谁能够经得住这一关的考验，谁的生活和工作就会有新的转机。比如，对一些人的进步，尽管他们某些方面还有不如自己的地方，但仍然要有一个正确的态度。应当是羡慕而不忌妒，敬佩而不自卑，坚定不移地作出自己的贡献。一个人活在世界上，总是要忍受一些缺憾、困难、不便。如果不经受任何困难，总是一帆风顺，既不现实、客观，人生也没有什么真正意义。

良好的心态与一个人的人生定位和对信仰的追求有关。准确定位的内涵有二：一是指位置，二是指方向。人的生命的动态性决定了我们不是静止的，不可能停留在一个定点上，而必须时时知道自己在那里，以及未来往哪里走。随着时间和情况的不断变化，我们要养成一种习惯，也就是说在发生任何事情的时候，要仔细想一想："我是如何走到这一步的？"、"现在的处境怎样？"、"下步怎样才更好些？"通常情况下，一个人在进入社会、找到工作，并且安定下来后，大都会开始思考自己的定位问题。"自我定位"需要定期做反省，尤其是遇到困境的时候，一定要认清自己的位置和方向。人生在很多的时候，是不能由别人给你希望的，主要是靠自己去选择、定夺和奋斗。不管什么事，只要自己还怀抱一丝的希望，就应该继续奋斗，即使无法感动别人，你的精神斗志也会赢得人们的敬畏。为什么人们说"后生可畏"？就是因为年轻人斗志昂扬，敢于开拓，不怕困难，而成功往往也就是与他们的这种精神和行为相随而至的。

人生信仰到底是什么？信仰是一个人所认定的人生中最重要的事，他是一个人内心的超越力量。目前，人类社会的信仰问题，主要有三种类型，即人生信仰、政治信仰和宗教信仰。信仰问题很难说哪一种正确，哪一种不正确，因为不同的人、党派、团体和不同的人群之间的信仰标准、价值取向不同。但无论是哪一种信仰，都需要坚定，切勿三心二意。据说，西方民主制度的起源，就与宗教信仰有关。尽管日常生活中人们分三六九等，但在上天主教堂祈祷时人们的地位是平等的，不管你是总统还是一般百姓，都是上帝的兄弟姐妹，久而久之就形成了"人人平等"的理念。我们共产党人的信仰是共产主义，是"先天下之忧而忧，后天下之乐而乐"。一句话，就是大公无私，为人民服务。须知，在为人民服务的过程当中，共产党人也会从中吸取营养，得到生存、升华，实现双赢。历史规律告诉我们，人类的理想社会，即共产主义一定会实现的。按照毛泽东在《实践论》里的说法，"世界到了全人类都自觉地改造自己和改造世界的时候，那就是世界的共产主义时代"。共产主义不是宗教，它是有着坚实的现实基础的。而宗教则不然，它只是一种虚幻的追求，不需要经济基础和社会的发展与之相辅。有些宗教强调一个人死后烧出几颗舍利子就了不得，好像舍利子越多表示修行越高。事实上，从医学的角度来审视舍利子只是与人的结石形成有关，而与一个人的修行并没有什么必然的联系。当然，我们无意反对宗教上的说法，只是想要说明一下神迹的显示并不是宗教的内涵所在。宗教的意义在于，把信仰中人与超越力量的关系以合理的方式表现出来，所以说，我们对于它们表现出来之后的一些多元化现象，要学会去尊重和容忍，甚至是欣赏。

3. 思维：保持自觉反省和辩证失误的统一。

4. 行为：注重理念要求和实践活动的统一。

5. 追求：执法职责要求和对象要求的统一。

6. 结果：力争主观愿望和客观实际的统一。

（二）执法哲学学科建立的任务或目标

主要由以下几点：

1. 培养执法智慧。有句话说得好，专家只是经过诸多训练。这提醒我们不要只是做一个"专家"，还要做一个"通家"，尤其是具有哲学上的才华，也就是通过自己的知识应用体验到"智慧"的力量。那么，智慧究竟是什么，又该如何培养呢？智慧是对现象本质的把握，是一种科学的方法论。不同的事物、不同的学科，其本质、其方法论也不完全一样。就执法的智慧而言，至少有这样几点：一是它的完整性，二是它的规定性，三是它的变化性，四是它的主动性，五是它的创造性。所谓完整，是指把整个案件视为一个整体。因此，办案人员对案件中的任何一点蛛丝马迹，都不能忽视、小视，都不能只看某一点，而要考量整体案件之间的各种联系和相互关系。所谓规定，是指法律、法规的条文内容是什么，内涵精神是什么。

我们日常生活主要是依靠感官，譬如：看到什么，听到什么，感觉如何等。然而，感觉是不可靠的。感觉与理智是有差距的，有时候人们所看到的，与实际上用理性去勘察的结果大不相同。

"智慧"有两点特色："完整"与"根本"。（1）完整。所谓完整，如此一来，才能够在面临挫折的时候，很快地重新振作，重新出发，以及在得意的时候知所收敛。（2）根本。人活在世界上，有些问题只是表面的小问题，而有些问题则是属于根本的大问题。生死就是最根本的大问题，所以哲学家常常会思索死亡的问题。所谓"千古艰难唯一死"，如果这一点能够看透的话，人生还会有什么困难呢？老子也曾说过："民不畏死，奈何以死惧之。"如果老百姓不怕死亡，那么你就算用死亡来吓唬他也没有用。除了生死的问题以外，还有一些其他的问题也属于根本的问题，譬如：人为什么有不一样的命运及不一样的遭遇？为什么有些人做坏事却没有遭受到报应？为什么有些人生下来就必须受苦受难？这些都属于根本的问题，而这些问题通常在生活里也都不会有明确的答案，所以需要以开放的心胸准备接触智慧。

总的来说，培养智慧代表要超越感性的限制，慢慢在知识的范围里面奠定基础。有了基础之后就要起步达到完整而根本的境界，而这个境界和个人主体的觉悟和实践有关。希腊文中的"真理"叫做"aletheia"，其意为"发现"，即英文中的"discover"。由此可知，真理就是揭开、发现。这里，要特别强调的是，我们往往被小时候所灌输的观念，被资讯时代的广告宣传所"遮蔽"。唯有把这些遮蔽去掉，才能够发现真相。哲学的目的，就在于发现真理和归纳真理。

尼采曾说："哲学家是文化的医生。"文化也会生病，所以需要医生，而能够看出文化病因的，就是哲学家。这是因为哲学家爱好智慧，能够从整体及根本的角度来观察一个时代、一个社会在特定情况下的某些表现。借由这种方式，能够发现问题所在，并进一步加以修正。这就是所谓的发现真理。

2. 发现执法真理。随着依法治国理念深入人心，以往的执法"治民"观念引起了人们的深刻反思。执法的目的在于"为民"而不是"治民"。"为民"执法是党的根本宗旨的内在要求，是由社会主义法的本质所决定的，是"法治"社会的必然选择。古人曾有断言："法令行则国治，法令驰则国乱。"但在执法实践中，执法"治民"现象却时有发生：（1）执法就是专政。由于对民主与专政缺乏辩证统一的认识，片面地曲解执法机关的专政职能，在执法过程中总是以另类的眼光看人，轻易地把人当作专政对象，进而采取一些粗暴野蛮的手段，如在查办职务犯罪案件时对人态度蛮横，有的讯问嫌疑人时体罚虐待，有的在调查取证时无视无罪的证据，只收集有罪的证据等。（2）执法就是管人。由于部分执法人员思想观念上还带着以人治为主的专制思想，心理上存在治人者的强烈欲望。在接待群众来访和办理案件过程中，总是习惯以管人者自居，对待群众特别是对生活在底层的弱势群众态度蛮横，甚至刁难、辱骂，蔑视公民的基本权利。在执法过程中，重实体、轻程序，证据意识淡薄。在执法中随心所欲，不按照法定权限、程度和期限及时办理或结案。（3）执法就是执权。一些执法人员把执法过程简单地视为行使的过程。为了显示他们拥有的特权，在当事人诘问或做出被视为有碍自己面子的行为时，把个人意志凌驾于法律之上，恃权枉法，仗势欺人，耍特权、抖威风，不惜践踏法律，践踏公民基本权利。

3. 印证执法价值。说到执法价值观的具体内容，有多种观点。仅就对执法价值目标的认识而言，有的学者认为是正义、秩序和安全，有的学者认为是正义、效益和人道主义，还有些学者分别把自由、秩序、公正、效率（效益）列为首位的价值目标[1]。说到执法操作观的内容，有的学者认为包括三个方面的要素：即以实现法治为根本目标，以执法独立为基本支撑，以公正和衡平为内在价值。有的学者认为执法理念包括六个方面的要素：确立法律权威，确保程序优先，确立主体平等，确立裁判既判力，确立权利制衡，确立法官独立。[2]

笔者认为，无论是执法价值观还是执法操作观，它们作为一种观念文化性的东西，作为一种思想意识性的东西，都应当从国家现行经济、政治、文化和历史发展的角度，从客观执法工作需要的角度去寻找、选择和确定。至少要考虑和体现宪法的下列内容，即我们国家的现行经济制度是生产资料的社会主义公有制；公有制消灭人剥削人的制度，实行各尽所能、按劳分配的原则；手段是社会主义市场经济；社会主义公共财产和公民合法的私有财产不受侵犯；国

---

① 参见曹建明主编：《公正与效率的法理研究》，人民法院出版社 2002 年版，第 33～40 页、第 48～60 页。

② 参见曹建明主编：《公正与效率的法理研究》，人民法院出版社 2002 年版。第 41～42 页。

家发展为人民服务、为社会主义服务的各种文化事业；保护和整理民族文化遗产，发展和繁荣民族文化；普及"五教育"，在城乡群众中加强精神文明建设；进行"五爱"、"五教育"和反对"三种思想"；实行依法治国，维护社会主义法制统一和尊严；法律面前人人平等、尊重和保护人权；政法队伍主流是好的，但素质需要进一步提高。从以上这些定位和层面出发，现行执法价值观和执法操作观的核心内容或目标追求，就是"公正与效率的最佳结合"①，就是人权保障与执法程序的有机统一，使法律规定的内容得以落实，使党的领导和依法治国方略得以实施。

4. 推动执法发展。程序公正，不但是依法治国的重要标准，也是人权保护的有效途径，既是文明社会的基本要求，也是司法权威的根本基础，只有程序公正才能保证实体正义，……才能使民众对法律、对法治充满信心。对程序的认识，应从以下几方面入手：一是承认程序公正的独立价值。程序既不是虚无主义的表现，也不是绝对的工具主义价值，程序具有独立的价值，它的自身必须符合正义的要求，即具有程序内容合理性原则以及不明确即无效原则，同时程序的参与者地位应得到尊重，即嫌疑人的自主意志、人格尊严和道德信仰应受到保护。二是在承认程序公正具有独立价值的前提下，改造我们的执法行为，彻底摒弃刑事程序碍手碍脚、阻碍惩罚犯罪的实体价值等观念，真正认识到它既有其内在的独立于实体正义存在的价值，同时也是实现刑罚效益的保证。三是改造程序结构中非正义性功能。必须看到，现行程序法中的非正义条文为数不少，《刑事诉讼法》修改时应重点研究下列问题：(1) 侦查阶段赋予辩护人完全的辩护权；(2) 建立"非法证据排除规则"；(3) 对人身、财产权的限制应引入监督机制；(4) 研究符合中国国情的"沉默权"制度；(5) 建立特定证人拒绝作证制度。德国著名法学家拉德布鲁赫指出：如果将法律理解为社会生活的形式，那么作为"形式的法律"的程序法则是这种形式的形式。执法理念的转变亦如形式的形式一样，蕴含着实质的核心，它是法治国家，拟或从警察国向法治国转变的一项巨大工程，有待于我们共同努力。

5. 尊重人性特点。"一切科学对于人性问题或多或少地有些关系，任何学科不论它与人性离得多远，它们问题会通过这样或那样的途径回到人性。"②在整个法律体系中，执法"最能够直接地体现国家、政府对公民的人道关怀，体现人类最多数人对于最少数人的人道关怀，因而直接地与人性相关"。人性问题是哲学和伦理学的基本问题，因此，人性论是执法哲学研究的重要资源，

---

① 参见曹建明主编：《公正与效率的法理研究》，人民法院出版社 2002 年版，第 347～371 页。
② ［英］休谟：《人性论》，关文运译，北京商务印书馆 1991 年版。

执法哲学的哲学基础，但并非是执法哲学的内容。"尽管人性假设不可能解决全部科学问题，但是问题的科学解决却离不开人性论。"①

（三）执法者具备执法哲学素养的表征

对执法人员素质的最基本要求是"大公无私"和"讲法论理"。前者是职业道德，后者是职业素质。别说是执法人员，就是一般的国家公务员，也应当严格要求自己。

据考证，"公仆"这个名称是美国首任总统华盛顿发明的，由"pubic-servant"直译而来，其本意专指民主制国家的各级官吏而言，且他们必须都是经人民直接选举，是为人民办事服从人民意志的，而在法国大革命时期，为了使公职人员切实成为公仆，雅各宾派领袖罗伯斯比尔提出一个著名而重要的原则：政府一旦违背公意，"人民随时可以更换自己的政府"，伟大的马克思更着重强调：公仆意识就是"以随时可以罢免的勤务员来代替骑在人民头上作威作福的老爷们"。后来恩格斯则把马克思的"公仆"原则概括得更加明确，"为防止国家和国家机关工作人员由社会公仆变成社会主人"，首先要"把一切职位交给由普选选出来的人担任"，"选举者可以随时撤换被选举者"。其次，"对所有公职人员无论职位高低，都只付给跟其他工人同样的工资"。这就从根本上制约和取消了各级官吏的政治乃至经济特权！由此可见，真正意义的"公仆"，绝不能凌驾于民众之上，侵害人民的利益，而只能是对民众负责，遵循和执行民意的"工具"。

当然，甭说上述这些合情合理又合法的"奢望"，即使从各级官员拿着百姓提供的俸禄，百姓实为其衣食父母的角度讲，当官者老老实实为百姓办事、服务也是天经地义的；唐代的柳宗元在送同乡薛存义离任赠序中就曾直言不讳地讲道：做官的应是百姓的仆役，"非以役民而已"。百姓拿税收雇佣官吏，是让官吏能给自己公平办事，"今我受其值怠其事者，天下皆然"。不仅于此，还要贪污敲诈"向使雇于夫于家，受若值、怠若事，又盗若货器，则必甚怒而黜罚之矣，以今天下多类此，而民莫敢肆其怒与黜罚，何哉：势不同也"。一千多年前的封建官吏能把官民关系摆得如此端正，论述得如此剔肌析骨，其民本思想是多么的难能可贵！

当今，执法者具备执法素养的具体表征主要有四：善于学习和思考的习惯；坚持根本和整体的观点；能够做到知行合一；达到行为和精神的超越。

---

① 曲新久：《刑法哲学的学术意义——评陈兴良教授从〈刑法哲学〉到〈本体刑法学〉》，载《政法论坛》2002 年 10 月第 5 期。

1. 善于学习和思考的习惯。古人讲过，"徒法不足以自行"。法律制定得再好，如果执法者素质跟不上去，一切等于零。所以说，执法者要提高素质，要学习，要思考。"玉不琢，不成器；人不学，不知艺"，这是大家都知道的一句老话，但能坚持做到的人很少。我们在中小学的时候，几乎都能背诵《乐府诗集·长歌行》："百川东到海，何时复西归。少壮不努力，老大徒伤悲。"提醒我们应该珍惜时间，不应浪费时光。用来告诫我们，要趁年纪还轻，好好努力，不要到老一事无成，只留下悲伤。我们要多学习，不能整天无所事事，不然以后会后悔的。人的学习是终生的追求，不然就会落伍。在学习的同时，不要生吞活剥，要进行消化吸收，成为自己的知识、智慧和能力。我们要努力做到勤于学习、善于思考，勇于实践、敢于创新。在这方面，孔子有许多名言名句。凡是有所作为的人，都是勤于学习和善于思考的人。我们要把学到的知识，通过自己的思考变为自己的知识，应用在执法工作当中。侯磊检察长多次讲道：我们要把学习作为掌握知识、增强本领的重要手段，更要把学习作为一种政治责任、一种精神追求和一种思想境界来认识对待。学习是思考的基础，没有丰富的知识作基础，就谈不上思考的深度和广度。思考是学习的继续，是对实践现象进行分析、综合、比较，探索其本质和规律的重要认识环节，是学习后的觉悟过程。书看多了，要慢慢思考里面的内容是什么，有什么用，为什么要这样，要让我们明白什么，然后把知识通过思考变成自己的东西。

有人讲，思考是我们提高学习效果的关键环节。有些人学习热情很高，法律方面的书和其他方面的书看了不少，包括一些研究生、博士生在内，可对其实质和内容，尤其是形成自己的思维成果并不多。究其原因，就是没有把握好思考这个关键环节。学习是一个接受的过程，只有通过思考，才能沟通和建立各种知识之间的联系，使静止的知识变得鲜活起来，变成自己的财富。思考，是对学到知识进行归纳、提炼、消化和吸收的过程。只有勤于学习并且学会思考学过的东西，把意思理解进去，这样才能读好书。同时，要在每一次思考中不断完善自己的知识和效果。

2. 坚持根本和整体的观点。根本是什么？一个整体观念。整体和根本都是哲学的主要内容。所谓掌握整体观点，就是对任何事情都要从不同的角度去思考，不是两面，而是三面、四面，乃至更多的方面。有时候坏事就坏在一点上，而不是在大的方面出问题。有一副对联写的好，上联是"宽严俱持，待人宽，律己严，无处不宽严"，下联是"方圆同重，行事方，思谋圆，诸事求方圆"。人能做到这一点，久而久之，就可以克服自己的偏见，纠正自己的不足，思想也将更为成熟。当然，我们年轻的时候未必喜欢圆融，甚至好像觉得没有什么个性，说任何话都四平八稳，想要面面俱到。然而，年龄与经验增加之后会发现，人生很多问题的确立应该从各方面来考虑，这样才不至于钻牛角尖，才不至于出现更大的差错。试问，宇宙与人生之间，人的生与死之间，个人与群体之间，可以形成完整的系统吗？实践告诉我们，它是完全可以的。

3. 能够做到知行合一。所谓学以致用的"学"，指的是一个人在广大的世界里如何运用好自己的知识，如何在有限的生命里作出自己的贡献。庄子说过："吾生也有涯，而知也无涯，以有涯随无涯，殆已。"知识的范围是无限的，但是生命的时间却是有限的，人想要用有限的生命去追求无限的知识，实在是一点希望都没有。因为知识宛若一片汪洋大海，人一生所学到的只是很少的一部分。具体到每个人学什么，由于每个人的天资、条件和职业要求不同，不可能完全一样。一般情况下，在学生时代，尽可能涉猎得广一些，一旦从事某一职业，就要围绕职业要求来学习。但学习不是无止境的，而是要有一定的期限。人要想有所作为和贡献，就要将学到的一些知识及时用到实践中去，用到自己的工作当中去。人人都这样做，社会就发展了，进步了。反之，如果不是这样，就算你学到的知识再多，也没有什么实际意义。毛泽东同志说过，精通的目的全在于应用，如果不是应用，还不如不学，至少是节省点时间干点别的事，也少些浪费现象出现。

可以说，每个人从上小学的那一天起，都会有自己的奋斗目标，只是目标大小不同而已。如果给目标下个定义的话，就是指你的一生想干成点什么事，包括为官、为民，或是当一个什么专家、学者、教授等。目标是和一个人的志向紧密相连的。"志向"这两个字，通常会联想到具体的、外在的和社会化的成就，譬如要赚多少钱、从事什么职业等。然而，所谓志向的真正内涵，应该是指一个人内在特质的具备和培养问题，比如，我崇尚仁义，我就不断大发慈悲之心和施舍行为；我欣赏勇敢，就应该设法培养自己成为一个勇敢的人；我欣赏正直，就应该培养自己成为一个正直的人。现实当中，一些人个人的有些特质可能一时做不到，但是只要立定志向，有一个明确的奋斗目标，持之以恒，将来就有可能达到。人生的道理其实很简单，如果能够立志定向，生命往往就会有转机；能不懈地坚持下去，生命就会脱胎换骨，最终赢得美好的结局。古今中外许多值得人们羡慕与崇拜的人物，他们大多是做到了这一点。

4. 达到行为和精神的超越。行为和精神的超越，既不是有神论的"神灵"，也不是无神论的"没有"，而是一种"心智"的展现。"心智"是什么？简单地说，就是看不见摸不着的思想存在。它取决于一个人的"身"、"心"、"灵"的修养程度，取决于人们所处社会的经济、政治、文化和科技的发展程度。一个人"心智"的境界达到，要经过两个同步过程，一个是财富创造的过程；一个是精神追求的过程。在财富创造的过程中，由忍受、接受到享受三个阶段来完成：所有学习、拜师的过程都是忍受阶段；所有工作过程都是接受阶段，或称接受自己知识结果的阶段；退休或不能工作时则统称为享受阶段。精神追求由认知、感受和实践几个阶段构成。当一个人财富创造和精神追求达到自觉实践的时候，就是精神超越的开始。实现精神超越，对一个人的健康成长和事业发展很必要。每一个人只有处理好过去、现在和未来的关系，才能立于不败之地。现实中，有些人为什么条件很好却无什么发展，尤其是有些人稍遇一点困境却不会克服，乃至自杀寻短见，或是干出一些伤天害理的勾当？这都是与他们没有处理好过去、现在和未来的关系有关，都与他们的"心智"不健全有关，更是与他们没有达到一种精神超越有关。精神超越是一种赋予自己生命意义的能力。这种能力每个人都具备，它存在于每一个人的"身""心"、"灵"当中，只要开发就能够显现出来。开发它的主要手段就是学习，包括学习一般知识和科学。培根有一句名言："知识就是力量。"说的也有实现精神超越的问题。如果不是这样，一个人不去学习一般知识和科学，而是做其他的什么，那生命就好像在薄冰上走一样，根基薄弱而不易站稳；反之，如果能逐步培养、开发一种学习精神，他就可以承受身心的各种考验。这也是为什么有些人虽然身体受伤、心理失常，但是却能因为"心智"的力量而能安定下来一样。此外，"心智"也是一种整合的能力，能够把人的分裂状况统合起来，让自己肯定自己是"一个人"，是一个社会和自然的有机整体，我们有什么理由要自毁它呢？要做"一个人"是很困难的，因为每个人都有多种角色，这种多元化使得一个人的生命分散、内心挣扎，因此特别需要统合。如果无法做到这一步，内心就会有一种被撕裂的痛苦。

（四）执法哲学的核心问题

简言之，就是为解决"为谁执法"、"怎么执法"和"谁来执法"提供理论依据。具体地说，应当解决和回答执法的方法观、本体观、群体观、价值观和发展观的问题。

1. 执法的方法观。执法的方法观是和执法人员的世界观、人生观和价值观紧密相联系的，可以说有什么样的世界观、人生观和价值观，就会有什么样的执法方法观。比如说，现在司法界存在的钓鱼执法，英美叫执法圈套（entrapment），这是英美法系的专门概念，它和正当防卫等一样，都是当事人无罪免责的理由。从法理上分析，当事人原本没有违法意图，在执法人员的引诱之下，才从事了违法活动，国家当然不应该惩罚这种行为。这种行为如果运用不当将致人犯罪，诱发严重的社会问题。应当说，钓鱼执法是司法政德摧毁道德的必然表现，也是卑劣的世界观、人生观和价值观在司法行为上的一种必然反映。所以说，我们要在执法哲学层面研究一些问题，解决科学的执法方法观问题。世界观是一个人对整个世界的根本看法，世界观建立于一个人对自然、人生、社会和精神的科学的、系统的、丰富的认识基础上，它包括自然观、社会观、人生观、价值观。世界观不仅仅是认识问题，而且还包括坚定的信念和积极的行动。例如，共产主义世界观就不仅仅包括对共产主义的认识和知识，而且包括对共产主义的信念和为实现共产主义的奋斗精神和积极的行动。马克思主义认为，世界观具有鲜明的阶级性，不同的阶级会有不同的世界观。资产阶级的世界观就是要维护资本主义的剥削制度，无产阶级的世界观就是要推翻资产阶级的剥削制度，建立更加公正、合理、平等的社会主义和共产主义制度。资产阶级世界观所信奉的是唯心主义和形而上学的哲学，无产阶级世界观所信仰的是马克思主义的辩证唯物主义和历史唯物主义哲学。这两种世界观总是在不断斗争，总是相互对立的。在现在中国社会里面，作为阶级的剥削阶级已经不复存在了，但对一个法律人来说，他们应当有更高的理想、信念，有"理性、平和、文明、规范"执法的思想基础，并用以指导自己的执法行为。否则，执法方法肯定会出现这样那样的情况，背离党和人民的要求，背离宪法和法律的要求，背离包括检察官、法官、警官以及所有法律人的应有要求。

2. 执法的本体观。执法的本体观，是解决为谁执法和谁来执法的问题。从党中央文件和政法机关的本质上说，我们是人民政法机关，是人民执法干警，显然对包括检察人员在内的执法人员都要坚持以马克思主义的科学理论为指导，把执法为民的各项措施落到实处。就检察机关来讲，法律监督权力承载着人民的希望与嘱托，检察机关应该坚持人民利益高于一切，努力实现"强化法律监督，维护公平正义"的检察主题，以法律监督能力建设为主线，加强自身队伍建设和业务建设，加强规范化管理，切实维护好国家和人民的利益，使执法为民和各项法律监督手段真正落到实处，发挥应有的作用。

3. 执法的群体观。人是不能离开群体而生活的，从家庭到社会，从国内到国外，几乎都是这样。群体包括单位领导和一般同志。有人讲过，人有两个不可改变：一个是生身父母不可改变，一个是单位领导和同事不可改变。后者说的，就是一个合适群体对自己成长的重要性。之所以强调群体的重要性，是因为群体中储存了人类社会所生产的文化成果与人力资源，在群体中可以相互学习，获得发展，成就事业，体现价值。不过，群体也有其不足之处，比如会造成心理压力、人际关系失调等。作为个体的人，一定要处理好自我与群体的关系。自我对人而言是非常重要的核心概念，人的一生无论主动或被动、清醒或模糊，都是在自我实现的过程之中。一般而言，我们都希望自己与社会群体之间能保持平衡关系。这就要求个体的人，一方面要有属于自己的内涵及特质，不要完全被社会群体同化，体现个性；另一方面也不能完全排斥社会，否则人生就会很寂寞，也不利于自己的发展，乃至被抛弃。人要想在群体中立于不败之地，必须不断开发自我的潜在能力，提高自身素质和特点，这样才能使自己既融于社会又凸显自己的特色，进而使自己的空间越来越大，作用越来越突出，人生也会因此更加丰富。

4. 执法的价值观。价值取向是一种人生意义的选择，如果我选择了某些价值要求，就要放弃另外一些要求和追求。可见，人们在选择价值取向的时候是需要勇气的，因为人不可能什么都要，也不可能什么都不要。人活在世间最可贵的，就是要有一种精神，一种为社会、为大多数人服务、献身和被好人肯定的精神。只有这样的价值取向才是可取、可歌和可敬的。有一次子贡请教孔子："一个人在乡里，好人喜欢他，坏人也喜欢他，那么这个人应该不错吧？"孔子回答："不对。应该是好人喜欢他，坏人讨厌他。"这里所强调的就是一种价值取向。相反的，如果是坏人喜欢你，好人讨厌你，那你就有问题了，因为它说明你已属于坏人群体了。尽管好与坏都是人的一种价值取向，但最怕的还就是有些人认为"喜欢自己就是好人，讨厌自己就是坏人"的人。人生经过不断的抉择后，会不断塑造出自己的风格，自己的特点，进而立足于社会群体之中。

5. 执法的发展观。国学大师张中行所说的"心之所安"很有道理。他认为，人生信什么不信什么要受内心的指引，心里认为应该信就信，这就是心之所安。"如果你明明不信，只为了某一种目的，逼着自己去信，那就不是心之所安了。这种信仰是一种假信，为了个人私利。有些人也许不是为了私利，但他也不是内心真信，只是听到了宣传，盲目地跟着走。罗素有一本书叫《怀疑论集》，年轻人都应该看看。"

"哲学使人聪慧。尽管哲学方法也有其局限性，抽象思辨的哲学方法并不能直接发现与获得个别的知识和具体的知识体系，知识和知识体系的获得需要观察、实验以及实证分析与归纳等科学方法，但是，思辨以及通过思辨对于本体的把握，"可以使执法学"乃至于整个社会科学获得学术自治与自主地位，可以使哲学与神学、科学与意识形态区别开来"。所以，执法研究仅有执法哲学是不够的，但没有执法哲学是万万不行的。在某种意义上，对执法哲学的研究"就像舞蹈训练、体操训练、健身运动一样，不仅是一种知识积累基础上的学术提升，更重要的也是一种学术思维的训练"①。

---

① 曲新久：《刑法哲学的学术意义——评陈兴良教授从〈刑法哲学〉到〈本体刑法学〉》，载《政法论坛》2002 年 10 月第 5 期。

附录一

宽严相济刑事政策的调查与分析①

一、对宽严相济刑事政策要有一个正确的认识和准确的把握

1. 为什么要实行这一政策？应当说，是历史和社会发展的必然结果。关于刑事政策问题，我们在不同时期、不同历史阶段有不同的规定，比如，在根据地和解放初期，我们的提法是镇压与宽大相结合；七十年代以后，我们的提法是惩办与宽大相结合；在构建和谐社会的背景下，党的十六届六中全会明确提出要实施宽严相济的刑事司法政策。据史料记载，对刑事案犯的宽严相济，在中国古代和外国都有类似的规定。比如中国古代提出的"刑罚世轻世重"原则，就是根据社会形势的变化实施刑罚，就是因时制宜决定轻重。早在西周时期，《尚书·吕刑》载："轻重诸罚有权，刑罚世轻世重，惟齐非齐，有伦有要。"历史上，对此说有两种解释。《周礼·秋官·司寇》解释说："一曰，刑新国用轻典；二曰，刑平国用中典；三曰，刑乱国用重典。"《荀子·正论》解释说："治则刑重，乱则刑轻。犯治之罪故重，犯乱之罪固轻也。"西周的法制思想之一是"明德慎刑"，即要求"实施德政，用刑宽缓"。比如西周的"老幼犯罪减免刑罚"规定，就是"宽"的体现。西周的"三赦"之法讲：一赦曰幼弱，二赦曰老耄，三赦曰蠢愚。唐律中规定的"老幼废疾犯罪减免"规定，也是"宽"的体现。唐律规定：70~15岁及废疾者，犯流以下罪，依律收赎；80岁以上，10岁以下及笃疾者，犯反逆、杀人罪应处死刑的上请，犯盗罪及伤人罪者收赎，其余不论；90岁以上，7岁以下，虽死罪不加刑。还有，中国古代规定"亲亲相隐"原则，更是"宽"的体现。唐律规定：诸同居，若大功以上亲及外祖父母、外孙，若孙之妇、夫之兄弟及兄弟妻，有罪相为隐。部曲、奴隶为主隐，皆勿论。实际上，这都是统治者维护自己统治秩序的需要，在构建和谐社会的过程中有许多值得借鉴和吸收的地方。

应当说，根据犯罪态势确定相应的刑事政策措施，是各国对刑事犯罪处罚

① 本文是笔者承担的最高人民检察院法律政策研究室交办的一个课题，笔者为执笔人之一。此课题在调研的基础上，主要参考、吸收了河北经贸大学包雯教授对此问题的一份调查报告。

的通例。按照陈兴良教授的说法，现在我国的一些学者在介绍西方国家的刑事政策趋向时，一般都认为是"轻轻重重"。学者对"轻轻重重"的解释是，"轻轻"就是对轻微的犯罪包括偶犯、初犯和过失犯等主观恶性不重的犯罪，处罚更轻；"重重"就是对严重的犯罪，处罚较以往更重。可见，"轻轻"是指轻者更轻，而"重重"是指重者更重。这种"轻轻重重"的刑事政策，对轻者与重者加以区分，然后对轻者与重者采取不同的刑事措施，既符合预防犯罪的功利要求，又合乎罪刑均衡的刑法原则。在现代法治社会，人权保障已成为一种终极价值，打击犯罪也要受到人权保障的限制。进入 20 世纪，特别是第二次世界大战以后，在西方国家，刑罚轻缓化已成为一种普遍的现象。不过，近 20 年来随着犯罪的大幅度增长，尤其是出于反恐的需要，西方的刑事政策也有所调整，开始从"轻轻重重，以轻为主"向"轻轻重重，以重为主"转向。例如，美国个别州存在的"三次打击法"，即三次实施暴力重罪的重罪犯应处以终生监禁且没有假释，以体现对重新犯重罪者的严厉惩治，具有明显的"重其重者"的倾向。当然，由于西方国家大多数已经废除死刑，保留死刑的国家对死刑适用也是严格限制的。因此，所谓"重重"，也是相对的，人权保障的法治底线是绝对不能突破的。

从我们国家提出贯彻宽严相济刑事政策的背景看，有这样几个重要的因素不可忽视：一是宽严相济刑事政策是对我国长期实行的惩办与宽大相结合刑事政策的继承和发展。二是宽严相济刑事政策与西方国家流行的"轻轻重重"刑事政策有相似的地方，但二者并不完全等同，不能混为一谈。三是客观现实的需要，体现了社会发展和文明社会的人文关怀精神。从统计数字看，现在的犯罪人员构成，进城务工的农民和无业人员占很大比例，据统计达到 80% 之多；犯罪的原因，因对社会不满和生活所迫的也很多。从我省去年一月份到三月份的统计情况来看，侵犯财产类犯罪有 1198 人，占整个犯罪 8287 人的 14.5%；无业人员犯罪 1759 人，占整个犯罪 8287 人的 21.2%。这就是说，形成犯罪的原因，社会也有一定的责任。

必须看到，无论是惩办与宽大相结合的刑事政策，还是"轻轻重重"刑事政策，实际上都是一种"两极化"的刑事政策，都有其不科学之处，也是不符合惩罚犯罪的客观实际情况的。我们认为，镇压与宽大相结合，容易导致法律虚无主义；惩办与宽大相结合，容易异化为单纯的"严打"手段；而宽严相济则是一项科学的刑事政策，能保证立法、司法、法律监督、法学教育和法学研究的正确方向和发展。说到根本上，它是和谐社会构想和科学发展观在法学领域的运用和实践。

2. 怎样理解这一刑事政策？主要包括宽严相济刑事政策的内涵和定位两

个方面。

其一，关于宽严相济刑事政策的内涵。重庆市院一位同志研究认为：从语义学的角度讲，"宽"与"严"是一个对应的概念，二者互相参照、互相映衬，对"宽"与"严"的理解及引申都不能脱离这种对应关系。否则，就有违语义学的基本规则。从现代汉语的角度来理解，宽严相济中的"宽"应当是宽大、宽缓、宽松的意思；而"严"应当是严厉、严格、严办的意思；而"济"不仅仅指司法中"以宽济严、以严济宽"、"宽中有严、严中有宽"，更主要的是涉及立法与司法价值取向的冲突与调适问题，即"司法的宽济立法的严，司法的严济立法的宽"。有人将宽严相济的刑事政策含义概括为两个方面：第一，根据犯罪的严重程度和犯罪人的人身危险性在小，实行区别对待、有宽有严，反对搞"一刀切"；第二，宽中有严，严中有宽，宽严适度互济，既反对一味严厉到顶也反对宽大无边。还有论者将宽严相济刑事政策归纳为四个方面的内容："（1）对严重刑事犯罪，依法从严惩处；（2）即使严重刑事犯罪，但有法定或酌定从轻、减轻处罚情节的，也应从宽判处；（3）对罪行较轻，犯罪人主观恶性较小的，依法从宽处理，直至免予处罚；（4）罪行较轻，但有法定从重处罚情节则应依法从重处罚。"

其二，关于宽严相济刑事政策的定位。它是一项司法刑事政策，还是包括立法、司法和法律监督在内的一项基本的刑事政策？现在看来，理论界比较一致的观点是它是一项基本的刑事政策。基本刑事政策相对于具体刑事政策而言，是指对刑事立法、司法、法律监督、法学教育和法律研究具有长期的、普遍指导意义的刑事政策，它指导全部刑事立法、刑事司法及其他有关活动，它贯穿于全部刑事政策实践之中，具有整体性与全局性的重要导向作用。"宽严相济"之所以作为基本的刑事政策，是因为从犯罪状况看，严重犯罪、罪大恶极者总是少数。而一般犯罪、轻微犯罪总是占有较大比例。打击少数有利于教育多数，而教育多数又有利于打击少数。"宽严相济"是对待和处理所有犯罪普遍适应的刑事政策。在刑事政策体系中居于主导地位，决定并制约着其他刑事政策的内容。

宽严相济刑事政策是严厉刑事政策与宽松刑事政策的统一。这是著名法学家陈兴良教授的话语。他认为，"现在提倡宽严相济，更多的是强调刑法宽缓的一面，但不能由此认为宽严相济是轻罪刑事政策，只适用于较轻的犯罪以及青少年犯罪"。陈教授认为：宽严相济刑事政策不是对"严打"的取代，更不是对严打的否定，而应当将"严打"纳入到宽严相济刑事政策的框架之中确立其应有的地位。从现在看到的资料来看，河南省郑州市检察院已经出台了一个《关于贯彻宽严相济刑事司法政策的若干意见》、《郑州市人民检察院案件风险评估办法》，前者规定了对九种情况的不捕和十种情况的不诉，后者是检察机关对案件作出批捕或不批准逮捕、起诉或不起诉、抗诉或不抗诉、撤销案件前，应当进行风险评估。评估的内容包括：案件的处理是否会引起相关当事人的上访；案件的下一诉讼环节能否顺利进行；社会舆论对案件处理结果的反应；案件处理的法律效果和社会效果能否达到统一。一句话，就是运用这一刑事政策化解社会矛盾时，不能再出现新的矛盾现象。这是贯彻宽严相济刑事政策的底线，对此不能有任何突破。

二、近几年贯彻宽严相济政策所取得的成绩和存在的问题

（一）成绩方面

1. 各级检察院领导十分重视在检察环节贯彻落实宽严相济刑事政策。省检察院多次组织相关人员指导各级检察院贯彻执行最高人民检察院的三个文件。尤其是在理论研究方面，我们召开贯彻宽严相济刑事政策学术研讨会，如省检察院、邯郸市检察院、石家庄市桥东区检察院、长安区检察院等都开过专题研讨会，这些研讨会对我省检察机关提高认识此项政策的水平起到了很大作用。

2. 严打与宽大并重。由于我省特殊的地理位置，和 2008 年奥运会的即将召开，我省在 2007 年 6 月到 10 月进行了为期四个月的严打，严打主要针对严重的社会治安案件，如"两枪"案件、黑社会性质案件等方面，严打极大地震慑了犯罪分子，对确保北京一系列的重大国际政治活动顺利进行起到了保障作用。在非犯罪化、非司法化尝试方面，我省检察机关也进行了很好的试点，比如裕华区人民检察院认为：对于轻微刑事案件的犯罪嫌疑人不应当使其脱离其熟悉的生活环境，在熟悉的生活环境里更有利于对犯罪嫌疑人的改造，有利于犯罪嫌疑人的悔悟。因此，在近年来，办案人员改变了"有罪就捕"的工作方法，在社区公安机关派出所的配合下进行了大量的和解工作，也确实收到了良好的成效，在 40 ~ 50 件轻微刑事案件中，有 20 ~ 30 件都是以刑事和解的方法结案，没有发生矛盾激化等情况，取得了良好的社会效果。

3. 在死刑案件抗诉方面，严格控制和慎重适用死刑方面的抗诉工作。在这方面，和省法院有许多共识的地方，起到了法律监督机关的应有作用。死刑案件的抗诉仅限于：罪行极其严重、性质极其恶劣、社会危害极大、证据确实充分、依法应当判处死刑的，坚决判处死刑立即执行；对具有自首、立功等法定从轻、减轻情节的，也要依法从轻或者减轻处罚，致死一人的一般不要求判

处死刑立即执行。对于因婚姻家庭、邻里纠纷等民间矛盾激化引发的案件，因被害方的过错行为引起的案件，案发后真诚悔过，积极赔偿被害人经济损失的案件，应慎用死刑立即执行。上述致一人死亡的案件，除非手段特别残忍、情节特别恶劣，原则上不判处死刑立即执行。在共同故意犯罪案件中，对提出犯意、组织、指挥犯罪的被告人一般应当从严；致一人死亡的共同犯罪案件，要在分清地位、作用的基础上，确定各被告人的罪责，判处二名以上被告人死刑立即执行的，必须有绝对充分的理由，绝对无误的把握；对亲属共同犯罪案件，适用死刑要慎重，尽量避免同一家族的多名成员同案被判处死刑。据统计，去年我省研究的80几起抗诉案件，支持抗诉的和不支持抗诉的各占一半，较好地领会和贯彻了中央提出的刑事政策精神和当前慎刑的要求。

4. 以检察建议督促公安机关快速侦查，建立公检法联动机制，实现轻微刑事案件的快速侦、捕、诉、审。石家庄市长安区人民检察院取得了一些经验。他们的做法是：对于事实清楚、情节简单的轻微刑事案件，采取了以检察建议督促公安机关快速侦查的办法，要求办案人员在审查批捕过程中，对于事实基本清楚、证据材料基本充分的案件，在作出批准逮捕决定的同时，以检察建议的形式建议公安机关在保证案件质量的前提下尽快将案件移送审查起诉，缩短犯罪嫌疑人的被羁押时间；对于事实清楚、证据充分不需要进一步侦查的案件，应当向公安机关提出具体的移送审查起诉时间；对于证据基本充分的案件，向公安机关提出补查证据提纲，引导侦查取证。在两年多快速办理轻微刑事案件实行过程中，长安区人民检察院已就151个案件向公安机关发出了检察建议。在这151个案件中，提出具体移送审查起诉期限的123个。提出具体移送审查起诉的期限从7日到15日不等，有112个案件要求公安机关在具体的期限内移送审查起诉。公安机关全部在检察建议要求的时间内移送审查起诉，平均移送审查起诉的时间为10日。其他没有提出具体移送审查起诉期限的案件，除13个未成年人犯罪案件公安机关是在捕后两个月内移送审查起诉的之外，其余都是在捕后一个月内移送审查起诉。这些案件公诉部门大都在15日内提起公诉，法院在20日内结案。整个案件的平均诉讼时间由过去的三四个月缩短为一个半月。

5. 开展爱心帮教活动，强化政策的社会效果。石家庄市桥东区检察院在未成年人犯罪问题处理上积累了宝贵经验，他们调动家庭、学校、社区等方面的力量，共同加强对被不起诉的未成年人的帮教，强化轻缓政策社会效果。（1）建立帮教档案，实行规范化、制度化管理。在帮教过程中，为每一个被帮教人设立专门案卷，将其基本情况、案情登记、思想汇报、家庭帮教措施、回访考察记录全部入档，作为制定帮教措施的依据，由专人负责，实行动态管理。（2）发挥警示教育基地的作用，开展特殊帮教。他们依托河北省第四监狱警示教育基地，组织被不起诉未成年人及其监护人参观监狱，与正在服刑的青少年罪犯及其家长面对面进行座谈，同龄人的前车之鉴、高墙内外的巨大反差起到了学校及家长的说教无法比拟的警示作用。（3）结成帮教对子，做好跟踪回访。坚持回访考察，组织干警与被不起诉人结成帮教对子，要求他们定期进行思想汇报，还经常与学校和家长座谈，了解被不起诉人的生活、学习情况，对他们成长中遇到的困惑及时给予解答，对他们遇到的实际困难，提供力所能及的帮助，汇同公安机关、未成年人保护机构、居民委员会、学校等单位，共同为被不起诉人复学、升学、就业创造条件。（4）建立立体帮教体系。协调各种社会力量共同参与青少年维权和未成年人帮教工作，形成社会化的关爱氛围，就此，区委、区政府成立由政法委、公、检、法、司、教育局、团委、妇联等相关单位参加的青少年犯罪预防帮教领导机构，统一领导，协调联动。

　　（二）存在的问题

　　1. 传统法律文化观念的影响。善有善报、恶有恶报这种古老的、朴素的正义观念在民众心里普遍存在，绝对主义认为基于报应的原理对恶害的犯罪以痛苦的刑罚进行报应，就是正义的体现，有罪必罚的观念使许多民众将不起诉视为对犯罪的放纵。有罪必罚在刑事诉讼程序等于有罪必诉。将犯罪嫌疑人送上法庭予以审判，符合社会大众的报应心理，案件起诉到法院后，即使被告人被判处缓刑、免予刑事处罚、管制、拘役、单处财产刑，但仍然显示了对罪犯的惩罚和否定性评价。受社会平均价值观念的影响，部分司法人员尚未摆脱重刑主义和刑罚万能论的阴霾，倚重于刑罚对社会秩序的维护和控制。从公众朴素的正义立场来看报应是对犯罪的反对，当然含有善因善果、恶因恶果的成分，报应具有实质合理性，符合一般的社会心理，容易获得人们的认同。公众对秩序的期待与司法机关对刑罚预防、抑制犯罪的强烈需求交织在一起，在很大程度上弱化了社会在刑罚之外寻求抑制、预防犯罪的路径。

　　2. "严打"中存在问题。在我们调查的过程中，大家都对"严打"有不同的看法，多数人认为"严打"与宽严相济的刑事政策存在冲突和矛盾。在唐山法院的调查中，法官们认识也不一致，有法官认为现在死刑立即执行适用率太低，很嚣张的罪犯，原来判处死刑立即执行的，现在也不判了，部分法官赞成"严打"。调查发现这一时期对犯罪分子的打击力度是明显加强的，许多平时可捕可不捕的捕了、可诉可不诉的诉了。大大增加了司法成本，造成资源的浪费。加大了各级检察院的日常工作量，同时也容易造成案件的积压，甚至出现错案和冤案。另外，某些地方出现了简单化的倾向，虽然不断强调"打防并举，标本兼治，重在治理"的方针，但是在实践程中，普遍存在"重打击、轻预防"，"重破案率、结案率"的倾向。使得"严打"成为简单化、单纯的司法活动。

3. 体制内司法压力的存在。我国刑事诉讼构造是流水线式作业，下一环节容易受到来自上游司法压力的影响。侦查阶段公安机关的逮捕率（尤其是严打期间）是公安机关进行内部考核的依据，检察机关在行使诉权时往往受到来自侦查机关的压力，侦查机关对于自己立案侦查特别是捕后起诉的案件，往往希望检察机关予以提起公诉。而个别地方对逮捕率、起诉率、胜诉率和有罪率过分追求，使得宽严相济刑事政策的执行大打折扣。在错案责任追究制中，存在形而上学的错误和一些弊端，如简单地把履行刑事赔偿义务作为错案的标志，把不批准逮捕、不起诉或判决无罪以及发回重审的刑事案件一律作为错案，追究有关办案人员的责任。把后一道程序对前一道程序的否定作为对错案及其责任的宣告，使得办案人员在办案的同时，有意无意地去"改善"与后面诉讼阶段之司法人员的关系，从而降低被后一道诉讼程序否定的风险，如立案侦查的希望能批捕，批捕的希望不要不起诉，批捕和提起公诉的希望法院不要作出无罪判决，作出一审的法官希望二审不要改判，审案法官希望本院的审判监督部门不要使案件进入再审。如此便模糊了程序界限，软化了监督制约关系。这样也必然违反宽严相济刑事政策的要求，因而应改进与宽严相济刑事政策要求不相符合的司法工作评价机制，以便为贯彻宽严相济的刑事政策创造良好的前提条件。

4. 从宽处理的刑事案件不够大胆。比较来说，我省在制度创新等方面比较保守，在从宽处理刑事犯罪案件上也不够大胆。检察环节做到宽严相济，不仅要有执法的智慧，更要有执法的勇气。这是因为，在目前，至少存在两个大的方面因素需要面对，需要我们在"宽"和"严"的把握上增加勇气，在"相济"的把握上增强智慧和艺术。这两大因素就是困难和风险。就宽严相济刑事政策贯彻中的困难来说，主要有四个方面：

一是法律保障不够。检察司法活动应以刑事政策为依据，更要以具体法律规定为依据。意见中明确应严惩严重影响社会稳定的犯罪，但在刑事立法上，对于哪些是严重的犯罪，哪些是轻微的犯罪，并无具体的分类，在法定刑的配置上，对严重影响社会稳定的犯罪也无相对较重刑罚的设置。对于那些对社会稳定直接影响较小的犯罪，也没有实行非犯罪化或非刑罚化规定等。

例如，职务犯罪由于其主体的特殊性、其行为侵犯社会关系的多重性等，表现出更广泛、更严重的社会危害性。但是，当前我国无论在立法上还是司法上都没有体现出对职务犯罪的从严治理。宽与严无明确规定，对于相济将更难以把握。

二是体制保障不够。尽管检察机关适用宽严相济政策有其特定的现实意义和正当性，通过履行法律监督职责使政策在每个刑事诉讼环节都得以充分体现，但是，仔细推敲不难发现，这种政策的真正推行，面临着体制性制约，检察权的独立行使会面临多方挤压。比如，对于严重危害社会的严重刑事犯罪，尽管可能有酌定从轻情节，但迫于侦查机关或媒体等的压力，可能更多地"走程序"了。另如，职务犯罪线索的查办可能因各种原因而搁浅，相对于危害社会肌体和制度的程度而言，其所承担的被惩罚的法律后果与一般的盗窃抢夺相较很轻，而对此检察机关有时显得无能为力或力不从心。从司法过程的横向看，各个司法机关对宽、严的把握和理解不一，自身况且难以相济，公、检、法如何相济？

三是机制保障不够。目前的检察司法活动中，批捕、起诉工作机制都存在不协调的问题，办案人、部门负责人和主管领导三个层级办案，实体的宽或严可能因不合理的工作程序或机制消解。

四是能力保障不够。宽或严一般是司法官员个人、个案行为，而相济需要内外、历史和现实以及相似案件的通盘把握，更多是决策集体的行为。

因为面临这样的困难，解决不好，可能使得我们的检察司法工作面对如下风险：

一是社会风险。作出宽或严的处理，可能使当事人一方感到不公正。宽了，被害人可能不断上访、缠访；严了，侦查部门或嫌疑人家属也可能穷尽复议、复核等程序，以及不断上访，进而增加诉讼成本，或引起久访不绝。总体上看，还可能出现不同地区、院际之间把握上不一致：性质相同的犯罪可能受到的刑事惩罚不同。人们对公正的期盼与政策把握困难之间的矛盾将加剧，司法又不完全取决于检察活动，使得我们面临的社会正义风险增大。

二是法律风险。司法必须在法律规定的原则和具体法律条文下进行。刑事司法政策的适用需要较高的执法艺术，因为总体上看，这是一种司法平衡的过程；因为宽严规定的不确定，使得做到相济的难度加大，检察司法是否会被指责为违法？

三是政治风险。执法司法工作不被理解、不被信任和不被支持是最大的风险。贯彻中尽管依照法律规定进行，但是可能因为社会大众的期望与法律正义的矛盾凸显，进而将违反公正的"责任"转嫁于检察机关。也可能因为司法实践中出现问题而被指责为违反人权，造成不良的社会影响。

一是对于死刑的执法理念有待提高。长期以来，"从重从快"的观念在许多政法干警头脑中根深蒂固，依法从宽的执法理念尚未真正形成共识，因此落实宽严相济刑事政策，当务之急就是要转变执法理念，防止和反对重刑主义、报应刑主义和刑罚万能主义的影响，树立"慎刑恤刑"的思想。同时要做好引导工作，转变民众中普遍存在的"同态复仇"、"杀人偿命"的思想，在社会上树立罪刑相适应和重视刑法预防作用的观念，注重对犯罪人的教育、感化、挽救，从源头上削减刑事发案的各种隐患，不断扩大和维护和谐稳定的社会基础。

二是被害人救济制度有待完善。处理刑事案件除充分考虑对犯罪人的惩罚和矫正以外，还应当加强对被害人及其家属权利的保护，要将被害人是否得到合理的赔偿、补偿，精神是否得到慰藉作为实施宽严相济刑事政策的重要因素。最大限度地调整社会纠纷，化解社会矛盾、减少社会对抗，降低上访、申诉案件数量，做到法律效果与社会效果的有机统一。

三是刑罚结构有待调整。我国刑法中存在"死刑过重、生刑过轻"的状况，生刑过轻导致对死刑的挤压，这也是我国死刑大量适用的一个不得已的原因。为此，必须对刑罚进行结构性的调整，根据宽严相济的刑事政策精神，重新配置刑罚资源；限制死刑，加重生刑。通过对死刑的立法限制与司法限制，降低死刑适用；通过对轻罪推行非监禁化措施来抵消加重生刑所带来监禁成本提高的问题。

5. 法律规定不够完善，难以很好地实现宽严相济。目前有一些刑事司法制度在摸索阶段，如刑事和解制度、社区矫正制度、缓刑假释听证制度等，这些制度对刑罚改革的成功与否息息相关，还没有完善的法律规定，另外有些法律规定冲突也是障碍，如"根据《刑事诉讼法》第 15 条的精神和理念，在审查起诉中发现犯罪嫌疑人没有犯罪行为或者发现犯罪事实并非犯罪嫌疑人所为的案件，应当作绝对不起诉处理。但《人民检察院刑事诉讼规则》[①] 则规定为书面说明理由后将案卷退回公安机关处理，这种处理方式造成程序倒流"[②] 和司法资源的浪费，没有体现法律监督的原则，同时也有悖于《刑事诉讼法》第 15 条的立法规定。再如，现行法律并没有对情节轻微、情节显著轻微和情节较轻的区分以及不需要判处刑罚的标准作出明确规定，难以操作。

三、检察机关贯彻这一刑事政策需要做好的几项工作

通过学习和各地的研讨，我们认为，检察机关贯彻宽严相济的刑事政策应

---

① 这里指的是 1997 年《刑事诉讼法》实施时制定的规则。

② 宗振国：《我国刑事不起诉问题研究》，载《人民检察》2005 年第 5 期。

当做好以下几项工作：

1. 要正视存在的问题，解决面临的困难。目前，在贯彻宽严相济刑事政策方面，既有主观认识上存在的问题，也有客观现实中存在的困难。从我省的情况看，在主观认识上存在的问题主要有六怕：一是怕与兄弟单位认识不一致，误解我们对罪犯打击不力；二是怕案犯一旦出问题，影响诉讼正常进行；三是怕引起被害一方上访，造成工作麻烦；四是怕增加工作量，人员承受不了；五是怕别人说执法不公，承担不必要的嫌疑；六是怕影响考核成绩等。

在客观现实中存在的困难，包括我省在内，根据省院研究室调查的情况，主要有六个方面：

一是工作任务量大与人力、物力不足的矛盾。比如，在最高人民检察院《关于在检察工作中贯彻宽严相济刑事政策的若干意见》（以下简称《若干意见》）中，对检察机关如何贯彻宽严相济的刑事政策作出了比较详细的规定。这些规定，在很大程度上增加了检察机关特别是基层检察院的工作量。再如，《若干意见》第11条规定的检察机关在办理未成年人犯罪案件时，要对未成年犯罪嫌疑人的相关情况进行调查，并根据调查的情况确定捕与不捕、诉与不诉；第19条规定了对微罪不起诉的未成年人要落实帮教措施。这两项规定，都大大地增加了基层检察院的工作量。而目前基层院的人力和办案经费严重不足。就办理未成年人犯罪案件来讲，目前的未成年人犯罪案件是呈上升趋势，移送到检察机关的一般要占到总件数20%左右。如果对每一件未成年人犯罪案件都要按照《若干意见》第11条和第19条规定办理，对有些院来说确实是"吃不消"，因为存在不少人力、物力上的困难。

二是需要解决法律上存在的问题，使这项工作有所遵循。比如，《若干意见》第9条规定，要"完善立案监督机制……加强对侦查机关落实立案监督情况的跟踪监督，确保违法立案案件及时得到纠正"。对监督立案的跟踪监督工作，多年来各地探讨采取了许多办法来加大这项工作的力度，但收效并不理想。这是因为，案件侦查工作的主体是公安机关，案件能否按时侦结的主动权掌握在公安机关手中，而不在检察院手里。从法律的层面讲，对公安机关被动立案后立而不侦、侦而不结的情形，检察机关并没有强硬的手段，既无权对案件进行调查，也无权要求侦查机关更换办案人员。分析公安机关对被动立案案件的立而不侦、侦而不结的情况原因，既有主观上可能存在公安办案人员对检察机关的立案监督具有一定的抵触情绪的因素，也有客观上可能存在侦破难度大，且短时间内确实无法侦结等因素情况。解决这一症结的办法，还在于从公安机关自身的管理上寻找。有人建议，应当在公安系统内部强化主动接受检察机关监督的意识，建立对监督案件实行限时侦破等制度；同时，建议立法部门进一步完善立案监督的相关法律，赋予检察机关在监督这项工作中强硬的手段。

再如，对不起诉案件处理规定标准的不统一，影响了执法的统一性和严肃性。从贯彻宽严相济刑事政策、构建和谐社会出发，要求我们对许多轻微刑事案件和未成年人犯罪案件，都要依法作出不起诉处理。但是在司法实践中，各地对不起诉的标准把握不一，导致了执法上缺乏统一性。比如对未成年人犯罪案件，虽然最高人民法院先后出台了几个关于审理未成年人犯罪案件的司法解释，从保护未成年人合法权益的角度作出了比较详细具体的规定，但许多地方仍然比较笼统，不够细，操作性也不强，这就导致了不同地区由于经济发展水平不同、不同办案人员由于认识的不同等因素对类似案件的处理标尺不统一。因此，建议由"两高"授权省级检察院和高级法院，结合当地的实际情况共同出台有关不起诉的详细标准，以统一执法的尺度。

还有，《若干意见》规定的在6个月内未提出抗诉的案件一般不得为加重被告人刑罚而依照审监程序抗诉的规定，这也不符合法律的规定，更不符合基层检察院的实际情况。最高人民检察院制定这条规定的本意是督促检察机关加强对刑事判决的审查监督，对确有错误的判决及时采取抗诉等措施，进而维护司法的公正。但在基层院，由于种种原因在对法院判决的审查工作中难免会出现一些疏漏。如果对那些量刑明显畸形的严重刑事犯罪超过6个月就不提出抗诉，那么，不仅会与"罪刑相适应"的刑法原则相违背，也有悖于"有错必纠"的法治理念和要求，更不符合基层检察院的实际情况。

三是基层检察院办案手段有限，这都与贯彻宽严相济刑事司法政策不相适应。《若干意见》要求要严格把握逮捕条件，慎重适用逮捕措施。但是在基层检察院，逮捕率偏高是一个长期未能有效解决的老问题。目前，在基层检察院办理审查批捕工作的检察人员，很多都有构罪即捕的思想。造成这一状况的原因是多方面的，既有基层办案人员的素质参差不齐方面的因素，又有在基层办案手段有限，对大部分犯罪嫌疑人如果不捕就常常不能保证诉讼的因素，还有取保候审、监视居住等强制措施相对操作性不强等因素。据调查，由于监视居住的成本远远高于逮捕，所以公安机关一般不愿意采取这一措施。在检察机关自侦案件中，也存在不得已对轻微犯罪嫌疑人采取逮捕措施的情形。特别是在查办一对一的行受贿案件中，往往是对行贿人不采取刑拘甚至逮捕的强制措施就不能突破案件或者容易造成串供，进而影响证据的稳定，甚至影响案件的成立。

四是对共同犯罪中的成年人进行分案处理，在操作层面存在较多问题。《若干意见》第19条规定了对未成年人与成年人共同犯罪案件，检察机关要实行分案处理的制度。这一制度规定的意义自不必说，但在检察环节分案显然不合适，也做不到。从有利于案件的侦查工作、减少重复劳动的角度考虑，如果由公安机关在移送起诉前进行分案还是比较合适的。理由有以下两点：一是侦查前分案，不便于案件的侦查工作，会造成许多重复劳动；二是如果由检察机关分案，则涉及要分拆公安机关移送的案卷问题，如果出现卷页的遗失等情况，无法分清责任，也不符合刑事诉讼中公、检、法三机关各司其职、相互配合和相互制约的原则。

五是检察机关主持民事调解不具有法律效力，一旦当事人反悔提起刑事自诉，就将检察机关置于比较尴尬的境地。《若干意见》规定对因人民内部矛盾引发的轻微刑事案件检察机关要依法从宽处理。在司法实践中，可以说许多基层检察院处理这类案件时都是把对被害人的赔偿、取得被害人的谅解作为对犯罪嫌疑人从宽处理（不捕、不诉或建议法院从轻判决）的必备条件。因此，在处理过程中常常要组织双方进行相当时间的调解。但是，由于检察机关的调解不具有法律效力，对当事人不具有法律约束力，如果在检察机关调解成功并对犯罪嫌疑人从宽处理（主要是不诉）后，当事人一方反悔并引起被害人向法院提起刑事自诉的，既是对司法资源的一种浪费，又将检察机关置于比较尴尬的地位。

六是贯彻宽严相济刑事政策需要公、检、法、司几家的共同努力，仅有检察机关一家的努力是远远不够的。比如，《若干意见》第17条规定了建立快速办理轻微刑事案件的工作机制，并要求检察机关简化审查逮捕、审查起诉的办案文书，缩短办案期限，提高诉讼效率。但实际上，在整个刑事诉讼程序中，检察机关的办案并不长（当然也有缩短的空间），而更长的时间都在公安机关的侦查环节和法院的审判环节，因此即使检察机关快起来，没有公安、法院的配合也不能建立起真正意义上的快速办案机制。要真正建立快速办理轻微刑事案件的工作机制，必须要公、检、法三家机关的的密切配合，从立案程序开始，就建立案件的繁简分流制度，在刑事诉讼全过程上建立快速办案机制。

2. 总结成功经验，探索工作规律。最高人民检察院出台"三个意见"后，我省石家庄市桥东区、秦皇岛市海港区检察院出台的办理未成年人犯罪规定，衡水市院、隆化县院出台的不批捕案件说理规定等，都有很大的创新，对做好相关工作有借鉴意义。根据目前看到的资料，在检察司法办案过程中，各地总结的经验主要有以下几点：

一是在侦查过程中，要坚持打击犯罪与人权保障相结合。侦查程序贯彻宽严相济的刑事政策，一方面要继续对犯罪保持高压态势，坚决打击各种刑事犯罪活动。对于有犯罪发生，需要追究刑事责任的，侦查机关必须依法立案。要克服有案不立、有罪不究、不破不立的消极做法，检察机关要加强对公安机关的监督，对于符合立案条件而未立案的，要及时通知公安机关立案，必要时可以自己立案。现在，在理论界和实务界，有人提出应当恢复1979年《刑事诉讼法》关于检察机关立案管辖规定，赋予检察机关更多机动侦查权，以有效地同犯罪作斗争。另一方面要注重对犯罪嫌疑人的权利保障。为了搜集、保全证据、发现犯罪嫌疑人，侦查机关要可以使用一定的强制力。比如，逮捕作为限制、剥夺公民人身自由权利的最严厉的强制措施，在适应上必须慎之又慎。对于不符合逮捕条件的，以及无逮捕必要的，要体现"宽"的刑事政策，不予逮捕；要尽量多适用羁押替代措施，减少逮捕的使用，这有利于减少短期自由刑的弊端，更好地促进犯罪嫌疑人重返社会。但是，对于严重犯罪，要坚决予逮捕，绝不含糊。对于证据有所欠缺但已基本构成犯罪，认为经过进一步侦查能够取到定罪所必需的证据、确有逮捕必要的重大案件的犯罪嫌疑人，根据最高人民检察院2006年发布的《人民检察院逮捕质量标准（试行）》第4条的规定，可以附条件逮捕。这里需要强调的是，逮捕作为一种强制性措施，其目的仅仅在于防止发生社会危害保障诉讼的正常进行，不应对逮捕赋予更多道德评价功能。捕与不捕，主要依据《刑事诉讼法》规定的三个条件，不应将贯彻宽严相济的刑事政策与《刑事诉讼法》规定的三个条件混为一谈。捕并不当然就是从严；不捕，也不意味着就是从宽。对于不符合逮捕条件的，即使为了体现"严"的刑事政策，也不能逮捕；反之，对于符合逮捕条件且必须逮捕的，不能为了体现"宽"的刑事政策而不予逮捕。

二是在起诉过程中，要坚持法定主义与便宜主义相结合。贯彻宽严相济的刑事政策，一方面要继续坚持"严"的方针，对严重犯罪采法定主义立场；另一方面则要贯彻"宽"的方针，给予检察机关更多的不起诉权力，以将检察机关十分有限的司法资源能够集中于起诉严重犯罪上。有学者提出，检察机关选用不起诉不应以"犯罪情节轻微"为提前，即使对于部分重罪案件，检察机关在斟酌案件具体情况后，也可以作出不起诉处理。有下列情形之一，检察机关也可以决定不起诉：过失犯罪，但公务人员除外；又聋又哑的人或者盲人犯罪，以及其他未成年人犯罪；70周岁以上老人，16周岁以下未成年人犯罪；防卫过当及避险过当的；预备犯，或者未遂者，情节轻微的；在共同犯罪中起次要作用、辅助作用或者被胁迫参加犯罪的；犯罪嫌疑人与被害人达成和解的等。

三是在审判程序过程中，要坚持从重处罚与从轻处罚相结合。在审判程序过程当中，贯彻宽严相济刑事政策，要正确适用刑法中的从重处罚与从宽处罚的量刑情节。对于严重暴力犯罪、恐怖犯罪，应当依法适应从重情节，从严惩处。对于轻微犯罪，依法应当适用从轻情节，从轻判处。应尽量适用缓刑和罚金刑，以避免短期自由刑的危害。这里须指出的是，从重，应当在法律规定范围内从重，从轻也只能在法律规定的范围内从轻或减轻处罚，应当在法定刑以下判处刑罚，原则上只应减一档，不能减两档或三档。目前，各地法院对减轻处罚的适用很不规范，有减一档的、有减两档的，还有减三档的。报载，有一个抢劫犯罪的案例，依法应当判处其 10 年有期徒刑，但某法院在适用减轻处罚时，竟然判处了缓刑。目前，由于法律对如何减轻处罚尚无明文规定，检察机关只能望洋兴叹，无法通过抗诉予以纠正。

3. 争取从立法上解决存在的问题。现在刑法学界认为：在刑事立法方面贯彻宽严相济刑事政策，主要是合理划定犯罪圈和合理调整刑罚的幅度问题。关于犯罪圈的划定问题，我们知道，从一定角度上说，"无法律既无犯罪"是法治社会的一项基本原则。某类行为能否被视为（认定或标定为）犯罪行为，首先取决于立法上的界定。立法者对犯罪的认识及态度将直接决定刑法的调控范围及犯罪圈的大小。我国 1979 年《刑法》基本体现了非犯罪化取向，但在"严打"思维下，自 1982 年颁布《关于严惩严重破坏经济的犯罪的决定》开始，立法机关先后通过多部单行刑法，增设大量的犯罪罪名。1997 年修订后的《刑法》则呈现了鲜明的犯罪化色彩，犯罪罪名由 1979 年《刑法》的 129个增加到 413 个。此外，立法机关还通过 1 个单行刑法和 6 个刑法修正案，新增加了 20 余种新罪。同时，通过对旧罪名的成立条件或认定规格进行修改，使其包含的行为样态更为广泛。在刑法理论界，大多数人认为刑事立法应警惕对犯罪化的过度热情，对于犯罪应当保持克制的态度，合理化定犯罪圈。一味信赖刑法，过度的犯罪化无助于控制犯罪，反而会刺激犯罪，使犯罪率急剧攀升。我们应当坚持刑法的谦抑性原则，将刑法作为最后和必要的手段而保留。对于可以由其他法律规范规制的，尽量不用刑法调整。现在许多学者都提出，对于无被害人的犯罪，即对于成年人之间基于个人合意而实施的犯罪，比如同性恋、卖淫、吸毒、赌博等行为，这些行为本身并没有直接侵害他人的利益，不能仅以防止其他犯罪或者维护道德风尚为由而动用刑法制裁，这是一点。还有一点，就是要在刑法上合理调整刑罚的幅度。刑罚的目的，既在于惩罚，也在于教育、预防。因此，刑罚的轻重应当合理，过轻与过重都达不到惩罚与教育的目的。从理论界和实务部门的反映来看，"我国刑法目前所面临的问题，既不是刑罚过重，也不是刑罚过轻，而是刑罚的轻重失调"。主要体现在：一方面，死刑过多、过滥、过重。我国 1997 年《刑法》规定的死刑罪名多达 68个，不仅立法上死刑罪多，而且司法上死刑罪名的适用亦十分普遍。应该说，中国刑法中死刑罪名的泛滥乃至司法实践中对死刑的过度适用之现状，与当今世界的法治发展进步趋势是背道而驰的。另一方面，生刑（自由刑）过轻。根据陈兴良教授的研究，从我国《刑法》规定及实践情况来看，死缓相当于有期徒刑 14 年以上 24 年以下，平均执行 18 年。无期徒刑相当于有期徒刑 12 年以上 22 年以下，平均执行 15 年。有期徒刑最高为 15 年，平均执行 10 年。数罪并罚有期徒刑不得超过 20 年，平均执行 13 年。我国的生刑（自由刑）与我国的死刑相比过轻，应当根据宽严相济的刑事政策，对刑罚幅度进行合理调整。基本思路是：死刑由严到宽，自由刑由宽到严。具体可考虑：一是严格限制死刑。在立法上废除非暴力犯罪如贪污受贿、盗窃、贩毒等的死刑，将死刑作为抗制严重暴力犯罪、有组织犯罪、恐怖犯罪的必要手段而保留。二是将无期徒刑改为终身监禁，作为死刑的重要替代，并严格终身监禁的减刑、假释程序，其最低执行刑期不应低于 30 年。三是提高自由刑的刑期。可以将有期徒刑最高刑由 15 年提高到 20 年，数罪并罚时不超过 30 年。四是细化量刑幅度，严格控制法官的自由裁量权。具体包括：（1）对于特别严重的犯罪，规定处死刑或终身监禁；（2）对于较严重的犯罪，规定处终身监禁或 15 年以上有期徒刑；（3）对于其他犯罪，根据犯罪严重程度分别规定处 1~3 年、3~5 年、5~7 年、7~10 年、10~15 年、15~20 年的有期徒刑。

四、关于立法与司法宽严价值取向的冲突与调适问题，以及宽严相济刑事政策的实现途径

关于立法与司法宽严价值取向的冲突与调适问题，应当做到两点：一是立法的严与司法的宽；二是立法的宽与司法的严。

1. 立法的严与司法的宽。在法律过"严"的情况下，司法机关应当适当从宽处理，以矫正法律的严厉性。如前所述，我国死刑罪名规定繁多，这本身就是一个失误；但是司法机关对死刑的过度适用，则是错上加错。正确的做法应当是，充分利用死刑罪名的可选择性，以减少死刑的适用。这对于矫正《刑法》过"严"的一面，必将起到积极的作用。

2. 立法的宽与司法的严。在法律没有规定或者规定过宽的情况下，司法机关适当从严处理，有利于增加法律的权威性和威慑力。"法无明文规定不为罪"，但是，司法机关可以通过法律解释使法律得以适用。赋予司法机关法律解释的权力可以使某些严重犯罪得到及时的惩处，从而维护良好的法秩序。我国《刑事诉讼法》（1996 年）第 140 条第 4 款规定：对于补充侦查的案件，人民检察院仍然认为证据不足，不符合起诉条件的，可以作出不起诉的决定。这里，立法的规定很"宽"，赋予检察官对证据不足的案件起诉与否的自由裁量

权。检察机关既可以选择起诉，也可以不起诉，都不违反法律。但是，如果检察机关对此类案件提起公诉，则违反了"以事实为根据，以法律为准绳"的基本原则和疑罪从无的精神，显系不当。因此，检察机关在处理上应当从"严"，即对于证据不足的案件，应当作出不起诉决定，而不是向法院提起公诉，以防止案件处理的不公正，维护法律的权威性。

陈兴良教授等学者认为：宽严相济刑事政策的实现途径，需要在观念、立法、司法、刑罚的执行和具体措施等方面开展工作。主要有以下几点：

1. 在观念上，必须强调罪刑法定原则对刑事政策的指导作用，发挥《刑法》的人权保障功能；必须坚持谦抑主义的刑事政策原理，维护《刑法》内敛性特征；应当科学理解正义观，注重犯罪的预防思想；应当确立公众的规范忠诚意识。

2. 在立法方面，要适时通过刑事立法的途径实现"宽严相济"，确立宽严相济刑事政策适用范围和条件。需要加大对严重犯罪的打击力度，对有组织犯罪、恐怖犯罪、毒品犯罪、严重暴力犯罪等要给予有效规定。

3. 在司法上，可以通过事实上的非犯罪化，增加出罪途径；可通过不予刑事追究的方式，对一些轻微犯罪作出处理。对一些法定犯或过失犯罪，可实行非犯罪化或非刑罚化，或使用暂缓起诉、免予刑事处分、缓刑或罚金刑。即使是较重的犯罪，也可运用恢复性司法等方式减轻社会危害，使犯罪嫌疑人由此获得较轻的处罚。

4. 在刑罚适用与执行上，需要区分重罪轻罪，进行"重重轻轻"处罚；需要限制死刑的适用；对于轻缓犯罪通过社区服务、公益劳动等方式予以考察、矫正；需要综合运用多种刑罚手段降低犯罪的损害程度、挽回犯罪的损失和影响；需要合理适用赦免、减刑、假释。

附录二

论加强地方国家权力机关对司法工作的监督①

近年来，地方国家权力机关对司法机关运行权力的监督，创造了许多可贵的经验，丰富了人大法律监督的理论和实践。但是，由于历史的和现实的种种原因，我国地方人大司法监督制度还存在一些不足和缺陷，外部环境和条件也在一定程度上影响了其监督作用的发挥。那么，从理论上探讨地方国家权力机关对司法机关工作监督之权，界定对司法工作监督的概念、性质、作用和特征，探讨地方国家权力机关对司法工作监督之权的构成要素以及其行为合法性的必备要件，分析目前监督不力的种种现象和原因，不断加强和改善地方国家权力机关对司法工作监督的途径，明确地方国家权力机关对司法工作监督的改革方向，对创建中国特色权力机关监督体系具有重要的现实意义和长远的历史意义，进而使中国特色权力机关监督体系自立于世界法制之林。

一、地方国家权力机关监督司法工作概述

（一）地方国家权力机关监督司法工作的内涵和功能

说到地方国家权力机关对司法工作监督的重要性和必要性，我们可以从这样的一段新闻报道来佐证："从全国人大信访内容来看，来信中约34%、来访中75%左右属涉法问题，涉法问题中的70%左右是不服设区的市一级司法机关处理结果的申诉。"吴邦国委员长曾就这个问题做过专门批示，他说：要狠抓监督工作，防止错案发生，一旦发生以后，又能监督他们及时纠正。② 在十届全国人大一次会议闭幕会上，吴邦国委员长就人大监督司法工作有一段精辟的论述，他说："要紧紧围绕增强监督实效这一中心环节，开展对宪法和法律实施的监督，坚决纠正有法不依、执法不严、违法不究的行为，切实维护宪法

---

① 此稿完成于 2004 年 10 月，是作者在清华大学法学院读书时写的毕业论文。此稿曾被清华大学法学院评为优秀论文，2009 年被河北省人大一次研讨会论文收录。

② 参见《信访工作要与人大常委会的监督工作紧密结合》，载《人民日报》2004 年 8 月 5 日第 4 版。

和法律的权威。要依法加强对国务院、最高人民法院和最高人民检察院工作的监督，促进行政机关依法行政、审判机关和检察机关公正司法。"① 这里的监督，同样包括了地方国家权力机关对同级司法机关工作的监督。但一定要注意，权力机关对错案的监督最好是建议启动诉讼程序，而不是直接代替司法机关对案件的侦查、起诉和审理，具体侦查、起诉和审理工作，仍由各司法机关依照法律的规定来进行。还有，地方国家权力机关对司法工作的监督除了错案监督以外，还有许多，比如执法检查、部门执法责任制、报告审议、代表评议、述职评议、官员任免和工作考核，以及向违法的司法机关及其工作人员发出法律监督书等。

1. 概念、性质和作用

根据我国《宪法》规定：地方国家权力机关，是指县以上各级人民代表大会及其常务委员会。我们对地方国家权力机关对司法工作监督的概念定义，应当源于我国宪法和法律的规定及其多年司法监督的实践活动，而不是到本本上和国外的资料上去找。说到概念问题，它是反映客观事物的一般的、本质的特征，任何一个概念的确定，都是人们在认识某一客观现象和反复实践的过程中，把所感觉到所认识到的某一事物的共同点抽出来，加以概括，并用于指导实践的理论性思维成果。这有三层意思：其一，概念是对客观事物一般的、本质的规律揭示；其二，它是对某一领域诸多客观现象尤其是实践过的行为现象的归纳和提升；其三，这种归纳和提升，即理论思维成果能转化形成它的实践活动，能用于指导实际工作的开展。如果不具备这样的三点要素，它就不是一个准确的或者说完整的定义概念，至多算上一个词语而已。那么，地方国家权力机关对司法工作监督的概念如何定义呢？笔者认为，应当这样表述：它是指监督主体即县以上各级人民代表大会及其常务委员会依据宪法和法律规定的权限，对司法机关履行职责情况进行的一种检查、监察、督促和指导，以及由此而形成的各种法律要求的总称，包括听取报告、接受告知、派员调查、评议、考核、弹劾、质询、询问、提出建议和行使处分权力，等等。按照现代汉语和学者的通论，"监督"的本意是指了解情况和督促劝阻之意。"监，为监察、观察和监视之谓；督，有督察、督促和劝阻之意。"② 不过，笔者对地方国家权力机关监督司法工作所下的定义并没有局限于此，而是按照上面所讲的概念的三个层次要求，按照现行法律规定的精神、实践情况和发展的要素来确定

<hr />

① 参见《吴邦国委员长在十届人大会议闭幕会上讲话全文》，载《新华网》2003 年 3 月 18 日。
② 高建刚、赵轶榜、杨妙伟：《国家追诉与法律监督关系新论》，载《国家检察官学院学报》2001 年第 1 期。

的。通论的"了解情况和督促劝阻之意",只能包括监督权中的知情权与督促权,而不包括调查权和处分权的内容,显然,它是一个很不完整的概念。

地方国家权力机关对司法机关工作行使监督权,从内在本质上说,它是我们国家民主政治的一种必然要求,是《宪法》规定的人民享有充分权利的一种本源回归,更是一切权力属于人民的一种制度性保障措施;从外在特征上讲,地方国家权力机关对司法机关工作的监督,首要的表现是它的权力行使具有法定性和强制性的特点,前者指的是主体在行使职权时必须要有法律规定和授权要求,后者指的是其所作的决议、决定等司法机关必须执行,这是其一。其二,地方国家权力机关对司法机关工作的监督,具有明显的不平等性和单相性特点,也就是说,监督权是主体所具有的专享权力或者说是一种"霸权",监督者和被监督者不在同一个权力层面上,比如决议、决定只能由主体做出,而不能由被监督者逆向做出。其三,要有一定的形式和载体,不管是决议、决定或评议也好,还是一些批评、建议或弹劾也好,都要按照法律规定的程序来办,一般都要通过书面形式来表达,而不能用口头的形式来表达,以示严肃,且便于遵循和查考。当然,要做到这一点,目前在人大还没有具体的成文规定,但我们研究这个问题,不能受此限制,要从应然性和规律上来把握,以引起当权者的注意,并被采纳,转化成法律、法规。如上所述,地方国家权力机关对司法机关工作监督的性质,是一种具有法定性、授权性、不平等性和单项性的一种权力。说到实质上,是主体(地方国家权力机关)通过监视、察看、督促、督导和处分等具体活动,将被监督的客体(司法机关)的全部活动置于自己的全部了解和控制之下,并保证其严格履行职责的一种权力行使活动。

从地方国家权力机关对司法机关工作监督的概念和性质确定,不难看出它的作用在于以下几点:一是通过人大的权力功能来对司法机关的权力进行制约、制衡,确保司法机关严格依法办事,履行好法律对自己规定的职责要求;二是通过保障法律的统一正确实施,建立起国家法制的权威和司法机关的威信;三是通过国家法制权威和司法机关威信的显现,来引导人们树立起法的理念和崇拜精神,尊重法、敬仰法和惧怕法,进而养成依法办事的习惯,推动社会的进步、文明和发展。单一制国家结构形式的特点,也决定了地方国家权力机关应当有这种权力的设定。从这两种权力所处的层面上讲,它也是一种"大公权力"对"小公权力"的制约、制衡,且这种制约、制衡具有独霸性,也就是说,只有人大权力机关才有对司法机关的监督这种独霸性的权力,而其他任何机关都没有这种权力,否则就是对法制的破坏。

和其他任何一项权力的行使一样,在看到地方国家权力机关对司法工作监督作用和功效的同时,也必须看到监督权行使时可能产生的负面作用。比如,由于强调地方国家权力机关的"独霸性"，而有可能影响或减弱其公平与公正性，包括程序性等。还有，由于强调权力机关的监督，进而影响到司法机关工作的主动性、积极性和创造性。以上这些，都是我们应当注意和认真解决好的。否则，人大监督就会失去它的应有作用和意义，乃至走向它的反面。也正是基于此点因素的考虑，笔者在本文后面提出了权力机关要加强自身建设的一些问题，尤其是提出了被监督者（司法机关）的权利、义务要一致起来和得到实现的问题。

2. 特征

一事物的特征是一事物内在性质的外在表现。地方国家权力机关对司法工作监督的特征，是其对司法工作监督性质和作用的表现。概言之，它的特征主要有六种：即监督的专门性、法律性、权威性、程序性、救济性和事后性。具体来说：

（1）专门性。就是说有权监督司法机关活动的只能是各级权力机关，而其他任何机关都没有这一职权，也就是说，地方国家权力机关是监督司法机关的唯一机关，其他任何机关都不能行使对司法机关的监督之权。这是地方国家权力机关在监督司法机关时的内在特征或者说其独霸性内涵的表现。

（2）法律性。主要有这样几层意思：地方国家权力机关对司法机关活动的监督必须依法进行，必须按照规定程序进行；监督的内容是法律对司法机关的授权内容，主要是看法律对司法机关规定的权限是否履行了，履行的质量如何，以及是否有超越职权范围的现象发生。之所以这样要求，是因为宪法、法律赋予人大及其常委会的监督之权内容明确，如果不强调这样几层内容，就有可能使监督之权产生"异化"现象，起不到应有的监督作用和效果，也不利于国家法律的统一实施。

（3）权威性。人民代表大会及其常委会对司法机关的工作监督具有法定的强制力，司法机关必须绝对服从，而不允许以任何借口、理由而不执行。之所以这样，从根本上说，也是由其机关代表广大人民群众根本利益特点和其职务活动是对法律的一种适用所决定的。当然，司法机关在执行、服从的同时，如果认为权力机关所作出的决定有重大失实和违法现象，也应当积极向权力机关反映，要求更正。

（4）程序性。程序性是构成它的专门性、法律性和权威性的有机组成部分，更是监督权行使公平、公正的重要保障。在现代科学、民主和法制社会里，程序性是构成一切实体公正实现的前提条件，地方国家权力机关对司法机关的活动监督也是如此，没有严格的程序性，其他一切无从谈起。

（5）救济性。地方国家权力机关对司法机关工作的监督主要是为了救济公权力行使过程中对私权利所造成的各种侵害。从这一点上讲，救济性也可以称之为它的目的性，比如，监督公安机关、检察机关①的侦查者，为的是避免侦查人员的失误、枉法，保证所收集证据的充足、可靠、合法，迅速、及时、确保按程序查明真相，在法庭上胜诉，追究涉嫌犯罪人或被告人的刑事责任；监督检察人员，为的是实现"强化法律监督，维护公平正义"的主题，确保国家法律的统一实施；监督审判者，为的是避免审判人员的失职、枉法、保证审判的公正，按程序进行，使判决公平，避免冤枉无辜和放纵犯罪的现象发生。

（6）事后性。地方国家权力机关对司法机关工作的监督，应当是一种事后性的监督。之所以强调它的事后性特点，主要是为了保证司法机关和干警充分发扬主观能动性，运用自己的聪明才智，依法办案、公正办案和效率办案，且使《宪法》和《刑事诉讼法》规定的"独立行使职权，不受任何机关、团体和个人的干涉"原则落到实处。把握监督的事后性特点，可以纠正现在一些地方人大的许多不正当现象，比如要求检察机关的立案报批、要求审判机关审理期间的汇报等。

地方国家权力机关对司法工作的监督，有时也表现出请求性的特点，但由于它不是贯穿在整个监督活动之中，不具有一般性和普遍性特点，故不列入其特征里面。笔者认为，将专门性、法律性、权威性、程序性、救济性和事后性作为它的固有特征，是比较合适的，符合监督理论的一般要求。

（二）地方国家权力机关对司法工作监督之权的构成要素及其行为合法性标准

1. 地方国家权力机关对司法工作监督之权的构成要素

按照《现代汉语词典》的解释："要素是构成事物的必要因素。"② 这种因素的限定是缺少其中的任何一项构成会导致事物的不复存在，如果缺少其中任何一项构成，事物还照样存在，那么它就不是要素内容。按照这样的标准来确定一项完整的地方国家权力机关对司法工作监督权的构成要素，应当具有这样的三点内容：一是知情权，二是调查权，三是处分权。这三项权力，如果缺少其中任何一项，地方国家权力机关对司法机关工作的监督就不会是全面的，

---

① 按照现行宪法和法律规定，人大权力机关监督是不包括公安机关侦查活动的，笔者在此之所以写"公安机关、检察机关"，是因为我国《宪法》和《刑事诉讼法》中有"各司其职，分工负责，互相配合"的要求。从改革角度讲，人大权力机关对司法工作的监督，应当将公安（安全）机关纳入其内，故在此这样行文。

② 中国社会科学院语言研究所词典编辑室编：《现代汉语词典》，商务印书馆 1979 年。

就不会有很好的效果，乃至使监督权力落空。现实生活中，恐怕连老百姓都知道这样的道理，即谁会永远听取对他没有处分权功能的人的话语呢？这也许是一般规律了，或许是人本身存有的劣根性使然。

（1）知情权

简言之，就是监督者应当知道被监督者的各种情况和活动的权力。具体地讲，应当包括三方面内容：一是通过听取被监督对象的汇报掌握实际情况，如听取"两院"工作报告和专题报告；二是人大及其常委会自己去考察、调研来掌握"第一手"情况，如视察、执法检查等；三是通过听证和考核制度的建立，定期或不定期掌握司法机关的一些情况。在实际工作当中，知情权往往是和建议权、审议权紧密相连的，或者说知情权就包含着建议权和审议权，因为知情不是目的，目的是履行职责，行使监督权。

（2）调查权

就是地方国家权力机关在行使知情权时，被监督对象没有很好地履行或拒绝履行告知、定期或不定期汇报等义务，权力机关认为被监督对象存有需要搞清楚的重大问题，根据严格按法律和职责需要，由监督者自行组织力量来调取信息、了解情况和查明事实的一种权力。注意，权力机关在行使调查权时不是对个案之对错来行使侦查、检察和审判活动，而是侧重于司法机关对人大的应作为而不作为的其他情况，且有可能影响公正执法时的一种调查活动。不过，这种调查权一般不轻易启动，必须是有很大影响性和典型性的司法事件，经人大常委会集体研究，组成调查组，才能去进行。实践证明，人大权力机关的调查活动，效果大都比较好。

（3）处分权

这里的处分权应当包括两方面的内容：一是奖励，二是惩罚。奖励是监督主体根据司法机关工作的成绩，依照法定条件和程序，对司法机关给予物质的或精神的奖励行为，也包括建议党委对一些人的提拔使用；惩罚是监督主体对司法机关应当做的行为而没有去做，或没有做好，监督者依照有关法律、法规给予司法机关相应惩处的行为，包括通报、批评、人员罢免，以及建议等。

明确地方国家权力机关监督司法机关权力的构成要素，意义重大。它是加强人大监督、增强监督实效和提高监督权威的应有之意，也是完善人大法律制度的有机组成部分。不过，在研究地方国家权力机关监督司法机关工作之权构成要素的时候，有一点应当特别指出来，即现在各级人民代表大会对"两院"报告的审议形式和权限问题，以代表记名或无记名的办法对"两院"报告表决，很值得改进和研究。笔者一直认为，权力机关和司法机关都是执行宪法和国家法律，可以在人代会上讨论"两院"报告，可以提出建议，使"两院"

改进工作，但对报告表决通过与否，是不是有违背宪法、法律和实际情况之嫌？这是因为，众多不懂法律的代表，在几天内对专司法律的"两院"报告作出肯定或否定的评价，很难做到公平与公正，显得有点草率。

在研究地方国家权力机关监督司法工作权力构成要素的时候，笔者还想提出不同层级权力机关的"别权"问题。"别权"是什么？它是指一种适合自己能力、水平和场合的权利（力）行使活动的总称，包括人代会及其常委会，也包括代表、委员权利（力）行使在内。在我们这样一个泱泱大国里，各种情况非常复杂，要想真正发挥好权力机关的作用，应当很好地研究一下"别权"的问题。根据笔者的多年思考，窃以为在省一级，特别是在中央级人代会上，人大代表有发言权、建议权和批评权等无可非议，但对决定权的行使应当慎之又慎，应当有严格的程序规定，因为每一位代表的经历、能力和素质很不一样，有的只是能代表开会，而不能代表议政，加之大多数人又不可能对某一专门问题有透彻了解、掌握，仅凭感觉进行的表决，其准确性可以想象，也显得不负责任。在省辖市和基层县（市）区一级，人大代表权利（力）的充分行使，是合适的，因为他们了解实际情况。从马克思主义哲学原理来讲，也应当这样来设定权利（力）的运作模式，因为越向基层社会和人群，"客观作用于主观"的因素更接近些，相对正确的思想、理念和行为来源于他们；而在省、中央级，特别是在中央一级，更应当体现的是"主观作用于客观"，也可以说是上层建筑作用于经济基础。就权力机关的作用而言，省和中央一级，重要的是在人代会闭会以后，发挥好常委会组成人员和专门委员会委员的作用。一些重大事项的决策，如果能吸收众多专门委员会委员的意见，让他们进行表决，效果会更好些。当然，这样的话，对专门委员会委员的遴选，就要有特别的程序和条件要求了。

2. 人大权力机关监督行为合法性的标准

地方国家权力机关行为的合法性要件，是指其做出合法行为或衡量其行为所必须具备的法定条件是什么。提出这个问题，旨在规范权力机关对司法机关的监督行为。主要有以下五点：

（1）行为主体合法。地方国家权力机关对司法工作进行监督，首要的是行为主体合法，即必须是以地方各级人民代表大会或其常委会的名义出现的，或者由其会议决定派出的专项调查组织，否则其主体的不合法性就有可能存在。在实践中，常有人大内设机构（或说部门）对司法机关要求这样或那样的行为，或某些人大领导对司法机关的专门批示，虽然这些要求或批示对司法机关的活动也有一定的参考作用，但并没有由主体所作出的决定那样必须服从和强制性的特点。

（2）行为权限合法。只有权限合法的人大监督行为，才是合法的监督司法机关的行为。这就要求：权力机关监督司法机关的行为，必须是在权力主体法定权限内所作出的行为，超出法定权限范围内的监督行为是无效的，更是不合法的。也就是说，主体一定要在法律对自己授予的司法事物管辖权、地域管辖权和级别管辖权的范围内，对司法机关作出一定行为或不作出一定行为。换句话说，权力机关只能对由它产生的司法机关有司法工作监督之权，一般情况下，包括对下级司法机关的工作监督，都应当通过下级相对应的权力机关去办理，而不能直接作出，否则，就有可能妨碍下级权力机关的正常工作，乃至引起混乱。这是一点。再一点，地方权力机关监督行为的实施，必须是保障没有滥用职权的情形出现，如果有各种不良因素搀杂期间，不仅监督行为无效，情节严重的还有可能构成妨害司法罪。

（3）行为内容合法。只有内容合法的监督行为，才是合法的权力机关监督行为，这就要求：第一，监督行为具有事实根据，意思表示真实、完整和确定。第二，抽象监督行为具有法律依据，具体监督行为适用法律、法规的正确，比如对某些人员的罢免或处理，就都要求这样。第三，监督行为的目的符合立法的本意，而不能曲解立法的意图或背离法律的宗旨和原则。

（4）行为程序合法。只有符合法定程序的监督行为，才是合法的监督行为。这就要求，监督行为既要符合权力机关组织、程序规定的基本顺序原则（如处理"两院"人员时，要先取得相关证据、查证属实后，再进行讨论研究，作出处理决定，并允许申诉，一定期限内生效），又要符合监督程序的制度性要求（如听证制度的说明理由制度，征求意见制度等）。

（5）行为形式合法。只有形式合法的监督行为，才是合法的监督行为。这就要求监督行为必须具备法律要求的形式。比如人代会上对"两院"报告的审议通过，必须有各代表团的意见，必须无记名投票，以及必须以决议的文字形式公告等。这里再次强调的是，在人大代表会议上对"两院"报告的审议方式，有需要研究和改进的地方，因为从实质上讲，这样的审议形式显得非常不负责任。

二、地方国家权力机关监督司法工作的手段和措施

地方国家权力机关对司法机关工作的监督手段和措施，不外乎会议、检查、评议、述职、考核、调查、处理和表彰几种形式。

（一）会议

《现代汉语词典》对"会议"一词的解释是，"有组织有领导地商议事情的集会"，可见"会议"有工作手段之意。地方国家权力机关的会议监督，有一年一度的代表大会和定期、不定期的常委会。代表大会监督，主要有质询、询问和听取"两院"工作报告以及审议等。质询是我国地方国家权力机关监督"两院"工作的重要形式，《宪法》、《全国人民代表大会组织法》和《地方各级人民代表大会和地方各级人民政府组织法》等对此都有涉及，但规定的并不完善、规范。"询问是 1982 年法律赋予人大代表在会议上行使的权利，主要用于审议各种议案了解情况时所用，其与质询有较大区别，不完全是通常意义上的监督"，① 或任命司法机关新的领导人。听取"两院"工作报告，是人代会监督司法工作的一种重要形式或手段，是必须进行的一项工作。定期、不定期的常委会监督，主要是听取"两院"某一阶段性或专项性工作情况。还有，对"两院"符合法律职务条件人员的任命，也要通过人大常委会来决定，实际上这也是一种监督。

（二）检查

地方国家权力机关对司法机关工作的检查，主要限于执行程序法方面的内容，涉及实体法方面的内容由"两院"自行解决或上下级依法解决。如检察机关批准逮捕决定正确与否，撤、立案法定条件的正确与否，审判机关裁决的正确与否，民事调解的正确与否等，"两院"自己或上级院可依照法律规定的程序自行纠正，而人大权力机关不宜直接介入其内。一般的工作检查，主要是对"两院"执法过程中遇到问题的检查，以便按照程序逐级汇总到最高权力机关，通过司法解释或立法的办法加以解决。实践当中，有些地方国家权力机关也常常对自己安排部署的各项工作进行检查，如区域性"严打"或对某一专项工作"整治"等，也包括一定范围内的人事教育整顿等。

（三）评议

人大评议司法机关的工作，一般都是和半年或一年的考核工作同时进行的。但一定要注意，评议和考核并不是一回事。评议有时也可以由司法机关自己提出，比如主动请求监督自己的权力机关就自己所做的某一项工作提出评议意见，对此，权力机关可以表态也可以不表态；而考核则不然，考核的主体是

---

① 高咏沂：《质询和询问专题研究》，载《人大监督专题研究》2002 年 10 月。

权力机关，对象是司法机关，考核的内容、标准和主动权等，都是由权力机关掌握的，而不是由司法机关掌握的，它在评议中是被动的角色。还有，评议不一定和奖惩"挂钩"，而考核大都要和奖惩"挂钩"，或物质、精神奖励，或提拔、重用等。

（四）述职

权力机关要求司法机关或领导人述职，分为一年一度的整体工作述职和某一单项工作完成情况的述职。整体工作述职，是指司法机关根据单位"一把手"对自己的分工，向人大报告自己干了些什么，干得怎么样，还存在什么问题，原因是什么，并接受权力机关评议、考核的一种职务活动。单项工作述职，是司法机关对人大安排的某一项工作报告干得怎么样，还有什么问题，原因是什么，并接受权力机关评议、考核的一种职务活动。单项工作述职，可安排在工作进行中，也可安排在工作结束之后。

（五）考核

考核是根据法律对司法机关的职权规定，由权力机关对其执行情况和完成情况进行考评的一种活动。一定要注意，考核的标准不是由人大制定的，而是由法律或各自最高司法机关制定的。人大通过考核的办法，旨在督促"两院"认真执行法律规定或各自最高司法机关制定的工作标准。发现有成绩突出的，依法给予奖励表彰。有严重渎职或违法现象的，予以纠正或进行适当的惩处。

（六）调查

调查权是人大机关履行自己监督职责的一项重要权力。调查可以是对发现、怀疑的某一重大问题进行调查，也可以对安排的某一专题、专项工作进行调查，前者有人称之为特别问题调查，可成立专门委员会，后者是一般的常规性调查。无论哪一种调查，都是为了摸清实际情况，进而把握事实、证据和事情的原委，以进行正确的监督决策，确保监督工作的健康进行。

（七）处理

处理是和调查权紧密联系在一起的，处理要重事实、重证据、重程序和重法律规定。人大对司法机关处理事项的内容，有违纪方面的，也有违法方面的，具体表现形式有对单位的处理，也有对具体人的处理。对单位的处理主要有通报、提出不信任案、质询等，对个人的处理主要有警告、记过、记大过、开除、罢免职务等。构成犯罪的，要指令有关司法机关处理，并要求及时反馈情况。

（八）表彰

表彰一般和检查、评议、述职、考核都有直接关系。一般情况下，没有检查、评议、述职、考核，就谈不上表彰的问题。这里的表彰，可作广义理解，包括记功、嘉奖、授予劳动模范和向党委组织部门建议提拔、重用干部等。

三、加强地方国家权力机关对司法工作监督的措施

提高地方国家权力机关对司法工作的监督水平，可以有许多内容，其中主要的是必须明确监督的对象及其权利、义务，必须明确监督的内容是什么，必须明确监督工作的改革方向等。

（一）关于监督的对象及其权利、义务

1. 权力机关所监督的对象

通说认为，只有法院、检察院才是司法机关，而公安机关、安全机关和司法行政机关不是司法机关，对此，笔者一直持不同观点。窃以为，法院、检察院、公安机关、安全机关、司法行政机关（主要是劳改劳教部门），乃至律师系统，都应当列入司法机关的范畴。理由是：我们都接受中国共产党的统一领导，都执行国家制定的统一法律，都由国家统一支付薪水，都参加统一的司法考试。值得一提的事，现在的律师已大部走向社会，但笔者认为国家对此并不是一个明智之举。律师走向社会，弊大于利，司法腐败之风大都是由他们一手造成的。细究之，哪一个腐败的法官、检察官不和他们牵扯在一起。这笔"学费"太昂贵了，而且是一个无底洞，至今还在延伸。根据我们国家的历史和国家对司法格局的配置情况，应当将法院、检察院、公安机关、安全机关、司法行政机关（主要是劳改劳教部门），乃至律师系统，都划入司法机关的范围，且各个机关从上至下自成体系，人、财、物统一由其全国最高机关调配、拨付。他们的工作情况，都向地方国家权力机关报告，主要人事任免等也由地方国家权力机关履行任免程序，形成具有我国特色的司法框架体系，自立于世界法制之林。当然，这涉及修改《宪法》的问题。市场经济的要求、特点和规律，决定了各司法机关自上而下独立的必要性和重要性，不然，地方保护主义和司法腐败之风难以从根本上得到治理。和地方党委分离，并不是和党中央分离，这更有利于贯彻党中央的方针、政策，更有利于使党的主张即法律得以

统一、系统和全面实行。

2. 被监督者的权利、义务

目前，一直没有人专门谈及被监督者的权利、义务问题。实际上，这是解决好地方国家权力机关监督司法机关必须要弄清楚的一个问题，否则单一强调监督和被监督，久而久之会走向极端，乃至使监督"走样"。那么，作为被监督者的司法机关，他们的权利、义务都有哪些呢？明确它们的权利、义务又有什么作用呢？

（1）被监督者（司法机关）的权利

根据我国有关法律、法规的要求，作为被监督者的司法机关，它应当享有下述六项权利：

①参与权或叫了解权。如司法机关参与地方国家权力机关有关法规、规章及相关司法政策的制定等，了解一个时期地方国家权力机关的工作重点或重要活动等，以便有针对性地开展工作，确保司法机关工作的法律效果、社会效果和政治效果的统一。

②批评、建议权。批评、建议权是《宪法》规定的一项权利，包括上对下的批评、建议权和下对上的批评、建议权，也包括平行机关之间的批评、建议权，这是一个成熟的科学、民主和法制国家的重要标志。作为一个本应接受人民监督的国家权力机关，也应当接受包括自己监督对象即司法机关批评在内的所有批评中的正确部分。这里，有必要援引斯大林论及批评与自我批评的一段话，他说："要是你们要求他们的批评百分之百正确，这样你们就取消了来自下面的一切批评的可能性，一切自我批评的可能性。正因为如此，所以我认为，即使批评只有百分之五至百分之十的真理，那么这样的批评也应该欢迎，应该仔细倾听，并领会其健全的核心。再说一遍，要不然你们就会堵住成百成千忠诚于苏维埃事业的人们的嘴巴。"①

③陈述、申辩权。司法机关在接受权力机关的监督时，如果发现与自身职责履行有关，特别是不利的行为、且有可能影响严格执行国家法律时，允许司法机关陈述自己的意见、看法，提供有关证据材料，进行说明和申辩，其积极作用和意义不言自明。

④申请复议权。目前，我国只有行政复议方面的法律，而对权力机关的行为能否复议没有规定。实际上，对地方权力机关对司法机关的事或人所作出的决定行为不服的，应当有申请复议之权。

---

① 斯大林：《论中央委员会和中央监察委员会四月联席全会的工作》，原载《联席布尔什维克报刊文集》，人民日报社1954年版，第314～315页。

⑤请求赔偿权。如果司法机关或司法干警因为权力机关的错误监督而造成损失的，应当规定有权请求权力监督机关赔偿的内容，以增加权力机关的责任心。

⑥抵制违法监督行为。司法机关如果发现地方国家权力机关的监督属明显违法或重大违法的监督行为，有权依法予以抵制，并向同级党委和上级司法机关反映，以求得支持和改正。

（2）被监督者（司法机关）的义务

根据我国有关法律、法规的要求，作为被监督对象的司法机关，它应当享有下述六项义务：

①服从权力机关管理的义务。地方权力机关的性质，监督与被监督的关系，决定了司法机关具有服从权力机关管理的义务。主要是遵守权力机关制定的地方法规、规章和其他规范性文件；执行权力机关所作出的决议、决定；履行权力机关法定的各种义务事项。

②维护权力机关声誉的义务。司法机关产生于权力机关，有对它负责、向它报告工作的内在要求，决定了二者系命运共同体，这样，就要求司法机关要时时刻刻维护权力机关的声誉，一切从大局出发，着眼于整体效果，而不要因为强调自身情况而耽搁权力机关的活动安排。

③参与权力机关活动的义务。这方面的内容比较多，凡是与工作有关的权力机关的活动，司法机关都应当积极参与和配合，而且不能有任何条件要求和出现落后的现象。

④接受权力机关监督的义务。权力机关对司法机关的诸种监督手段和措施，如调查、处理、通报、考核、述职等，司法机关必须接受、配合，而不能有任何不满的情绪或抗拒的现象发生。

⑤提供真实情况和信息的义务。是指司法机关在接受权力机关的监督时，对于权力机关所要求提供的各种信息资料，一定要保证其真实、准确和及时性，如果故意提供虚假信息资料的，或故意超时限的，要承担相应的法律责任。

⑥遵守法定要求和程序的义务。地方权力机关对司法机关的监督活动，有的内容是法律明文规定的，有的内容是必须履行的，对此，司法机关必须不折不扣地执行好，而不允许有任何的变更或拒绝的举动出现。

明确被监督者的义务至少有这样几个方面的作用和意义：其一，有利于司法机关自身权力的正确行使，因为从理论上讲权利是保障权力的先决条件。其二，有利于人大权力机关权力的正确行使，多听听自己监督对象的意见，有利无害，有助于保证决策的正确性和科学性。其三，是一个国家和社会进步和文明的象征。中国社会主义制度的先进性，决定了我们对人大权力的配置、行使和司法权力的配置、行使应当是协调一致的，而没有什么"超然"的权力存在，或"强权"的现象出现。

（二）关于监督的内容

地方国家权力机关应当监督司法机关什么？简单地说，司法机关应当干什么，人大权力机关就应当监督什么，但监督并不等同于你代替人家亲自去干，这是必须弄明白的一个问题。否则，国家对两个机关的职责划分就没有什么实际意义了，更没有什么大、小之别了。笔者认为，地方国家权力机关对司法机关工作监督的内容，应当限于以下几个方面：

1. 对司法机关一些抽象性行为的审查

这里指的抽象性行为，是指司法机关根据法律的规定和最高司法机关的解释、规则和文件要求，结合自己的实际情况所制定的各种规范性文件的总称，包括各种规则、规章、制度和要求等。为了确保国家法律的实施，确保最高司法机关制发的规则、解释和文件落到实处，地方国家权力机关应当定期或不定期对司法机关制定的各种规范性文件进行检查和审查，发现问题，及时纠正，以维护国家法律的尊严。

2. 对司法机关一些重要事项的掌握

重要事项掌握，主要是指就司法机关执法情况、办案质量情况、人员尽责情况和对人大机关决议、决定事项的落实情况等进行掌握。掌握的方法、途径，主要有检查、评议、述职、考核、调查等，具体内容前面已经论及。

3. 对司法机关一些重要事件的调查

包括正面事件和反面事件在内。正面事件，比如发现的优秀办案人物、某一重大改革成果等，如果要树立典型和推广经验，都要事先进行调查核实，以防止失误和错误的发生，造成不好的影响。反面事件，比如接到的重大举报、处理的错案等，如果认为必要，都可以派员进行调查，还事实以本来面目。调查后的"反面事件"，不一定就是反面的，有时往往是正面的、正确的。这里一定要注意，对调查的正、反面事件，只要对方不是故意的，尽管有这样那样的出入，不要轻易怪罪对方，以防阻塞言论的现象发生。

4. 对司法机关一些人事的任免、罢免

司法机关一些人事的任免、罢免，有些是必须经过权力机关的，如现在的"两长"通过、审判委员会委员、庭长、法官、检察委员会委员、检察官的任免，都要经过人大权力机关履行手续。有些虽不经过人大权力机关履行手续，如检察院的处、科长，人大权力机关仍然可以监督，以确保司法机关中层领导干部的质量。

5. 对司法机关一些涉法问题的管理

司法机关涉法问题管理比较多，比如在上访过程中发生的突发事件、由于案件处理不当而导致的重大事故等，作为监督机关的人民代表大会或常务委员会，如果发现或有代表提出的，都应当列入监督的范围，及时查明，并做出妥善的处理。

6. 原则上不涉及个案内容

近几年，由于司法腐败现象的日益严重，加强人大对司法机关工作监督的呼声日益高涨。在这样一种背景下，不少人主张人大可以对"两院"的一些个案进行监督，有的地方人大甚至还出台了个案监督的具体规定。从理论上讲，凡属个案性的监督都应当"刹车"，因为实行个案监督至少有以下几个问题："一是人大对个案进行监督，缺乏必要的法律专业人员。在中国，人大代表中熟悉法律的人微乎其微。可想而知，由不懂法律的人对具体案件进行裁判，其结果会是怎样。二是实行个案监督可能导致程序上的不公正。对个案提出监督的往往是各级人大代表，这些代表或是与一方当事人有特殊的关系，或是听信了他们的主张和理由。有持一方观点的人大代表参与个案监督，显然是违反了'任何人不能当自己的法官'的基本原则。三是目前'两院'系统都有一套自身的监督体系，如果再建立一套监督体系，两者的衔接会有很大的问题。"① 不过，也有人认为，"权力机关既然能够监督司法机关对宪法和法律的实施，当然要监督司法机关适用法律处理案件工作，也会涉及具体案件。监督司法机关涉嫌违法的具体案件，不仅仅是为了纠正具体案件，更主要的是通过对具体案件的监督进而监督宪法和法律的实施，监督司法机关的工作"。② 在当前和今后相当一个时期，笔者认为，后一种观点是有现实意义的，但对司法机关涉嫌违法的具体案件的监督，必须严格控制数量，只监督那些社会影响大、群众反映强烈的"重大违法案件"。否则，势必影响国家对不同权力机关的权力分配、运做差异和司法机关的工作积极性。

（三）关于改革的方向

和其他任何工作一样，地方国家权力机关对司法工作的监督，也有一个不断完善和改进的问题，但怎么完善、怎么改进，需要研究，需要把握要点。笔者认为，地方国家权力机关对司法工作监督的改革，主要应当把握住以下

---

① 甘雯：《关于司法公正的几个基本问题》，载《中国法学》1999年第5期。
② 尹中卿：《人大监督专题研究引论》，载《人大监督专题研究》2002年10月。

几点：

1. 坚持党对地方国家权力机关的绝对领导

我国的人民代表大会制度是在党的领导下建立起来的，也只有在党的领导下才能得以坚持、完善和发展。说到坚持党对国家权力机关的绝对领导问题，有些人总有这样那样的看法，其实错了，大错而特错了。在我们这样的一个国度里，是以毛泽东同志为首的一批中国共产党人，站在时代的最前列，用铁的手腕推翻了旧的社会制度，建立了新中国，使中华民族屹立于世界民族之林；是以邓小平、江泽民和胡锦涛同志为首的中国共产党人提出的解放思想、实事求是、改革开放和与时俱进的大政策，使徘徊几十年不前的中国又获得了新生。历史已经证明，只有在党的领导下人大工作才会有朝气，有作为，才能承担起对司法机关工作监督和矫正的历史重任，进而推动和保障"依法治国方略"的真正实施。当前和今后一个时期，党对人大权力机关的绝对领导应当着重做好以下几项工作：一是要高度重视对人大常委会干部的配备，要像给党委和政府配备干部那样来通盘考虑。不能说重视人民民主的国家权力机关，结果在人事安排上搞一个弱势班子，一个弱势班子去监督一个强势系统，一个不懂专业的班子去监督一个专业部门。二是要适当增加专职驻会委员的比例，强化专门委员会建设，以提高监督工作的质量。三是党的主要领导要经常深入人大机关，与党组成员沟通、交流，了解掌握他们的思想和工作状况，解决他们工作中的疑难问题，支持他们依法履行好自己的职责。四是要通过党组织的坚强领导作用，不断加强对人大监督工作的科学化、民主化和法制化的建设水平。

不过，强调党的绝对领导也必须加强党的自身建设问题。"在现代社会，神治、德治和人治都逐渐失去了基础，法治成为主要治道。"① 我国古代大思想家老子就说过这样的话，他讲："天之道，是损有余而补给那些不足的人；而人之道恰恰相反，是损那些不足的人来补充就已经多余的人。"② 这里讲的"天之道"和"人之道"并非仅仅字面之意也，而是有着深刻的治世哲理的，"天之道"，笔者理解就是今天我们讲的"法治之道"；"人之道"，就是今天我们讲的"人治之道"。那么，随着依法治国方略的实施，中国要想真正获得发展，作为执政党的中国共产党必须不断改进自己的执政方式和领导水平，用强有力的手段调整社会结构、社会关系和社会价值，以适应现代社会的发展需要，否则就会落伍。从党的性质来说，她除了广大人民的根本利益以外，而没

① 高鸿钧：《现代法治的困境及其出路》，载《法学研究》2003 年第 2 期。
② 《中华上下五千年》，沈阳出版社 1988 年版，第 117 页。

有任何的私利可求。实际上，加强党对地方国家权力机关的绝对领导，二者并没有什么根本的厉害冲突，只能是更有利于人大的各项工作开展。

2. 体现本土法律文化建设的需要

王维达先生在其《论公民在公共行政中的参与程序及其在中国的发展》①一文中，曾经用过一个叫"内源式发展"的概念，如果把这个概念用在我国地方国家权力机关对司法机关工作监督的改革上，也是十分恰当的。"所谓内源式发展，就是既要实现发展，又不异化，更不可破坏或歪曲各国人民的文化特征。"内源式发展，就是要求将本民族的文化当作自身创造性的环境与源泉，并在这样一种基础之上，有选择、有批判地吸收外来文化，为我所用，而不是我为它用。这用在我国各方面的改革事项上，都是非常正确的一项重要原则。不管是哪一个国家的哪一项改革，一切照搬外国体制和模式的尝试无不以失败而告终。这是因为，外来的一些体制和运作模式往往与本国的文化传统发生摩擦和冲突，不仅不能发挥其在现代化过程中的强大推动作用，而且往往相反，成为某一项事业发展的阻力。就司法监督体制而言，唯有根据我国人民的内在文化价值和潜在的文化资源来设定，探索具有自身发展特色的司法监督体制和运作模式，才能充分、有效地调动和利用我们国家包括文化资源在内的一切潜在资源，真正取得发展的成功。比如说，我国地方国家权力机关对司法机关监督对象的确定，由于大多数人认为司法机关仅指"两院"，而公安、安全和司法劳改系统不是司法机关的范畴，因而对他们谈不到人大司法监督的问题。之所以出现这种情况，是有人照搬了国外的一些东西。从理论上来说，司法权是一种"两造"判断权，现在我们国家法律的办案权限设定，是分别授予几家的，从侦查、起诉到判决的各个环节，"两造"判断贯穿于始终，就是判决了，如果认为错了还有检察院的抗诉规定，这都离不开"两造"判断的成分，所以说，我国的司法权并非法院一家独享。这是其一。其二，从世界存在的多样性方面来考虑，我们国家的人民代表大会制度不同于西方的议会制度和总统制度，我们不搞"三权"分立，我们的立法、司法和行政"三权"设定有自己的特点，符合我国实际。试想，如果每一个国家都完全"接轨"，都按照一个模式运行，那还叫世界吗？还叫各个主权国家吗？应当讲，正是各个不同国家的不同政体、不同国体现象的存在，才构成纷繁复杂的世界。个性和共性统一的哲学原理，同样适用于这里，应当成为各国政治家研究和确定自己国体、政体存在和发展的理论指导。其三，也不是说目前我们的司法格局设定

---

① 参见《中国行政管理》1998 年第 3 期，联合国教科文组织有关行政管理纲要的总趋势，见 MAN 3 号报告 SS－79 NS－49。

就一成不变了，市场经济的特点决定了我们要在党中央的统一领导下逐步对其进行改革和完善。前面已经叙述，如果将公安、安全、检察院、法院、司法劳改系统和律师行业用法律的形式确定为司法机关，实行自上而下的"独立"，并接受各自最高国家司法机关的领导或监督，各自的最高司法机关接受党中央的领导，那我们国家的法制建设会有一个巨大的变化，乃至走在人类文明社会的前列。

3. 体现权力的本源特点

权力的本源特点是什么？就是人民当家做主的实现，人民说了算，这一点外国的一些思想家早有先见，如法国的卢梭和美国的杰佛逊等人，都有相同的论述，他们认为："构成一个社会或国家的人民是那个国家中一切权力的源泉。"① 马克思也认为："人民的主权不是从国王的主权派生出来的，相反地，国王的主权倒是以人民的主权为基础的。"② 我国《宪法》规定，"中华人民共和国的一切权力属于人民"。那么，怎样才能保障人民权力的充分行使呢？主要是"以权利保障权力"的实现。"以权利保障权力"的实现，应当有这样两层意思：一是人大代表在人代会议上的权利保障，代表对"两院"报告提出的任何意见和质疑，"两院"必须做出负责的说明，代表不满意，人大还可以组织人进行专门调查。二是人大常委会组成人员的权利保证，主要是坚持集体领导的原则，坚持民主集中制。如果没有每一个委员的权利实现，只是少数人说了算，或人大"一把手"说了算，其包括对司法机关工作监督在内的一切工作，都不可能是公正的。只有保证每一位委员的权利实现，才能保证监督权力的正确性。邓小平同志根据社会主义制度的发展要求和特点，早在 20 世纪 50 年代就曾经说过：我们国家的政权属于人民，全体人民都有权利选派自己的代表管理国家事务，而人民自己则有权通过人民代表大会和其他各种机会经常去监督国家机关的工作。他在总结国际国内历史教训的同时，还明确提出了党和党员要有群众监督的思想，他说："在中国来说，谁有资格犯大错误？就是中国共产党。……《宪法》上规定了党的领导，党要领导得好，就要不断地克服主观主义、官僚主义、宗派主义，就要受监督。"③ 如果说社会的发展是以人为本的话，那么，地方国家权力机关的发展就是以委员或代表为本，这样，权力的代表性才能得以切实体现；权利只有主宰权力的时候，才能确保权力监督的应有作用和功效。

---

① 李非主编：《法制·道德格言辞典》，中国检察出版社 1991 年版，第 153 页。
② 《马克思恩格斯全集》（第一卷），人民出版社 1956 年版。
③ 《邓小平文选》（第一卷）人民出版社 1989 年版，第 270 页。

4. 加强地方人大自身建设和监督工作

根据目前地方人大对司法机关工作监督的情况，加强自身建设主要有三个方面：一是进一步提高常委会组成人员的素质和法律知识水平，以适应议事、议法的能力；二是进一步健全常委会的办事机构设置，使涉及的司法事项能够及时纳入人大的工作程序；三是加强自身监督体系建设，使监督的内容令人信服，比如接受新闻舆论的监督和接受代表的监督等。就拿素质的具备而言，如果你对"两院"的工作性质一无所知，对法律、法规变化了解甚少，而用对待一般行政单位的办法来对待"两院"，那检查工作肯定会出笑话，乃至出现错误，起不到检查的应有作用和效果。

特别应当强调的是，对人大自身监督体系的建立同样显得重要。"没有监督的权力必然产生腐败"，这是一句万古不变的格言。我国制度反腐专家李永中认为：权力架构成"金字塔"型，对权力的监督必须呈"倒金字塔"型。说得通俗一点，也就是权力越大越集中，对权力的监督就必须相应地加大和集中。① 孟德斯鸠认为："凡有权者都易于滥用权力，这是万古不变的经验。有权的人都是最大限度地使用手中的权力，从事物的本质来看，要防止这样的滥用权力，就必须以权束权。"② 按照马克思主义的权力运作原理，任何权力的正确行使都离不开监督的有效运作；监督的及时有效，离不开民主的发展和完善。人大是监督司法机关工作的，但他们同样需要接受别人的监督，这一点不容置疑。

5. 找准重点，体现效率

地方国家权力机关对司法工作的监督，不能眉毛胡子一把抓，而要找准重点，体现效率。"重点"和"效率"二者是统一的，紧密相连的，没有"重点"，也就没有"效率"，离开了"效率"，"重点"也就没有什么实际意义。这里所说的重点，是指地方国家权力机关要议大事、要事和急事，要着重从监督的体制上、机制上和法律上"做文章"。所谓从体制上做文章，就是坚持"一切权力集中于人民代表大会，司法权的原权（或比之为'所有权'）也是归属于人大，法院、检察院的组成人员（法院院长和检察院检察长）由同级人大选举产生，同级法官、检察官由人大任命，他们都要对人大负责，受人大监督，其他任何机关（如地方党委、政府无权任命或者免除他们的职务）"③。所谓从机制上做文章，就是严格依照《宪法》第 126 条和第 131 条之规定，

---

① 参见《直辖：中纪委迈开监督新步伐》，载《半月谈》2004 年第 10 期。

② ［法］孟德斯鸠：《论法的精神》（上册），张雁深译，商务印书馆 1982 年版，第 154 页。

③ 郭道辉：《实行司法独立与遏制司法腐败》，载《西北政法学院学报》1999 年第 1 期。

通过人大权力的行使保障"两院"依照法律规定独立行使职权,"不受行政机关、社会团体和个人的干涉"。① 列宁在论及地方党、政管理司法的不良影响时指出:"我们无疑是生活在违法乱纪的汪洋大海里;地方影响对于建立法制和文明是最严重的障碍之一,甚至是唯一的最严重的障碍。"② 也许是人类自身存在的劣根性延续,至今这种情况并没有多少改变。所谓从法律上做文章,就是按照本土法律文化建设和社会发展的要求,大胆吸收国外和历史上的有益成分,并上升为法律规定,为现实人大监督制度服务,比如国外的法官、检察官"独立"与我国的"两院"工作"独立"比较,孰优孰劣,显然域外的一些办法有利于防止司法长官的独断专行,对此大有借鉴的必要,因为它有利于增强办案干警的责任心,有利于错案责任追究制度的实行。有关人大工作的"重点"和"效率"问题,如果不从这些方面来考虑,必然是短暂的,甚至越监督事越多,越监督事越乱。

6. 不断强化和完善对特定问题的调查权

特定问题调查权是为了强化人大监督职能而设定的,但由于这一监督方式自身的特殊性,人大对特定问题的调查方式的运用与其他监督方式相比较还显得生疏,不知道如何运用才能取的好的效果。按照人大组织法的规定,特定问题调查权是特定调查委员会对特定事项所进行调查的一种法定监督权力。这项权力在 1986 年以前法律并没有规定,直到 1986 年人大地方组织法修改以后才增加了"县级以上的地方各级人民代表大会及其常务委员会可以组织对于特定问题的调查委员会"的规定。目前,全国所有的省级人大的议事规则都对特定的问题调查作了原则规定,这些规定主要是照抄了全国人大的有关规定。从特定问题调查委员会的组织程序和方式来看,调查委员会是在代表大会或常务委员会的授权和领导下代表权力机关而开展监督工作的,它是一种具有部分监督职能的临时性组织。不过,目前的法律对调查委员会的职权和调查方式尚未做具体规定。其中,人们比较关注的两个问题是,调查委员会是否可以拥有某些强制性权力和调查听证制度的建立问题。从理论上讲,作为权力机关的特定问题调查委员会,其权力应当是有强制性的,调查委员会可以到司法机关进行任何调查,对抵制、干扰和破坏调查的,调查委员会可以采取强制措施,直至追究刑事责任。关于听证制度问题,考虑它已成为现代社会普遍公认的行使

---

① 《国家司法考试辅导用书》编辑委员会:《国家司法考试法律法规汇编》,中国政法大学出版社 2004 年版。

② 列宁:《论"双重"领导和法制》,载《列宁全集》(第 33 卷),人民出版社 1957 年版,第 327 页。

权力的基本方式，人大在行使特定问题调查时，如果涉及对相关当事人的制裁，应当给当事人提供一个陈述意见的机会，通过有关利害关系人的质证、辩论，准确、及时地查明事实，为调查结论的最后形成奠定一个有力的证据基础。因此，人大对特定问题的调查应该考虑建立调查结果听证制度，或者叫做调查结果群众评议制度。

总之，地方国家权力机关对司法工作的监督很重要、很必要，无论从新中国的历史、现实还是从长远发展来看，都应当是这样，它是中国特色政治体制、司法体制和权力格局配置的有机组成部分。但对这项权力的有效运作，则需要进一步完善、加强和改革，包括法律层面的、实践层面的和管理层面的等。虽然本文所谈一些内容一时还实现不了，需要有一个较长的过程，但理论先行还是十分重要和必要的，以给人们启发和指导。正是基于此，笔者不揣固陋，特撰此文。

附：

主要参考资料

1．［美］小詹姆斯·H. 唐纳利、詹姆斯·L. 吉布森、约翰·M. 伊凡赛维奇：《管理学基础——职能·行为·模式》，中国人民大学出版社 1981 年版。

2．［法］卢梭：《社会契约论》，商务印书馆 1980 年版。

3．《人大研究》2000 年 1 月至 2004 年 6 月期刊。

4．姜明安主编：《行政法与行政诉讼法》，人民出版社 1999 年版。

5．鲍宗豪、金潮翔、李进：《权利论》，三联书店上海分店 1993 年版。

6．许崇德主编：《中国宪法》，中国人民大学出版社 1996 年版。

7．《邓小平文选》第 1 卷至第 3 卷。

8．《当前党政机关关注的深层次思想理论问题》，党建读物出版社 1995 年版。

9．熊先觉：《中国司法制史》，中国大学出版社 1986 年版。

10．《中国法学》1999 年 1 月期刊，2004 年 6 月期刊。

11．《中外法学》2002 年至 2004 年 6 月期刊。

12．黄松有等：《司法相关职务责任研究》，法律出版社 2001 年版。

13．王利明：《司法改革研究》（修订本），法律出版社 2001 年版。

14．李忠：《浅议我国宪法监督制度的完善》，载《法学杂志》2001 年第2 期。

15. 刘剑、郝锁维：《检察机关应自觉接受人大的个案监督》，载《法学杂志》2001 年第 2 期。

16. 朱利华：《进一步加强人大的监督权利》，载《河北法学》1999 年第 5 期。

17. 周汉华：《论建立独立、开放与能动的司法制度》，载《法学研究》1999 年第 5 期。

18. 胡玉鸿：《马克思恩格斯论司法独立》，载《法学研究》2002 年第 1 期。

19. 李步云、柳志伟：《司法独立的几个问题》，载《法学研究》2002 年第 3 期。

20. 顾培东：《中国司法改革的宏观思考》，载《法学研究》2000 年第 3 期。

21. 黄松有：《检察监督与审判独立》，载《法学研究》2000 年第 4 期。

22. 高鸿钧：《现代法治的困境及其出路》，载《法学研究》2003 年第 2 期。

附录三

检察机关法律文书制作的几个要点问题①

对于写好检察法律文书的重要性，好多人并没有引起应有的重视。为什么？因为我们天天接触，太平常了，尤其是办案处、室的同志，几乎不假思索，说写就写。法律文书跟一般法律文章，比如法学论文、办案总结等是不一样的，必须认真对待，否则就会出现问题，小到当事人的合法权益，大到涉案人员的身家性命。有人用"一字值千金"来形容法律文书言语的重要性，这话是很贴切的。

一、对写好检察法律文书几种认识误区的校正和写好检察文书的基本要求

（一）几种认识误区的校正

1. 有人说，要想写好检察法律文书只要抓好两头就够了，即一抓事实，二抓法律。但从现在的实际情况来看，事情并非这样简单。从笔者见到的一些质量不高的检察法律文书来看，这些同志一般来说都很熟悉法律，也掌握每个案件的事实，但是，他们制作的检察法律文书并没有很好地反映案件事实，很好地适用法律。

2. 有人说写好检察法律文书主要是语言文字运用问题，因此只要学习中文写作知识就能解决，但事情也不是这样简单，有些从事文学作品、从事领导讲话写作水平很高的同志，一接触到法律文书写作也不怎么理想。看来，按照一般文章写作的方法，即强调"熟悉标点符号、正确辨析词义"，强调"结构严谨、层次清楚"等，也不能从根本上解决。

3. 那么，是不是熟悉法律、事实，熟悉写作理论、技巧，就一定会把检察法律文书写好呢？也不是。

怎么才能写好检察法律文书？应当在科学理论的指导下，不断加强检察干警的政治思想教育，不断加强人生观、价值观教育，尤其是加强法律学习和检

---

① 这是笔者在省院机关开展如何提高检察机关法律文书写作水平上一次讲课的稿件。

察职业道德教育，在这样的一种基础之上，亦即通过"检察人员"自身素质的提高或保障作用，再从检察法律文书制作的基础理论和应用理论上着手，尤其是掌握它的特定格式、内容要求和思维逻辑，掌握它的语体特点、规律和技巧，并用这种理论和技巧指导法律文书写作实践，才能较好地解决检察法律文书的质量问题。

实际上，检察法律文书写作的好坏或者说文书质量的高低，是一个检察干警综合素质的反映，也是办案质量情况如何的反映。

（二）写好检察文书的基本要求

简言之，写好检察法律文书可以用五句话来概括：

一是要适合特定的格式要求；二是适合格式的内容确定；三是适合内容的法律引用；四是适合内容、法律的言语选择；五是适合承办案件的身份（检察官）要求。

法律文书写作的重要性不言自明，历朝历代的统治者都比较重视这个问题。比如中国古代的"讼师制度"，就是为了解决诉讼当中举报人的法律文书写作而专设的。在《唐律疏议·斗讼律》中，对"讼师制度"有明文规定，沿至清朝各代法律都有这方面的内容。

举两个古代的例子：清朝末年，江苏常熟县有一群纨绔子弟，饱食终日，无所事事，每当夕阳西下之时，他们便策马疾驰于虞山言墓（言子游墓）之间，寻欢作乐，扰乱治安。光绪二十三年（即公元 1897 年）暮春的一天，公子哥儿周某随众纨绔之后，奔驰于石梅（虞山佳景之一）风景区，因马术不精而伤人致死，遂被控下狱。其父周惟贤在诉讼师陆芝轩的陪同下，贿嘱了县衙代署诉状的小吏，将状司中的"驰马"改为"马驰"，以此为周某开脱罪责。昏聩的县令竟也如此上报。当时，主持江苏省司法的按查使朱之榛，审阅了该县所呈"详文"（请示报告）后，察觉内中有诈，便写了"批文"指出"详文"中"马驰伤人"含义不清，诘问："究竟马系厩中，脱缰而伤人乎？抑人乘马背，疾驰而伤人乎？"如果属于前者，本案系一起意外事故，周某不构成犯罪，若是"驰马伤人"则构成犯罪，因此，朱之榛指出两字互换，失之毫厘，却差之千里，对定性量刑影响至大，朱之榛严词驳回重审。

切不可小看讼师的作用。他可以成事，帮你把官司打好，也可以坏事，使你下狱。清代著名的"讼师诬陷贤妇案"，就是一个典型。据史料记载：清朝，某村有个老头，儿子外出经商，留下儿媳在家。儿媳素来贤惠，整日纺织做饭，公公坐享清福，经常与村人赌博，输了钱便向儿媳索取，习以为常，儿媳也不计较。一天，儿媳对公公说，她纺织来的钱有限，仅够糊口，无钱供他赌博，希望公公少赌。饭后，公公拿上雨伞出门去了，一直未归。不久，发现河里一具浮尸，旁边有把破伞。儿媳认为是公公，便嚎哭不绝，围观群众无不怜悯，代她捞上尸体，殡殓了。村中监生（有文化之人，分贡生、监生、学生三种）一纸诉状，以儿媳逼迫公公自尽，告于官府。官府拘捕儿媳，严加审讯，儿媳受不住刑罚，便屈打成招，被判死罪。行刑那天，公公恰巧从外归来，手中仍持雨伞。途中，听说儿媳将被冤枉处死，急忙跑到法场，但为时已晚，遂痛苦失声，亲赴官府说明真相。县令便据实检举，而以胡编诉状的监生抵命，县令本人也因此被撤职。

二、应当辨析、明确与检察法律文书概念使用相关的几个"语词"问题

（一）用"检察执法文书"这个词，比用"检察法律文书"或"检察司法文书"这个词要好些

理由之一：按照现在的教科书，用的大都是"法律文书"或"司法文书"这个词。笔者认为，无论是用"法律文书"，还是用"司法文书"这个词，都不太妥当，不如用"执法文书"这个词更好些。按照现代汉语的通用说法，法律文书这个概念，是指一切在法律上有效的或具有法律意义的文件、文书和公文的总称。从大的方面讲，法律文书有规范性法律文书和非规范性法律文书之分。规范性法律文书，主要是指国家有关权力机关依照职权所制定、颁布和要求人们普遍遵守的行为规则，它包括宪法、法律和法规，其中包括国家立法机关和地方立法机关制定的法律、法规和具有法律、法规性质的文件；各级党、政机关依照法律规定制作的各项规章制度，也可以包括在内。非规范法律性文书，主要是指具有诉讼或非诉讼职能机关在其权限范围内制作的有关办理刑事、民事、经济纠纷等案件和非诉讼法律事务的各种文书。它不是针对所有人的或具有普遍意义的行为规范，而是仅对某一个案件（事务）所涉及的当事人的法律规范，比如起诉书、判决书，它只对设案被告人或罪犯有效，而对本案件无关的其他人则无效。非规范性法律文书是一种法律事实，或者说是一种执行法律（适用法律）的结果。他的前提是有法律、有行为人的行为，执法机关根据自己的职责对这种触犯法律的行为进行处理，而进行处理仅凭"口头说"不行，必须制作相应的"法律文书"。《刑法》第313条专门规定有拒不执行法院判决、裁定罪，即"对人民法院的判决、裁定有能力执行而拒不执行，情节严重的，处三年以下有期徒刑、拘役或者罚金"。

理由之二：我们党的领导人就经常用这个词。比如，邓小平同志讲的社会

主义法制原则——"有法可依，有法必依，执法必严，违法必究"。江泽民同志为政法工作的题词大家更熟悉，就是"严格执法，热情服务"。在前几年的政法系统教育整顿过程中，用的也是这个词，即"规范执法行为，促进执法公正"。刘复之检察长在任的时候，他给《刑事犯罪案例丛书》的题词是："严格执法，准确定性"；张思卿检察长在任的时候，确定的检察主题是："严格执法，狠抓办案"。近日，中共中央政治局常委、中央政法委书记罗干同志在全国政法会议上也讲："为了牢固树立执法为民的思想，2006年要对全体政法干警进行社会主义法治理念教育，真正做到用正确的执法理念指导执法活动，防止和纠正各种侵害群众利益的现象。"

理由之三：从老百姓的日常用语来讲，对一些机关或一些人的评价大多说的也是"执法"情况如何，比如，是执法好，还是执法坏等用语。

理由之四：从一些词典的解释上看，"司"者，系指"主持"，或"操作"，或"经营"之意也；也有直接把"司"解释为"执"意的。"司法"这个词在国外是特指的，专指法院的审判活动。而我们国家则不然，司法包括公、检、法、安"几家"的诉讼活动。

基于上述这样几点，笔者认为，还是用"执法文书"这个词比较合适，因为它符合中国法律运行的实际和公民群众日常生活中的通俗讲法。

从机关上分，执法文书包括公安机关的执法文书、检察机关的执法文书、审判机关的执法文书、安全机关的执法文书，以及劳改、劳教和公证部门的执法文书等。

（二）在一些教科书和实践当中，人们常用的是法律文书或司法文书的"制作"这个词，而不是"写作"这个词

笔者个人理解：说到"制作"问题，一般是"图纸"、"原料"在先，且这些"图纸"、"原料"具有固定性或不可更改性，而"加工者"在其后，或者说加工者只能"按图索骥"。比如木工打制家具，工人生产机械零件，都是有"图纸"，有"原料"，按"图"加工，使"图纸"变成"实物"的，可称之为"制作"。

而说到"写作"，"图纸"、"原料"虽为先，但固定性或不可更改性差些，加工者在不违原意的情况下，包括领导讲话稿起草，尤其是文学创作，作者或起草者可以增添、想象和创造。

检察机关执法文书制作，显然属于第一种情况。它（检察执法文书制作）的"图纸"就是规定的格式，它的"原料"就是各种证据材料和法律条文。而它的作用和目的，就是用它来记载完成法律监管任务的情况。

（三）对检察执法文书的理解

应当包括以下几点：

1. 检察执法文书的制作主体为各级检察机关或检察长。其他任何机关、团体和个人都不能制作检察执法文书。就是在检察机关内部，虽然在起诉书、公诉意见书等文书上可以出现办案检察官的名字，但这并不表明你就是起诉书的制作主体，制作主体是检察院或检察长，你在出庭公诉的时候，在发表公诉意见书或出庭意见时，首先要表明"审判长、审判员（人民审判员），根据《中华人民共和国刑事诉讼法》①第一百五十三条、第一百六十条、第一百六十五条和第一百六十九条的规定，我（们）受×××人民检察院（或检察长）的指派，代表本院，以国家公诉人的身份，出席法庭支持公诉，并依法对刑事诉讼实行法律监督。现对本案证据和案件情况发表如下意见："。

2. 检察执法文书的构成内容为：涉案当事人的基本情况、案件事实情况、证据情况和法律规定，也包括诉讼过程等。"构成载体"为印制在规定纸张、型号上的语言文字。

按照最高人民检察院的要求，在"构成载体"的形式上，要符合两个方面的要求：一个是纸张质量上的规定要求，另一个是大小尺寸上的规定要求。正式印制各种法律文书格式时，纸张质量上的规定是：案卷的封面及封底用牛皮纸印制；拘传证、搜查证等证件文书以及各种通知书、决定书等用 80 克胶版白纸印制，其他文书用 60 克胶版普通白纸印制。尺寸的大小：多联文书中，第一联长 297mm，宽 132mm，其余各联长 297mm，宽 210mm；各联上空 37mm，下空 35mm，左空 37mm，右空 26mm。其他文书，一律用国际标准 A4（297mm × 210mm）纸，上空 37mm，下空 35mm，左空（订口）28mm，右空（翻空）26mm。

3. 制作检察执法文书必须依照一定的程序进行。即严格按照诉讼程序的进展需要，按照办案检察官起草、部门负责人、分管检察长（含副检察长）或检察委员审核把关的程序，完成每一份检察执法文书的制作。《人民检察院刑事诉讼规则》第 4 条规定：人民检察院办理刑事案件，由检察人员承办，办案部门负责人审核，检察长或者检察委员会决定。

4. 有些检察执法文书具有直接的法律效力，有些具有一定的法律意义。这是检察执法文书和一般文书不同的最大特点。直接的法律效力，是指该文书一经制作就产生特定的强制性，不容抗拒，必须执行。一定的法律意义，是指

---

① 这里引用的是 1997 年的《刑事诉讼法》，特此说明。

某些执法文书虽不产生直接效力，但对法律的正确实施等能起到有力的保证，比如《检察意见书》、《检察建议书》等。

三、写好检察法律文书的几点体会

体会之一：要抓住两个要点：一个是制作文书的技术要点，另一个是制作文书的政治要点。技术要点包括：（1）符合规定的格式要求，适应履责诉讼环节所需；（2）体现检察法律语体特点，符合一般思维逻辑要求；（3）根据文书主题和情境内容所需，选用适当的语言表达方式；（4）记载或说明案件个性特点，准确适用相关法律；（5）严格制作程序，逐级负责把关。制作的政治要点包括：（1）具备一定的政治理论水平；（2）具备较高的法学理论和政策水平；（3）具备较高的检察职业道德水平。

体会之二：要不断加强学习和总结，通过自身素质的提高和规律的把握来保障法律文书的制作质量。

体会之三：要通过检察文书的制作为相关工作、研究和工作改进提供素材。包括为《人民检察院组织法》、《刑事诉讼规则》，乃至法律解释、法律修订等，提供一手素材。

（一）关于制作检察法律文书的技术要点

技术要点是检察法律文书的主干或灵魂，技术要点把握细了，一份合格的检察法律文书也就基本上完成了。制作检察法律文书的技术要点主要有以下几点：

1. 符合规定的格式要求，适应履责诉讼环节所需。

符合规定的格式要求有两层意思：一是使用的这种文书名称一定要正确，二是在文书的形式结构上符合规定的要求。2002年1月1日，最高人民检察院制定的《人民检察院刑事诉讼法律文书格式（样本）》，一共有159种检察执法文书，还有卷宗装订事项规定。在159种执法文书中，分刑事法律文书、民事行政法律文书和通用法律文书。实际上，卷宗装订事项要求，都属于检察执法文书的范围。细分之，在这159种检察执法文书中，其中属于刑事立案方面的，有《答复举报人通知书》、《指定管辖决定书》、《移送案件通知书》、《立案决定书》等12种文书；属于刑事侦查方面的，有《回避决定书》、《回避复议决定书》、《批准聘请律师决定书》、《扣押决定书》等69种文书；属于刑事公诉方面的，有《补充侦查决定书》、《提供法庭审判所需证据材料通知书》、《起诉书》、《不起诉决定书》、《提请抗诉报告书》等37种文书；民事、行政检察方面的，有《民事（行政）案件申诉书》、《民事行政检察立案决定书》、《民事抗诉书》、《行政抗诉书》等 16 种文书；属于通用的，有《调（借阅）案卷通知书》、《纠正违法通知书》、《检察意见书》、《检察建议书》等 5 种文书。

在这 159 种检察执法文书和卷宗装订事项要求中，它们的格式结构有固定要求，具体内容有规范要求，事项规范有具体要素要求，以及什么时候使用它们，才能与履行检察职责的诉讼环节相一致，都有明确的要求和说明。

2. 体现检察法律语体特点，符合一般思维逻辑要求。

什么叫语体？简言之，语体是人们在交际过程中因具体交际领域内容的不同而形成的独具特点的一种语言体式。它取决于交际的目的、对象、内容和条件等因素。比如商人有经营商业活动的一套语言特点和交际规律；文艺工作者有从事文艺领域事务的一套语言特点和交际规律；新闻工作者有通讯报道的一套语言特点和交际规律；法律工作者有一套法律语言特点和交际规律。检察法律语体属于法律语体（法律语言）的范畴。具体地说，检察法律语体是指为适应诉讼和法律监督的需要而使用的一种语言体式，比如审查起诉、不诉、批准逮捕决定、不批准逮捕决定、抗诉、公诉意见、出庭意见等用语，以及在进行这些诉讼活动中所表现的交际特点等，都属于检察语体式涉及的内容。

符合一般思维逻辑要求，主要是指文书的"头"、"正文"、"结尾"要全面，"观点"、"证据"、"法律适用"要一致，且脉络清晰，符合常人的思维和接受要求等。古代"八股文"受到了批判，但它的"起"、"承"、"转"、"合"要求，自然有可以吸取的成分，因为它体现了一般人的思维规律和接受规律。以《起诉书》为例，它必须包括三个部分的内容，顺序也不能颠倒：（1）起诉书首部，包括名称（如"××市人民检察院起诉书"）、名称编号、被告人基本情况、辩护人基本情况。（2）起诉书正文，包括案由和案件来源、犯罪事实和证据两大项。（3）起诉书尾部，包括起诉理由和法律依据、致送文书的人民法院名称、承办人署名、文书制作的时间、人民检察院院印、附注事项等。起诉书的以上三部分内容和每一部分的必要项目都必须完整无缺，并且依次序、有条理地写明，否则就不能给人一个循序渐进的完整印象，乃至造成思维和逻辑形式上的混乱。从文章学的角度来看，起诉书的格式设计和内容安排，也符合传统辞章学规定的"起、承、转、合"要求，它是一个完备的整体。例如，被告人基本情况中的对特定对象和原因的锁定，即"谁因什么原因（罪名）被引入诉讼"，就是"起题"；"案由和案件来源"和"现检察查明"的表述，就是"承题"；"犯罪事实和证据"的叙写，就是"转题"；"起诉结论"中的"起诉理由和法律根据"的论述，以及"此致，某某人民法院"交代，就是"合题"。从逻辑形式上看，起诉书结构也很完整，包括大前提（法律依据）、小前提（本案事实）、推论（本案事实是否构成犯罪、犯何罪）、结论（起诉意见）这些部分。其他检察执法文书，也都是如此。

　　一般人思维逻辑的特点是循序渐进、由表及里、由浅到深，层层深入；一般人接受别人信息的要求是简明扼要、重点突出、说理充分，无懈可击。按照这样一种标准，我们在检察法律执法文书制作中，应当引起注意和加强的是证据部分的写作问题，比如在起诉书、不起诉决定书、抗诉书、复议（复核）决定书中，对犯罪证据的写作大都比较笼统、套语较多，证据写作公式化，什么"上述犯罪事实清楚，证据确实、充分，足以认定"，或"上述事实清楚，证据确实、充分，足以认定犯罪"等。在这方面，法院判决文书比起诉书好得多，值得借鉴和学习。引述犯罪证据，一定要结合案情特点加以叙述，做到完整、具体，令人感到确凿无误。

　　这里，重点说一说与检察语体有关的一些问题。

　　其一，检察语体属于"法律语体"或"法律语言"的一部分。"法律语体"的功能："旨在探讨诉讼和非诉讼法律事务中顺应特定的题旨情境，有效、完美地进行语言交际和表达的规律"①。前面已经涉及了语言问题，尤其是"法律语言"问题，有其自身的特点和规律。从世界范围来看，各国都有对自己的语言尤其是"法律语言"进行关注和研究的专家、学者。据笔者所知，在法律语言研究方面，有英国克里斯脱尔和戴维合著的《英语语体调查》，该书把"法律文书"和"日常会话"、"现场评述"、"教堂讲道"、"新闻报道"并列为现代英语的五种语体。还有，苏联的米哈伊洛夫，把现代俄语分为七大语体：（1）口语体；（2）文艺语体；（3）科学语体；（4）政论语体；（5）公文语体；（6）演讲语体；（7）诉讼语体。最近一些年，我国也已有人提出建立"法律语体学"或"法律语言学"的设想，但进展缓慢，成果没有多少。

　　其二，应当把包括检察语体在内的法律语体研究列入实际部门，尤其是专家、学者的重要议事日程。这是因为，"我国法律制度历史悠久（滥觞于夏商），全民语言中诉讼和其他法律事务这一使用领域早已产生和发展。在当代，由于法制在整个社会生活中起着越来越大的作用，诉讼和非诉讼法律事务这一领域所用的语言也日趋成熟和体系化"。② 仅就检察语体而言，由于我国的检察制度早已存在，与之相伴的检察语体也已存在。大家知道，我国检察机

---

① 潘庆云：《法律语言艺术》，学林出版社1989年版，第4页。
② 潘庆云：《法律语言艺术》，学林出版社1989年版，第4页。

关类似于古代的御史机关。20世纪初（清朝末年），实现检、审分离，专门成立检察厅或检察处。新中国成立后，设立了各级检察署（院）。特别是十一届三中全会以后，1978年各级检察机关纷纷成立。经过20多年的建设，有中国特色的检察机关已经走向成熟，且确立了《宪法》上的地位。这就是说，有关"检察法律语体"或"检察语言"研究的基础和条件已经具备，只是没有引起专家、学者的系统研究而已。一种语体的形成，是和它的客观存在和需求相一致的。

其三，如何在检察执法文书中体现检察语体？

（1）显现检察机关的性质、层级和职权特点。

我国《宪法》第129条规定："中华人民共和国人民检察院是国家的法律监督机关。"

检察机关的职权：根据《人民检察院组织法》（1983年9月2日修订）第5条规定："各级人民检察院行使下列职权：（一）对于叛国案、分裂国家案以及严重破坏国家的政策、法律、法令、政令统一实施的重大犯罪案件，行使检察权。（二）对于直接受理的刑事案件，进行侦查。（三）对于公安机关侦查的案件，进行审查，决定是否逮捕、起诉或者免予起诉；对于公安机关的侦查活动是否合法，实行监督。（四）对于刑事案件提起公诉，支持公诉；对于人民法院的审判活动是否合法，实行监督。（五）对于刑事案件判决、裁定的执行和监狱、看守所、劳动改造机关的活动是否合法，实行监督。"①

在该法第六条、第七条、第八条和第九条中，对检察机关和检察人员如何履行职责，都提出了明确要求。

第六条 人民检察院依法保障公民对于违法的国家工作人员提出控告的权利，追究侵犯公民的人身权利、民主权利和其他权利的人的法律责任。

第七条 人民检察院在工作中必须坚持实事求是，贯彻执行群众路线，倾听群众意见，接受群众监督，调查研究，重证据不轻信口供，严禁逼供信，正确区分和处理敌我矛盾和人民内部矛盾。

各级人民检察院的工作人员，必须忠实于事实真象，忠实于法律，忠实于社会主义事业，全心全意为人民服务。

第八条 各级人民检察院行使检察权，对于任何公民，在适用法律上一律平等，不允许有任何特权。

第九条 人民检察院依照法律规定独立行使检察权，不受其他行政机关、

---

① 注：在这个组织法里面没有包含民事、行政检察内容，从1990年起各地开始陆续开展民事、行政检察工作，目前最高人民检察院对此项工作有一套明文规定。

团体和个人的干涉。

《检察官法》第二章规定的检察官职责、第三章规定的检察官义务，都应当在检察执法文书中得以体现。

第八条　检察官应当履行下列义务：

（一）严格遵守宪法和法律；

（二）履行职责必须以事实为根据，以法律为准绳，秉公执法，不得徇私枉法；

（三）维护国家利益、公共利益，维护自然人、法人和其他组织的合法权益；

（四）清正廉明，忠于职守，遵守纪律，恪守职业道德；

（五）保守国家秘密和检察工作秘密；

（六）接受法律监督和人民群众监督。

应当说，159种检察执法文书，用检察文书格式（内容）或者说用检察语体的形式，将检察机关的性质、层级和职权特点，以及对检察机关和检察人员的要求等逐一体现出来。

检查一个院、一个人的工作，衡量一个院、一个人工作的好坏，只要看看其检察执法文书制作的如何，就能看出个大概。

（2）调配相关文书内容，连接相关文书关系。

需要调配的（具有对外性的）：

①起诉书→公诉意见书→答辩提纲；

②刑事抗议书（含二审程序适用、审判监督程序适用）→抗诉案件出庭检察员意见书→答辩提纲。

需要调配的（对内性的文书）：

①阅卷笔录→公诉案件审查报告→出庭预案；

②出庭预案→示证方案→当庭讯（询）问提纲。

需要衔接的：

①立案决定书→撤销案件决定书；

②起诉书→撤回起诉书；

③不起诉决定书→撤销不起诉决定书；

④抗诉书→撤回抗诉决定书、通知书；

⑤民事（行政）案件申诉书→民事（行政）检察立案决定书→民事（行政）检察抗诉书；

⑥民事（行政）案件申诉书→民事（行政）检察不立案决定书；

⑦民事（行政）检察提请抗诉报告书→民事（行政）抗议书→撤回（撤

消）抗诉决定书；

⑧民事（行政）案件申诉书→终止审查决定书。

（3）准确使用法律术语和相关语词。

法律术语是伴随着法制建设而产生的专用词语，有的只是一字之差，但是一词用错，往往非同小可。比如《刑法》中使用的"缓刑"、"减刑"，"罚金"、"罚款"，"共同犯罪"、"单位犯罪"，"妨害"、"危害"等词语，都是法律术语。

这里举古代一个在文书上改动一个字而拯救千余无辜的例子：张居翰于后唐庄宗时任枢密使。魏王李继岌攻破西蜀，蜀国君主王衍一行到洛阳归降，走到秦川时，李嗣源亲军在魏州哗变。唐庄宗率军由洛阳向东征讨，但他担心背后的王衍乘机变乱，即写诏书派使者命魏王把王衍等人杀掉，诏书已经缮就签署，被张居翰看见，诏书上写道："诛衍一行。"张居翰认为杀投降者是不吉利的，就把诏书靠在大柱上擦去"行"字，改为一"家"字。这样一改，当时蜀国跟着王衍来洛阳投降的千余人，都因此而保存了生命。

（4）关于法律术语的作用问题。

①有利于区分不同种类的诉讼活动。比如，看到"合同"、"协议"，"赡养"、"扶养"和"抚养"，"财产保全"、"先予执行"等术语，肯定属于民事诉讼；看到"罚款"、"吊销许可证和执照"、"行政机关"、"行政行为"等术语，肯定属于行政诉讼。而看到"投毒"、"死亡"、"故意杀害"、"犯罪预备"等术语，肯定就是刑事诉讼。

②有利于反映案件管辖、诉讼阶段和罪与非罪的界限。比如，见到"贪污贿赂犯罪"、"国家工作人员渎职犯罪"、"利用职权实施非法拘禁、刑讯逼供、报复陷害、非法搜查"犯罪、"侵犯公民民主权利"犯罪等词，案件肯定属于检察机关管辖。见到"告诉"、"上诉"、"抗诉"、"申诉"、"裁定"、"假释"等术语，就知道是诉讼阶段有别。至于"犯罪"与"违法"、"免除刑罚"与"无罪释放"、"伪证、假证"与"拒证"术语就更明确了，前者表示有罪，后者属于无罪。

③有利于区分不同的案由或性质、罪名。"抢劫"与"抢夺"、"盗窃"与"贪污"、"强奸"与"奸污"，均构成不同的罪名或案由。

④有利于区分行为的方式与程度。共同犯罪中的"伙同"与"共同"、"望风"与"接应"、"坦白"与"自首"；还有"结果"和"后果"等。

这类术语用混了不仅会影响包括检察语体在内法律语体的准确性，还会影响诉讼和法律监督活动的正常开展，使检察主题的贯彻落实受到损害。

除了这些法律术语外，检察机关在诉讼和非诉讼法律文字中，还要大量使用普通词语。对普通词语，要注意辨析词义，严防语义两歧。辨清词义就要了解词的含义、性质、适用范围和褒贬色彩等。如"妨碍"与"妨害"，前者指给人或事造成一定的障碍，程度较轻；后者着重指有损害事实，程度较重。词义的轻重不同，是客观事物性质差异的反映。特别是在起诉、抗诉和出庭公诉过程中，一定要准确斟酌好这些词义的轻重，如"情节较重"、"情节严重"、"情节特别严重"等词语，使用时要注意反映案件本质上的差异。此外，法律语言选用同义的书面语词语，不用口语词；选用普通话词语，不用方言词；不用形象性词语和表示强烈感情色彩的生动词语，不用歇后语、幽默语等。

制作检察执法文书除了要注意相关法律术语、近义普通词语的选择、斟酌外，还经常用近义词、同类词的并举来避免可能有的歧义，并达到内容上的周延。如"机关"、"团体"并列，就不会使人对"机关"作其他解释，"无故推拖、拒绝或者妨碍执行"中，"推拖"、"拒绝"和"妨碍"并列，就使这几个词的意义确切，排斥了他们的其他含义。

3. 根据文书主题和情境所需，选用适当的语言表达方式上。

"主题"，是指一份检察执法文书所要解决的核心事项是什么？应当说，每一种检察文书的名称都显示了它的"主题"。"情境所需"，就是围绕"主题"所应当具备的事实、证据材料和法律规定等。而具体到语言表达方式上，应当与"主题"和"情境所需"相符，尤其是与"主题"相符。常见的语言表达方式有：议论、说明、对比、反衬、叙述和抒情六种。

以出庭公诉意见书制作为例来说。出庭公诉意见书，过去大多成为公诉词。在公诉词制作过程当中，议论、说明、对比、反衬、叙述和抒情表达方式，都可以使用。

（1）议论。议论就是公诉人对客观案件事实进行评论。这是公诉词中应当比较多的一种。一段完整的议论，要由论点、论据和论证三个要素来构成。

所谓论点，就是公诉人对案件中一些情况所发表的看法，即观点。例如，我们说某某"被害人手段残忍"、"作案情节恶劣"、"社会危害严重"等，都是公诉词中的论点。

首先，论点要求鲜明，不能模棱两可，含糊其词。论点的鲜明与否，是一篇公诉词能不能具有战斗力的先决条件。其次，论点要保持相对独立，不能一个论点没说完就去说另一个，相互混淆，让人分辨不清。再次，由于案件性质和特点的不同，公诉人在发言中的论点可能是多方面的，因而要注意分清主次、排列顺序。最后，论点中的每一个概念都要求做到准确。只有概念准确，才能保正论点的正确无误。

所谓论据，就是证明论点的根据。没有根据，公诉词的论点就确立不起来。论据大体可分为两类：一类是事实论据，另一类是法理论据。事实论据，就是我们常说的证据，即司法人员在办案过程中依照法定程序调查得来的足以证明案件真相的一切客观材料。我国《刑事诉讼法》（1997年）第31条规定的各种证据，都可以直接用来作为公诉词中的事实论据。法理论据，就是我们常说的法学原理、法律理论原则和具体的法律规定等。事实论据和法理论据都是证明论点的根据和理由，它们是论证过程中不可缺少的要素成分。对于事实论据，不仅要求确凿，而且要求充分。对于法理论据，必须是在法学理论界公认的或法律上明文规定，而不能由公诉人根据所需随意杜撰、编造。

所谓论证，就是怎样把论点和论据联系起来的问题。也就是怎样运用充分有力的证据来证实论点的过程和方法。常用的有归纳论证和演绎论证两种。

归纳论证是根据对与案件有关的事实、情节的分析研究，从而推导出一般结论的方法。它是典型事例归纳推理在公诉词议论部分中的运用，反映着客观事物的个别与一般的关系，是由个别到一般的。例如，"被告人张××、李××抢劫杀人的罪行经历了一年的精心策划（论点——笔者注），1979年年初，被告人张××首先提出抢银行，被告人李××表示赞同。从此，二人多次密谋策划，商定在犯罪时间上选冬天，以便于伪装；在犯罪地点上，选偏僻处，作案后能迅速逃跑，而又不易被人抓获；在犯罪工具上，私自制造了手枪；在犯罪行为上，先杀人，后抢劫。直到1980年1月30日作案，前后长达一年之久。"这一段话就是采用了归纳论证法。

演绎论证是以一般的事理为前提去论证个别的事物，从而推导出新结论的方法。也就是从一个总的原则出发，再引申到对某些具体问题的论述。它同样反映着客观事物的个别与一般的关系，是由一般到个别。下面这篇公诉词中的一段话就是演绎论证："根据我国刑法学上的理论，凡是违背妇女意志，使用暴力、胁迫或者其他手段，强行与妇女发生性关系的行为，认定为强奸妇女罪，反之则不为强奸妇女罪。本案被告人张××于某年1月30日和8时许，在××市××街路旁看到女青年陈××（彼此素不相识）骑车过来，便尾随其后，先是把女方从自行车上拽下来，继而又抢下女方提包，并把车子锁上……当女方去推车子时，被告人一拳打在女方的脸上。迫于被告人暴力威胁，女方只好屈从跟张××到了××公园，被张××强奸。显而易见，被告人张××与被害女青年陈××发生两性关系，完全是违背妇女意志的。因此，被告人张××犯有强奸妇女罪。"

（2）说明。说明就是用言简意赅的文字，把需要说明的案件性质、特征、情节等解说清楚。说明的种类有概括说明、定义说明、举例说明、数字说明和引用说明方法等。

概括说明，就是把公诉的有关情况概括地进行介绍，给人一种总体印象。比如，在公诉词导语部分，常常对整个法庭调查情况和案件特点及公诉主旨等进行概括说明。这样，可以使法庭人员对公诉人的态度和发言有个整体了解，便于掌握。

定义说明，是指用简洁而明确的语言指出被说明对象的性质特点，也就是通常所说下定义。它是通过揭示概念的内涵来明确概念的一种逻辑方法。

举例说明，就是举出实例来说明。它的好处是能把比较抽象和复杂的事理说得具体而明晰。举例说明的特点是内容具体、形象、便于说明问题，运用举例说明比直述一些大道理和空洞的大话、套话效果要好。

数字说明，就是用数字来说明事物或事理，因为有些道理可以从数量上表明。使用数字说明能够提高说明力，但是，在运用数字说明时，一定要注意数字准确无误，即使是估计的数字，也要有根据、来源，力求相接近。只有这样，数字才能反映事物的真实情况，才能有较大的说服力量。

引用说明，就是引用有关的证据资料、语句或公认名言来充实说明的内容，或者作为说明的依据。引用得当，能够使公诉词增加说服力，从而帮助法庭更好地掌握案件中的诸种情况，作出公正判决。

（3）对比。对比就是把两个或两个以上的不同行为、情节、人等放在一起相互比较。运用比较的方法，可以增加某一种事理的清晰和逼真度，使事理显得更透彻、更全面。有篇公诉词这样写道："被害人解××原是学校一霸，压制民主，压制自由。自从他被依法逮捕后，学校面貌为之一新。过去没人打扫的走廊，现在突然变得干干净净；过去被忘却了的煤堆，风吹日晒，现在大家争着去把它团成煤球收藏起来；家庭困难的学生，书桌上出现了无名氏赠送的铅笔和笔记本；见面宁可撞成大包也不肯说话的老师，老远也打起招呼，相互问候；连不安心工作的炊事员，也开始求师访友，想法提高烹调技艺……"这里，公诉人写"走廊"、"煤堆"、"老师"、"炊事员"都是用互相比较的手法来描写的，生动、形象地说明了犯罪分子被惩处之后，学校焕发出崭新面貌和教职员工努力工作的喜人景象。这样，人们不难想象在被告人横行学校期间，学校的不正常状况是多严重了。

（4）反衬。简言之，就是用此物衬彼物，用此物来说明彼物。常用在论述被告人犯罪所造成的社会危害性上。下面一段公诉词，就是用反衬的手法写的："被告人刘××杀妻犯罪，民愤极大，影响很坏。惨遭刘××杀害的戴××，1962年的她17岁时经人介绍和刘××结婚。出身贫寒的戴某某把娘家的好品德也带到了婆家。在生产队里，她服从领导，积极参加生产劳动。她带着3个孩子每年还挣两千多个工分，群众都称她是好社员。她作风正派，待人热情，乐于帮助别人，从未与人吵过嘴、打过架。她对上孝敬公婆，对下抚爱儿女，并且礼让姐娌小叔，村里都夸她是个好媳妇。在生活上她省吃俭用，茹苦含辛，平时吃的多是粗粮、咸菜，衣服总是缝缝补补，一穿多少年。她被害时身上穿的一条黄布衬裤，上上下下补丁摞补丁，大大小小19块。这裤子还是刘××在部队当战士时发的，可想她穿了多少年。"

公诉人用了很大篇幅写刘××害死的戴××如何如何好，品质如何高，多么值得惋惜，以此来反衬烘托刘××杀死妻子的残酷性、不道德性和社会的危害性。这样比直接批判被告人的杀人行径效果更好。用反衬的方法写诉讼词，对于不是判处死刑的被告人来讲，教育作用更大，它可以唤起被告人的良知，使其恢复人的固有善性，安心接受改造，重新做人。

（5）叙述。叙述就是把被告人有关经历和案件的变化过程表达出来。与其他表达方式相比，叙述要特别注意来龙去脉，有头有尾。通过叙述，可以使人们对被告人或整个案件的全貌有个完整的印象。叙述分概括叙述和具体叙述两种。概括叙述，就是对所写的事作简括的述说、交代；具体叙述就是对所写的事作比较具体的述说。在实际应用时，二者很难截然分开，常常是结合使用。叙述的方法，在公诉词中，主要是顺叙和平叙。

所谓顺序，就是按照案件发生、发展的顺序来进行叙述。这是公诉词最常用的一种。这种写法，可使叙述的事实有头有尾，条理清楚，听起来顺当，人们也易于接受。

所谓平叙，就是平行叙述，即叙述同一时间内不同的地点发生的两件或两件以上相关的事情。通常是先叙述一件，再叙述一件。这种方法，也叫分叙。下面这段公诉词就是平叙手法的例子：

"法网恢恢，疏而不漏。任何狡猾的犯罪分子，最后都终将要受到法律的惩处。被告人陈××和王××的下场，就是一个明显的例证。××年×月×日，被告人陈××拿着事先配好的钥匙，窜入××部队武器库旁，……与此同时，被告人王××窜入××火车站，购买了北去的两张车票，……然而，机关算尽太聪明，二被告人并没有能在约定的某某'会面'。'会面'的是在今天的法庭上，是在行将走上生命结束的地方。"

这里在叙述二被告人分工作案上，采取的就是平叙手法。平叙得好，可以把头绪纷繁、错综复杂的关系，写得条理明析、有条不紊。但是平叙要注意紧紧围绕所要表达的中心进行，不然，就会各自分离，结构混乱，使人不知道你究竟要说的是什么。

（6）抒情。有人讲，公诉词是一种很严肃的发言，没有或不能像写文学作品那样有抒情。其实，这话不十分对。因为公诉词离不开表情达意，它反映着公诉人主观上的爱憎。不过，公诉词中的抒情，是一种依附于事和理的间接抒情。例如北京市人民检察院发表的姚某云危害公共安全案的公诉词，其中就有一段间接抒情："死者张某丽……今年刚大学毕业。这次随同未婚夫一同从山东途经北京返回新疆，准备置办些结婚的物品，拟在'五一'节前后办喜事。当这对恋人高高兴兴地在天安门广场照相留影时，突然间，张某丽被姚某云驾车撞死。一个很好的即将走上'四化'建设岗位的大学毕业生，还没来得及为祖国出力，就惨死于被告的车轮之下……"

这个公诉词固然叙述的是被告人姚某云犯罪所造成的严重后果，但同时也把公诉人对犯罪分子的憎恨，对被害人的惋惜之情抒发出来。这种依附于事的抒情，是可以借鉴的。

4. 记载或说明案件个性特点，准确适用相关法律。每一个案件的共性是构成某一种犯罪特点的条件，但共性是寓于个性之中的。检察执法文书的制作，要突出个性特点，并在相关文书中予以体现。比如起诉书中的"案由和案件来源"部分，有人总结就有 12 种写法。一审出庭公诉意见书、二审出庭意见书和答辩发言等，尤其应当记载和说明个案的特点，以达到准确适用法律的目的。同时，达到揭露犯罪、宣传法制和教育群众的目的。

5. 严格制作程序，逐级负责把关。

过去要经过起草、审核、校对打印（含用印）、送达签收四道程序。现在一般经过起草、审核、校对用印、送达签收四道程序。

下面说说关于"审核"和"用印"问题。

审核。检察执法文书是履行法律监督职责的手段和依据，关系到当事人的声望、名誉、政治生命、经济生命，乃至生命体是否存在等，对其行文出台要求自然十分严格。因此，必须履行特定的审批手续。领导严格把关，确保质量合格，是确保不出误差的重要一环。检察机关的起诉书、不起诉书、抗诉书等的使用，包括重大案件的出庭意见书和答辩提纲等，需要提交所在处、科、室负责人和分管院领导的审核认可，重大案件的检察执法文书或出庭意见、答辩提纲等，需要提交检察长或检察委员会讨论决定，"用集体的智慧履行好法律监督职责"。

用印。公章的加盖，要求符合规定，清晰规范：一是章的位置需盖在日期上，称为"齐年压月"盖印原则，不得越位加盖；二是印文要端正，不得倾斜，保持其严肃、美观；三是印文要清晰，不得模糊、难以辨认。检察执法文书用印有三种情况：一是检察院印章，二是检察长印章（有的还需要同时签名），三是部门印章。比如，按照规定：《立案决定书》需要检察长盖章或签名，同时加盖院印章；《答复举报人通知书》，盖"院举报中心"印章即可，其他大部分文书都是盖"院印章"。

(二) 关于制作检察法律文书的政治要点

下面简单地介绍一下制作的政治要点。

从前几年的教育整顿查出的不规范执法行为来看，很多问题不是出在不懂法律上，而是出在责任心乃至出在违法办案上，这就是说执法人员的政治素质和职业道德素质很重要，它支配着执法者的行为，也影响着法律的适用和办案质量。从某种意义上说，执法官员的政治素质和职业道德素质具备，远比执法文书制作技巧的掌握重要。这里举一个公安的例子①来说明。

事情的经过是这样的：2005 年 12 月 23 日晚，某市八经街鑫鑫足疗店发生了一起所谓的嫖娼案。实际上，是几名公安干警为了制裁足疗店老板宫某林及其前妻张某华，导演的"一起彻头彻尾的冤案"。我们看，"同样"一个事实却出现了五种不同的笔录：

其一，根据办案民警对涉案当事人的讯问笔录，这起卖淫嫖娼的大致经过是这样的："2005 年 12 月 23 日 22 时许，刘某来到鑫鑫足底美容保健店，当时，他喝了很多酒，神志恍惚。服务员李某为其做足疗、按摩，做完足疗，他俩进了屋里，开始做'大活'（指发生性关系），刘某没有戴避孕套，做了大约 10 分钟，刘某就不做了。穿好衣服后，刘某给了李某一张百元钞票。就在这时，南站派出所民警张某、薛某、杨某等人将当时衣着整齐的刘某和李某抓获，同时将足疗店法定代表人宫某林及前妻张某华一并带到派出所，并连夜进行询问。"

其二，在律师对刘某、李某、宫某林和张某华的调查笔录中，可以看到以下诉说的事实："2005 年 12 月 23 日晚，已喝过两顿酒的刘某到 202 医院照顾住院的家属，因为喝醉了，亲属怕误事，催他回家。在回家的路上，刘某路过鑫鑫足疗店时，想做个足疗。此时，大约 22 时许，刘某进屋后，被服务员领到一个房间，躺在一张床上。当时屋里还有两个人，过了一小会儿，那两个人走了，服务员为刘某做足疗。大约 10 分钟，刘某要走，给了服务员 100 元钱，让服务员找钱。服务员拿着钱刚要去找钱，这时，民警进来了，让他们都蹲下。随后刘某、李某和宫某林、张某华被带到派出所接受讯问。"

其三，2006 年 1 月 27 日，和平公安分局专案大队作出的一份《情况说明》称："2005 年 12 月 23 日 22 时许，我局南站派出所在和平区八经街一足疗店内将涉嫌嫖娼人员带回审查，经查刘某当晚酒后来到足疗店内，当时该人

---

① 参见《民主与法制时报》2006 年 4 月 24 日。

神志恍惚，并与办案民警发生冲突，其嫖娼行为虽不是现行抓获（双方当时均穿着衣服），但与女方100元交易当场抓获，因此认定刘某有嫖娼嫌疑。"

其四，2006年3月3日，南站派出所出具了一份《情况说明》称："2005年12月23日22时许，我所在和平区八经街一足疗店内进行治安检查时，刘某呈现出酒醉状态，不但没有身份证明，还不服从检查，而且与执勤民警发生冲突。民警现场查获了刘某给女方100元钱（刘辩称是给女方的按摩费），但没有现行抓获其嫖娼行为。根据有关规定，公安机关有权对醉酒的人约束至醒。刘遂被带回派出所进行审查。"

其五，2006年3月17日，加盖南站派出所公章并注明承办人张某、薛某的一份《情况说明》称："2005年12月23日22时许，我所在和平区八经街78号鑫鑫足疗店内，抓获一对卖淫、嫖娼违法嫌疑人，并当场在卖淫女手中缴获卖淫赃款人民币100元，嫖客当时喝酒不交代自己的真实身份，态度极其不好。""经传唤回所审查，卖淫女叫李某，该人对自己卖淫并得到人民币100元的事实供认不讳。经我所做工作，嫖客于凌晨才交代自己的真实身份，该人叫刘某……并交代了自己以人民币100元的价格与卖淫女李某发生了两性关系。我所根据《治安管理处罚条例》对李某行政拘留并报收容教育。"

可见，政治素质和职业道德素质具备对政法干警的极端重要性。对包括检察官在内的政法干警的政治素质和职业道德素质的要求，主要有以下几点：

一是要秉公执法，不循私情。马克思指出："法律应该是社会共同的，由一定物质生产方式所产生的利益和需要的表现，而不是单个的个人恣意横行。"法律具有"公平"、"正义"、"正直"的含义。所以，"秉公执法，不循私情"在历史上就被作为执法官吏的重要职业道德规范，而徇私枉法一直受到人们的鄙视。

最近，笔者看了一本书，叫《新唐书·李元纮传》。唐代李元纮，为官清正，不畏权势。他任雍州司户参军时，正遇太平公主与百姓争夺磨房的官司。太平公主势力很大，许多官吏都奉承她，更没人敢惹她。而李元纮却不管这一套，他断案时秉公直判，不畏权势，实事求是，依法办案，把磨房判归原主。长史窦怀贞听闻此事，大吃一惊，劝说李元纮修改判决文书，而李元纮却在判决书上写道："南山可移，判不可动。"现在，有些成语词典，已经把"判不可动"，列为一个词条，以说明依法判决的事就不能改变。

当然，在剥削阶级统治的时代，法律的"公道性"是建立在本质上不公道的基础上的，真正的公道很难体现。但即使在那时也有不少被人们称赞的秉公执法的"包青天"。像李元纮这样的人，就是其中之一。社会主义社会为实现法律的"公道性"创造了条件，社会主义国家的执法人员理应比旧时代的

"清官"有更高的情操和品德。作为一名检察官，我们应该继承前人的优秀道德品质，并赋予它新的时代内容，使之进一步发扬光大。

"秉公执法，不徇私情"的关键，是要处理好"公法"与"私情"的关系。古人说过："君臣释法，任私必乱，立法而行私，其乱甚于无法。"我们的执法人员能否做到秉公执法，不徇私情，不仅关系到自身的威信和法律的尊严，而且直接影响着党和国家的形象。所以在执法过程中一定要做到大公无私，坚持国家的利益第一，人民利益至上。无论工作对象是上级、下属或亲朋故旧，还是有个人恩怨者，都要依法处理，做到既不姑息迁就，也不挟嫌报复。能否做到秉公执法，很重要的一点就是能否顶住"人情风"、"关系网"的冲击。现在"公法"和"私情"的较量还普遍存在。所以在执法过程中如果"公"与"私"发生了矛盾，为维护"公法"，执法人员应该而且必须自觉地放弃"私利"和"私情"，绝不允许徇私枉法，更不允许贪赃卖法。否则，那就不仅是违背了职业道德，同时也触犯了党纪国法。

二是要坚持"以事实为根据，以法律为准绳"的原则。《刑事诉讼法》第6条规定，"人民法院、人民检察院和公安机关进行刑事诉讼，必须依靠群众，必须以事实为依据，以法律为准绳"。这是司法工作的基本原则，也是我国司法实践的经验总结。对政法部门工作人员来说，"以事实为根据，以法律为准绳"的原则，是法律规定的一项义务，必须认真履行，否则就是失职或渎职。

"以事实为根据"，就是要求执法人员在诉讼活动中要以各种事实证据材料为基础。比如，检察机关在决定立案、批捕或不批捕、起诉或不起诉，以及抗诉或出庭支持公诉等活动中，都要根据事实和相应证据情况来进行，而不能根据口供，更不能"合理想象"或主观臆断。这是我们党实事求是的思想路线和群众路线在司法工作中的具体运用，是社会主义政法部门和法律区别于过去司法机构和法律的根本标志之一。在我国古代，判案是以口供为依据的，"罪从供定"，"无供不录案"。在中世纪欧洲，刑讯是司法的主要杠杆，口供被视为"证据之王"。以刑讯为手段，以口供为依据的诉讼制度曾造成难以计数的冤狱，是野蛮的不文明的象征。而我国的《刑事诉讼法》规定："对一切案件的判处都要重证据，重调查研究，不轻信口供。"重证据和不轻信口供就是尊重事实，以事实为办案依据，为此，执法人员应该深入实际，深入群众，吃透案情，弄清真相，取得真凭实据，做到既不冤枉一个好人，也不冤枉一个罪犯。

"以法律为准绳"，就是要求执法人员在办案过程中，无论是定性、定罪，还是起诉、量刑，或是无罪、不诉等，都要根据法律的规定为尺度，用具体的法条去衡量，确定被告人有罪或无罪，犯的什么罪，该如何定罪。同时，还要求政法人员在整个诉讼过程中都要依法办事，从立案、侦查、拘留、逮捕到检察、起诉、审判、执行等，都要依照法定程序进行。

三是刚直不阿、视法如命。刚直不阿是古今中外执法者共同推崇的高尚品德。在我国封建社会，像包拯、于谦、海瑞等人为了奉法循理都不畏权贵，甚至对于至高无上的皇帝违法的行为也敢于犯颜直谏，据法抗旨。诚然，像包拯一类的人物在旧时代属凤毛麟角，但他们由于具有刚直不阿的美德而一直被后人奉为楷模。

要做到"刚直不阿，视法如命"，最重要的就是处理好"权"与"法"的关系。权大还是法大？不同的时代、不同的阶级有不同的看法。在封建社会"朕即国家"，"法自君出"，"刑不上大夫，礼不下庶人"，显而易见，权力大于法。"文化大革命"中，林彪、江青反党集团利用窃得的权力，大搞以权毁法。肆意为所欲为，其恶果殃及全国。党的十一届三中全会后，我们党总结历史经验教训，十分重视法律的权威性建设。《宪法》规定："中华人民共和国公民在法律面前一律平等。"《人民法院组织法》、《人民检察院组织法》、《刑事诉讼法》也都明确规定，对于全体公民，在法律面前一律平等，在法律面前不允许有任何特权。这就要求政法机关和政法人员在司法活动中必须依法保护所有公民的合法权益，依法追究任何人的违法犯罪行为，在适用法律上不承认任何特权，坚持"法大于权"，做到"有法必依，执法必严，违法必究"，使古人"王子犯法与庶民同罪"的理想变成现实。目前，执法部门在执法中可能会遇到有权有势的人干预，甚至某些领导机关也可能提出错误意见。对此，政法人员决不可听之任之，躲闪回避，更不能趋炎附势，随声附和，甚至为虎作伥，颠倒是非。而要为维护法律的尊严敢于硬碰，敢于"犯上"。要有不怕穿"小鞋"，不怕丢"乌纱"，甚至不怕死的胆量和勇气。

以上这些素质不具备，很难说能制作出高质量的检察执法文书来。

广大干警在工作之余要不断加强学习和总结，通过自身素质的提高和规律的把握来保障法律文书的制作质量。

学习和总结是提升工作水平的应然途径，这是从事什么工作都必须掌握的一个方法。检察执法文书的制作同样如此。

关于自身素质的提高问题（前面已涉及，不再赘述）。关于文书制作规律的把握，比如法律语体的句法结构问题，包括检察语体在内的法律语体的句法结构特点，主要有二：一是句法结构问题，二是句式选择问题。

1. 句法结构。

其一，法律语言句法结构特点之一是多用并列结构（词语并列、复句中单句与单句并列），以保证内容周全、表达准确。如《刑事诉讼法》（1997年）部分条文的规定：

第三十条第一款　审判人员、侦查人员的回避应当分别由院长、检察长、公安机关负责人决定。

第三十一条　本法第二十八条、第二十九条、第三十条的规定也适用于书记员、翻译人员和鉴定人员。

第四十三条　审判人员、检察人员、侦查人员必须依照法定程序收集能够证实犯罪嫌疑人被告人有罪或者无罪，犯罪情节轻重的各种证据……

第四十五条第一款　人民法院、人民检察院和公安机关有权向有关单位和个人收集、调取证据。有关单位和个人应当如实提供证据。

再如，某市人民检察院一份公诉意见书写道：被告人陈××对领导怀恨在心，个人主义恶性发作，有预谋、有计划地在光天化日之下将杜××惨杀致死，犯罪手段极其残忍，犯罪情节极其恶劣，民愤极大，影响极坏，实属罪大恶极，请法庭依法严惩。

其二，法律语言句法结构特点之二是复杂同位成分的普遍使用。如《刑事诉讼法》（1997 年）第 15 条条文：

第十五条　有下列情形之一的，不追究刑事责任，已经追究的，应当撤销案件，或者不起诉，或者终止审理，或者宣告无罪：

（一）情节显著轻微、危害不大，不认为是犯罪的；

（二）犯罪已过追诉时效期限的；

（三）经特赦令免除刑罚的；

（四）依照刑法告诉才处理的犯罪，没有告诉或者撤回告诉的；

（五）犯罪嫌疑人、被告人死亡的；

（六）其他法律规定免予追究刑事责任的。

本条中用"（一）"至"（六）"作条文主句的条件状语（"有下列情形之一的"）中"有"的宾语"情况之一"的同位成分，这些同位成分有的本身结构也很复杂。这些并列同位成分与中心词"情形之一"又相距甚远。这种同位成分在其他语体很难存在，但是在法律语言中，这种牺牲"可读性"以保证表达严密和内容完整的句法结构不但合理，而且必需。

2. 句式选择。

汉语句式从不同角度来分，有长句和短句、主谓句和非主谓句、整句和散句、紧句和松句之别。法律语言是如何选择句式的呢？

其一，长句和短句，法律语言多用长句。

长句和短句是相对而言的。一般来说，长句结构复杂，词语较多，短句结构简单，词语较少。汉语用词序和虚词表示语法关系，句子一长，词语一多，词语的次序难以安排妥贴。因此，一般情况下多用短句明快有力地把意思准确地表达出来。然而，长句可以把丰富的内容在一个单句或一个复句中表达出来，语气连贯，条理清楚。因此，人们在多用短句的同时也兼用长句，"长"、"短"交替使用。而法律语言因为普遍使用并列结构和复杂的同位成分，复杂的附加、修饰成分，句子一般都较长。有些执法文书的特定部分，如起诉书首部的案由和案件来源部分，往往用两个长句构成如下所示：

本案由×××（侦查机关）侦查终结，以被告人×××涉嫌×××罪，于×年×月×日向本院移送审查起诉。本院受理后，于×年×月×日已告知被告人有权委托辩护人，×年×月×日已告知被害人及其法定代理人（或者近亲属）、附带民事诉讼的当事人及其法定代理人有权委托诉讼代理人，依法讯问了被告人，听取了被害人的诉讼代理人×××和被告人的辩护人×××的意见，审查了全部案件材料……（写明退回补充侦查、延长审查羁押期限等情况）

对于侦查机关移送审查起诉需变更管辖权的案件，表述为："本案由×××（侦查机关）侦查终结，以被告人×××涉嫌×××罪，于×年×月×日向×××人民检察院移送审查起诉。×××人民检察院于×年×月×日转至本院审查起诉。本院受理后，于×年×月×日已告知被告人有权……"

对于本院侦查终结并审查起诉的案件，表述为："被告人×××涉嫌×××罪案，由本院侦查终结。本院于×年×月×日已告知被告人有权……"

对于其他人民检察院侦查终结的需变更管辖权的案件，表述为："本案由×××人民检察院侦查终结，以被告人×××涉嫌×××罪，于×年×月×日向本院移送审查起诉。本院受理后，于×年×月×日已告知被告人有权……"

法院判决书的案由、案件来源、审判组织和审理方式的交代，这一点更明确。如一份判决书："被告人×××、×××（人名）××（案由）一案，由×××人民检察院于×年×月×日公诉来院。本院依法组成合议庭，由×××人民检察院检察员×××、×××出庭支持公诉，经本院进行公开审理。

这种句式虽然很长，但都有固定程式，有例可循，照既定格式拟写，一般来说不会产生错误。而在写述案件事实时，由于情况千变万化，运用长句无章可循，因此失误较多。常见的有疏漏主语、中途暗换主语和句子不连贯等情况，使词不达意，义有两歧。有一份"民事调解书"写道：长期以来，男方对女方进行摧残和虐待，身心健康受到严重损害，长期不能上班，后来又提出离婚要求，最后精神失常。

这句长句由于中途缺主语和多次暗换主语，语义含混，使局外人不知所云。应改为：长期以来，男方对女方进行摧残和虐待，使女方身心健康受到严重损害，长期不能上班；男方提起离婚诉讼又导致女方精神失常。

在使用这类长句，特别是事关多人时，行为主体和行为对象均需写明，不可省略。当再次提及这些人物或事件时都要写出全名。在这方面，最高人民检察院特别检察厅起诉林彪、江青反革命集团的起诉书值得我们学习。如："一九六六年十二月二十八日，张春桥为了镇压上海'工人赤卫队'群众组织，夺取上海市党政领导权，从北京打电话给他的妻子李文静，说：'胜利果实不能被赤卫队夺去，要告诉造反派不能置之不理。'李文静把张春桥电话告诉徐景贤，徐景贤传达了张春桥的电话。在张春桥等的指使下，王洪文伙同打砸抢罪犯耿金章，组织一些不明真相的群众，攻打'工人赤卫队'，伤残九十一人，制造了康平路武斗事件。"

除本案被告人外，还涉及其他人，罪行交错复杂，但"起诉书"运用长句叙述，所指清楚、表述严谨，使各被告人的罪责分明。

其二，整句和散句，法律语言一般用散句。

"整"是整齐的意思，"散"是参差的意思。整句是句与句之间结构相同或相近，散句是句与句之间结构不同，长短不齐。整句有排比、对偶、相同位置出现某些相同词语等格式，这种句式有形式规整、音节匀称等特点，具有突出和强调语义的作用。一般情况下，多以散句为主，整、散结合使用，这样可以使语言生动活泼、气势贯通、节奏鲜明。法律语言有别于一般语体，它用于进行法律活动，不追求语言的艺术化，一般都用散句平实、准确地叙事达意。有的人在"民事诉状"一类的法律文书中写进"打油诗"一类的整句，不但不够严肃，也是有悖于法律语言的句式选择规律的。

其三，松句和紧句，法律语言多用紧句。

句子的结构有舒缓与严紧之别。松句指结构舒缓的句式，紧句指结构严紧的句式。松句中一个或几个意思分几层说，或者反复地说，停顿较多，语势和缓。紧句中，几个意思集中在一起说，这样，句中有长定语、长状语，或者句中成分结合得紧，停顿较少或者不停顿，语势紧迫。法律语言是准确、严谨、庄重的语言，因此多用语势急迫的紧句。有的法律文书句式松散，不合乎法律语言的句式要求。如有一份杀人案《刑事判决书》证据部分写道：上述犯罪事实由凶器七寸匕首一把所证实，凶器上血迹的血型与被害人血型一致，证人×××写了书证，事实清楚，证据确凿。被告人对自己所犯罪行也作了交代。

这段证据在语法和内容上都没有错误，只是用来证明犯罪事实的几项证据（凶器、血痕鉴定、证人证言）各由一个分句来表述，各分句又结合得不紧密，因而整段文字句式显得松散，内容琐碎。这段证据改为紧句并将文字作局部调整可以使语言严谨、庄重：上述犯罪事实有杀人凶器七寸匕首一把、"血痕鉴定报告"、证人证言为证，被告人对自己所犯罪行亦供认不讳，事实清楚，证据确凿、充分，应予认定。

可见，法律语言尤其是包括检察执法文书之类的书面语，有其特殊的句法结构及句式选择标准。还有，对同一事物或同一思想，可以用不同的句子来表述，但其中往往只有一句最恰当、合适，也最严谨。作为一名负责法律监督工作的检察官员，应当学习和研究这种语言特点和规律，并应用于实际工作当中。

沈括在《梦溪笔谈》中有这样一段史话：往岁文人多尚对偶为文，穆修、张景辈始为平文，当时谓之古文。穆、张尚同造朝，待旦于东华门外。方论文次，适见有奔马践死一犬，二人各计其事以较工拙。穆修曰："马逸，有黄犬遇蹄而毙。"张景曰："有犬死奔马之下。"

《唐宋八家丛话》也有同样的故事：欧阳公在翰林日，与同院出游，有奔马毙犬于道，公曰："试书其事。"同院曰："有犬卧通衢，逸马蹄之而死之。"公曰："使子修史，万卷未已矣。"曰："内翰以为何如？"曰："逸马杀犬于道。"

总之，同一件事，可以用六句不同的句子来表达：（1）有奔马践死一犬；（2）马逸，有黄犬遇蹄而死；（3）有犬死奔马之下；（4）有奔马毙犬于道；（5）有犬卧通衢，逸马蹄而死之；（6）逸马杀犬于道。

鲁迅先生在《做文章》一文中对上述史话中穆修和张景的话评论道："两人的大作，不但拙涩，主旨先就不一，穆说的是马踏死了犬，张说的是犬给马踏死了，究竟是着重在马，还是在犬呢？较明白的，还是沈括的毫不在意的文章：'有奔马践死一犬。'"鲁迅的话，说明我们在组句时要有主旨，有着重点。鲁迅还说，写文章应着力，但不能太"做"，"太做不行，但不做，却又不行"。这些话，对我们在制作检察执法文书当中如何选择好法律语句，都是有启示作用的。

这是有关检察法律文书制作的语句规律把握问题，具体到学习和总结什么，可以说出许多，比如学习古人、总结古人，学习身边的人、总结身边的人，也包括总结自己在内等。

（1）要学习和总结古人在诉讼执法文书制作方面的经验、知识，为我所有。

如果有兴趣和时间，需要读的几本书或资料有：《礼记·月令》、《俟匦（音朕移）铭》、《封诊式》、《龙筋凤髓判》、《名公书判清明集》、《折狱新语》、《资治新书》、《吴中判牍》，也包括白居易的《甲乙判》等。在这些书或资料里面，都收录了古代写得很好的一些判决文书，值得我们学习和研究。

据考证，早在我国西周时期就有一套较为完备的诉讼、审理制度。法律规定，除轻微案件可以口头陈诉外，一般要写诉状。在诉讼提起后，还要经过侦查、调查勘验。《礼记·月令》曰："命理瞻伤、察伤、视折。"可见，周代断案中已有验看伤害制度。在诉讼各阶段，一般都要制作相应的执法文书。1976年出土的《倗匜（音朕移）铭》中有许多判词，写明如何定刑科罪，本应刑当如何判，减轻后应当如何判，是我国至今发现最早的诉讼文书实物。

1975年，湖北云梦县睡地虎秦代墓葬第八号墓出土的秦代竹简1155支和残片80块，内容多是法律规范文书的摘抄和执法文书及阐释法律的文书，计有《秦律十八种》、《秦律杂抄》、《封诊式》、《法律答问》、《语书》等篇目。从云梦竹简知道，秦律除刑事法规外，还包括民法、诉讼法、经济法、行政法、军事法等法律部门，内容涉及社会生活的各个方面。其中《封诊式》篇中有穴盗、贼死、经死、出子等刑事勘查案例文书，这些文书不仅是刑事文献方面的重大发现，也是考察秦代法律语言的珍贵资料。

《封诊式》"穴盗"篇是秦代一份盗窃现场勘查笔录，从中不难窥见秦代法律语体之一斑。这篇笔录记叙委派县级人员去现场勘查一件失窃衣服的小案的经过事实。在这篇记录中，首先说明案件性质、来源，接着点名勘查者、被查现场的户主及现场环境。

原文为："令史某爰书（指制作有法律意义的文书）：与乡牢隶臣某即乙。典丁诊乙房内。房内在其大内东，比大内，南向有户。"大意为：令史某查湖作出爰书说："我和管辖这个里的乡官某人及牢隶臣某人，跟着乙（事主）和当地里典（即里正，因避始皇讳改为里典）丁姓，到乙的侧房进行勘查。侧房的位置在正房之东，与正房相连，朝南有门。"然后，依先外后内、先静后动的次序写明房舍情况，接着又查验窃贼挖的墙洞和推究挖洞所用工具，并进一步叙写挖出的土和土上所留的痕迹（手迹、膝迹、履迹）。在写痕迹时，对履迹的描述颇为精当，分前掌、中段、后跟三部分叙写，与现代鞋印侦查基本一致。这篇文书对于未能查明的部分也都一一记录在案，如"坏直中外，类足距之迹。皆不可为广袤"（意为：缺口的痕迹是顺着内外的方向的，好像是人的腿从此跨越过的痕迹，不能量定它的长和宽）和"小堂下及垣外地坚，不可迹。不知盗人数及之所"（意为：小堂下和墙外的地面坚硬，不能查知人的遗迹。也无法知道窃贼的人数和逃往哪里）。整篇笔录叙写勘查过程有条不紊，掌握勘查对象切中要害，讯问人证巨细不漏。时间、地点、人物及其相互关系都确切明白，交代清楚。"穴盗"总的语体特征是准确、客观、平实、简练。《封诊式》中其他勘验笔录"贼死（被杀）"、"经死（自杀）"、"出子（刑事堕胎）"等也具有同样的语体特征。

唐代《龙筋凤髓判》是我国现存的最早的一本判词专著，其后有白居易的《甲乙判》。这两本书所收的都是"拟判"之文，目的是给应试者提供写作范例。虽然他们两人的判词有不同的个人风格，但都"执法据理，参以人情"，文字全用骈体，词语典雅。

宋代朱熹等著的《名公书判清明集》一书，是宋代诉讼判决书和官府公文的分类汇编。在这部书里面收录的判词，大都有原判者署名，如朱熹、真德秀、刘克庄、吴潜等人，且判词有就案情而议论的，有奖励说服的，或严词训斥或引申发挥等，揭示了宋代特别是南宋时期的法制情况，也反映了当时的经济和政治情况。

后人将唐、宋狱讼断案中实际常用的判词分为十二类："科罪"、"评允"、"辩雪"、"番异"、"判罢"、"判留"、"驳正"、"驳审"、"末减"、"案寝"、"案候"、"褒嘉"。从篇章结构上看，唐、宋判词一般分为两部分：一是"原题"；二是"原判"。"原题"往往简要概括案件来源和案由，"原判"则叙写案件的事实、理由和判决。这说明，唐宋判词已有固定的程式，而这正是法律语言的本质特征之一。

对后世影响颇大的是李清著的《折狱新语》一书，据考证，这本书是根据李清任推官时所审案件资料整理而成，分为婚姻、承袭、产业、诈伪、淫奸、贼情、钱粮、失误、重犯、冤犯十类，分别成卷。他的判牍运用散体，语言流畅明晰，间或采用若骈偶文句，偶尔引用一二典故，那是为了阐明事由，推究情理，增强说服力，与前人判词拈弄辞华、哗众取宠显然有别。李清判牍中首先使用一些专门术语，如判首使用"审得"（审查到、追究到）。这类专门术语的使用，是法律语体进一步程式化的标志。

清代判词的程式化更显著。如卷首以"审得"开始写出案件事实，用"判道"表示判决部分开始，还用"此判"来结束判断部分。清代著名的判牍专著有李渔的《资治新书》、蒯德模的《吴中判牍》等。清判已改变了古判追求语言艺术化的倾向，对古判词中常用的积极修辞手法如用典、比喻、夸张、双关、示现等均予排斥，而力求语言的准确、简练与谨严。

除了判牍外，清代还有"批发呈词"（官府批示诉状，晓喻各当事人的文告）、"详案"（事主或地保向官府报案的呈词）、"供"（办案官员呈给上司的案情报告中的事实部分）、"看"（地方官审案后，依法拟定的判断语）、"禀"（下级官员呈给上级官员辨析疑难案情或评述重大案件，拟具处理意见和请示的法律文书）、"驳案"（上司认为下司审案有差错、驳回重审的文书）、"详报"（下级向上级呈报全案处理经过）等文书，这些文书都有严格的程式、格局单一而较长的句式、严谨的篇章结构，还有大量含义明确的单义法律术语。如清末杨乃武案的审结奏折，是一份刑部案件审理终结的报告，记叙了这一清末著名冤狱的事实以及从同治十二年十月十一日余杭县开始受理起，至光绪三年二月十六日刑部审结上奏止，前后历经三年零四个月，中经县、府、省多次审讯及家属两次"京控"的过程，分析了冤案产生的原委，提出了处理意见。这样一件曲折跌宕、头绪纷繁的冤案，制作者叙写得眉目清晰、详略得当，全文语言准确、简练严谨。语言准确、简洁，与法律术语的大量使用有密切关系。这篇文书中的"信谳"（审实的案件）、"呈词"（诉状）、"仵作"（检验死伤的吏役）、"质对"（对质）、"察夺"（详尽裁夺）、"督审"（主持审讯）、"诬服"（冤屈服罪）、"枷责"（戴枷示众）、"混供"（胡乱供认）、"翻异"（翻案）、"勘题"（勘验题奏）、"串诬"（串通诬告）、"拟结"（拟罪结案）、"奏结"（奏报结案）、"刑求"（刑讯逼供）、"失入"（误将轻刑重判或将无罪判为有罪）、"徒役"（徒刑或服役）、"重科"（重行科罪）、"折责"（折算笞杖）等都是有特定含义的法律术语。大量法律术语的运用、特定的句式及严格的程式，使法律语言不仅与非公文的其他语言（如文艺语言）迥然有别，与公文类的其他语言（如行政公文语言）也大相径庭，这证明当时的法律语言已包括该语体所有的区别性特征。

清代法律语言的完善还反映在当时人们有关法律文书的论述中，如果说，有的论述如《资治新书》中"论人命"、"论盗案"、"论奸情"、"论命案"等章节是在论治狱的过程中提及法律文书，算不上法律文书专论的话，而王又槐《办案要略》中"论批呈词"、"论详案"、"叙供"、"作看"、"论作禀"、"论驳案"、"论详报"则是当之无愧的有关诉讼执法文书和法律语言的精辟论著。

（2）结合制作中遇到的问题进行学习和总结，找出规律、把握规律，使自己的执法文书制作达到一个新水平。

①名称规范问题。比如，现在的一审出庭公诉文书、二审出庭文书，有些文书的名称就需要统一。

在一审阶段：起诉书——一审公诉意见（公诉词）、答辩提纲。在二审阶段，只有检察机关抗诉的：抗诉书——二审出庭意见（抗诉词）、答辩提纲。但对于只有被告人上诉的，或是又抗诉又上诉的，二审支持检察官发言的名称叫什么为好，还需要不需要区分？就需要研究和统一。

②文种增添问题。检察执法文书的文种确定应当与"三大"诉讼法规定的法律监督职责所需相一致，与检察改革工作所需相一致（最高人民检察院对检察文书前后有四次较大变更情况）。从河北情况来看：a. 根据《河北省人民检察院检务公开规范》，在23种文书背书中印制了"告知内容"。b. 人民监管员制度的实行，有些地方增添了相应内部文书。c. 执法档案设立，省检察院在10个相关业务部门增添了新的执法文书。

③检察执法文书有一个逐步完善和发展的过程。

要通过检察文书制作，为相关工作研究和工作改进提供素材。包括为

《人民检察院组织法》、《刑事诉讼规则》，乃至法律解释、法律修订等，提供一手素材。1989 年至 1990 年，笔者在参与编审《刑事犯罪案例丛书》过程中，通过对 6 万余份起诉书、判决书的分析，发现《刑法》及其附属刑法自身，尤其是发现其和相关部门法当中，有近百处矛盾之点，经整理就 33 个问题以最高人民检察院的名义向全国人大常委会写出报告，并整理了 330 余条适用法律方面的意见。原司法部长邹俞曾说过这样的话，他说："法律文书应是法制建设的一面镜子，真实地反映法制情况，并与法制建设予促进。"

国外一些国家的法律，包括我国台湾地区的诉讼法律，都有具体的法律文书写作的专门规定，而在我们的诉讼法律当中，则没有这方面的专门规定，这不能不说是一个缺憾，它与现在的法律文书制作质量不高不无关系。

四、关于检察执法文书格式设计的几个问题

（一）检察文书格式设计要注意体现出它的制作主体和目的性

所谓检察文书的制作主体，就是说它是由哪一个检察机关来制作的；目的性，是指这个检察文书是干什么用的。这两项内容，一般放在检察文书的首部，反映出特定检察机关的职责权限和与其他有关司法机关之间的法定关系。一份具体的检察文书，如果其制作主题和目的性体现不明，会影响其法律效能的发挥，不利于对案件的准确、及时处理。同时，也不便于对文书本身的处理和管理，给未来的档案工作带来困难。因此，在设计检察文书格式的时候，一定要注意具体地体现出检察文书的制作主体和它的目的性来。

注意，"请示"和"报告"是两个不同的文种，用途也不一样。报告是向上级汇报工作和反映情况的，属过去时态，不要求批复。而请示则不然，它是就某种具体的事情向上级领导请求批示和批准的，属进行时态，上级领导应当批复。不然，由于权限问题，下步工作将无法进行。有鉴于此，在检察文书格式设计上，尤其是在一目了然的标题部分准确地反映出该文书的制作主体和它的目的性来，具有十分重要的作用和意义，应当引起特别注意，切勿马虎。

（二）要注意部门之间执法文书的协调和衔接

按照法律规定，我国公、检、法机关进行刑事诉讼，都不是一家一揽子办到底的，而是严格遵循分工负责、互相配合制约的原则。具体说来，公安机关负责案件的侦查和预审，检察机关负责案件的批捕和起诉，法院负责案件的审判等。在这一系列的诉讼活动中，执法文书起着重要的"传送带"作用，是

它将案件接来或送往，使每一道"工序"正常进行。这样，作为一条"传送带"的执法文书，对公、检法机关的上述分工负责，相互配合和相互制约的关系，就应当真实地予以反映和体现。这里，仅从案件传递角度来考虑，在设计有关检察文书格式的时候，就应当而且必须考虑到它与部门之间司法文书的协调和衔接，以使人看出案件的来龙去脉。

除了注意与部门之间执法文书的协调和衔接外，还要考虑与本系统内部一些检察文书的协调和衔接。

（三）要注意检察文书格式和内容的统一性和实际应用性

检察文书的格式，从哲学上说，就是检察文书的存在形式。它包括两个方面的含义：一是指它的体式，即样式；二是指结构，即骨架。二者的结合，构成了检察文书的具体存在形式，亦即我们除说的"格式"。按照辩证唯物主义关于内容决定形式的基本原理，在考虑检察文书格式的时候，应当首先注意它所载的具体内容是什么，根据其内容来决定格式的定型、取舍、改造和创新。从检察机关现有的文书格式来看，有相当一部分的文尾部分写上了一个"附"字。作为一种格式（样本），应当说，这是有失严密的。因为它与其所表达的附项内容不相符合。比如说，有人常在执法文书的"附"字下面写"被告人×××现押于××看守所"，这就不对了，案卷材料可以附，可"被告人押于看守所"何以附在文书上呢？出现这种情况的原因，除了对一些文字的理解不甚明了外，就是从格式和内容的统一性上着眼不够。实际上，如果在文尾部分写上"附注"二字，这样安排，不管你在此部分写些什么，都可以说的过去，而不至于出现笑话。

（四）要注意不断增加新的文种，改造和更新旧的文种

检察文书要更好地为社会主义法制服务，应当与法制建设踏着相同的脚步前进。从现在来看，随着这几年法制建设的迅速发展，原有的一些检察文书格式远远满足不了实践的需要，亟待增加一些新的文种。同时，对原有的个别文书格式也要进行改进、完善，以更好地适应法制建设的需要

除了增加一些新的司法文书外，对已有的一些司法文书格式也需要必要的改造和完善。

（五）要注意为建立完整的检察文书学科体系打基础

最近几年，最高人民检察院相继制发了本系统的几套检察文书格式，学术界、理论界和实际工作部门对检察文书的研究探讨也比较活跃。但是，毋庸讳

言，无论实际部门，还是学术界、理论界，都很少从宏观上即检察文书的科学体系上进行全面系统的研究，只是应付急需，就事论事，从微观上研究多些，这种情况的出现，主要是相当一部分同志对检察文书的重要作用和意义认识不足。例如有的同志讲，现在的当务之急是多设计一些检察文书格式，用起来有所遵循，而没有必要去考虑建立检察文书科学体系。更有甚者，有的同志虚报无主义态度，认为检察文书可有可无，是"软任务"，而办案才是硬任务。也有的同志断言，检察文书研究前景狭窄，生命短暂，一旦文种齐全，就没有研究的余地了。其实这种说法是错误，不符合辩证唯物主义和历史唯物主义的观点。要知道，人类在前进，社会主义法制在发展，那么，与之相辅相成的检察文书，同样是无止境的，始终存在改进、完善和创新的余地。其发展趋势，是无穷的螺旋上升。从这个角度上讲，建立检察文书学科体系十分重要，非常迫切。只有这样，才能使检察执法文书的制作和研究走上科学轨道，实现质上的飞跃，达到一个新的水平。

从目前检察机关司法文书现状来看，笔者建议，要尽快指定一批有研究能力的人员成立专门机构，同时吸收一些学术界和理论界的同志，按照系统工程理论，对现有检察文书进行全面系统的综合研究，扬长避短，互相补充，协调一致，门类齐全，科学统一，更好地为社会主义法制建设服务，并成为社会主义法制的有机组成部分，予以法制建设以促进和发展。

（六）要注意借鉴古今中外诉讼执法文书格式设计方面的长处和研究成果

检察文书格式的完善设计，离不开学习和继承前人和他人在这方面的经验和研究成果。列宁说："无产阶级文化不是从天上掉下来的，也不是那些自命为无产阶级文化专家的人杜撰出来的。如果认为是这样，那完全是胡说。无产阶级文化应当是人类在资本主义社会、地主社会和官僚社会压迫下创造出来的全部知识合乎规律的发展。"列宁的话，对于我们研究包括检察执法文书在内的文书格式问题，同样是适用的，而且具有重要的理论指导意义。实际上，古今中外历史上有许多执法文书的精华值得我们进行深入研究、继承借鉴，批判地进行吸收。例如，历史上纽伦堡国际军事法庭审判纳粹战犯的起诉书和远东国际军事法庭对日本首要战犯的判决书，不仅以其叙述的内容令全世界瞩目，而且在表现形式上也别具特色。像远东国际军事法庭对日本甲级战犯东条英机等28名被告人的判决。由于涉及战犯之多，犯罪范围之广，犯罪时间之长，要是按照一般的判决书格式去写，得写成一部鸿篇巨著，显然这是不允许的。制作者也没有这样去做。他先在首部用一般概括性的文字，简明扼要地交代了本案的有关情况和特点，然后以人犯为线索，开宗明义，直叙起诉书中哪几项罪状被认定，作有罪判决，哪几项罪状被否定，不认为是犯罪。这样，不仅用不多的篇幅，就将十分复杂的 28 名战犯判决完毕，且条分缕析，清楚明白，细致周详。这份判决书所体现出来的格式安排、布局，可谓独具匠心、独树一帜，很值得我们研究

（七）要注意与党和国家有关公文体式方面的规定原则相一致

检察文书就其本身来说，应当是一门单独学科，也是一门新的学科。但是从国家公文的总体方面来考虑，它又是隶属于国家公文的一个分支学科。这就要求我们在设计检察文书格式（样本）的时候，既要考虑到它的特殊性，又要注意到它与国家公文体式的普遍性。诚然，检察文书在自身的发展中，已有其自己的特点和规律。但尽管这样，也是不能够背离当时国家对公文体式的基本要求的。现在从检察机关已有的文书格式（样本）来看，在这方面存在的问题也是有的。比如，有的文种设定不符合国家公文文种的区别和规定。我们希望从事检察文书研究及实际工作部门的同志，好好地读一读党中央和国家关于公文方面的文件。如《中国共产党机关公文处理条例》、《国家行政机关公文处理办法》、《国务院办公厅关于实施"国家行政机关公文处理办法"设计的几个具体问题的处理意见》、《国家行政机关公文格式》、《标点符号用法》、《出版物上数字用法的规定》等。从广义上讲，实际上，这些都属于公文方面的规范性文件，与行政法规具有同等的约束力和准绳作用。可以设想，在通晓党和国家对公文方面的一系列规定的基础上，再根据法律需要去确定文种和格式安排，那肯定会有一套科学的检察文书格式诞生，真正起到样本的作用。否则，就有可能是失误出现这样那样的差错，影响司法文书的制作质量。

（八）要注意吸收一般应用文体的构造技巧和写作规律

由于检察文书与一般应用文具有不可分割的源流关系，从而从构造上看，二者必然具有某种相同之处。如一般应用文的"文有定法"，结构严谨，逻辑严密，上下衔接，起承转合及首尾照应等技巧和规律，在检察文书格式设计上，同样都是适用的。以检察机关的《起诉书》和《不起诉决定书》为例，通篇离不开记叙、议论和说明，所以，记叙文、议论文、说明文的本体构造技巧，对这两种文书的格式（样本）设计，同样应当吸取。其他检察文书的格式设计，也是如此，应当注意吸收一下一般应用文的文体构造技巧，以形成规范的检察文书格式，真实地反映案件，为办案服务。

图书在版编目（CIP）数据

检察调研与执法理念笔记/李兴友编著 . —北京：中国检察出版社，2014.5
ISBN 978 - 7 - 5102 - 1180 - 5

Ⅰ . ①检…　Ⅱ . ①李…　Ⅲ . ①检察机关 - 工作 - 中国 - 文集
Ⅳ . ①D926.3 - 53

中国版本图书馆 CIP 数据核字（2014）第 074194 号

检察调研与执法理念笔记

李兴友　编著

出版发行：中国检察出版社

社　　址：北京市石景山区香山南路 111 号（100144）

网　　址：中国检察出版社（www.zgjccbs.com）

电　　话：(010)88685314(编辑)　68650015(发行)　68650029(邮购)

经　　销：新华书店

印　　刷：三河市西华印务有限公司

开　　本：720 mm×960 mm　16 开

印　　张：18 印张

字　　数：328 千字

版　　次：2014 年 5 月第一版　　2014 年 10 月第二次印刷

书　　号：ISBN 978 - 7 - 5102 - 1180 - 5

定　　价：40.00 元